フランス文化史

FRANCE, CULTURE VIVANTE

◎Jacques Le Goff　ジャック・ル・ゴフ
Pierre Jeannin　ピエール・ジャンナン
Albert Soboul　アルベール・ソブール
Claude Mettra　クロード・メトラ……………………著

◎桐村泰次 訳

論創社

"France, culture vivante I" ——sous le haut patronage de la direction générale des arts et des lettres ministère d'état des affaires culturelles——Information et Culture, Paris. 1967

フランス文化史　【目次】

*印はクロード・メトラ執筆

フランス文化史

まえがき

本書の目的は、実際にフランス文化を探る旅をしていただくうえでの助けになることにあります。私たちの社会は工業文明によって覆されてしまったため、現在のフランスは、過去の遺産とは無関係ではないかと、ともすれば考えたくなります。しかしながら、昨日のフランスと今日のフランスは深いところで一本の絆でつながっており、現在の文化は、この国に人間が棲み始めて以来、自らを変えながら、絶え間なく世界を変えてきた一つの持続的流れのなかに位置しています。その奥底にたぎるエネルギーは我が国の歴史のなかで常に働き、独特の痕跡を遺してきました。その全生命と並外れた肥沃さを、消え去った時代への旅のなかで再発見しようというのが、本書の目的です。『フランス——生きている文化 France, culture vivante』という本書の題名は、悠遠の起源から二十世紀初めにいたるフランス史の記念碑的な豊かさとその主舞台を蘇らせるのが、その意図であることを表しています。

序章

ガエタン・ピコン

現代世界におけるフランスの精神的位置を、過去におけるそれを踏まえて述べようとする場合、戒めなければならないのは、盲目的賛辞（dithyrambe）は避けなければならないということである。現在のフランスの精神的位置は、もはや、トルストイが『戦争と平和』の冒頭のサンクト・ペテルスブルグのサロンのシーンで、招待された客たちに祖父母伝来の「気取ったフランス語 le français recherché」で会話を交わさせている一八〇五年のそれではない。また、それは、ニーチェをして一八七三年に「ドイツ帝国の勝利はドイツ文化の立場を有利にする条件ではない。なぜなら、フランス文化は相変わらず存続しており、われわれはそれに依存しつづけているからだ」と書かしめたそれですらない。一八七〇年の戦争は、ヨーロッパがもはや《フランス》ではないことを示した。これは、一九一八年の連合国側の勝利が、ヨーロッパはもはや《世界》ではないことを示したのと同じである。

したがって、トマス・マンは、終わったばかりのこの戦争〔第一次世界大戦〕についての考察のなかで、これはドイツとフランスの戦いというよりむしろ、ドイツがその若さを代表していた一つのヨーロッパが、老熟した文明を代表するアングロ・サクソンの覇権に挑んで敗北を喫した戦争であると見ている。第二次世界大戦では、さらに風景を広げて、フランスはもはやユーラシア大陸のヨーロッパという小さな半島の一つの突端でしかなくなったことは周知のとおりである。

フランス文化のヘゲモニーは、一八一五年までの議論の余地のない政治的・人口的・軍事的優越性と結びついていた。一八七〇年の普仏戦争の敗北は植民地帝国の実現によって部分的に埋め合わせられ、一九一四年までのフランスの立場は、その力の表れであるとともに、精神における優越性の栄光の表れでもあった。一九一八年以後のフランスの弱体化は、新しいパワーの登場のせいであり、アメリカが政府の政策に介入してきた一方、ソヴィエト連邦が労働運動に影響を及ぼしてくるようになったことによる。この衰退を招いたのは、内閣の不安定もあるが、それ以上に、主要な重みを担ったエリートの大量の犠牲と戦争のための膨大な出費であった。この衰退ぶりを恐ろしいほどはっきり証明したのが、一九四〇年の敗北であるとともに、そこへ導いた諸条件、なかんずく政府の無定見な彷徨であった。

最近五十年間のフランスの創造性の噴出と持続、なにものも減退させることのできなかった知的活動は、一つの遺産を思慮深く活用したおかげである。これは、精神的栄光が国家としての力には依存しないことを示しているのではないだろうか？　さらにいえば、国家としての力がそこまで到達していないこと、とりわけ、幾つかの領域で機構がその効力を半減させていることを考えると、この栄光は、それだけ完璧であったというべきである。

精神は、豊かであればあるほど、いかなる社会的条件にも依存しないでいられる。フランスは、この半世紀、間違いなく最高の絵画を生み出してきたし、文学もまた、多分、第一級の作品を世に送り出し、知的水準も最高を維持してきた。ただし、科学の領域で最も顕著な発見をしたのはフランスではないし、建築でも第一級国ではなかった。現代芸術の最も優れた美術館も、フランスは持っていないし、民衆の関心も最も高いとはいえない。立ち後れのリスクを避けるために過度に早くから施される中央集権的組織化、アカデミーやソルボンヌといった独占的機構の果たす役割、伝統的ヒューマニズム教育に絞られた教育と、大学の一方的な教授法、ときとして才能の開拓よりも資格証明書を偏重し執着する傾向——これら全てが、より多彩で柔軟な手段を必要とする適応を妨げてきた。繁栄の追求に懸命だが文化には無関心、そして異常なまでに速度を早める資本主義のなかで、フランスは、対応する手段もないまま、硬直的に組織された国家管理主義的文化に苦しめられてきた。

フランスは、自らの培った理念が長い間、世界を満足させてきたことから、自分が変わる必要性を認めず、こうした加速化に対してほとんど備えてこなかった。自分は与えるほうであって受け取るほうではないと確信してきたので、外国からもたらされるものに対して自己を開放することを、しばしば無視してきた。これは、教授や研究者についてもいえるし、制度的モデルや作品についても然りである。アインシュタインを招いたのは、コレージュ・ド・フランスではなくプリンストンであったし、ヘーゲルやキェルケゴールあるいはフロイトを容認し翻訳したのも、他の国々よりずっと遅れてのことであった。こうして、次第に「満足感」が「不満感」の源になったとき、ようやく、その対抗措置として、フランスは、アカデミーの幾つかの空いた議席を外国や外国人によって占めさせ、フランス本土人の席を海外県の原住民に取って代わらせた。いまでは、絵画でも、アメリカ合衆国やイギリスにおいてさえ、エコール・ド・パリの絵に対して刺々しい反対キャンペーンが起きている。

これらの幾つかの事実は、黙っていると、フランスの現在の輝きの証明書に疑問を投げかけさせ、そのうえ、最もめざましい特質を排除させる恐れがあろう。事実、そこには、何はさておいて、異論の余地のない明白なものがある。フランスの文化的状況に対するイメージは、日没のあとの残像であろうか？　しかし、それだけではない。世界は、たしかにフランスについて覚えており、フランスが世界に答えるのをやめないように、世界はフランスに期待するのをやめてはいない。

文明の全面的断絶でない限り、フランス自身に何が起きようと、世界はフランスからやってきた人間生活と社会についての理念を、消すことのできない勧告と痕跡として保持するであろう。フランスのこの理念は、天分の最も深いところから来たもので、それを歴史的イメージに翻訳することが一七八九年の大革命の役割であった。

周知のように、それは、各人がただ人間であるという事実から認めることのできる（また認めるべき）価値を重んじる倫理観を文化・芸術・思想・政治に提示することによって、人種や階級、好みや意見の相違も超えて、各人が互いを《理性 Raison》の明証と平等性のなかに見出すような人間共和体を形成することであった。そこでは、ドイツ人であるとかイギリス人であるとか、ロシア人だとかスペイン人だとかいったことは、譲ることはできないが、ただ、あるままの一つの特性でしかない。

フランスが特殊であるのは、一つの普遍的なものを認知し、それに特典を付与する天分によってであり、それ以外の何物でもない。もし、このフランス文化の普遍性の要請に対し抵抗地帯があるとすれば、それは、むしろわが国と国境を接する地域にある。すなわち、伝統的に敵対的なイギリス、ドイツであり、他者に従属させられるのが我慢ならないイタリアである。もっと離れていて、自体で確固としているアメリカやロシアは、多分、自分たちの《負債》についてあけすけである。一方の自由な享楽主義も、他方の厳しい平等主義も、いずれもその淵源をフランス的文明概念のなかにもっている。ソ連では、戦艦に『マラー Marat』だの『パリ・コミューン』だのと名を付けているように、ユゴー、バルザック、ゾラが、相変わらずベストセラーの上位を占めている。アメリカ合衆国でもソ連でも、「十八世紀フランス」が研究者たちに特に好まれるテーマの定番である。

もし、二十世紀は一七八九年が告げたものとはほとんど似ていない（そのことを、どうして否定できようか！）ことを認めたとしても、また、一九一八年から一九四〇年までの世界を特徴づけたのが国際連盟のイデオロギー的弱さよりも、ファシストとスターリン主義者という敵対する体制を結びつけている独裁者崇拝であり、一九四五年以後は、普遍主義よりもアフリカとアジアにおける国民的・人種的な主張であったことを認めたとしても、それでもなお、平民あがりの独裁者が歴史の舞台に登場することができたのは神の法による君主制が去ったからであり、今日の発展途上国の国家主義的要求を後押ししているのも、フランス革命が正当化した平等主義的権利要求の理念だからである。さらにまた、米ソ超大国の帝国主義が、本気にせよ偽善的にせよ、（ドイツ民族至上主義の）ナチス・ドイツの精神に反対してフランス革命を手本にしているのは、民族の違いを超えた世界性への野望からであることに変わりはない。

もしフランスが今も世界に語りかけているとすれば、その大部分は、過去が今も現在であるからである。おそらくフランスは均質ではない。思想家や芸術家たちも、その直観も郷愁の対象も、錯乱ぶりも悲劇性も、それぞれに異なっている。フランスが世界の目に映しているものを最もよく表わしているのが、たとえばノーベル賞の選考基準である。フランスの政治思想とはボナルドやメーストル、ソレルあるいはモラスのそれではなく、ミシュレとジョレスのそれである。

〔訳注・ボナルド Louis Gabriel Bonald（1754-1840）フランス革命期、ハイデルベルクに亡命し、革命の理想を攻撃。王政復古で帰国し貴族に列せられた。メーストル Joseph Marie Maistre（1754-1821）フランス革命期、スイス、イタリアに亡命し反革命・反民主主義思想を唱えた。モラス Charles Maurras（1868-1952）政治団体「アクション・フランセーズ」を結成して、王政独裁を理想とする国粋主義を唱え、ヴィシー政府に協力した。ソレル Georges Sorel（1847-1922）反議会主義・反民主主義的政治思想を唱え、ムッソリーニから「ファシズムの精神的父」と持ち上げられた。ミシュレ Jules Michelet（1798-1874）国民的・民主的・反教会的立場から『フランス史』を著し、民衆の創造力や理想主義を説いた。ジョレス Jean Jaurès（1859-1914）社会主義政治家。〕

そこでは、彼らの倫理学も重要である。倫理学は形の明確さを求めるから、美学とも不可分の関係にある。こうして、幾つかの作品には、ほかの人が見ると行き過ぎと見えるような特別の意味づけと価値づけがなされる。私が、ここで思い浮かべているのは、アナトール・フランスとロマン・ロランの昨日の名声であり、今日のマルタン・デュ・ガール、サン・テグジュペリ、アルベール・カミュ、そしてサルトルのそれである。

いまでは、フランスは外国に対して大きく門戸を開いているので、外国から受け入れた影響のおかげで、しばしば自分の特徴を認識できるようになっている。アメリカの小説の客観性はフランスの自然主義（その筆頭はモーパッサン）から来ている。同じように、フッサールにはデカルトの瞑想の影響があり、メルロ＝ポンティがフッサールから出発しながらフランス的なままで留まっていられるゆえんがそこにある。

だが、フランスは、人々が過去のフランスについて考えているものによって生きようとか、フランスの外でなされているもののなかに自分を再認識しようとするほど落ちぶれてはいない。いま自分がやっていることにさえ満足してはいない！　一九一四年から今日にいたるまで、フランスでは、なんと驚くほどの発明が次々となされたことか！　そのスピードは、前の発明がたちまち忘れられてしまうくらいである。その創造力の逞しさ、少なくとも水準の高さと連続性は、過去に探しても、どこかよそに求めても見つからない独自の特徴を表しており、いかなる分野も例外としない完璧で均衡のとれたその創造の光景は、なんと私たちを元気づけてくれることか！

フランスは、プルースト、ジッド、クローデル、ヴァレリー、ペギー、アポリネールなど世界的スケールの作家たちを有している。《シュルレアリスム》の詩人たちは、並外れた濃密さと活力を示し、いかなる外国の詩も、これに無関心ではいられない。ベルクソンの思想は今日のサルトルのそれと同じく、あらゆる国境を越えて広がっている。モンテルランとマルロー、アラゴンとベルナノス、ジロドゥーとモーリアックは、世界中いたるところで読まれ、翻訳されている。サン＝ジョン・ペルス、ルヴェルディ、ジューヴ、ルネ・シャール、フランシス・ポンジュ、アンリ・ミショーそのほかの新作の小説や新しい評論についての論文は、アメリカでもドイツでも、いちはやく発表されている。

私は、昨年、モスクワで若い作家たちに会ったが、彼らがアントナン・アルトーやジョルジュ・バタイユに夢中になっていることと、アルベール・カミュの『ペスト』が翻訳されたばかりなのに多くの読者を獲得していることを知って驚いた。

音楽でも、フランスはドビュッシーからサティ、オネガー、フォレ、ラヴェル、ミヨー、メシアンを経てブレにいたるまで、これまで以上に豊かな時代を現出している。演劇でも、世界の演劇史上特筆される事件がフランスで起きた。コポーによる「ヴィユー・コロンビエ座」の設立、ジェミエによる「国立民衆劇場」

の創設、デュランによる「アトリエ座」の設立などである。映画界では、アベル・ガンス、ルネ・クレール、ジャン・ルノワールがいる。

〔訳注・ガンス Abel Gance（1889-1981）無声映画時代に映画芸術を開拓した監督。ルネ・クレール René Claire（1898-1981）『パリの屋根の下』『巴里祭』『自由を我等に』などの作品がある。ジャン・ルノワール Jean Renoir（1894-1979）『ナナ』『ボヴァリー夫人』『河』『フレンチ・カンカン』などの作品を遺した。〕

絵画や彫刻など造形美術についていえば、この時期の傑作のほとんどがフランスで生み出されたことは周知のとおりである。アメリカ派のここ十年の活力がどうであれ、たとえばデュビュッフェの芸術が証明しているように、パリは洗練された伝統の保存所というにとどまらず、活力に満ちた一つの工房である。名前は《エコール・ド・パリ École de Paris》の著名な芸術家であっても、何人かの外国人の名前が見られることは事実である。しかし、彼らは、ここで外国人として生活したのではなく、フランス人の芸術家たちと一緒にさまざまな冒険をした。たとえば《キュビスム》ではピカソとグリス、《シュルレアリスム》ではエルンストとミロである。

〔訳注・ピカソもグリスもスペイン出身。エルンストはドイツ生まれ、ミロはスペイン生まれである。〕

パリは政治的亡命者にだけ開かれた避難都市あるいは「幸せな町」ではなく、ヘミングウェイが特に思い起こさせる「祭の町 ville-fête」でもある。それは、その国際性によって人々が吐き出すエキゾチックなもので満ちた空気の吸える場所であるとともに、そうした多様なお国柄を吹き払う普遍性の空気に満ちた都市でもある。こうした刺激のおかげで、ピカソとミロはそのスペイン色を、スティーンやシャガールは、そのリトアニアだのウクライナだののゲットーの思い出を人類共通の場に通じる一つの様式に昇華することができたのであった。

〔訳注・スティーン Chaïm Soutine（1894-1943）はリトアニア出身のユダヤ人画家。シャガール Marc Chagall（1887-1985）はウクライナのヴィテブスク生まれのユダヤ人画家。〕

まさに、パリは、世界が自らを仕上げるのに必要とする一つの普遍的文化の坩堝であり、世界は、このパリでしか自らを練り上げることができないであろう。

同様にして、現代で最も重要な劇作家のなかにも、外国人でありながらパリで生活し、パリで創作し、しかもフランス語で書いている人が何人かいる。ベケット、イヨネスコ、ゲルデロード、シェアーデ、アダモフがそうである。

〔訳注・ベケット Samuel Beckett はアイルランド、イヨネスコ Eugène Ionesco はルーマニア、ゲルデロード Michel de Ghelderode はベルギー、シェアーデ Schéhadé はレバノン、アダモフ Arthur Adamov はコーカサス出身。〕

これらの作品は一風変わっているが、そのことは、フランス語が普遍的意味以外のものも表現できることを示している。もしフランス語が他の言語より以上に異国的感性をもつ言葉たりうるとすれば、それは、国民的特異性の抵抗を課すものではないということである。フランス語は、自らにとって異国のものである特異性を損なうことなく、その特異性を普遍性の要求するものに繋ぎ合わせることができるのである。

「フランス様式 ordre française」なるものは、このような要請を別にして定義づけることはできない。《キュビスム》のような運動がフランス的でありうるのは、その客観性と一貫性によってである。北方の国を感じさせる《シュルレアリスム》も、フランスでは明確で合理的な一つのイデオロギーの形をとる。その「抽象化 abstraction」と呼ばれているものは、おそらくフランスで生まれたものではない。カンディンスキーもモンドリアンもフランス人ではない。しかし、全体として非具象的なありようを追求している近代絵画は、セザンヌというフランス的な源泉から発しており、その不可欠の標柱であるのが《キュビスム》なのである。このような探求が、個人的具体性から一般的構造へ移る抽象化の決意と部分的に結びついていることは明らかであり、その根底をなしているのがフランス的天分である。

〔訳注・カンディンスキー Kandinsky（1866-1944）はロシアで生まれ、ドイツで活躍した。モンドリアン Mondrian（1872-1944）はオランダ人。〕

これは絵画だけでなく、あらゆる分野に通じることで、現代精神の最後の変身が、一般的・共通的構造を探求し、個別性や具象的なものと対峙させることにあることにあるとするなら、フランスはずっと以前からこのようなシステムを備えてきたし、《構造主義的人間》と「精神的・審美的サイバネティクス」を混同することなく、理念の混乱や情念的特殊性に囚われないで、醒めた意識が捉えることのできる明証を手に入れるよう努め、幾多の戦争や平和的共存を超えて、理性の行動化を追求し続けてきた。理性は自然の秩序の対極であるから、この作業に苦労が伴うのは当然で、まさにそのことに最大の苦労をしている世界が、いま最も熱願していることこそ、このフランスの歩み続けている道に到達することなのである。

第一部　一つの国民の誕生

ジャック・ル・ゴフ

フランスの多様性については、少なくとも偉大な地理学者ポール・ヴィダル・ド・ラ・ブラーシュがエルネスト・ラヴィスの『フランス史 Histoire de France』(1903)に寄せたすばらしい序章「Tableau géographique de la France」〔訳注・「フランスの地理学的容貌」といった意味〕以来、わたしたちの知っていることである。この多様性は、本質的には、フランスが巨大なユーラシア大陸の西端という世界の涯 Finistère〔訳注・フィニステールは「大地の終わり」の意をもつ。ブルターニュ半島の先端にある県の名前にもなっている〕に位置していることに負っている。この大陸では、北方の平野から地中海岸まで、大地の起伏と気候の帯が、このフィニステールに向かって収斂しており、それらの帯は、平地と山地、山系によって細分化され、更に水圏学的な鬚根によって多様化されている。それにさらに人間たちの武力による侵入や、商業あるいは宗教的ミッションによる平和的移動で生じた文明の大きな流れも、ここに収斂していった。

長い年月の間に、さまざまな文化のモニュメントが、のちにフランスとなる大地の上に運ばれ、先着のモニュメントの上に積み重ねられた。しかし、ローマ人による征服以後は、それらは、一種の結婚のように融合する姿を示し、異種のもの同士が共存するようになる。

ギリシア人と南部ガリア原住民の接触は、伝承が述べるほど深くはないが、さりとて厳格な学者たちが言うよりは実質的で、ギリシア文化は、フランスの大地にはめこまれたままで土地の人々のなかには溶け込まないで終わったモニュメントや南仏海岸に陸揚げされた贈り物、ブルゴーニュのヴィクスの甕のように墓のなかに埋もれたエキゾチックな宝物を遺した。しかし、ローマ人の場合は、テュルビ〔訳注・モンテ・カルロの近く〕からバヴェ〔訳注・ベルギーとの国境の近く〕まで、サント〔訳注・ジロンド川を大西洋岸から少し内陸に入ったところにある〕からストラスブールまで一つの《ガロ=ローマ文化 culture gallo-romaine》の世界を作り上げた。それらはローマ人の天分を表わして簡潔で都会的・組織的・建築的だが、内容は根強い伝統の痕跡を示している。
　その後、ゲルマン人〔五世紀ごろ〕、サラセン人〔八世紀〕、さらにノルマン人〔九世紀ごろ〕、フン族〔十世紀〕と相次いだ侵入によって、次々と新しいものが持ち込まれたが、それらの要素は地方的土壌によって吸収されてしまった。古代ギリシアと同じく、「征服されたガリアは、勝者たる蛮族たちを征服した」のだった。〔訳注・この文章は、ホラティウスの「Graecia capta ferum victorem cepit et ertes intulit agresti Latino 攻略せられたギリシアはその猛々しき征服者を捕らえたり」という有名な言葉を模したもの。〕
　カロリンガ時代には《ロタリンギア Lotharingia》〔訳注・シャルルマーニュの孫のロタールが領した地で現在のアルザス・ロレーヌ地方〕を揺籠とする文明が形成されるが、未来のフランスは、この発展に対し周辺的にしか関わらない。しかも、《ロタリンギア》は、ヴェルダン条約〔八五三年〕以後、ますますフランスから離れていき、それが部分的に再び結合するのは、何世紀も経ってからである。十世紀末から十二世紀中頃までの《ロマネスク時代》には、フランスは領土的・政治的・道徳的には組織されるが、まだ、多くの起源をもつ広大な文化的統合体であるキリスト教世界の西側部分の一州でしかない。
　だが、十二世紀の終わりには、ここは、人間とさまざまな文化の発信源となる。その約百年前からイングランド、イスパニア、そして聖地へ、征服者と巡礼者、入植者を送っていたフランスが、突如、一つの新しい芸術を生み出したのだ。それは《ゴシック様式》と呼ばれているが、ほんとうは《フランス様式》と呼ばれるべきで、これが全キリスト教世界に広まる。〔訳注・「ゴシック Gothique」とは、ローマ帝国を滅ぼす主役となったゲルマン系のゴート族に由来する呼称。〕中世には、カテドラル、言葉、大学のいずれも、フランスで仕上げられたものが手本とされ、人々は信仰のよりどころである大聖堂をフランス式に建て、言語はフランス語で書き、パリの大学で学ぶ。

十三世紀に頂点に達したこの《フランス文明》は、このあと急速に衰退する。十四世紀、百年戦争という重大な危機がフランスを打ちのめし、フランスの伝統的機構は大混乱に陥る。《ルネサンス》はフランスの外で誕生し、これがフランスにやってくるのは、あとになってからである。こうして、フランスは、数々の試練のために立ち遅れたものの、中世末以後は、文化面も含めて運命の寵愛を受け、常に行動に関わるばかりか、しばしば前列に立ち、先陣を切る。

この《文化的フランス》に接岸し、フランスで文化がいかに生み出されてきたかを明らかにするには、展望を持ち、水平線を捉え、一つの貸借対照表を立てることが欠かせない。

時の流れと人々の動きが緊密に結びついて大規模な破壊を続けてきたため、今日にまで残っている記念碑的遺産は、膨大な遺産のうちの偶々の漂着物でしかない。ローマ時代の諸都市は、いま、どこにあるか？ルテティア〔訳注・パリの古称〕のフォールムは、サン＝ジャック通りとサン＝ミシェル大通り、スフロ通りとサン＝ジェルマン大通りに挟まれた家々や街路の下に埋もれている。「キリスト教信仰の衣装」であった教会堂、パリでいえばサント＝ジュヌヴィエーヴの山にあったメロヴィンガ時代のサン＝ザポートル教会、カロリンガ時代のサン＝リキエ教会、わずかに証言者として残っている《小会堂》でさえ私たちを驚かせるクリュニーの巨大なロマネスク教会堂は、どこにあるか？　倒れた石像、再使用されている石材、熔かされた宝物——フランスの文明もまた、生きている物よりは死せる物によって造られている。そのことで、どうして驚くべきだろうか？　人間の暴力と無知あるいは愚かさにより憤慨させられることが時としてあるにせよ、消滅は、生きている歴史の避けることのできない運命なのである。

こちらでは技術の不完全さのために記念碑的建造物が消失を余儀なくされた。一二八四年に崩れ落ちたボーヴェのカテドラルの高さ四十八メートルの身廊は、二度と建て直されることはないであろう。あちらでは、より大事なものを守る必要性が破壊をやむなくした。三、四世紀のパリ市民たちは左岸のルテティアのフォールムと建造物を壊し、それをもって、この都市の心臓部であるシテ島と生き残った住民を守るために城壁を建造した。

さらに別のところでは、私たちには狂信的に見えるが、よりよい世界を願う宗教的熱情と行動によって、多くの記念建造物が消滅させられた。それらは、彼らからすると、その国や人類の芸術の文化遺産であるよりは、忌むべきイデオロギーの危険でおぞましい証拠でしかなかった。聖マルティヌス（聖マルタン）は、他の多くの聖人たちと同様、異教の神殿と偶像を片っ端から破壊している。くだって十六世紀のユグノーたちは、「不敬虔な旧教徒」が崇めている聖人たちの像を破壊している。一七八九年の革命家たちは、サン＝ドニの王家の墓を冒瀆し、カテドラルの入り口に刻まれた、封建社会の立役者である王や司教たちの像を傷つけた。

さらに、人口が増大し豊かになるにつれて、古いモニュメントに代えて、その時代の流行で、より美しいと思われる大きく豪華な新しい建築物が建てられた。たとえば、いま私たちが目にしているゴシック様式のカテドラルの多くは、ロマネスク様式のカテドラルが壊されて、そのあとに建てられたものである。災害で壊れた場合も、新しい世代の人々が、その新しい感覚で再建した。

今日では、歴史感覚の教育と感受性の進展から、過去の建造物を保存し、あるいは復元しようとの試みが行われているが、後世に遺すにふさわしい近代的モニュメントを建てようとしていることも忘れてはならないだろう。ちょうど現在の人々がこの首都に超高層ビルを建てて近代都市に変身させることに躊躇しているように、もしも十二世紀末のパリの司教や建築家たちが「ロマネスクの古いパリにゴシックの大教会は不釣合いだ」と考えていたら、ノートル・ダムは建てられていなかったであろう。

第一章　埋もれた過去の遺跡

西洋（Occident）では一般的にそうであるが、新しい建物は、以前に建物があったその場所に垂直に積み重なるように建設されてきた。これは、空間的にゆとりのある東洋（Orient）では、宮殿でも新しい都市でも、旧いものの傍に、並ぶ形に建てられているので考古学者や歴史学者に都合がよいのと反対である。フランスでも、記念碑的建造物は、旧い物が壊された上に新しいものが段状に積み重なるように造られている。最良の場合、旧い建造物は、その上に乗っかった新しい建造物によって隠されているだけで満足している。したがって、人々は深い層にある建造物を忘れることはないし、その気になれば、掘り進んで、そこに辿り着くことができる。現在の教会堂の地下には、しばしば旧い教会の礼拝堂や墓（crypte）が遺されていて、感動的で珍しいかつての美しさの証拠を見ることが可能である。その例としては、オルレアンのサン＝テニャン教会、マルセイユのサン＝ヴィクトール教会、ディジョンのサン＝ベニーニュ教会、グルノーブルのサン＝ローラン＝サン＝トワイヤン教会がある。しかも、これら地下礼拝堂は、時として彫刻や絵画の宝庫であり、サン＝マクシマン〔訳注・トゥーロンの近くのサン＝マクシマン＝ラ＝サント＝ボーム。ここのサント＝マドレーヌ教会の地下礼拝堂には素晴らしい彫刻を施したガロ＝ローマ時代の石棺がある〕の石棺、オーセールのサン＝ジェルマン教会の地下のフレスコ画は、その代表である。そうしたキリスト教の建造物の下には、ときとしてローマ人の遺跡がある。パリのクリュニー大修道院長のゴシック様式の館の下にはユリアヌス帝時代のルテティアの大浴場が埋もれている。

戦争が諸都市の中心部に開けた傷口によって、埋もれた過去の遺跡が明らかになった例もある。たとえば、マルセイユでは、一九四三年のドイツ軍による旧港（Vieux-Port）の破壊によって、ローマ時代のドックが現れた。ストラスブールでも、戦後の一九四七年以後、戦争中の爆撃で破壊された教会や街路の修復作業のなかで、地下からローマ時代の一連の遺跡が発掘された。埋もれた旧いモニュメントの発見の多くは考古学者たちの賢明で粘り強い活動によるが、稀に幸運な偶然によることもある。羊飼いの一匹の犬が穴に落ちたことが、ラスコーの壁画という先史時代の最も美しい絵画の発見につながった。かと思うと、パリのノートルダムの前の広場では、地下駐車場の建設作業のなかで、埋もれていたパリ最初のカテドラルの遺構が発掘された。

偶発的にであれ系統的にであれ、フランスの過去のモニュメントが一つも発見されない日はないほどである。フランス文化というものを、絶え間なく更新される歴史のなかで解釈するためだけでなく、それぞれのモニュメントを具体的に認識するためにも、発見された真理は追いかける必要がある。――過去のフランスは、あした到着するのかも知れないのだ。

最後に、フランスをモニュメントの面から探求するにあたって、「モニュメント」という概念自体、学問によっても好みによっても、こんにちでは問い直されつつあることも無視できない。新しい発見によってだけでなく意味の広がりによっても、これまでは軽視され文化の世界から切り離されてきた過去の証拠物が文化領域のなかに併合され、豊かになっている。この点を無視すると、文化史の展望が歪められるとともに、知的・芸術的満足感を狭めてしまうことになろう。

歴史全体を映す芸術

いわゆる「モニュメント」とは宮殿や教会だけではない。市民が生活を営んだつつましい建物も、一つの時代の同じ天分を反映している。機能的建築物のもつ美的味わいが再発見されているのが現代である。とくにローマ時代あるいは中世の過去においては、高貴な建物と実用的建築物という差別を超えて、同じ素材、同じ様式の形が活用されていた。周知のようにローマ人たちは、神殿と同じ雄大さをもって大浴場、保税倉庫、橋を建造した。同じことは、ロマネスクとゴシック時代のフランスについても言える。カオールの荘厳なヴァラントレ橋だの、廃墟となって久しいことから、ますます威厳を増しているアヴィニョンのサン＝ベヌゼ橋を待つまでもなく、今日にまで生き残ってきている中世の橋は、その時代の技術と精神の正真正銘の証人である！

中世のフランスは、巡礼や商人など絶えず歩き回り移動する人々の世界であった。橋は、そうした道行きのなかで水の障碍を乗り越える必要性から、最も大きな情熱が注がれた建造物であった。フェリエール＝アン＝ガティネの美しい教会〔訳注・八角形をしていることで有名〕を見に行くなら、田舎道を三キロほど足を伸ばし、質素だが頑丈で優美な橋が跨いでいる狭い谷まで行くがよい。この橋こそ、十三世紀のゴシック建築の傑作というべき「グリル・ド・コルブラン Gril de Corbelin」である。

中世のフランスは、収穫不足と飢饉、あらゆる装備の未発達に苦しんだ。それだけになおさら、農作物の収穫、職人の労苦、充足と栄光に捧げる建物を造り、これを芸術の粋を尽くして飾る理由があったのだ。フォントヴローの大修道院は、十二世紀の宗教的情熱と建築上の天分、そして、プランタジュネット家の政治的飛躍（ここには、フランス出身のイギリス王であるヘンリー二世とリチャード獅子心王、そしてヘンリーの妃、アリエノール・ダクィテーヌが永遠の眠りについている）の証人であるが、この大修道院全体の至宝は、その壮大な台所である。フォントネーは、聖ベルナールによって設立された僧院で、その大きな建物は、シトー会が実践した修道生活のモットー「祈りと労働 ora et labora」を具象化し、その精神を鍛えた鍛冶場である。

あるいはまた、パリから北へ、サンリスのほうにむかって二十五キロ進むと、《フランスの野》のなかに〔訳注・シャルル・ドゴール空港の北〕ヴォールラン Vaulerent（こんにちでは Volleron, Villeron と書かれることが多い）の農園がある。その囲いのなかに、ゴシック教会のような建物が見えるが、中に入ってみると、実は、これはシャアリのシトー派大修道院〔訳注・ヴォールランの東北にある〕に属する農民たちが収穫の十分の一を運んできて納めた穀物倉庫であることが分かる。中央の身廊には側堂が二つ付いていて、全体は長さが七十二メートル、幅二十四メートル、高さが十五メートルあって、まさに「経済活動のカテドラル」となっている！　シャアリ大修道院が、十三世紀には、このような穀物倉庫を十五持っていたことを考えると、それがいかなるものであったかが分かるし、その唯一の生き残りであるこの建物は、フランスのモニュメントの理解に必要な想像力を掻き立ててくれるはずである。

「モニュメント」は、必ずしもつねに、その元々の場所にあるわけではない。とりわけ、モニュメント全体の不可欠の補足物であるだけでなく、それ自体が一つの文明の物的証拠である様々な物品は、ほとんどの場合、いまでは博物館に移されている。この移動は、保存と適切な展示のために必要だったのだが、そのために、その元々の環境から剝ぎ取られ、本来の装いを奪われ、バラバラに切り離されているので、本来のモニュメントの全体は、想像によって再生しなければならなくなっている。

オータンのサン＝ラザール博物館のように、柱頭のオリジナルは博物館に収められ、現場には模造品が置かれていて建物全体の往時の様を偲べるようになっていたら、これはこれで結構である！　しかし、博物館は、現場を訪ねる上での補足であって、博物館の展示が生み出す幻想に騙されてはならない。私が博物館を手放しで推奨しないのは、ここが様々な小物や断片の雑然たる堆積所になっているからである。しかし、そのなかには、美しい傑作が隠れていることもある。傑作（chef d'oeuvre）とは、日常的に生産されているものでありながら、ただ、他の凡庸な作品にぬきんでているから傑作なのではないだろうか？　大量生産された物品もまた、歴史の証人である。

結局、人々は、パリのクリュニー博物館だのマルセイユのボレリ博物館、トゥールーズのオーギュスタン修道院博物館とサン＝レイモン博物館、リモージュの七宝工芸博物館、ストラスブールのノートルダム博物館、またカロリンガ時代初期にまで遡る遺物の展示で知られるサン＝ジェルマン＝アン＝レの博物館といった豪華な品々を揃えた大博物館に足を運びがちであるが、それほど際立っていないが意義において引けを取らないモニュメントを集めた、より特殊な博物館も忘れてはならないだろう。

サンリスのカテドラルの宝物庫は、その象牙細工や高価な織物、宝飾品を通じて、聖職者の豊かさと嗜好の高尚さを表していると同時に、そうした芸術品の生産センターと、それが思想や人と一緒に運ばれてきたルートを明らかにしてくれる。コプト人やイスラムの人々によって作られた布、ビザンティンで細工された象牙製品、スペインの《モザラベ》〔訳注・イスラム教支配下のイベリア半島でキリスト教に留まった人々〕による化粧小箱は、キリスト教徒の偉大な首都にやってきた「技芸の巡礼者 pèlerens de l'art」であった。

だが、そのような「文明の歴史」が人々の先祖伝来の生活のなかに姿を現すのは僅かなものである。そうした先祖伝来の道具の本物やレプリカで十五世紀より以前に遡るものはほとんどない。この時代には、人々の好みや様式、家族財産の相続、社会的仕組などで大きな刷新を示す意味深い断絶が見られる。しかし、この断絶と再生にもかかわらず、技能と美意識の伝統が変わることなく連続してきていることは、はっきりしている。この遺産は、不変ではないが、変化しても極めてゆっくりである。

フランスの農村文明は、つい最近の時代まで、ときに新石器時代以来の古い型を道具のなかで再生してきた。たとえばルーアンの金属工芸博物館、ボーヌのワイン博物館、リヨンの織物博物館、カーニュのオリーヴ博物館、トゥーロンの海洋博物館を訪ねてごらんなさい。民俗博物館なるものの多くは、くだらない珍品の類やマニアックな遺贈者の馬鹿げたコレクションが埃だらけになって積まれているだけだが、見識のある趣好をもって、その素材や手法の点でフランスの種々の伝統の最も貴重なものを提示してくれているものもたくさんある。ナント城のブルトン博物館、ブルゥ修道院のブレサン博物館、ブールジュのベリー博物館、アルルのアルラタン博物館、さらに、最もすばらしいのがパリの民衆芸術伝統博物館である。

さらに進めて言えば、「モニュメント」には、一つの町や駐屯地、荘園の半ば消えかかった廃墟だけでなく、かつての都市や農村の文化の様相を偲ばせる残存風景も含まれる。街路の名前には、そうした往時への想像を掻き立てるものが少なくない。たとえば「ロンバール街」という名称は、そこが、中世のイタリア人〔ロンバルド人〕両替商や高利貸の住む一画であったことを思い起こさせる。また、パリの近郊には、「ぶどう園の道」を示す地名があちこちにあり、中世には、パリの周辺全体にぶどう畑が広がっていたことを物語っている。シュレーヌやビュット＝モンマルトルからぶどう園がなくなったのは二十世紀初めのことである。フランスの田園地帯のあちこちには、《開墾地 Essarts》を表す地名がある。中世のフランスは一面が森に覆われ、その所々に開墾された耕作地と道路があった。

道も、いわば「旅のモニュメント」である。《ローマ人の道》は、土地の起伏を無視して、軍事的観点から、測量士によってできるだけ真っ直ぐに線が引かれ、兵士や奴隷によって建設され板石が敷き詰められた。ヴィエンヌ〔訳注・リヨンの南方〕の近くでは、当時の道の一部がそのまま遺っているが、ガール県のサン＝セゼールで見つかった二世紀ごろの宿駅の一部分はニームの博物館に保存されている。シェール県のテゼには、トゥールとブールジュを結んだローマ道路の宿駅の跡が保存されている。

直線的なローマ人の道に対して、中世の道は、参詣すべき聖域と聖域を結んで曲がりくねっていた。たとえばスペイン西北端のサン＝ティヤゴへ向かう巡礼の道はヨーロッパの各地から出発してフランスの各地を経由している。そうした道は、大きな川によって遮られている場合、安心して越せるための頑丈な石造りの橋をめざして何本もの道が集まっている。この巡礼路に沿って、この聖人〔聖ヤコブ〕の象徴である貝殻を描いた遺跡が点々と連なっていた。貝殻の絵はオータンの寺院のティンパヌム〔訳注・入り口の上の三角小間〕に刻まれた巡礼者の頭陀袋に描かれているし、ジェール県〔訳注・ピレネーに近い南西フランス〕ではモンフォール家の入り口の上や、オート＝ロワール県ではシャントゥージュ教会の内陣脇聖職者席の背面板、またダックスのカテドラルの聖ヤコブ像の脇腹にも見られる。

《ボカージュ bocage》〔訳注・生け垣や木立で囲まれた農家と畑〕にも歴史があり、ここダックスではノルマンディーより古い歴史をもっている。ノルマンディーでは、十二世紀の詩人、ウェースがその有名な詩のなかで「ボカージュの人々」と「開けた野の人々」を区別している。ポワトゥーでは、中世末の経済的・社会的変革が新興の金持ちの農民たちによる開放的耕作地から家畜放牧用に生け垣で囲った畑への転換として現れてくる。考古学者たちは、畑や、地中から見つかった花粉、樹木、廃墟になった村に、それらを生き返らせるにはいたらずとも、少なくとも語らせることに取り組んでいる。

芸術作品の変身

《モニュメント》から見たフランスの多様性の最後の特徴を成しているのは、残存しているモニュメントに美的感覚についての誤認（erreurs du goûts）が加えたものである。

こんにちのフランス人の多くは、たとえばロマネスク様式というのは、崇高な簡素さを特徴とし、石は裸のままで、建物を構成する線も単純であると思い込んでいるが、これは、ショーヴィニーやイソワールで行われた間違った復元が与えた誤解である。ほんとうのロマネスク時代のフランスは、雑多な色彩に溢れ、その石像や木像は、うるさいほど塗料を塗られ、建物の壁や柱も布やタピスリー〔英語ではタペストリー〕で覆われ（たとえばバイユーのロマネスク様式のカテドラルの壁を覆っていたのがノルマン人のイングランド征服を描いた絵で有名な『バイユーのタピスリー』であった）、祭壇は宝石や貴金属でキラキラ輝いていた。

したがって、時代錯誤の美的感覚によってではあるが、フランスのロマネスクの教会堂は、そうした飾りを剝ぎ取られたほうが、当時のけばけばしいそれよりも遙かに美しいことは事実であって、それを再び扮装させなければならない理由は何もない。これらのモニュメントは、時代時代の流行と感覚の変化に従いながら生きてきたのであり、ただ、建設された当初は、今私たちが考えているようではなかったこと、私たちが嘆賞しているのは、十二世紀と二十世紀の混合したものであることを知っていただければ充分である。歴史学の考証的知識によってモニュメント愛好者の喜びを台無しにする必要はない。提供される情報は、彼の観想を明るくし味わいを増すべきであって、暗くしたり嫌気を催させるべきではない。

これから明らかにしたいのは、歴史の黎明期以来、どのような流れのなかで、どんな影響が、フランスの文化的・モニュメント的遺産の多様性を形成してきたか？である。

第二章　先史時代のフランス

人類の歴史の最も古く最も厚い層を構成している部分は、また、最もよく分かっていない部分でもある。しかし、裏づけとなる資料が少なく不鮮明である原因は道具の稚拙さと進歩の緩やかさにあり、歴史が加速的に進み始めたときから、モニュメントは数も増え、その説明も危なっかしさを減じていく。

フランスでは、ほかの国々に先駆けて十九世紀中頃から発見が相次ぎ、先史学の研究が進んだ。一般的に、先史時代の特定の時期の呼称として、遺物が発見された地名が用いられるが、フランスの地名から名づけられたのが多いという事実が、このことを裏づけている。これは、旧石器時代でも前期〔訳注・六〇万年前ごろから一〇万年前ごろまで〕の時代区分はきわめて大まかなままであるのに対し、とくに中期〔一〇万年前から三万年前ごろまで〕および後期〔三万年前から一万年前ごろまで〕についていえることである。

たとえばオート＝ガロンヌのオリニャック、マコネ地方のソリュートレ、ペリゴール地方のマドレーヌ、アリエージュのマス＝ダジール、ロット＝エ＝ガロンヌのソーヴテール＝ラ＝レマンスから、「オリニャック文化」「ソリュートレ文化」「マドレーヌ（マグダレン）文化」「アジール文化」「ソーヴテール文化」といった呼称が付けられた。

すでに旧石器でもずっと古い時代については、「アブヴィル期」（間違って「シェール期」と名づけられていたのに代えられた）、「アシュール期」（アミアンの近くのサン゠タシュール Saint-Acheul から来ている）、「ルヴァロワ期」（パリ近郊のルヴァロワ・ペレーに由来）、「ムスティエ期」（ペリゴールのムスティエ Moustier に由来）などの区分がある。《ホモ・サピエンス》の最初の標本例として知られる「クロマニョン人」は、その頭蓋骨がドルドーニュのレゼジ Les Eyzies の一地域の名（Cros-Magnon）に由来する。

農耕・牧畜・金属の利用といった文明が生み出された故郷は、多分、アジア、とりわけ中東であると推測されるにしても、芸術的分野で最も驚くべき作品は、フランスの大地で生まれた。それらがいかなる意味を持っていたにせよ、そして、宗教や魔術、呪術がどのように絡んでいたにせよ、「美の追求」の傾向性を示し、芸術的解放という人間の心に必須の欲求を満足させるものをもっていることは疑いえない。フランス先史時代芸術の傑作であるラスコーの洞窟壁画（訳注・一九四〇年発見。なお、スペインのアルタミラの洞穴絵画は一八七九年に発見されている）が描かれたのは、おそらく今から二万五〇〇〇年から一万五〇〇〇年前のオリニャック期の末のころである。とくに動物の絵は多分、狩に関係していたのだろうが、すでに形についての美的感覚や動物の肢体を目に快い線の躍動で様式化しようとする姿勢が現れている。その技能は、生まれたばかりのものではなく、洗練された線描と絵具の塗り方によって立体感が見事に表現されており、その色彩はデッサンを際立たせ、毛並みを表現するための線影（hachures）の使い方において進んだ技能を証明している。

しかも、そこには、すでに人間が現れている。

人間は、洞窟壁画の芸術と平行して発展した彫刻や小像のなかにも現れている。女性は崇拝の対象であり、とくにたくさん残っているのが豊満な姿態の女性像である。レスピュグ〔オート＝ガロンヌ県〕の博物館に展示されているあの臀部の発達した《原始のヴィーナス》は、その典型である。しかし、サン＝ジェルマン国立考古博物館に展示されているヌビア女性風に髪を結った女の頭部の像〔訳注・「頭巾をかぶった頭部像」とも呼ばれている〕はオリニャック後期のもので、ランド地方のブラッサンプーイの「法王の洞穴」で発見された。これら原始のモニュメントについて、それがどのような発展をたどり、ほかの文化との間にどんな接触と交流があったかを確定することはほとんど不可能である。

ラスコーの洗練された絵画から何世紀もあと、新石器時代〔訳注・およそ西暦前三五〇〇年ごろから前二五〇〇年ごろまで〕から青銅器時代初期〔二五〇〇年前から一五〇〇年前まで〕にわたって現れた巨石芸術は、さまざまな謎を残している。

おそらく、定住化した人間にとって、自分と世界との関係は大きく変わったと思われる。天空と死による支配に対して新しい宗教的関心が芽生え、そこから死者の弔いと天体に関連した一つの芸術が着想されたのであろう。それが追求するのは、とりわけ天体との対話であり、その彫刻には、幾何学的文様や抽象的な図柄が多用される。

しかし、フランスの国土でも他の地域でも、死者の弔いに関連していたドルメンとおそらく太陽の動きと関連していたメンヒルとの地理的分布には、まだ多くの謎が残っている。ブルターニュとヴァンデーには、両者が共にたくさん見られるが、中央山地以南ではドルメンは多いのにメンヒルがほとんどないのは、なぜなのか？　しかも、巨石遺構は、濃度の違いはあるものの、フランス全土に見られ、ドルメンは八十三県

〔訳注・本国に九十五県あるうちの〕、メンヒルは八十一県それぞれに少なくとも一個はある。巨石遺構で最も人目を引くカルナックの二九三四個の列柱の秘密は、まだ解けていない。どのような宗教儀式が行われ、異教の巡礼たちをここに惹きつけたのだろうか？

視野を広げて、巨石遺構の世界的分布を見ると、朝鮮からインドまで、北アフリカからフランスを含む極西ヨーロッパにまでわたっているが、いずれも、海岸からそう離れていない。なんらかの海洋の民によって広められた宗教が関係していたのだろうか？　いずれにせよ、この分布を見ると、巨石遺構をケルト人にせよ、それ以前のある民族にせよ、特定の民族の遺したものとする仮説は成り立たない。それは、多くの民族が個々別々に造ったものか、それとも、民族交流の道に沿って広がっていったのかはわからないが、一つの世界的な芸術であることは確かである。

ラスコーの洞窟絵画——先史時代の《カテドラル》

人々は、最古の昔から、自分たちの種族の起源と古さについて問いかけてきた。しかし西洋は、神学が学問と融合していた間は、世界創造に関する聖典の記述を参考に人類のこの世界での出現を説明するだけで、この問題には極めて慎重にしか触れなかった。

ようやく十八世紀になって人類の先祖の探究に科学的学問が取り組み始め、孤立無援の探究者たちによる最初の作業から、十九世紀になって、私たちの過去についてのまったく新しい観点が生まれた。そうした探究者たちのなかで、おそらく最大の執念をもって取り組んだのがブーシェ・ド・ペルト〔訳注・フランスの考古学者・地質学者1788-1868〕である。彼は、アブヴィルで税関署長を約三十年間にわたって務めながら、その近くのソンム川の堆積土から見つかった太古の動物の骨や人間の手が

加わった遺物を蒐集した。それと同時に、十八世紀の百科全書派や自然学者の著作を読み、とくにビュフォンに傾倒するなかで、人類は、それまで考えられてきたよりずっと遠い過去に遡るが、河馬やマンモス、象など、たくさんの遺物が発見されている大型哺乳類よりもずっと遅れて出現したと考えた。

その研究成果をまとめて一八四六年に出版した『ケルトおよび大洪水時代の古遺物 Antiquités celtiques et antédiluviennes』は、先史学の真の誕生を告げるものとなった。

十九世紀も初めのころは、ローマ人以前の文明の遺跡は人類の一種の非歴史的な黎明期のなかに放り込まれ、この黎明期は最大限三〇〇〇から四〇〇〇年前とされていた。ところが、十九世紀も中ごろになると、人類の冒険は遥かに遠い過去の暗闇のなかに始まり、幾つもの段階を経てきたとする見方が一つの確信になったのである。

「先史 Préhistoire」の呼称が正式の地位を獲得するのは、一八五九年、近代的地質学の創始者、ライエル〔訳注・イギリス人1797-1875〕の著作によってである。ライエルは、その『人類古代の地質学的基礎』(1863)のなかで、人類は、遥かに古い地層のなかに、すでにその痕跡を遺していることを明らかにした。さらに一八五九年にはダーウィンが『種の起源』を公にし、この惑星上の生命の出現を無限の過去に遡らせている。

その後の歳月の間に多くの発掘作業が行われ、一八六九年には、発掘された物の出土した地層によって年代を確定できるようになった。

その後さらに、自然科学の発達に伴なって編み出された最も重要な年代確定手段が、原子物理学の応用による炭素14の測定法である。これは、動物にせよ植物にせよ、生きた有機体はすべて、ある一定量の活性炭素を吸収し、それを骨や殻、幹といった固い部分に蓄積するが、死とともに吸収は断絶し、あとは規則的に放射して減少していくことに基づいている。したがって、その放射残量を測定することによって、その有機体が死んでから経った年数が分かるのである。ラスコーの遺跡も、そこで発見された炭化した木片を、この方法で測定した結果、紀元前一万六〇〇〇年の昔に遡ることが判明した。

強調しておくべき大事なことは、こうした最初の研究者たちの考古学的発見が呼び起こした興奮によって、人々が、この百年間で、自分の踏みしめている土地、まわりの自然、耕している土を、これまでとは違った目で見るようになったことである。こうして、遥かな沈黙の過去のなかに埋もれていた石器、洞穴に描かれた絵、あるいは、もっとあとの時代については金属器といったものが、過去の人類と今日の人類との間の強力な絆となった。

わたしたちのこのフランスの国土には、人間が動物的生活から脱出した最古の時代の最も見事な痕跡が遺されている。エリー・フォールはこう述べている。

「オート＝ドルドーニュの無数の洞窟には、知られている最古の人類が住んでいた。火山活動で隆起した茶褐色の岩山や森を通って流れてきた川が近くにあり、そこではたくさんの魚が生息していた。地表面は硬く安定しており、山からやってきたトナカイは、川べりの草から丘を覆う樹木まで貪り食った」。

こうして集まり住むようになった人間たちは、獣たちの本能の必然性とは別の必然性に従う社会を形成していった。男たちは獲物を求めて森を歩き回り、女たちは洞窟を避難所に子供を育て、食事を調えた。男が石を割ったり木を削って狩猟道具を作る傍らで、女は土をこねて壺を作る。それが、いずれも、最初の人間的工業の始まりとなってゆく。

しかし、これら原初の人々は自然の真っ只中で生きている。彼らは、ほとんど本能的に風の秘めた力、水とその神秘を知っている。それだけでなく、月や星の運行を読み取る術も習得していく。なぜなら、それらは、ある特定の動物の狩に好都合な時を知ったり、天空がもたらす脅威を予知するのに不可欠だったからである。

さらに時代がくだると、ガリア人たちは、「われわれにとって、天が頭上に落ちてくること以外に恐れるべきものは何もない」と言うだろう。それは、天の穹窿を凝視し、また天がもたらす種々の災厄を経験するなかから生まれた太古以来の強迫観念であった。世界を支配しているこの力に対しては、畏れとともに神秘的な対話が始まり、ついで、死への恐れとともに、神々が発案された。

これらの神々は、原始的部族の生活と密接に混じり合っていて、礼拝は、日常生活に欠かせないものになっていたと考えられ、時代がくだるにつれて、洞窟のような特別な聖域に祀られるようになる。ラスコーは、まさに、そうした先史時代の《カテドラル cathédrale》だったのであり、人間が居住していた痕跡はない。さまざまな絵が描かれたホールからホールへ移りながら魔術的儀式が繰り広げられたのであろう。その目的は、神々の恵みを嘆願するためというよりは、世界および自然との深い合一を実現することだったと思われる。

この先史時代の宗教がどのようなものであったかを推定するのに、おそらく、これと同じ発展段階にあると考えられる未開社会の研究が活用された。ドイツの学者、ヨハンネス・マリンガーは、この点について、次のように書いている。

「破壊と再生を象徴するこの儀式は、その芸術作品に表れているよりもずっと多様で壮観であったに違いない。この時代の祭礼儀式は、おそらく呪文による祈りと踊り、歌と音楽を伴った。参加者たちは、ときに仮面をつけ、魔術的な道具を使用したに違いない。私たちは、それを現在の未開民族の宗教儀式と類似点をもっていたと推定することができる。この魔術的儀式が行われている間、洞窟のなかでは、魔術師や狩人たちの呪文による歌声が反響していたであろう。」

同様の洞窟は、現在のフランスの国土の各地に点在していたが、そうしたあらゆる洞窟のなかでラスコーのそれは、「先史時代のシスティーナ礼拝堂」ともいうべき絵画の多さと描写のすばらしさから、最も重要な祭儀場であったと考えられる。

この洞窟は、一九四〇年、田野を散策していた四人の生徒たちによって発見された。樹木に覆われた台地の崖に開いた入り口を入ると、縦横が十メートルと三十メートルほどの最初の部屋があって、その壁面と天井には大きな牛の頭部と、その間に鹿と馬が何頭か描かれている。そこから一本の廊下のような通路を奥へ入っていくと、壁一面が小さなデッサンに覆われた第二のサロンになる。

ラスコー壁画

ついで一本の竪坑があって、そこを入っていくと、もう一つ部屋がある。ここには深手を負って傷口から内臓が溢れているバイソンと、その角の先に狩人の横たわる姿がリアルに描かれていることから「狩人の広間」と呼ばれている。狩人はバイソンに傷を負わせたが、角の一撃で命を失ったもので、この部屋には、そうした深い演劇性と死者を弔うメモリアル・ホールといった趣が漂っている。

この芸術家は、死体のイメージを固定化しようとし、動きの欠如を表すのに抽象的なやり方しか思い浮かばなかったようで、狩人は横たわっている輪郭線だけで示され、その表情も服装も描かれていない。これは、これから狩に出かける一団のための儀式を表したものか、それとも、狩の最中に死んだ仲間の功績を称えたものなのか？　この二つは正反対であるが、上のほうから見下ろすように描かれている一羽の鳥は、多分、これらの二重の意味をもっていて、やがて《魂 l'âme》となるものの最初の表現ではないかと考えられる。

ラスコーの洞窟絵画は、他に三つの画廊があって、それで全体が完成する。学問としての考古学の進展に伴なって、ラスコーを含むヴェゼール川の谷のもつ豊かさがますます明らかになる一方で、謎もますます増大している。この曲がりくねった川の流れを見下ろす岩山の中腹こそ、最初のフランス人の冒険が書かれた最古の文書館である。ここには、まだ解読しきれないでいるが、太古の人々の苦しみと希望を記した膨大な文書が眠っており、私たちは、それらを通じて、少しずつ遥かな先祖たちと交流を深めてゆくことができるであろう。

ドルメンとメンヒル

ラスコーは、創造的工夫において、先史文明のなかで他の追随を許さない一つの頂点を示している。その宗教的・美的意識の高さは、おそらく、原始的制約を脱却した特別に恵まれた共同体であればこそ到達しえたものだったのであろう。前二万年から同一万年紀にいたる狩猟民の生活の証人として、この《カテドラル》を満たしていた信仰がいかなるものであったかを捉えることは容易ではないが、少なくとも、その生活の様子を感じ取ることはできる。それを明らかにしようとしたのがロニー

〔1856-1940 ベルギー生まれのフランスの小説家〕の『火の戦争 La Guerre du Feu』（1911）である。

先史時代の狩猟民が農耕民になり、放浪の民が定住民になるには、一万年の時を要した。そのなかで、まず地中海沿岸に、ついでヨーロッパの大西洋沿岸地域に巨石文明が現れた。この文明が生み出された背景には、ヨーロッパに住む人間の容貌を根底から変える人々の移動とそれに伴う外的力が影響したようである。巨石遺構は、コルシカ島からプロヴァンス、オーヴェルニュをはじめ

フランス全土に分布しているが、最も長期間にわたって造り続けられたのが、ブルターニュにおいてであった。モルビアンだけでメンヒルは約三五〇〇を数え、これはフランス全土のメンヒルの半数に達する。とくに印象的なのは、何列にも整然と並んでいるカルナックの石柱である。

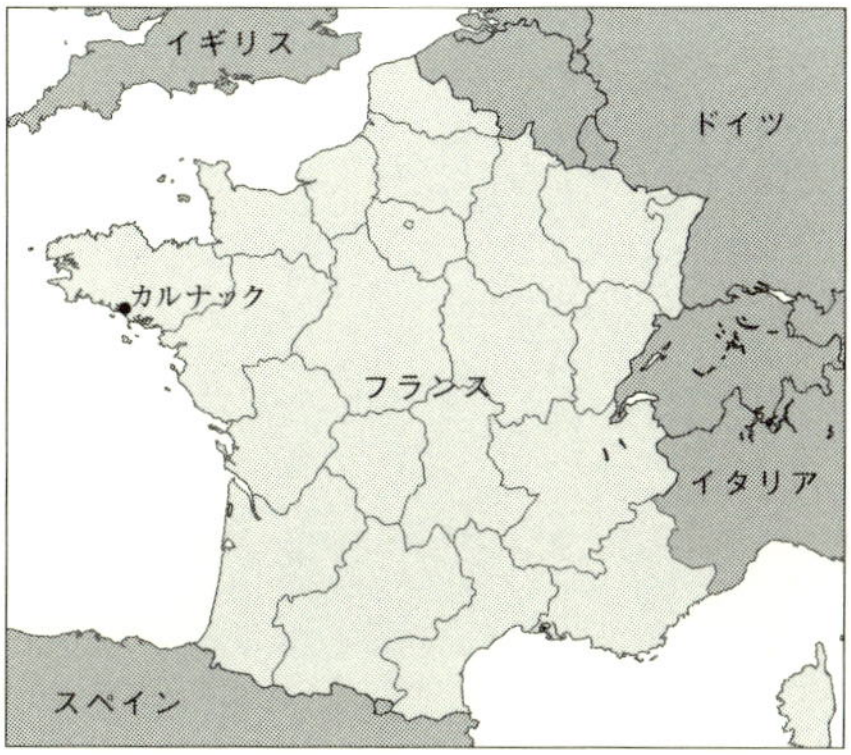

　十九世紀まで、こうした巨石遺構を目にした旅人たちは、ケルト神話の伝説的英雄たちの痕跡をそこに見た。同様に、ギリシアやトルコなど東地中海の巨石遺構を見た人々は、ギリシア神話の英雄ヘラクレスの事跡と考えた。また、ある人々は、大洪水以前の巨人族か、そのほかの伝説が伝えている地下の怪物の仕業と考えた。今日でも、科学的教養と縁遠い人たちは、かつてはわれわれより遥かに力持ちの人々がいて、これらの奇妙なモニュメントを遺して姿を消したのだと信じている。さらには、おそらくサイエンス・フィクションにかぶれるあまり、目的は分からないが、他の天体からやってきた人々が造ったものだと主張する人々までいる。

　ドルメンやメンヒルといった巨石文明が栄えたのは、おおまかに推定して前三四〇〇年ごろから、ケルト人がブルターニュに住み着いたと思われる前五世紀までであるが、これにも、地域によって時代的ずれがある。ドルメンは石柱の上に板石が載せられている通廊墓（allées couvertes）であり、メンヒルは、石柱が立てられただけのものをいう。これらのモニュメントの本当の意味は何か？　この疑問に対しては、きわめて漠然としか答えられないのが実情である。先史時代の社会においては、すべてが多少なりとも宗教性を帯びていたから、宗教的機能をもつものであったことは確かと思われる。

　ドルメンは、石の列柱に囲まれた内側が神聖不可侵な領域という特質を示しており、地下が墓室になっていることから、間違いなく墓である。メンヒルは、たくさんの石柱が列をなして立てられていることもあれば、一本だけ孤立していることもあり、解釈はずっとむずかしい。孤立した石柱の場合も、最初から孤立して立てられたのか、それとも、本来はたくさんの石柱から成っていたのに、長い歳月の間に他は壊されて一個だけ残ったのかも分からない。いずれにせよ、これは墓ではなかったはずである。というのは、骨の保存に適した土壌のところでも、人体の残骸が見つかっていないからである。そこから、石柱は狩の道を示すための境界石だとか、アフリカやアジアの幾つかの地域で見られるそれに似た男根崇拝のシンボルであるとする説もあるが、これも仮説でしかない。

ある歴史学者たちは、この石の建造物にはなんらかの魔術的意味があったに違いないと考え、カルデア人やエジプト人のもとで学ぶことができたであろう天体魔術との関わりがあるのではないかと推測した。それを裏づけるように、石の列の向きと昼夜平分時〔春分と秋分〕の日の出の方向とが合致していることも確認された。この合致は、このメンヒルに魔術的意味があった証拠だろうか？　それとも、わたしたちにはまだよく分かっていない意味があったのだろうか？　この点については、考古学者たちも結論を保留している。

考古学者たちが慎重であるのは、かつて十八世紀、『オシアン Ossian』をめぐって、いわゆる「ケルトマニア」〔訳注・ケルト文明こそヨーロッパの文明の源泉であり、ヨーロッパの言語・文化は、その流れを引いているとする説〕の熱狂に巻き込まれた事実が教訓として残っているからである。古いケルトの吟唱詩人が作ったとしてもてはやされた『オシアン』は、実際にはイギリス人教授のマクファーソンが一七五〇年から一七六三年の間に創作したもので、この熱狂自体、太古の時代を人類の黄金時代と考えたがる一般的傾向が噴出し、そこから、ケルト人こそヨーロッパ文明すべての元となった酵母であるとするプレ・ロマンティックな妄想に囚われたのであった。たとえばランドリー〔1909-1973　フランス系スイス人作家〕は、ケルトのモニュメントについての著述において、ドルメンは平和と安定のために人々の間で交わされた契

カルナック列柱石

約のシンボルであったとしている。

そのほか、巨石文明は、文化的視点から見ると非常に進んだ文明で、精神的進展においては、コロンブス以前のアメリカ先住民や歴史の曙におけるメソポタミアの人々と同じ深さをもっていたとする人々もいる。この「ケルトマニア」は、現代人の心のなかからも全くなくなってはいない。今日も、この熱気はオカルティズムが噴出す土壌となっていて、時として「キュクロプス的」〔訳注・キュクロプスとはギリシア神話に出てくる一つ目の巨人〕と呼ばれるあらゆる巨石芸術について、かつて歴史家のサロモン・レナック〔サン＝ジェルマン博物館長を務めた考古学者1853-1932〕が皮肉を込めて定義づけた一つの見方に走らせがちである。いわく「ケルト人たちの言葉はブリトン語のなかにほとんど無傷で残っており、彼らの深い哲学性はウェールズの叙事詩人たちによって伝えられた。ドルメンは祭司であるドルイド僧たちが人間を生贄に捧げた祭壇であり、列石柱は彼らの天体観測所であった」。

この見方によると、古代ブルターニュ社会は秘伝を受け継いだ人々の社会であり、彼らが伝えていた知識は、その秘密を解くのを助けてくれる可能性をもっていることになる。

確かなことは、この巨石文明は、ヨーロッパ大陸の西端に到達する以前に、ギリシアやローマで開花する都市文明に先駆けて巨大建築時代を現出したことである。アンリ＝ポール・エドゥは、『砂から掘り出された歴史 Histoire arraché aux Sables』のなかで次のように書いている。

「建設者たちの技術的能力は貧弱であった。彼らが大仕事をすることができたのは、輸送技術の改良と、膨大な労働力の活用によってであった。計算によると、九十トンの板石を木のころに載せるには百人の人手が必要で、それを移動させるには、平らな土地でも五百人が必要である。ほんの少し登りになっているだけでも、この数はさらに増える。」

しかしながら、巨石文明には、このような建造物を造るために古代エジプトや古代アメリカのように作業分担が行われ、大量の奴隷が支配階級のために休みなく働かされたという印象は全くない。ブルターニュの先史時代のモニュメントは、人々が、日々、生き生きした一つの宗教的感情に促されながら緊密な共同作業を進めた結果、実現されたものと考えられる。

第三章　ケルト世界

ケルト人は金属器文明の人々である。ということは、まず何より冶金術に習熟した人たちである。彼らが西暦前一〇〇〇年ごろにフランスの大地に姿を現したとき、金属文明はすでに、その背後に長い過去をもっていた。エジプト、メソポタミア、インダス川の谷では、前四〇〇〇年ないし三〇〇〇年紀から、銅、鉛、銀、金、青銅が利用されていた。これらの金属は、同三〇〇〇年紀末から二〇〇〇年紀に広がった商業によって、小アジア、近東、ついでキュクラデス諸島、クレタ島、そしてギリシア本土へと伝わった。鉄器がドリス人たちによってギリシア本土に持ち込まれたのは前一一〇〇年ごろである。

金属、とくに青銅器文明は、二〇〇〇年紀の半ばにはフランスの土地にやってきた。まず中央ヨーロッパを経由してアルザスからブルターニュにいたる中南部に伝えられ、北フランスには北方ルートを経て伝えられたと考えられる。土壙の墓室からは、短剣、斧、鏃などの金属製品と並んで陶器が出ており、これが道具類の不可欠の要素となっていたことが分かる。こうした金属の武器や陶器には、初歩的な幾何学文様の装飾が施されていることが多い。たとえばアグノーの森〔訳注・アルザスの北方〕だの、ブルターニュではコロゾン、クレゲ、またジロンド地方ではポヤックの近くのクリサックの土壙で、そうしたものが見られる。

私たちが『ガリア芸術』と名づけているケルト芸術は、粗野で野蛮なままである。プロヴァンスのロクペルテューズとアントルモンの高地居住地〔訳注・こうした丘の上の城砦都市を「オピダ oppida」、単数形では「オピドゥム oppidum」といった〕で発掘された表現力豊かな像は、マルセイユのボレリー博物館やエクスのグラネ博物館で鑑賞することができるが、それらが原始的であるのは、その様式によってだけではなく、これらの周辺で大量の人間の頭部が見つかっており、野蛮な戦争と宗教行事が関係していたことが窺われるからである。これらの人骨は戦利品であるとともに、人間の頭蓋骨のもつ生命の力への崇拝の表れでもあったろう。

ヴィクスの奇妙な発掘物（現在はヴィクスに近いシャティヨン＝シュル＝セーヌの博物館にある）のなかでも人目を引くのが、前六世紀の王女か女神官の墓で見つかった一つの風変わりな宝物である。彼女の装身具はエトルリア＝ギリシア（étrusco-grecs）式〔訳注・イタリア半島南部で、原住のエトルリア人とギリシアからの移民の交流のなかから生まれた文化〕の特色を示している。この宝物類は、政治的あるいは宗教的権力者への外交上の贈り物だったのだろうか？　それとも、買い入れられた物だったのだろうか？　いずれにせよ、宝物のなかでも最高の作品である巨大なクラテル〔訳注・ギリシャなどで製作された取っ手つきの甕〕が、けっしてこの器の本来の目的であるワインの灌奠 libation〔訳注・神に捧げること〕という平和的な目的のためではなく、捕虜の喉を掻き切ってその血を受けるために用いられた器であったということも、ありえないことではない。アヴィニョンのカルヴェ博物館のノーヴの怪獣「タラスク tarasque」は、そうしたおぞましい闇の世界を想起させる。

しかしながら、ガリアの芸術は、金属の加工技術も知っており、とくに貴金属を加工して繊細な傑作を幾つも生み出している。タルンのラスグレスで出土し、トゥールーズのサン＝レイモン博物館に展示されている、打出し細工を施した黄金の首輪と腕輪がその例である。しかも、プロヴァンスでも、ソーヌ＝エ＝ロワール県のブーヴレ山にあったビブラクト、ローマ人との戦いにおいてガリア人の最後の抵抗の拠点となったジェルゴヴィーやアレシアといった《オッピドゥム》も、結局、ローマ軍によって破壊され、《ローマの平和 pax romana》が実現されることによって、その存続は無用化されたことを想起すべきである。

ところで、ローマ文明がやってくる前に、もう一つ別の文明がガリアの海岸にやってきていた。ヘレニズム文明がそれである。ギリシアの商業は早くからケルトの中心部、とくにローヌ川流域に入ってきていたが、ギリシア人たちは自分たちだけの居留地を形成し、自分たちのアゴラ〔広場〕や神殿、競技場を造って、本国のフォカイアだのアテナイ、コリントスだのにおけるのと同様の生活を営んだ。これは、十九世紀のイギリス人が、アフリカやアジアの中心部に自分たちのクラブやポロ競技のコートを持ち込んで、そこに閉じ籠ったのと同じである。

メラック〔南西フランス・オード県〕、アンセリュヌ〔同じく南西フランスのエロー県〕、アグド〔同じくエロー県〕、サン＝ブレーズ〔ローヌ川河口のブーシュ＝デュ＝ローヌ県〕、グラノム〔プロヴァンスにある〕、マルセイユ、イエールの近くのオルビア、アンティーブ、ニースなどは、ガリアの土地に刺さったギリシア人の小都市であった。

これらは、同じギリシア人の植民都市でも、たとえば南イタリアやシチリアの《マグナ・グレキア》の諸都市の豊かさや豪勢さとは縁遠い、つつましい都市であった。ガリアのギリシア人都市で最も有名なマルセイユ〔訳注・マッシリアといった〕でさえ、家々の屋根は藁葺きで、ボレリー博物館に保存されているアルテミスに奉納された四十本の記念石碑はアルカイックなスタイルを示している。陶器も例外なく、ひどく粗雑である。その神殿で遺っているのはデルフォイのアポロ神殿と同じイオニア式柱頭の断片だけである。貨幣だけは素晴らしいが、これは、このような商業都市にあっては、驚くまでもないことであろう。

ローマ支配下のガリア

ギリシアがガリアの大地の表面をかすっただけだったのに対し、ローマは深く入り込んでこれを所有し、その性格まで変えさせた。それまでのケルト時代のガリアは、ブリテン島西端のコンウォールで産出した錫がギリシアやエトルリア（のちにはローマ）へ向かう通過地であり、ローヌ川沿いに南北間を行き来したギリシア人による通商ルート（彼らは地中海岸沿いにも盛んに行き来したが）の終点であった。

それに対しローマは、まず前一二〇年ごろ、南部ガリアをケルト人の世界から切り離して、「属州ナルボネンシス」として自分たちの地中海帝国に接合した。このため、プロヴァンスとラングドックには、他の地域に較べて、ひときわローマの痕跡が深く刻まれることとなる。全ガリアが征服されるのは、前五八年から同五一年までのカエサルによる「ガリア戦争」の結果である。しかし、それでガリアが一つになったわけではなく、アウグストゥスは、「アクィタニア」（南西フランス）、「セルティカ」（西はブルターニュから東はリヨンあたりまでで「ルグドゥネンシス Lugdunensis」と呼ばれることが多い）、「ベルギカ Belgique」（現在のベルギーから東部フランスまで）の三つのガリアに再編した。アウグストゥスは、なかでもルグドゥヌム（すなわちリヨン）をこれら三つのガリア共通の首都として整備したうえ、その後も、毎年八月には、前一二年にドルススによって建立された神殿で全ガリアの代表が集ってローマとアウグストゥスのための祭儀が行われるようになったことで、未来のフランスとなる統一体の最初の基盤が築かれた。

〔訳注・ドルスス（BC38-AD9）はアウグストゥスの妻リウィアが最初の夫との間に儲けた連れ子で、二代目の皇帝となるティベリウスの弟。八月にアウグストゥスのための祭儀が行われたのは、八月は英語の「オーガスト august」に残っているように「アウグストゥスの月」とされたからである。ちなみに、七月を英語で「ジュライ july」というのは、カエサルの名前「ユリウス Julius」に由来している。〕

この祭壇は、所詮、支配階層のためのものであったが、ガリアとローマの漸進的融合を象徴している。一五二七年にリヨンで発見され、ガロ＝ロマン博物館に保存されている青銅の「クラウディウスの碑板 Table claudienne」には、四八年に皇帝クラウディウスがローマ元老院にガリア人貴族を受け入れさせるために行った演説が刻まれている。最後に、三世紀末、皇帝ディオクレティアヌスは、前記の三つのガリアに属州ナルボネンシスとアルプス地方の諸州を合併し、全体を十七の属州から成る一つのガリアにした。

〔訳注・この十七の属州は、現在のフランスだけでなく、西はブリテン島やベルギー、東はスイス、オーストリアまで含んでいた。〕

しかし、ローマ時代のガリアのモニュメントは、この地を軍事的に支配するための都市行政施設や、ローマの神殿を模造した宗教的建築、水源から都市へ水を引く導水路、大浴場や町の広場にいたる給水施設、さらに多くの劇場や大競技場といった、ローマ人たちの嗜好を示している。たとえばフレジュスは、街そのものが軍の宿営地と同じタイプを示しているし、捕虜の見事な像二体を残してそれ以外は破壊されてしまったサン＝ベルトラン＝ド＝コマンジュも、同じタイプの都市であった。モナコの近くのラ・テュルビーは、それ自体が戦勝を記念して作られたものである。オランジュには、勝利を記念して建てられた凱旋門があり、カルパントラには、捕らえられて手足を切られた蛮族の有名な彫像がある。

ブザンソンにも凱旋門があるが、そこに刻まれた彫像の謎はまだ解明されていない。ニームとヴィエンヌでは、ローマ時代の神殿がまだしっかり建っているし、ヴェゾンでは、ローマ都市の面影をはっきり見ることができる。ランス、ディ、オータン、ラングルでも、ローマ時代の城壁と門が今も建っている。

導水路で最もすばらしいのは、いうまでもなく壮大な水道橋、「ポン＝デュ＝ガール」であり、大浴場で印象的なのは、パリのクリュニー博物館に隣接しているそれである。

劇場と円形闘技場は、今もアルル、オータン、ボルドー、リルボン、リヨン、シミエ、ニーム、オランジュ、パリ（ルテティアの闘技場は、ひどく傷んでいるが）、ペリグー、サント、サンリス、ヴィエンヌの貴重なアクセサリーである。

実用的な建築でローマ時代の最も印象的な名残を遺しているのが、バヴェの地下倉庫である。アルルの近くでアルフォンス・ドーデの風車とフォンヴィエイユからさほど離れていないバルブヴァルの水車の製粉所は、ローマ人たちの実務的天分を証明している。

それに対してガリア人の特徴が表れているのが、彫刻と陶器類、日常生活の実際と職人の世界に対して払われた敬意、冶金技術と金銀細工技術の伝統であり、さらにいえば、ローマ皇帝からローマの商業の神メルクリウスと同一視された神を主神として崇めた民族らしい商業文明への嗜好が表れている品々である。ガロ＝ローマには、メルクリウスを祭る神殿がたくさん建てられたが、その最も印象的な名残がピュイ＝ド＝ドームの神殿である。〔訳注・ピュイ＝ド＝ドームにもともと祭られていたのはガリア宗教の主神ルグ Lug であったが、ローマ人は、これをメルクリウスの神殿とし、その後、キリスト教化とともにキリスト教の礼拝堂に建て替えられた。〕

パリのクリュニー博物館に隣接するルテティアの大浴場の浅浮彫は、商業を重んじたこのガロ＝ローマの人々のなかでも川船頭たち（ノート・パリジャン Nautes Parisiens）の祭壇を飾っていたものである。しかし、もっと人々の生活に身近な芸術を探すなら、サン＝ジェルマン博物館そのほか地方の博物館の装身具や記念碑に求めるべきであろう。

他方、モザイクは、ローマ人たちの優れた芸術的手腕がどのようにガリアに採り入れられたかを教えてくれる。その点で最も壮大な例が、ヴォージュ地方のグラン〔訳注・ヌシャトーの西北西で、ガロ＝ローマ時代の円形闘技場の遺跡がある〕の巨大モザイクである。

このようにローマ文化の移植のなかにあっても、ガリアの民俗風習は、民衆の信仰や迷信に活力を与えつづけた。たとえばセーヌの源流地方では、最近、百八十ものアルカイックな木製の像や小像が発見された。それらは、ディジョンの博物館で鑑賞することができるが、肉体的・精神的な病のなかで願いと期待をこめて奉納されたもので、その一つ一つに驚くべき写実性が表れている。

三世紀以後、ローマ帝国の衰退・解体とともに、この民族の悲劇的ドラマの最終幕が始まる。帝国の巨体を潤してきた遠距離間商取引は消滅し、各部分で孤立して生き延びる術を学ばなければならなくなる。他の属州と同様、ガリアも、帝国内部の麻痺症状とそれに乗じて略奪を繰り返し、さらには抵抗力のない地方には征服にやってくる蛮族たちの襲撃の前に放置される。

ガロ＝ローマ人たちも蛮族たちも、暗澹たる力の鬩ぎあうこの混乱のなかから、やがては新しいエネルギーを汲み上げていくのだが、当初は、物理的・道義的崩壊と腐敗が増大の一途を辿る。物質的窮乏とあいまって、感受性と倫理観が衰退し、それに乗じて異教の迷信がのさばる。そうした迷信は、新石器時代の太古の昔から人々の心の奥に潜んで生き残ってきたもので、このアルカイックなものの再噴出を前にして、キリスト教がしたことは、それまでの世界の遺産を救い出して新しい出発の基盤とすることではなく、まずガロ＝ローマ世界が築いた土台を崩すことであったから、虐殺や飢饉、伝染病によって人口は破滅的なまでに減少し、都市社会は身を守るために応急的に築いた城壁のなかに閉じこもって、ますます収縮した。こうして、破壊と萎縮、貧困化、そして諦めの時代が始まる。

この全般的災厄に伴ってモニュメントの破壊もますます進む。ガリアの文明は、《ローマの平和》のおかげで山上都市（oppidum）を捨てて、平地都市の繁栄のなかで発展してきたのだったが、その《平和》が失われたため、簡単に戦乱や諸々の危機の餌食になってしまった。生き残った人々の大部分は田園に分散し、要塞化した大土地所有者の《ヴィラ villa》のまわりで、そして農村化し貧しくなった文化のなかで、自由を失って大土地所有者に隷属する新しい奴隷になっていった。

パリはシテ島のなかに縮まり、ローマ時代のモニュメントは《採石所》と化していたが、この破壊作業の仕上げをしたのが「キリスト教の福音伝道者たち」であった。四世紀末の聖マルティヌスは、ケルト文明の名残である「聖なる木」を伐り倒し、神殿を壊し、像を倒した。ガリアの土地には、西ゴート族、ヴァンダル族、ブルグンド族、アラニ族、スエヴィ族、フン族などの蛮族が次々と侵入した。そのなかには通過しただけの人々や追い返されたものもいたが、定住するものもいた。こうして、六世紀はじめには、プロヴァンスを除く全ガリアが、首長クローヴィスに率いられたサリカ系フランク族（Francs Saliens）によって征服される。このフランクの王は、一種の天才的ひらめきによってカトリックに改宗する。これが、異教徒たちや、同じキリスト教でも異端のアリウス主義（ariens）を奉じる隣接部族たちに対する彼の戦いとその成功を約束した。

太陽を崇拝した民——ケルト人

前一〇〇〇年ごろ、先史時代と歴史時代の十字路のなかでケルト人が現れ、東はボヘミアから西は大西洋岸まで、北はバルト海の岸辺から南はタホ川〔訳注・イベリア半島を横断し大西洋に流れる川〕の岸にいたるヨーロッパのほぼ全域に定住していった。彼らは、移動してまわる民衆の集まりで、一つの帝国を築くことをせず、歴史のうえに登場するのも、この時代の唯一の歴史的共同体であったギリシア・ローマ世界との接触に関連してであり、ギリシア・ローマ世界の年代記者たち（とくにティトゥス＝リウィウス）は諸都市に加えられたガリアの脅威をかなり詳細に記述している。

このケルトの英雄叙事詩の終焉をなしているように見える二つの日付がある。

一つは、前三八六年ごろで、アンビカ王がビトゥリゲス族（現在のブールジュあたりを本拠にしていたケルトの部族）を率いてローマを襲い、宝物を掠奪して引き揚げていった出来事で、この事件は、ローマの歴史のなかでも長く記憶に残る衝撃的な災厄であった。アルプスの山をくだってきたこの人々は、それまでローマ人が勇気と忍耐をもって対峙するのを常としてきた人々とは異なる人種と映った。そのため、この約千年後の五世紀のヨーロッパにとってのフン族や二千年後の十五世紀ヨーロッパにとってのトルコ人のように、ガリア人はローマ人にとって、その後も長く、最高度の危機の象徴となり、ローマではこの北方からの危機に備えるために「トゥムルトゥス・ガリクス tumultus gallicus」（ガリア人襲来！）なる特別の警報が出されたほどであった。

もう一つは、前二七八年、ギリシア人たちにとって最も重要な聖域であったデルフォイが襲われた事件である。デルフォイのアポロン神殿には全ギリシアから寄進された膨大な宝物が蓄えられていて、ガリア人がここを襲撃しようとしたのは、宝物に心を奪われたためであったとされている。だが、このガリア人の地中海沿岸への侵入をどう意義づけるかについて、現在の歴史家たちの見解は一致していない。これまでは、ガリア人の族長ブレンノスが五万人の男たちを率いてテッサリアへ、そしてデルフォイへ向かったのは、もっぱら物質的欲望のためであったと信じられてきた。しかし、だからといって、彼らを南方へ惹きつけた動機に宗教的要素がなかったとはいえない。ジャン・マルカルは、この点について、こう書いている。

「彼らが求めた黄金は、物質的な黄金だけではなかった。彼らを惹きつけたのはアポロンの聖域としての評判であった。太陽が神聖なものの最も完璧な象徴であるとすれば、黄金は太陽の象徴である。デルフォイの黄金は《神人同形論 anthropomorphisme》を拒絶するケルト人にとって全く評価しうる神の象徴なのである。したがって、ブレンノスがデルフォイに惹きつけられた所以は、次のように説明できるだろう。すなわち、デルフォイは聖なる地、一種の別世界であった。しかも、古来ケルト人たちが《別世界》の探求という執念に囚われてきたことは周知の通りである。」

また、こうも考えられる。ガリア人たちは神託に伺いを立てる慣習があり、セン島〔訳注・ブルターニュ半島の沖にある島〕には未来を透視する九人の巫女がいたほどである。その彼らが、当時その名も隠れなきデルフォイのアポロン神殿のピュティア〔訳注・アポロン神の別名〕を訪ねたがったとしても不思議ではない——と。

デルフォイへの冒険は、ギリシア人たちの抵抗だけでなく猛吹雪という自然の災厄によって阻まれたものの、ギリシア世界を震えあがらせたのであるから、ケルト人たちにとっては、精神的に成功であった。彼らの多くは故郷の地へ向かって北方へ帰っていったが、途中のマケドニアやトラキア、小アジアに定住した人々もおり、その子孫たちはガラテア帝国を打ち立てた。このガラテア人たちは何世紀にもわたって自分たちの言葉と慣習を保持し、一世紀半ばには聖パウロによって福音の民となる。

ローマでは、その後、年月の経過とともに、ガリア人たちの恐怖の記憶は薄れていったが、代わって、ゲルマニアというもっと恐るべき脅威が姿を現す。そのなかで、ローマ人たちはガリアを帝国の独立的辺境地域（marche）にして、ローマとゲルマニアの緩衝地帯としようと考えるようになる。西暦前一二五年には、南ガリア全体が植民地化されて属州（プロウィンキア）となり、その首都のナルボンヌは南ガリアのラテン化の中心地となる。ローマ人のプロヴァンスへの入植からカエサルによる全ガリア征服までの四分の三世紀の間、ローマは、その繁栄とエネルギーが何か魅惑的なものをもっているこのガリアの地に、じっと視線を注ぐのをやめない。

〔訳注・ローマが南フランスを属州化した背景には、この約百年前、ヒスパニアから象軍を率いてイタリア半島に侵入しローマを脅かしたカルタゴのハンニバル軍の通路になった苦い思い出があることも周知のとおりである。〕

しかし、ケルト文明は、巨石文明が証明しているように、ローマの支配下に入るよりずっと早くから独自の輝きを放っていた。すでに、前一二〇〇年から同一〇〇〇年に起きた大規模な移動のあと、大西洋のほうから入ってきたか、それともダニューブ川方面から来たかは不明だが、フランスの大地を占拠した人々によって、歴史家たちの言う《骨壷畑の文明 civilisation des champs d'urnes》が打ちたてられていた。この呼び名は、彼らの独特の遺物が、火葬し革袋に包んだ骨を壺に納めて埋葬した墓であることによる。

前七〇〇年から同五〇〇年ごろにかけてのハルシュタット期（すなわち鉄器時代の初め）には、ケルト人たちはガリアに定住して三、四百年経っており、かなりの文化水準に達していたことが、一九五三年にコート＝ドール県のシャティヨン＝シュル＝セーヌの近くで発見された《ヴィクスの宝物》からも明らかである。この宝物で際立っているのは、王族と見られる三十代女性の墓に埋葬されていたたくさんの装飾品で、ギリシアやエトルリアで製造され輸入された物だけでなく、この土地で製作された物もあることが分かっている。

　同じ前一〇〇〇年紀半ばごろには、東部フランスでも、道具製作における技術的完成度の高さと同時に優れた美的センスを示す品々が生み出されていたことが古墳からの出土品で分かる。この東部フランスでも際立った文化が開花していた印象を与える地域が二つある。一つはセーヌ上流の谷で、ここでは、女神セクワーナにささげられた一連の素晴らしい彫刻板が発見された。その彫刻は細密で、自然の風化を免れて今も鮮やかである。もう一つはジュラ地方のサラン＝アルボワ周辺で、ここでは四万基を超す墳墓が見つかっている。東部フランスとくにシャンパーニュには、前五〇〇年から同三〇〇年の間に、もっと別の文明を開花させる酵母が、新しいケルト移住民によってもたらされ、ここでは戦車型の墓がたくさん発掘されている。

　前三世紀はケルトの拡大期で、ガリア人たちはヨーロッパ全域へ植民のために出かけている。しかし、これらは明日を考えない野望から行われたもので、前二世紀になると、ケルト人たちの領域は、ほとんどガリアの地に狭められる。このケルト文化についての正確な認識を困難にしているのは、エジプト文明やヘレニズム以前の文明が遺しているものに匹敵するような痕跡が僅かしか遺されていないことである。ガリア人の住居遺跡は皆無に等しく、辛うじてユリウス・カエサルの記述によって、三つのタイプがあったことが分かっているだけである。

　一つは、独立的家屋で、ローマ人たちが「アエディフィキア aedificia」と呼んでいた大土地所有者たちの田舎の住まいである。第二は、小集落すなわち「ウィキ vici」で、これは、おそらくガストン・ループネルが抒情的に示しているように、現在のフランスの田舎の村に見られるような、曲がりくねった小道がその間を結び付けている小さな集落群である。最後は、カエサルが「オッピダ oppida」と呼んでいるもので、これは、ローマ人たちがこの言葉に与えている意味の都市とはとうてい考えられない山上の要塞である。

　ローマ人が「オッピダ」と呼んでいたのは、互いの活動を補い合う緊密な社会的総合体であり、周辺地域のセンターの役を果たすものであったが、ケルトの「オッピダ」は険しい山の頂上に造られ、したがって、その機能は本質的に軍事的要塞であった。そのケルト最大の要塞がモルヴァンのブーヴレの山頂に築かれたビブラクトで、これは、五キロメートル以上にわたる城壁が巡らされていた。この点はアレシアも同様である。また、ジェルゴヴィーの場合は、八万の軍勢を収容できたと考えられる。他方、曲がりくねった川の流れや沼沢地で守られた平地の「オッピダ」もある。ルテティア〔訳注・のちのパリ〕やアウァリクム〔訳注・のちのブールジュ〕がそれで、後者は、カエサルが包囲したとき、住民四万を数えた。しかし、これらも、根本的には「都市」というよりも戦争の「避難所」あるいは「集合所 rendez-vous」で、普通は新石器時代の古い村のあった土地を整備したものであった。そこには穀物が貯蔵され、政治的集会が開かれた。ビブラクトでは、西暦五二年、全ガリアから送られた代表によって会議が行われているが、ここは「都市」などではなかった。いずれにせよ、都市として発展するはずの場所はすべて、ローマ軍によって破壊された。

「孤立した家」も「都市」も「要塞」も、建造物は、すべてガリアでは当初、木造であった。ガリア人たちは、石工としては凡庸で、エミール・テヴノは「建築と彫刻の技術は、彼らにとっては、長い間、外国のものであった」といっている。カエサル以前に石で造られ、今日にまで遺っている遺跡は稀で、それも南フランスに限られている。ということは、地中海世界と接触のあった地域ということで、たとえばブーシュ＝デュ＝ローヌ県のロクペルチューズの彫像、同県のアントルモン〔訳注・エクス＝アン＝プロヴァンスの北に前四世紀に築かれたケルト人のオッピドゥムの遺跡。この要塞は石で造られていたが、前一二五年にローマ人によって破壊された〕の廃墟の石などで、これは、ガリアにおける石の加工技術は、ギリシアかローマを手本にしたことを示している。

ガリア人たちが関心を寄せたのは、実用の品々をいかに巧みに造り、いかに華やかにするかであった。そのために《装飾芸術 arts mineurs》を発達させたが、根本的には彼らは《芸術家 artistes》というよりは《職人

artisans》であった。とくに冶金技術については、プリニウスが「錫メッキ（étamage）を発明したのはガリア人である」と言っているほど優れていた。彼らは、あらゆる貴金属を駆使して装身具や人間の顔をした仮面を作ることができたし、七宝細工や焼き物にも手腕を発揮した。こうした工芸技術の隆盛は、経済活動や知的活動、そして濃密な宗教的心情の反映であり、それは、多様化し豊かになるにつれて、周辺世界とくに地中海世界との緊密な結びつきを求めていった。ガリア人たちは貨幣は造らなかったが、これが取引に便利であることはすぐ気づいた。今日、私たちが彼らの生活について多少なりとも知ることができるのは、そのおかげである。

したがって、当時、知られている限りの世界の涯まで行こうという夢を現実化しようとしていたローマが、この国に眼を向けたのは当然であった。前五八年、カエサルがガリアに向かったのは、ヘルヴェティア人の脅威からガリアを救うためであったが、彼がガリアを救うためにやったことは、これを併呑することであった。そのためにガリアは初めて一つになって抵抗したので、これを終わらせるのに十年の歳月を要した。この束の間の結束のシンボルとなったのが、ジェルゴヴィーの戦いであり、ついでアレシアの戦いであった。

アレシアの戦いは、フェルディナン・ロットが言うように「フランスの歴史における最大のカタストロフ」と考えることもできるが、反対に、ガリアは、これによって遅ればせながら《勝者の歴史 histoire triomphante》のなかに入ったのだと見ることもできる。そして、この戦いの悲劇の英雄で、フランス人の記憶のなかに二千年来神話的に生き続けているヴェルサンジェトリクス（ラテン語風にいうとウェルキンゲトリクス）は、まさに《他者性 altérité》〔訳注・identité の反対語〕の犠牲者である。私たちは彼の中に、民族的エネルギーを結集した英雄であると同時に、その敗北によってフランスの国土を地中海文明に対して開放した敗北の将を見るのである。

フランスはアレシアで始まる

十八世紀末あるいは十九世紀初めまで、考古学上の発掘現場が教養人の好奇心を駆り立てることなどほとんどなかったのに対し、アレシアはすでにルネサンス期から、フランスの歴史の重要な舞台として注目されていた。このころ、古代世界を蘇らせようという気運が高まり、ローマ時代の偉大な文学作品が相次いで再刊された。そのなかで重要な位置を占めていたユリウス・カエサルの『ガリア戦記』については、注釈付きで幾つもの版本が出た。そのなかのあるものにはイラストまで入っていて、アレシアは、当時の写真ともいうべき細密画で描かれた。とくにフランス人たちにとっては、歴史の重大な転換が起きた中心舞台として、《永遠の都》のイメージをもつ素晴らしい場所として描かれた。とはいえ、厳密な研究の対象にはならないまま約三百年の歳月が流れ、

一七八三年、ディジョン地方長官の顧問団であるブルゴーニュ議会から役人たちに対して、州内の全コミューンで発見された考古学的遺跡・遺物の目録作成の指示が出された。

同じころ、ルイ十六世の弟であるアルトワ伯の外套持ち小姓（écuyer porte-manteau）であったピエール・ロローが、モン＝オーソワに初めての学術的発掘調査にやってきた。彼は、その労作業の成果を基盤に一七八六年に『クローヴィス以前のフランスの歴史 Histoire de France avant Clovis』と題する大著を刊行するのだが、その間の一七八四年九月四日、公証人立会いのもと、発掘した物の最初のリストを作成している。このメモワールは、ロローが、自分の仕事の重要性を理解していたことを物語っており、ジョエル・ル・ガルはアレシアについての

研究書のなかで、次のように述べている。

「外套持ち侍従殿ほど近代考古学の先駆者の名にふさわしい人がいるだろうか？　彼は自分が発見した遺物とその解釈について責任を持とうと心がけ、とりわけ学問的関心をもって、それらを扱った。彼は、遺物の単なる蒐集家ではなく、構築物の細部と規模、石材で建てられている部分と岩盤に掘り込まれている部分を厳密に調べ、これらの細部と発掘された物との関係を明らかにすることによって、考古学的背景の重要性を明確にした。さらにすばらしいのは、発掘物が埋もれていた地層の深さに注目し、深い層にある物ほど時代が遡ることを明らかにしたことである。ロローが基礎を築いたこの《層序学的考古学 archéologie stratigraphique》が広まるのは、ずっと遅れて次の世紀末のことである。」

ここで想起されるのが、この少しあとに、イタリアでもヘルクラネウムとポンペイの大規模な発掘が始まっていることである〔訳注・いずれもナポリの近くで、西暦七九年にヴェスヴィオ山の噴火によって埋もれたローマ時代の都市〕。それまでは、古い時代の遺物の保護者たちがやってきたことは、せいぜい、地上に見えているモニュメントを保存しきれいにすることであった。このカンパーニャの大地に埋もれていた物の豊かさについての報告に驚いたフランスの学者たちは、フランスの大地も恐らく同じように豊かなものを秘めているのでは、と考えた。

アレシアの故地と言い伝えられていたアリーズ＝サント＝レーヌでは、そうした学者たちに倣って地元の農民たちも、耕作の仕事のなかで掘り出された物に注意を払いはじめた。しかし、まだ考古学的発見物についての法的規制が何もなかったため、見つかった古代の遺物の所有権をめぐる最初の争いが一八〇四年に起きている。一人の農民が畑で何枚かの貨幣を掘り出したが、この宝物の分け前をめぐって、発掘した農民と地主の間で争いが起き、憲兵隊まで介入する騒ぎになったのである。結局、お宝の大部分は、まじめな研究の対象にはならないまま散逸したが、この考古学上の遺物をめぐる最初の争いは、アリーズ＝サント＝レーヌの農民たちに、自分の土地を

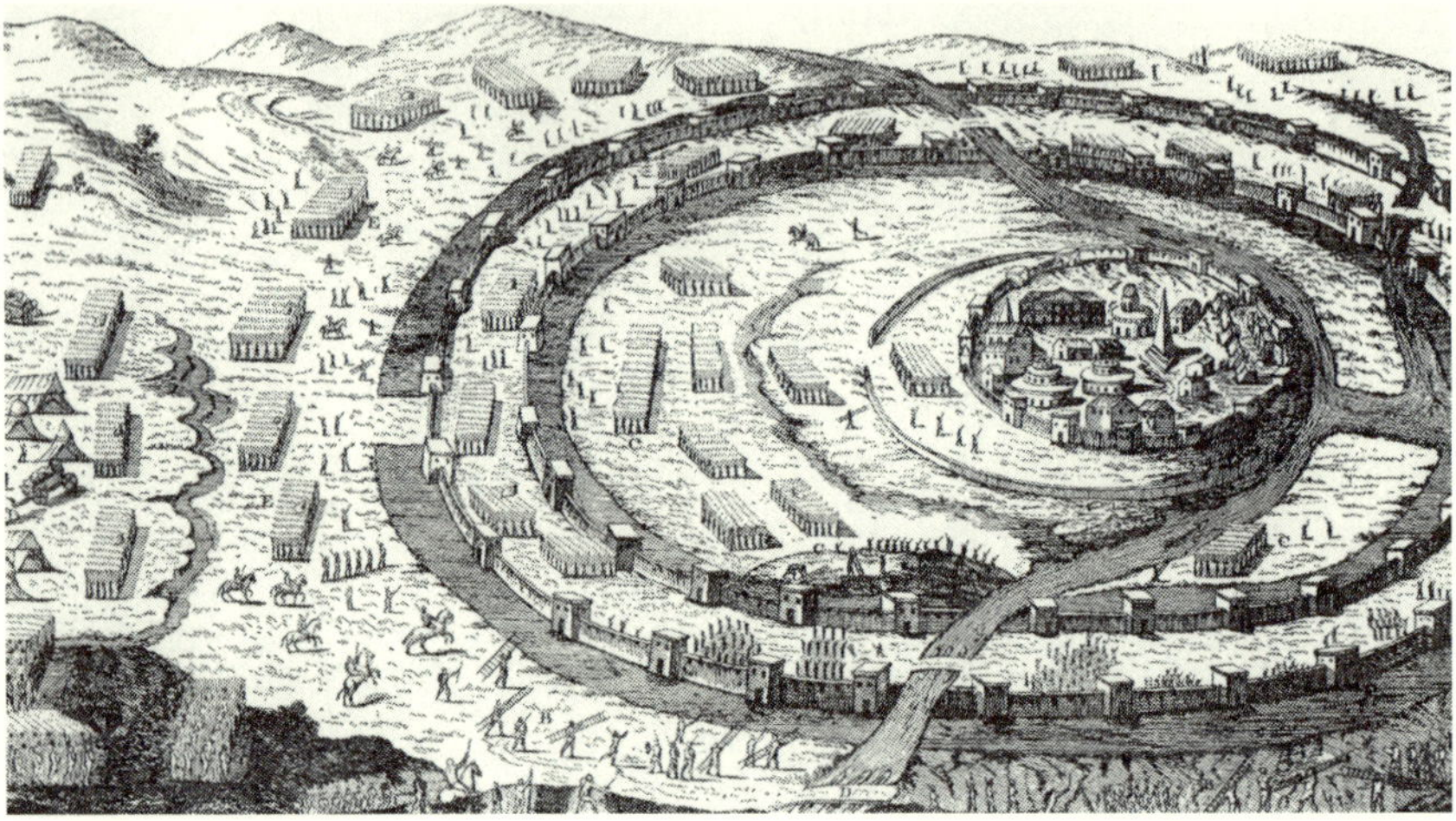

アレシアの砦の想像図

掘り返してみようという熱意を呼び覚まし、あらゆる土地が熱狂的に掘り返された。

公的権力も、自分たちなりに、この探査に関心を寄せた。革命政府から帝政、ついで復古王政へと権力が移り変わるなかで、行政的枠組も変転し、今日「文化事業affaires culturelles」と呼ばれているものの管轄責任は各県に与えられた。コート゠ドールの知事たちは、一八一九年に設立された「古代遺物管理委員会commission des Antiquités」を拠り所にアレシア遺跡発掘の主導権を獲得するものの、発掘作業を監視する適切な人材が欠如していたため、多くの困難に直面することとなる。

アレシアの考古学的調査が本格化するのは、第二帝政〔1852-1870〕の時代である。ナポレオン三世が、この事業に関心をもったのには幾つかの理由があった。自らの権威を正当化するために「偉大な人々」のロマンチックな神話に傾倒した彼は、ユリウス・カエサルについて執筆することを決意し、その目的について、こう書いている。

「カエサルやシャルルマーニュ、ナポレオンのような人々の出現は神の摂理によるのであり、神の思召しは、民衆にその従うべき道を示し、そうした偉人の天賦の才によって、普通なら何百年もかかる仕事を何年かで達成させることにある。こうした偉大な人を理解して、従う民衆は幸せであるが、逆に、彼らを理解しようとせず逆らう民衆は不幸である。――このことを明らかにしたいのだ。」

しかし、この皇帝は、そうした本質的に政治的な関心とは別に、当時、科学と技術に現れていた進歩にも非常に敏感で、自分なりのやり方で歴史を豊かにすることに寄与したがった。私たちは、十九世紀がとりわけ「歴史学の世紀」であったこと、なぜなら、とくに一八四〇年と一八七〇年の間に、ミシュレ（1798-1874）の『フランス史』（1833-1867）、ティエール（1797-1877）の『フランス革命史』（1823-1827）、マルタン（1810-1883）の『フランス史』（1837-1854）といった偉大な概括史とともに、テーヌ（1821-1893）の『歴史批判試論』（1858）とかトクヴィル（1805-1859）の『アンシャン・レジームと革命』（1856）の栄光をもたらすことになる《歴史哲学》の最初の試みが生まれているのを想起しよう。

また、ユリウス・カエサルに関心を寄せ、膨大な研究書を集めていたナポレオン三世は、それらの研究書の多くが、アレシアにカエサルの最大の輝きを画するものであると同時にフランスの誕生を象徴するものとして一つの重要な位置を与えていることを知った。加えて彼は、先ごろマインツにゲルマン・ローマ博物館を設立したプロシャ王を模倣して、古代遺物の国立博物館設立を目指していたが、その目玉となる遺物がモン＝オーソワの斜面で見つかることを期待するにいたった。こうして、その後まもない一八六二年に誕生するのがサン＝ジェルマン博物館である。

したがって、アレシアの遺跡で発掘された遺物はパリへ送られることになったが、その点について多くの批判が起きた。結局、皇帝は、すでに出土した物はパリへ送らせ、これ以後発見される物はすべて現地で展示することに決めた。その結果、誕生したのがアリーズ＝サント＝レーヌ博物館である。

ナポレオン三世自身は、内密にパリを発ち、現在「地中海線」になっている鉄道を利用してローム〔Venarey-les-Laumes〕駅で下車して、アリーズとモン＝オーソワの遺跡を訪れた。一八六一年六月十八日、彼は、この歴史的な場所への第二帝政の特別の思い入れを示すために、アカデミー会員の彫刻家、エメ・ミレーに命じてヴェルサンジェトリクスの巨大な像を造らせ、パリの産業宮殿(Palais de l'Industrie)〔訳注・現在のプティ・パレがある場所に建てられていた〕に展示したあと、この勇敢だが不器用な我らの先祖であるガリア人の思い出を永遠化するために、モン＝オーソワへ移すことにしたのだった。この点についてジョエル・ル・ガルは、こう書いている。

「像は、それほど重くはなかったが、高さが五メートルあった。そのため、今日いう特別の輸送車が必要で、像は立ったままの姿勢で、前もって念入りに調べた路線を進んだ。だが、それにもかかわらず、幾つもの難問にぶつかった。鉄道に沿って走っている電報の電線と踏切が深刻な障碍になった。——沿線の善良な女たちは、何かの聖人さまの像だと思って跪いて十字を切った。」

この像は、ヴィオレ＝ル＝デュックによってデザインされた台座の上に据えられたが、公開はされなかった。皇帝は盛大にセレモニーを行いたかったのだが、政治的情勢は、彼に、そのゆとりを与えなかった。

アレシアが考古学のおかげで蘇った同じ瞬間に、もう一つ別の論争が始まった。フランシュ＝コンテの人々から、ユリウス・カエサルによって攻囲された都市のあった場所は、アリーズ＝サント＝レーヌではなくモンベリアールの近くのアレーズ Alaise だったという異議が出たのである。この論争には、当時の最も権威のある歴史学者たちが参戦し、論争は延々と一九五四年ごろまで続いた。このため、アレーズとアリーズ＝サント＝レーヌで同時に発掘調査が進められ、ついに、ガリアの独立が死に絶えた丘はモン＝オーソワであったことが確定されたのであった。

ヴェルサンジェトリクスの敗北は、偶然の結果ではなかった。それは、軍事的に考察され組織された力と、大急ぎで一人の首長のもとに結集した無秩序の未開部族との衝突の当然至極の結末であっただけではない。ローマはガリアを、大西洋に向けての進展の最前線とし、また、荒々しいゲルマニアに対抗するための盾として、かねてから自分のものにしたがっていた。他方のガリア人たちはといえば、彼らがその民族の深い本能のなかで、自由を守りたいと望んでいたかどうか、自分の運命をローマのそれに結びつけたがっていなかったかどうかも確かではない。いずれにせよ、最後の戦いが終わるや、平和、それも真の平和がケルトの地を支配するようになる。ローマはガリアとの間に迅速に同盟を実現し、たちまち、これを実り豊かなものにしていった。

ローマ支配下の石造りの都市

ガリア人たちは、はるか昔から、地中海に惹きつけられていた。彼らは、ギリシア人たちからカネだけでなく、文字についての手ほどきと彫刻の技法を受け取っていた。それが、今度は、ローマ人たちからは修辞法への嗜好性と法律好み、建築技術を盗み取り、古代文化の最も輝かしい要素の一つを代表するガロ＝ローマ的生き方を生み出すこととなる。

このようにローマの華やかさがガリアに及ぼした魅惑力は近代の大都市が農村地域の住民に及ぼしているそれと似ていて、ローマは、都市と都会文明をガリアにもたらした。都市は、金持ちたちには、享楽と人的交流、莫大な経済的利益を約束することによって希望を与える一方、貧しい人々にも、奴隷であれ自由民であれすべての人に、公共の見世物、群集のなかに姿を隠せること、あらゆる共同体が手に入れさせてくれる安全性（これには本当のものと仮想的なものとあるが）を提供することによって希望を与える。都市は人間分断の道を開く。都会化――それがローマの経験した深部における植民の最初にして唯一のやり方である。タキトゥスは、岳父アグリコラのブリタニアにおける仕事を想起して、こう書いている。

「この地方の人（ブリトン人）は、てんでに散らばって住み、粗野な生活を営んでいるため、すぐ手軽に戦争を起こす気になる。こうした民族を、快適な生活を通じて、平和と憩いになじますために、あるいは個人的に説得し、あるいは公的に援助したりして、神殿や市場や家を建てさせた。張り切っている者らを奨励し、怠けている者らを叱正したりした。」（『アグリコラ』二一節　国原吉之助訳）

征服者たちは、建築を通じて生き方と考え方全てを敗者に押しつけた。ガリア人たちも、それまでいた引っ込んだ場所の農園や砦を捨てて、交通の頻繁な要所に建設された都市に移り住む。オータン〔訳注・ローマ時代の名はアウグストドゥヌム〕が賑やかになり学校や神殿がぞくぞく建てられるころには、ビブラクトは荒地となっていた。

フランスのほとんどの都市が、この時代に誕生した。当初、それらは、その創建時に統治していた皇帝にちなんだラテン名を名乗ったが、その後まもなく、自らが首都であるその地方のケルト名に変わっている。この点は、地域名や川の名前についても同じである。地名学（toponymie géographique）においては、ガリアの古い過去のほうがラテン語の名称よりも生き延びたのである。

ローマによる都市化にガリア全地方が従ったのは、その簡潔な都市構造があらゆる地形に容易に適合できたからである。その都市計画の基本になっているのが画一的な明快さで、一本は東西方向、もう一本は南北方向に走る大通りが直角に交差し、人々の住む空間を分割しながら四つの門に到達する。これらの大通りと平行して走る細い街路が人々の住む街区を決定する。この平面図は、ブザンソンやオータンでも、パリ、オルレアン、ルーアン、オランジュにも見られる。門と門とは城壁によって繋げられているが、これは、町の防衛上の有効性よりは、ローマ帝国の偉大さを誇示するためであることが多い。城門と城壁は、何世紀にもわたる歳月による破壊にもかかわらず、フランスにはかなりたくさん遺っている。ランス、オランジュ、カルパントラ、グラヌムに見られるように、幾つかの城門は本物の凱旋門であり、城壁は、その都市の装飾であり、その内側では、オータンやフレジュス、ル・マン、ニーム、ヴィエンヌ、サンス、トゥールにおけるように、ローマ式の見世物が行われた。《永遠の都ローマ》を手本に、都市生活の中心である市場（forum）を囲んでモニュメントが遺っている例は、残念ながら、ずっと稀である。そうした往時の有様については、アルベール・グルニエ〔訳注・1878-1961　ガリア考古学の権威でコレージュ・ド・フランス教授〕が次のように書いている。

「神の眼が全てに届くよう、神殿は市場を見下ろす高台に建てられ、裁判が行われるバジリカのなかでは、様々な取引も行われた。テラスを縁取る柱廊の下では、店が並び、商いが行われた。多くの場合、市民たちは、この市場から離れたところに住んでいたから、大浴場は彼らに便利なよう、中心部から離れたところに建てられていた。市場の列柱の台座やその前の広場には、皇帝たちや著名人のたくさんの像が立てられている。市場は、市民たちのそぞろ歩きの場であり、毎日眼にする自分たちの都市の一種の歴史博物館であった。知的観点からも、物質的観点からも、政治的観点からも、市場こそまさに都市の心臓部であった。」

これらの壮大な全体のなかで、いま私たちが知ることのできるのは、稀に遺っている断片だけである。近年の発掘作業によって、大きな都市の市場の地下から、特に軍隊の食糧貯蔵庫として建設されていた巨大な構造物が発掘されている。その全貌は、それを埋めていた土が取り除かれ、考古学的調査が行われるによって初めて明らかになったのであるが、なかでも、保存状態がよいことで注目されるのがアルル、ランス、バヴェの三つで、これらはイタリアの諸都市にも類を見ない建築的堅牢さと技術的完成度の高さを示している。

これらの大都市はローマ帝国の偉大さのシンボルであり、その盛衰の運命も帝国と共有した。三世紀半ば以後、蛮族の侵略によってゲルマニアとの境界線がじわじわと後退するにつれて、ガロ＝ローマの都市は城塞に変わっていく。守るのに広大すぎる空間を囲んでいた市壁は放棄されて、ずっと狭い空間を囲む防御用の城壁（muraille）が築かれ、都市は、そのなかに縮こまる。《ローマの平和》が支配していたときに築かれた市壁やモニュメントは、しばしば、この城壁建設のために壊された。十六世紀はじめにいたるまでフランスの諸都市の外枠を決定したのがこの時代に築かれた囲いであり、ローマ帝政初期の市壁が包含していた空間に較べると、想像もできないほど狭い。そうしたゲルマン侵入時代の城壁をそのまま遺しているのがサンリスとドローム県のディであり、トゥールやサンスでも、断片的ではあるが遺っている。

ローマ時代の都市計画を厳密に決定づけていたのが技術的装備で、特に欠かせなかったのが水の補給設備であった。ポール・エドゥーは、この点について次のように書いている。

「ローマ文明は、まさに水の文明であった。かくも多くの堂々たる大浴場、広場や街路のわきに溢れ出る公共の水くみ場に供給するには、かなりの量が必要であった。それは、はるか遠方に水源を求め、その大きさでも建築精度でも私たちを驚かせずにおかない並外れた導水路（aqueducs）のおかげで得られたものである。」

蛮族たちは、この建造物の脆さと重要性に目をつけて、真っ先に破壊し、多くの帝国都市を死に追いやった。この建設のための大工事はローマの経済と産業がいかなるものであったかについての一つの概念を私たちに与えてくれるし、その独創性とモニュメントとしての要請を結合させ一つの景観のなかに溶け込ませた仕事の達人ぶりは、今日の機能的建築にとって手本となるものをもっている。スタンダールはポン＝デュ＝ガールについて、こう書いている。

ポン＝デュ＝ガールの水道橋

「このモニュメントは、一つの崇高な音楽として私に働きかけてくるように思われる。これは、えりぬきの心をもった人々にとっては一つの事件であるが、そうでない人々は、かかったに違いない費用の莫大さを想像して溜息をつくだろう。」

これらの技師たちは、都市に不可欠な水を、はるかな距離を、しかも、四季を問わず導いていく練達の技術者であっただけでなく、「水の城」というべき水道橋や暗渠、そして水が最後に到達する大浴場を、自分たちの規範と美的センスをもって建設した優れた芸術家であった。これらの大浴場自体、民衆の健康と身体の手入れへの嗜好を満たすだけでなく、政治的論議や知的論争、さらには愛の取引まで行われた世俗的集団生活のセンターでもあった。それは、ローマ文明を至高の洗練ぶりへ高めるとともに、未来の不幸の源となる《贅沢趣味》の産物であった。少なくとも、ニース＝シミエ Nice-Cimiez の浴場跡や、ヴェズレーの近くの塩鉱泉、オート＝ガロンヌのモンモーランあるいはアルル、ブザンソン、リヨンの大浴場、最後にパリのクリュニー博物館脇の大浴場を見ると、私たちは、やっと十八世紀以後のフランス人たちが知る喜びを、西暦二世紀中頃の先祖たちは、存分に味わっていたのだと考えることができる。

しかし、大浴場が富裕階級の人々のためのものであったのに対し、自由民と奴隷を問わず民衆全般が観衆として参加したのがローマ伝来のスペクタクルの施設であった。ガロ＝ローマの都市で、自分の劇場、自分の闘技場、自分の円形競技場をもっていない都市はどこにもないほどであったが、いまも、それらが揃って遺っているのがオランジュ、アルルであり、その幾つかの遺跡を残しているのが、ヴェゾン＝ラ＝ロメーヌ、ヴィエンヌ、ルテティア、ニームである。しかし、西暦一世紀から三世紀の生活がいかなるものであったかを最も明確に見せてくれる都市として、リヨンに比肩できる事例は他にない。

リヨンは、ローマ人たちが造り上げたとおりに、まちがいなくガリアの主要都市であり首都であった。その運命はローマ帝国のそれと結びつけられ、栄枯盛衰を共にした。ローマは、征服した当初から、この都市を特別に気遣った。それは、ローマ軍司令官がゲルマニアとの境界地域だけでなく、はるかブリタニアの動静を監視するのにも打ってつけの四つ辻であり、ガリアの交通の中心であったからである。そうした気遣いの結果、ここでは、ケルトの古い住民とローマ人征服者との融合が最大の豊かさをもって実現された。双方の神々、伝承、制度が混じり合い、ローマ体制（romanité）のおそらく最も好ましい姿としてガロ＝ローマ文明が誕生した。神殿だの劇場、円形競技場、さまざまな公共建築が次々と建てられ、歴代皇帝たちも敬意を表すために訪れた。

最初にリヨンに滞在したのがカリグラ帝〔訳注・これは「半長靴」という意味の渾名で、本当の名はガイウス・ユリウス・カエサル・ゲルマニクスである〕で、彼はゲルマニア遠征から帰ってくると、次のブリタニア遠征の準備をしながら冬の間、この都市に宿営した。ローマでと同様、彼の悪名高い狂気は、ここでも様々な苦しみを人々にもたらした。金持ちの市民を調べて、自分をその財産の相続人にさせておいてから殺し、資産を売却した。しかし、そうした強引な収奪の罪を帳消ししてもらうために、自分の文学的趣味を満足させるために演劇を上演させ、あるいは、一般のリヨン市民を楽しませるために、それまでガリアになかった剣闘士の試合を行わせたりした。

カリグラが翌年ローマで暗殺され、後継の皇帝になったのがクラウディウス(41-54)である。大ドルスス〔訳注・二代皇帝ティベリウスの弟〕の息子としてリヨンで生まれた彼は、ローマで皇帝に推戴されるや四三年には戻ってきてリヨン市のために飲用水を供給するブレヴェンヌ水道を建設する一方で、ローマでは元老院に、ガリア人のローマ行政への参加を決議させた。彼がこれを元老院に承認させるために行った演説は、彼のガリアに対する思い入れの深さを証明するものとして銅板に刻まれた。これが今もフルヴィエール博物館に保存されている『クラウディウス表法 Table Claudienne』である。

リヨンの幸運が頂点に達するのは、二世紀初めのハドリアヌスの治世(117-138)である。大規模なジエール水道は、この時期のリヨンの繁栄を証言している。行政官や商人たちは豪華な住宅を構え、とくに商人たちの豪勢ぶりは、この都市の商業が何世紀にもわたって担った役割の重要性を示している。アウグストゥスを祀る壮大な神殿が建設され、劇場は拡大されて一万人以上を収容できるようになる。その発展の勢いは次のアントニヌス帝(138-161)の治世にも少しも衰えず、一六〇年ごろには音楽や詩の朗誦のために「オデオン Odéon」(音楽堂)が建設され、また、キュベレ神殿が造営されている。キュベレはオリエントの地母神で、リヨンにその神殿が建設されたことは、オリエントの神々の信仰がガリアにも入ってきていた証である。リヨンは、当時、きわめて国際的な都市で、それは、新しい人々に呑み込まれる前に、絶えず新しい人々を呑み込んでいた帝国の反映でもある。

ほかの多くの都市におけるのと同様、このガリアの首都においても、最も際立っているのは、見世物の重要性である。フランスの国土では、二つの伝統が交じり合っていた。一つは、ギリシアの主要な聖域で始まり、ローマの円形闘技場で演じられた集団的交感のための地中海的伝統であり、もう一つは、ブルターニュの列柱遺跡やイール＝ド＝フランスのドルイド教徒の森で行われていた宗教的集会のケルト的伝統である。しかし、ガロ＝ローマで演じられていた見世物で優位を占めたのがどちらの伝統だったかについては、なんともいえない。カミーユ・ジュリアンは、このことについて次のように述べている。

「ローマ人たちがガリアに遺した建造物のなかで最も広く行き渡っていたのが劇場である。祭のために何万もの人が集まり、舞台のうえでは様々なスペクタクルが繰り広げられ、その階段状の観客席では様々な感情が燃え上がった。全くローマ的なこれらの建造物のなかでは、ガリアの古い時代から来ているゲームや秘儀が繰り広げられた。これらの古い壁面がローマ人たちの建築法と石積みの技術について多くのことを教えてくれていることは、私も否定しない。しかし、この国の生活については、私たちの知らないことが、まだたくさん残っていることも思い起こすべきである。」

スペクタクルが演じられた場が多様であること自体、文化的欲求の多様性を示している。まず《劇場》と《音楽堂》があるが、豪華な劇場は、部分的ながら屋根で覆われていた。そこでは喜劇や悲劇が演じられ、詩の朗誦も行われた。おそらく二世紀以後は、オリエントの宗教に触発された宗教劇も演じられたし、多分、ドルイドの古い儀式やローマ的な儀式、オリエントからやってきた、たとえば豊饒を司る「大母神 Grande Mère」崇拝を反映する神秘劇も、そこに加えられたり、あるいは重ねられたと考えられる。

円形闘技場でも競技場でも、剣闘士同士の戦いや人間と獣の戦いなど、残虐なゲームが繰り広げられた。アルル、ニーム、フレジュス、サント、ナルボンヌ、パリには、こうした大規模な虐殺場の跡が今も遺されており、こうした残虐なゲームがガリアでいかに盛況を誇ったかを示している。

これらの円形闘技場は、二世紀の末には、西欧の異教と東方からやってきたキリスト教とがぶつかり合う場となっていった。そのため、すべての円形闘技場が新しい信仰の揺籃の場になったのだが、なかでも有名なのがリヨンのそれである。というのは、一七七年、キリスト教に改宗した若者たちが集団で猛獣たちの歯牙に委ねられ、その中央では、女奴隷のグランディーヌが大きなグリルの上で生きながら焼かれたのだった。この有名な殉教が演じられた円形闘技場がどこにあったかについては、長い間、謎に包まれたままであったが、近年になって行われたラ・クロワ＝ルスの発掘により明らかになった。しかし、この遺跡の全貌が明らかになるには、まだかなりの作業が必要である。

アルルの円形闘技場

　いずれにせよ、このリヨンでの最初のキリスト教徒の犠牲は、キリスト教ガリアの誕生を告げる事件であり、イスラエルからやってきたこの宗教がガリア全域に広まるには、それからほぼ百年を要する。ローマ帝国としてキリスト教を公認したコンスタンティヌスの勅令が出た三一二年以後ガロ＝ローマ人たちが大挙してキリスト教に改宗する姿が見られるようになるが、その場合も、まず改宗するのは都市住民たちで、田園に住む人々の改宗は、さらに、そのあとである。

　しかし、ローマ帝国は、東方からやってきた蛮族たちの浸透と侵入を前に、次第に後退していく。ガリアもローマ帝国全体も無秩序と貧困化に陥って安全ではなくなり、ヨーロッパは暗黒時代に入っていく。ガリア人たちは、シャルルマーニュがヨーロッパに秩序を回復させる八世紀後半まで闇の中をさまようが、この六百年ないし七百年の試練を経て「フランス人 Français」になることができるのである。

オリエントから来た神

ローマ帝国を苦しめる不幸が重篤化し、ローマ世界の政治的機構と社会的・道徳的価値が崩壊するにつれて、キリスト教は、それだけ大きい反響を呼んでいく。ガリア人はキリストの言葉を、希望の声、多分、民族的な言葉と宗教を見出すための手段として受け入れた。ミシュレは、こう書いている。

「感覚の陶酔によって人類を疲れさせていた古くからの自然神 Dieu-Nature 信仰に代わって真面目な魂の躍動と殉教の喜びを教える人間神 Dieu-Homme を教えるキリスト教が現れたとき、それぞれの民族がその天分にしたがってこの新しい信仰を受け入れた。とくにガリアは、むさぼるようにこれを吸収し、感謝し、その美点を発見した。ドルイド教が座っていた席はまだ温かかった。ガリアでは、魂の不滅への信仰は、目新しいものではなかった。ドルイド僧たちも、一人の仲裁者の出現を教えていたようである。」

事実、ガリアでは、ローマ支配下の二、三百年という時間は消滅し、初期キリスト教の使徒たちが現れて、ガリア人たちの旧来の信仰を包装を変えるだけでよいと提示したかのように全てが推移する。彼らは、聖なる森のなか、奇跡の泉のほとりに、ケルトのそれに似た祭壇を築いた。レジーヌ・ペルヌーは次のように書いている。

「ガリア人たちの不思議な感覚とその宗教の特質は、人間中心的で奴隷制に基盤を置いたギリシア・ローマの古典世界とは相容れない《よき知らせ Bonne Nouvelle》(つまり、キリストの福音)を受け入れるのに適していた。だからこそ、時が来るや、民衆の物語のなかに脈々と生き残っていた古いケルトの伝承が《円卓の騎士》のロマンのなかに噴出したのであって、人々は、それらに充分にキリスト教的意味を苦もなく付すことができたのだった。」

先にも述べたように、全ガリアがまとまって改宗するには、三一二年のコンスタンティヌスの勅令を待たなければならなかった。その改宗は、都市では比較的迅速だったが、田園では遅れた。フランス語で「農民」を意味する「paysan」が「異教徒」の意の「païen」に由来している事実が、このことを証明している。しかも、とくに辺鄙な田舎では、古いケルトの宗教はローマ人の宗教によってほとんど損なわれなかったため、キリスト教信仰についても、その外面の形は少しずつ採用したが、なおも生き延びていった。

西暦四世紀の間に、ガリア教会を輝かせた人が二人いる。ポワティエの聖ヒラリウス（フランス風でいえばサン・ティレール）とトゥールの聖マルティヌス（フランス風ではサン・マルタン）である。聖マルタンは、聖イレールの弟子であるが、フランスの伝承文化においては、比較にならない輝きをいまも保っており、聖マルタンに献げられた教会・礼拝堂・土地を全て数え上げると四〇〇万を超え、フランスのどの州の地図を開いてみても、「Saint-Martin」「Dammartin」「Dommartin」という名前の集落がたくさん見つかる。

また、秋の最も素晴らしい天候で、自然がその暖かみを湛え、優しい色彩を帯びる日々を「聖マルタンの夏 Eté de la Saint-Martin」と呼んでいる。これは、ドイツでは「ナッハゾンマー Nachsommer」と呼ばれ、ロマンティックな神話では非常に重要な役割を演じる。さらに、聖マルタンの日（フランスでは十一月十一日）は、農村世界では長い間、極めて重要な日であった。それは、小作契約の更新日であり、夏は山上で、冬は低地でというように、一年のなかで移動を繰り返す地方では、夏の住まいを去って冬の家に引っ越す日である。

自然の事物にも、この聖人の名前が付けられている。地域によって異なるが、東部フランスでは熊を、南フランスではロバを指し、ロワール地方では、カワセミを

「martin-pêcheur」と呼んでいる。〔訳注・これとよく似ているのに「martin-chasseur」があるが、こちらは、オーストラリアやニューギニアで生息しているワライカワセミをさす。〕

聖マルタンは、あらゆる罪人に対して寛容であったが、ぶどう園の労働者たちに対してはとくに寛大で、ワインをしこたま飲むことを「martiner」という動詞で呼ぶことによって、これを弁護した。二日酔いのことを「聖マルタン病 Mal de Saint-Martin」というのも同じである。トゥレーヌでは、樽の栓を開けてワインを飲むことを「martiner」という。プロヴァンスでは、「聖マルタンの日に樽に詰めるとワインは美味しくなる」と言われ、また、男が一人前として認められるには、当時の男がもっていた条件にかなっていることが必要で、それは神の僕としてよりも、生活する仲間として迎え入れられるためであった。

〔訳注・聖マルタンは、ローマ帝国に仕えたハンガリー出身の兵士で、ガリアに派遣され、ここで聖イレールに巡り会って修道士となり、ガリアの人々にぶどうの栽培やワインの造り方について教えたとされる。〕

ローマ帝国の崩壊が進行していくなかで、この時代、ガリア人たちは、自立のために農民化していった。聖マルタンが起こした数々の奇跡が物語っているのは、ピエール・モンソーが言うように「素直で力持ち、苦痛に耐え、石頭だが真っ直ぐな心をもち、義務に忠実で、いつでも隣人を助けようとする善良で親切な心をもっていること」――それがあるべき人間の姿であるということである。

この伝説的な人物のエピソードは、中世の終わりにいたるまで、写本や彫像・壁画・小道具に刻まれた彫刻などによって語り継がれた。私たちは、民間伝承に触発されたこれらの図像芸術を通して、フランスの造形美術を何世紀にもわたって貫いているものを読み解くことができる。そこに浮かび上がってくるフランス芸術のきわめて特徴的な系譜こそ、大地と農作業に敬意を払い、自然との堅固なつながりとその均衡を大事にすること、静謐で重厚な内面性を示すものへの変わることのない崇拝心である。ロマネスクの彫刻やゴシックの細密画が語っている農民としてのマルタンは、その後も、ル・ナン〔訳注・十七世紀前半、ルイ十三世とルイ十四世の治世に活躍した画家。ただし、三人兄弟で共同制作した〕、クールベ（1819-1870）、ミレー（1814-1875）、あるいはセザンヌ（1839-1906）が描くこととなる人々を予示している。

聖マルタンの名声は、福音伝道活動のみに負っていたのだろうか？　この問題提起は重要である。中世世界の宗教的夢想を満足させた聖マルタンの像は、その大部分が、彼の友であり崇拝者としてその伝記を著したスルピキウス・セウェルスの作り事である。おそらく彼は、ガリア人たちに親近感を抱かせるために、彼らの想像力を掻き立てその感性に合うような特質をあちこちに散りばめ、この聖者の功績を誇張した。マルティヌスが偉大な聖人でなかったということではないが、彼がハンガリーから来た人であったことは、当時の人々に直ちにぴったりと合わないものをもっていた。おそらくスルピキウス・セウェルスが苦心したのは、マルティヌスの生涯のなかから当時のガリア人の超自然的なものへの熱烈な渇きを最も癒すことのできる出来事を採り上げて、それを神の力によるものとし、信仰を喚起することであった。

すでに公認教会のなかにさまざまな宗教的逸脱の兆候が現れていた時代にあって、この著述家は、聖マルタンを通して真のキリスト教徒の手本を描き出そうとしたのであろう。この点で特に象徴的なのが、マルティヌスがまだ兵士だったとき、裸同然で震えている貧者に出会い、自らのマントを剣で半分に裂いて与えたというエピソードである。セウェルスがこのエピソードを強調したのは、この聖人の気前よさを描くことによって、ある挑発的な盗賊を戒めようとしたのだと言う人もいるが、また、別の人々は、豪華な衣服をまとい黄金の装飾品を身に付けることに喜びを見出しはじめていた司祭たちを戒めようとしたのだと言っている。いずれにせよ、ここには、シャルルマーニュからラ・フォンテーヌにいたるまで、フランス文学に一ジャンルを提供してゆくことになる「善良な貧者と邪悪な富者」の神話が見出される。

第四章　メロヴィンガ時代

中世のフランスは、キリスト教的ではあるが野蛮な内陸的文明に逆戻りする。これは、かつては南はアルル、北はヴェルダンにまで駐在していた、シリア人やユダヤ人商人たちを通じて遠い外国との間で行われていた商業活動の範囲が小さくなっていったためである。文化の発信源も、都市の中心部やそこに住む職人のアトリエではもはやなくなって、多くは都市の外にある修道院や、都市にあるものの宗教的機能に縮小した司教座、また、領地から領地へ、田舎の館（villa）から別の館へ移動してまわり、パリにおいてさえ本当の首都を作り出すことができないでいる王宮ぐらいとなる。

六世紀から八世紀にいたるメロヴィンガ朝時代には、フランスの文化遺産となるモニュメントは少ししか増えていない。建造物は規模が小さく、出来たときは大事にされても、多くは木造のため壊れるのが早く、石造りのものも、他の建物に作り替えられた。この時期の主要な芸術活動は宝飾品製作であったが、そうした品は美的役割とともに経済的役割を負わされていて、必要が生じると簡単に熔かされ別の物に作り替えられた。

そうした様々な事情が、メロヴィンガ文化の脆さの原因をなしている。教育は聖職者によって独占されているため、文化の領域はなお一層狭められ、絵画や彫刻は、具象的な像を嫌うイデオロギーと相俟って技術が失われたため、ほとんど姿を消していった。

しかし、二つの新しい流れが新しい文化の系譜を生み出す。いま遺っている幾つかの漂流物がその到達点を物語っている。

その一つがキリスト教芸術である。当時の教会堂で今日まで遺っているのはごく少なく、例外的な事例が、グルノーブルのサン＝オワイアン、マルセイユのサン＝ヴィクトールやジュアールなどの地下礼拝堂（地下墓室）である。幾つか遺っている洗礼堂でとくに注目に値するのはフレジュスとポワティエのそれである。マルセイユのそれは土台部分しか遺っていないが、各辺が二十四メートルあり、知られている初期キリスト教の洗礼室では最大級である。

石棺の初期のものは、ガロ＝ローマの伝統にしたがって人物像の浮彫で飾られているが、時代がくだるにつれて彫刻の線は粗雑になり、丸彫の人物像は見られなくなる。こうした後退ぶりはサン＝マクシマンの地下墓室に集められた石棺を見ると明らかで、マルセイユの聖カシアヌスの棺は、その一つである。アルルのアリスカン墓地の墓碑が示しているメランコリックな魅力は、それ自体の芸術的美しさによりも、まわりの自然のロマンティシズムに負っている。

その例外的なものとして、ジュアールの地下墓室にある七世紀のアンギルベール司教の墓には、彼が《最後の審判》に据えられている驚くべき場面の彫刻が施されている。これは、古代の伝統の最後の権化だろうか？　それとも、ルネサンスのかなり離れた序章であろうか？　このいずれであるかを確定することは困難であるが、ジュアールには、ほかにも幾つか、全般的凋落を免れた芸術的伝統の産物が見られる。その円柱の柱頭は、ピレネー人彫刻家や大理石加工技法の学校が生き残っていたことを物語っており、そのことは、他の角度からも裏づけられている。とはいえ、この時代のキリスト教芸術の傑作と言われたトゥールーズのラ・ドラード、オーセールのサン＝ジェルマン、パリではサン＝ザポートル、サン＝ヴァンサン、サント＝クロワ、サン＝テティエンヌ、トゥールのサン＝マルタン、オータンのサン＝マルタン、ブリウードのサン＝ジュリアンといった地中海様式の教会は、今では見ることができない。

もう一つが金属加工による芸術である。このメロヴィンガ時代の金銀細工も、遺っているのは幾つかの残骸だけであるが、それらは今も輝きを放っている。ゲルマン人たちは、ユーラシアの大草原の人々によって伝えられた金属加工技術の伝統に触れることによって、ケルト人より遥かに優れた技能を身につけていた。彼らの製品の際立った美しさとともに、技術の高さ、金銀の象嵌や有線七宝の技術の優秀さは、ナンシーのロレーヌ博物館の研究室の分析によって明らかにされている。

宝飾品や武器の最も美しいものは、パリのクリュニー博物館とサン＝ジェルマン＝アン＝レの国立古代博物館で見ることができる。それらは、動物文様と幾何学文様への強い傾倒ぶりを示しており、剣の柄頭、マントの留め金、首飾り、腕輪などには、彼ら蛮族たちの金銀細工における名人芸が表れている。つい最近、サン＝ドニで発見された「アルヌグンデの宝飾」は、こうしたメロヴィンガ金銀細工の傑作である。このようにこの時代の金属加工技術はきわめて優れていたので、《上祭服 chasuble》〔訳注・司祭がミサのときに白衣の上に着た袖なしの祭服〕は有線七宝の技法を模倣した刺繍で飾られていた。そのなかでも最も美しい作品が、六六〇年から七三〇年の間に作られた「聖女バチルドのシャツ」で、これは、シェル〔訳注・パリの東約二〇キロ〕の市立博物館に保存されている。

第五章　カロリンガ文化

メロヴィンガの文化と同様、《カロリンガ・ルネサンス》も、フランスの地には、これという遺贈物を残さなかった。ごく一部のエリートに限られたが未来へ向かっての一つの飛躍に口火をつけた。この《ルネサンス》の運動は、シャルルマーニュ〔訳注・ドイツ式にいえばカール大帝〕が推進したもので、彼の帝国の心臓部であったアーヘン Aachen〔訳注・フランス式ではエクス＝ラ＝シャペル〕は、フランスとドイツの中間地帯で未来のフランスの外側にあったから、この《ルネサンス》は、フランスにとっては、あくまで周縁部の事象であった。

遺っている建築物も、フランスにはそう多くはない。ヴァンデー地方のグランリユーのサンフィリベール、オーセールのサン＝ジェルマン、ソワソンのサン＝メダールなどの幾つかの地下墓室、また、宝石のように美しいものの所詮シャルルマーニュの礼拝堂でしかないジェルミニー＝デ＝プレ〔訳注・オルレアンの東方〕の教会だのである。これは、西暦八〇〇年の少し後に、オルレアンの司教でありフルーリーのサン＝ブノワ大修道院長にしてシャルルマーニュの文化顧問であったテオデュルフが建てさせたものであるが、いま私たちが見ることのできるジェルミニーの教会堂は、一八〇九年に実物が壊されたあと再建されたものであるから、「テオデュルフの教会」と呼ぶことができるだろうか？　旧約聖書によって涵養された精神性とビザンティンへの対抗心から生まれた嗜好性を示しているそのモザイク画は、テオデュルフが飾らせたスタッコ（化粧漆喰）と大理石とモザイクの輝くように美しかった衣装の全体からいうと、ごく一部に過ぎない。

この時代には、蛮族時代からの金銀細工の伝統が維持されただけでなく、ローマ人たちの残した断片（たとえばカメオ）を新しい枠組のなかに採り入れることによって豊かさを増すなど、蛮族的伝統に古代ローマの模倣が付け加えられた。それは、たとえば、国立文書館のメダル陳列室（cabinet des médailles）にあるブロンズ製の椅子に表れており、これは、もともとサン＝ドニにあって、「ダゴベール王の玉座」と呼ばれていたものである。また、コンクのサント＝フォワ教会の宝物庫には、八一七年から八三八年の間にアクィテーヌのピピンがこの大修道院に寄進した見事な宝石で飾られた聖遺物箱（reliquaire）がある。

いわゆる《カロリンガ・ルネサンス》の産物で、のちのフランスの国土にあったアトリエで制作されたものに、彩色装飾の施された写本（manuscrits）があり、これらは文化の再出発と同時に中世ユマニスムの夜明けを画するものとなる。この中世ユマニスムの流れは、八世紀末にシャルルマーニュとその顧問たちがビザンティンの「偶像破壊 iconoclasme」を前にして、偶像崇拝に陥らないようにしながら人間的あるいは神人同形的な表現を容認したときから始まった。

トゥール、ランス、メッスには、こうした写本の最も輝かしいアトリエがあった。たとえばトゥールでは、「シャルル禿頭王の聖書」（パリ国立文書館。ラテン語写本1）が八四六年ごろに製作され、そのなかには、当時の西欧で起きた出来事がはじめて図像で表現されている（folio428）。ランスでは、有名な「エボンの抄録福音書」（816-845）が作成されている。これは、挿絵入りのカロリンガ写本の恐らく最古のものである（エペルネーの市立文書館の写本1）。メッスでは、八五〇年ごろに「ドロゴンの典礼書」（パリ国立文書館。ラテン語写本９４２８）が作られている。

しかし、以上の他にも、修道院などの様々なアトリエで傑作が生み出された。コルビーでは「シャルル禿頭王の詩篇」（パリ国立文書館。ラテン語写本１１５２）、フルーリーでは「テオデュルフの聖書」（パリ国立文書館。ラテン語写本９３８０）などである。

カロリンガ時代の豪華写本の発展は、装丁技術の飛躍をもたらした。金銀細工を施した装丁や、象牙を使った装丁は、けっして並外れて贅沢なものではない。宝石を埋め込んだ黄金の枠組に宗教的シーンを象牙彫刻で表現した「シャルル禿頭王の詩篇」の装丁本は、この新しい芸術分野の傑作である。

またカロリンガ時代の彩色画は、絵画全体に一つのルネサンスを引き起こした。フランスにおけるその貴重な証拠が、オーセールのサン＝ジェルマン教会の地下礼拝堂を飾っている九世紀のフレスコ画である。

蛮族たちの文化

聖マルタンがガリアのキリスト教化に取り組んでいるとき、ローマ帝国は解体を完了する。三世紀から始まったローマ帝国の瓦解は、四世紀にはますます加速した。ローマ帝国は、外見上のまとまりを維持するために、まず二人で分割統治したが、そのあと四人で統治し、それぞれが国境を監視した。しかし、ますます強まる外圧に対し、際限なく抵抗を維持することは不可能であった。ローマは、初めのうちは蛮族たちと妥協を試みた。彼らを同盟者として受け入れ、居住地を与えてそこを防御させた。こうして、移動生活を営んできた異邦人たちは、ローマ化された世界のなかに自分たちの領土をもつ定住者となる。当初は、田園の大土地所有者が用意した、辺鄙で外敵に侵略される危険性の高い土地に住み着いたが、すぐに、もっと居心地のよい土地を求めて、帝国住民たちに近い土地に移り、彼らの土地財産を奪い、彼らの言葉を話し始める。ガロ＝ローマ世界は、この平和的だが不愉快な闖入のために内側へ縮んでゆく。ジャン・デカローは書いている。

「このときになって、急激な変化の兆が社会のなかに露わになってくる。都市（cité）は消滅し、町（villes）はまだあるが、衰退してゆくばかりである。つねに腹をすかせ、暇をもてあまして騒動を起こす下層民たちは、ますます財政の重荷になっていく。中間階層は疲弊し、もう存在しないも同然である。職人たちは僅かしか物を作らず、商人たちは商いをやめる。自分の義務を果たさなくても罰せられないだけの力をもっている大資産家たちは、自分の土地のなかで生活するようになる。三世紀に始まったこの田園への脱出（exode）によって、それまでは専ら都会的であった文明は、歴史の転換期を迎える。」

西欧は、外部からの困難に対して最大限身を守りつつ、生活に必要な物資はすべて自分の領地で生産する閉鎖的経済を営む小型の王たちによって支配される農村的社会に変貌したのである。

蛮族たちの圧力が四世紀後半に急激に増大したのは、ユーラシアの奥地にいたフン族の進出が引き起こした連鎖反応による。三七五年ごろにはゲルマン人たちの移動が始まり三八〇年ごろにはゴート族が、まだ残っていたローマ軍およびローマと同盟関係にある蛮族の軍勢を押し流す。ついで四〇六年の大晦日には、フン族に逐われたヴァンダル族、スエヴィ族、アラニ族が、凍結したライン川を渡ってローマの領土に入ってくる。このときガリアは、そして帝国全体も、恐慌状態に陥り、この災厄を世界の終わりを告げるものと考えた。

たしかに、この西暦四世紀の間に、ブルグンド族、ついでフン族の侵入によってローマ世界の終焉は加速された。アッティラが通り過ぎ、フン族が去っていったあとには、引き潮が去ったあとのように、帝国は消滅していた。やがて、蛮族の王たちは、この古い秩序の廃墟の上に自分の王国を建設していった。ガリアでは、フランク族の王、クローヴィスがライン川からピレネー山脈にまで広がる一つの領土を築き、パリを首都としてこれを統治した。

これらの激変によって、文化の中心は活力を失い、次第に消えていった。五世紀の末から六世紀を通じて、過去の文化の余光が見られるのは、蛮族王の宮廷においてだけである。建築と彫刻に発揮された芸術的技能は消滅するが、職人的技能は生き延び、蛮族たちの熟練した金属加工技術によって、かえって豊かにさえなっている。特にそれは宝飾技術に表われ、ジュアールのメロヴィンガ時代の石棺やアクィテーヌの石棺にその痕跡を見ることができる。

ほんとうの文化はキリスト教修道院のなかに避難する。とくに支配階層の人々は、この史上稀に見る混乱を《最後の審判》が近づいている証拠と考え、神の審判に備え

レランス島の修道院の跡

るために俗世を逃れようとした。その重要な避難所が修道院であった。こうして生まれた修道院文化は、ギリシア・ローマの伝統との結びつきの深さの違いを反映して地域によってさまざまである。聖マルタンが活躍したロワールの田園はギリシア・ローマの伝統が希薄であっただけに、その修道生活は粗野で野蛮さを残していたが、古代文化の痕跡が濃厚な地中海周辺に設立された修道士共同体は、それとは全く異なる道を辿る。

西欧キリスト教の最も輝かしい修道生活は、カンヌの沖合いにあるレランス島を中心に花開いた。四一〇年ごろにホノラトゥスがここに上陸し、修道生活の故郷である砂漠での神と向き合う瞑想の生活と、労働のために組織された集団生活とを結合した共同体を創設した。これで成功を納めた彼は、アルルの司教に選ばれ、このレランス島のやり方はプロヴァンス全体に引き継がれる。プロヴァンスはキリスト教世界の知的中心になり、ガロ＝ローマ人も蛮族も、ギリシア人やラテン人も、あらゆる人々が同じ信仰によって結びつきながら、その信仰を独自の形態のもとに育んでいくこととなる。

すなわち、ホノラトゥスのあと、レランス島と精神的絆を結んだヒラリウス、マクシムス、リエ司教のファウストゥスらによってプロヴァンスの教会の行き方が鼓吹され、それが西欧キリスト教世界の基盤になっていくのである。すでに四一五年ごろには、レランス島を訪れた南仏の聖職者の一人、カッシアヌスによって、マルセイユにサン＝ヴィクトール修道院が創設される。

この南仏における変革は、北方にも波及していき、六世紀には、ポワティエに聖女ラデグンデが、それより少しくだってトゥールではグレゴリウスが現れ、野蛮な風習が支配していた世界に真の福音書的精神を浸透させる。北方では、蛮族王たちは民衆の教育などほとんど気にかけなかったうえ、教会の内部でさえ反文化的な流れが強かったにもかかわらず、ガロ＝ローマ時代からの幾つかの学校が存続し、そうした学校を通して、わずかではあるが古代の知が生き延びることができたのは、こうした人々と、その感化を受けた司教たちのおかげであった。

他方、五七五年ごろ、アイルランド出身のケルト人たちによって、もう一つ別の修道運動が北部および東部ガリアとスイス、ドイツで広がり、キリスト教的生き方を蘇らせていく。これを先導したのが聖コロンバヌスで、彼が設立したリュクスイユ修道院をはじめとする幾つかの修道院が、フランス東部、スイス、さらにライン地方の開拓の原動力となる。

しかし、こうした修道士たちの努力も、当時のガリア全体を覆っていた野蛮な風潮を前にしては、結局、わずかな効力しか発揮しなかった。メロヴィンガ朝最後の偉大な王、ダゴベルト〔ダベゴール〕が六三九年に死んだあとは、フランス全体が無政府状態になり、それは、八世紀半ば、ピピン短軀王が王座につくまで続く。

この暗黒時代の様相を具体的に記録し、「フランス最初の歴史家」と呼ばれて然るべき位置を占めているのがトゥールのグレゴリウスである。彼の著作のなかでも最も重要な『フランク人の教会史 Histoire ecclésiastique des Francs』〔訳注・たんに『フランク史』とも呼ばれる〕は、六世紀のフランスの生活の様子についての多くの情報を伝えてくれる。このトゥーレーヌの司教に比肩できる年代記者を見つけるには、フロワサール（1338-1404）を待たなければならない。十九世紀になって、グレゴリウスの著述をもとに『メロヴィング王朝史話 Récits des Temps Mérovingiens』を執筆したオーギュスタン・ティエリは、グレゴリウスの描いている当時の絵図をこう述べている。

「フランクの王たちの生活態度、王家の内部事情、貴族や司教たちの波瀾重畳に富んだ生涯。王位簒奪、内乱、私闘。ガロ・ローマ人の権謀術数、事を好む風。夷狄人種の不羈奔放、蛮風。同じ一つの王国内にありながらガリア地方の住民の間に一切の行政的秩序、一切の精神的親近関係が欠如していたこと。郡と郡、町と町との間の古くからの敵対関係や伝統的な嫌悪感のめざめ。万事につけての原始的状態への一種の復帰、規律や法律に対する個人の恣意の反逆、そのさまざまな形、つまり政治のうえ、一般生活のうえ、宗教のうえでのその現れ方。女子修道院のなかにまで蔓延っていた不逞と暴力との精神。」（小島輝正訳。岩波文庫）

グレゴリウスの事跡として何が遺っているだろうか？トゥールには、彼が祈りにやってきた古いサン＝マルタン教会は、今は跡形もなく、ただ、新しい建物のなかに彼の墓の横にあった二つの間仕切りがそのまま使われているだけである。しかし、今日では博物館になっている古い大司教館に入ると、彼の私的礼拝堂を今も見ることができる。もっと感動的なのは、トゥールの町から三キロ、ロワール川右岸にあるマルムーティエの隠者たちの洞窟に彼の痕跡が見られることである。グレゴリウスは、この洞窟に避難所を見つけた人々に加わって、神に祈り、神と語らい、死の準備をしたのだった。

このロワール河畔のじめじめした洞窟でのグレゴリウスたちの貧窮生活は、一見すると、彼の著作から窺われる文明開化的で教養があり人間性豊かな考え方とは全く対照的のようである。実際には、この司教の人柄は、初期中世メロヴィンガ朝時代の精神的・知的生活のもっていた相互補完的な二つの流れを余すところなく象徴している。

修道士たちは、神に仕え徳を修める実践に心身を捧げると同時に、古代からの遺産を守ることに努め、それを通して、キリスト教の哲学と神学とモラルをその起源から明らかにしようとした。彼らは、破壊と虐殺と様々な苦しみに覆われた時代にあって、できる限りの最善を尽くして、キリスト教以外の過去の著述も保護しようとした。これらの非キリスト教的著作が数百年後に花開く《十二世紀ルネサンス》の酵母となっていくのである。

おそらく、この時代にも、素晴らしいモニュメントは幾つかあった。メロヴィンガ時代の文献には、次のカロリンガ時代の建築上の飛躍を予感させるたくさんの聖所のことが述べられている。たとえば、サン＝ジェルマン教会は、この時代の人々を感嘆させている。

「巧みに配置された窓、高価な大理石、金色に塗られた丸天井、鮮やかな色に塗られた壁、美しくモザイクが敷き詰められた床などは、いまさら言うまでもない。屋根の瓦は太陽の光を反射して、まばゆいくらい金色にキラキラ輝いている。この教会がサン＝ジェルマン＝ル＝ドレ Saint-Germain-le-Doré と名づけられているのは、この故である。」〔訳注・「ドレ」は「金色に輝く」との意。〕

初期中世の人々は壮大な建物は造らなかったが、その代わりに、彩色に力を注いだと考えられる。シャルルマーニュが現れて西欧の大部分を一つに統合したときも、古代の伝統は完全には消滅しないで、文書の筆記者や写字生、彩色師のおかげで本のなかに生き残り、それらの全てが、古い世界を覆した新しいエネルギーがその幼児期と混乱から脱け出したとき、再生する。この《カロリンガ・ルネサンス》という目覚めも僅かな間しか続かず、それだけで終わり、十世紀は不毛の大地のなかに埋もれたままのように見える。だが、復活の兆はすでに現れており、十一世紀には西欧は決定的に《暗黒の時代》を脱け出す。

封建制度と《西暦一〇〇〇年》

フランスが本当の意味で誕生するのは西暦一〇〇〇年前後である。このあと何世紀にもわたって君臨する家門〔訳注・カペー家〕が、このとき王国の頂点に立つのであるが、それは、ここではさほど重要ではない。重要なのは、西欧の歴史的冒険全体のなかで、歳月を重ねるにつれて、ますます独自性を明確化する「フランスの国土」と呼べるものが、多様な歴史的要因によって、このころ確定したことである。ケルトの民は、それまでの千年にわたる植民地化と様々な混乱と迷走ののち、外部からやってきた諸要素によって豊かさを増し、真のアイデンティティーを見出すのである。

大規模な蛮族侵入は、十世紀末をもって終わった。その最後の波ともいうべき大西洋側からのデーン人の侵入も、マグレブと東地中海からやってきたサラセン人の侵入も、九五〇年ごろには、フランスの大地のうえで終焉し、その後は、十五世紀にいたるまで、西欧全体が比較的安定した時期に入り、ヨーロッパの文明化の各要素は均衡を見出すことができる。ローマ帝国を崩壊させた苦しみ以来初めてのこの長期間にわたる平和により、一つの持続的社会が現出する。人々の作ったものが周期的に失われていく破壊と殺戮の時代は終わり、推測や仮説によるのとは別に、今日にまで残っている証拠によって真実の歴史を認識できるようになるのが、この時代からである。

《キリストの受肉一〇〇〇年 l'An Mil de l'Incarnation》が近づくにつれて、超自然的観念に取り憑かれたあらゆる人々の魂のなかで「世界の終わり」に対する強迫観念が膨らんでいった。それは、別の観点からいうと、神の創造の御業の偉大な仕上げであり、《義《ただ》しい人々》を光で満たし《サタンの奴隷ども》を永遠の闇のなかに放り込む最終的裁きでもある。かくも長きにわたる混沌のあと真実の秩序がついに実現されるのだとの普遍的信仰が、このとき万人のうちに姿を現した。そのときには、人類は神の手に身を委ね、これまでいかなる君主も樹立できなかった平和、万人の苦しみも無益な期待も日々の絶望も終焉した世界が実現すると考えられた。

しかし、恐怖の世を逃れさせてくれるこの別世界はすでに存在している。それが修道院であり、修道会が提供してくれる世界である。こうして、卑しきも貴きも、家族と財産を捨てて、この隠遁所を求め、あるいは、恐怖を和らげる慰めと平安の言葉を修道士たちの口から得ようとしてやってきた。

当時まだ固まっていなかったフランスにあって、唯一確固たるまとまりを保っていたのが《教会》であった。《教会》は一つであり、しかも世俗権力とも緊密に結びついていた。生まれつつあった封建制は、なんとか司祭や修道士たちを支配下に組み入れようとしたが、司祭や修道士たちは、民衆の生活と融合しあっていた。この時代の社会生活の枠組になっていたのは、教会を中心とする「小教区 paroisse」だったからである。領主たちも、税の徴収をはじめ、統治する領域をこの小教区に合わせることとなる。したがって、農民、職人、聖職者は、同じ一つの共同体を形成したのであって、このことについてジョルジュ・デュビィはこう書いている。

「人々の間に柵はなく、みんなが同じ衣服をまとい、同じ飯を食べ、同じ慣習のもとで生活し、司祭と信者は直接に触れ合った。この相互浸透性には利点がないわけではなかった。そのおかげで、この時代の文明は、その最も貧しい様相にもかかわらず、最も基本的な振舞いのなかで、考え方とはいわないまでも、少なくとも形の上で教会に由来するものをまとった。」

《カロリンガ・ルネサンス》全体が示しているように、この時代の芸術もまた、本質的に宗教的性格を帯びている。このころ多声音楽（polyphonie）が生まれたおかげで、音楽が力強く再生し、祭儀的演劇の最初の形に生命を吹き込んだ。それと同時に、建築と彫刻、とりわけ装飾芸術も充実し、神の栄光をよりいっそう讃えることに寄与した。しかも、そこに現れる創造性は、石の加工と人間の顔の表現という二つの古代芸術の復活をもたらした。この時代の教会堂の内部構造がどうであったかは、よく分かっていないが、そこには、その少しあとのロマネスク芸術を特徴づける本質的なものが看取される。

一つは、身廊の手前の部分（avant-nef）の拡張で、これは元の教会堂に、もう一つ教会堂を並立させる形になっていく。いま一つは、円柱（colonne）に代わって支柱（piler）を用い、屋根を骨組で支えるのでなくアーチにするあたらしい建築技法である。

この教会を中心にして高度な文化運動が発展していくのであるが、その勢いの強さは、カロリンガ王家の影響力の強さにしたがって様々である。とくに知的生命の躍動が見られるのは、ロワール川以北、とくにアーヘンの威光の届いたブルゴーニュ、ムーズ、シャンパーニュといった地域である。

この時代の学問の中心地を、その開明的精神をもって活気づけた象徴的人物が、修道士ジェルベール（のちの法王シルヴェストル二世）である。生まれはアクィテーヌで、オリヤックの修道院で教育を受け、当時、イスラム教の支配下にあり文明の先進国であったイスパニアに遊学して天文学、修辞学、数学を修得し、九七二年から九八二年までランスの司教座学校の教師になり、諸学問を教えたが、とくに力を注いだのは、ヨーロッパの他の知的中心地との持続的接触を強化することであった。このことは、彼が九八五年ごろにトゥールのサン＝ジュリアン大修道院長に書き送った書簡にある次のような文章が裏づけている。

「私は、粘り強い細心さをもって蔵書館を作っています。かなり前から写字生を雇い、相当のカネをかけ、また各地にいる同郷の友人たちの協力を得て、ローマだけでなくイタリア各地、さらには、ドイツ、ベルギーなどから著作を取り寄せ、写本を作らせてきました。同様にして、あなたにもご協力をお願いする無礼をお許しください。いま私どもが欲しい著者の名前は、この手紙の末尾に記すとおりです。あなたの御指示をいただければ、その写字生のもとへ写本用の羊皮紙と必要経費を送ります。あわせてあなたのご協力に対するお礼も忘れるものではありません。」

このジェルベールのやり方は、当時の探究心に溢れた人たちが普通に行っていたもので、それが、この約百年後に彼と同類のユマニストたちを通して、フランスのキリスト教界全体に奮起を促し大規模な革新運動が展開される下地を形成していったと考えられる。

ロワール川以南、ローヌ川以西のポワトゥーとラングドック一帯では、ローマ文化の痕跡を残すとともに当時イスパニアで隆盛していた《モザラベ文化 culture mozarabique》の影響を受けたもう一つの知的生活の核が形成される。北フランスに較べてゲルマンの影響を免れガロ＝ローマの残存物がよりよく保存されていたこの地域では、その淵源に近いという地理的有利さから、北とは違った文化が発展した。

こうしたフランスの文化共同体の外側の広大な周縁地帯では、幾つかの文化が脈々と生きていた。まず、六世紀に大西洋岸から入ってきたブルターニュの人々〔訳注・ブリテン島南部から英仏海峡を渡ってきた〕は、カロリンガ帝国には組み込まれなかったし、その後も長くケルト世界を代表する自主独立の生活を営んだ。第二には、ムーズ川の向こうのフランドルやヴォージュ山脈の彼方では、ゲルマンの影響があまりにも深く刻まれていたので、イール＝ド＝フランスやノルマンディーあるいはシャンパーニュに現れた創造的飛躍にさほど影響されなかった。最後に、東南部とバスク地方は、知的交流に対してほとんど門戸を開かず、不毛の孤独のなかに閉じ篭っていた。

こうした様々な地域が次第に寄り集まり、文化的に寄与しながら、一つのフランスを形成していくのであるが、特徴的なのは、その足取りの多様さである。十一世紀には、これら互いに並立的で交流し合うことの少ない諸民族が一つの国民を形成していくための交流の窓口が準備されたが、それには、まず《西暦一〇〇〇年》の恐怖が一掃され、『黙示録 Apocalypse』に予示された贖罪の期待が果たされることが必要であった。

「千年の終わりに、サタンはその牢から解放され、地の四方にある諸国の民、すなわちゴグ Gog とマゴグ Magog を惑わすために出てゆき、戦いのために彼らを召集する。」(『ヨハネ黙示録』二〇章)

事実、キリスト昇天一〇〇〇年から間もない一〇三三年には恐るべき飢饉が起き、悪魔の報せであると信じられた。これと前後して数年の間に、法王ベネディクト八世(一〇二四年没)、フランス王ロベール(一〇三一年没)、シャルトル司教フルベルトゥス(一〇二八年没)などキリスト教世界の大物たちが次々と亡くなった。

ラウル・グラベールは、こう書いている。

「飢饉は世界中に広がり、ほとんどあらゆる身分にわたって多くの人々が亡くなった。不和と争いが万物を支配し、その万物が人間の傲慢に対して復讐してきていることは疑う余地がない。」

だが、この窮乏のどん底にあって、復活の最初の兆候がすでに現れていた。民衆レベルでも支配層でも、無政府状態と横行する掠奪に立ち向かうための努力が始められる。この結果生まれた社会的枠組が封建制度であり、騎士制度や貴族制といった様々な形を採りながら、その基本的骨組みは、一七八九年まで続くこととなる。

封建制度の原理は二つある。まず、国土を細片化し、そのそれぞれを、王制が代表する抽象的権力から実質的に独立した領主が統治する。ついで支配階層のほとんど神政的な特権的機能が定められる。この点についてジョルジュ・デュビィは、こう書いている。

「十世紀末、キリスト教社会を身分によって分ける理念が広まる。すなわち、それぞれが神意によって課せられた特別の任務を有し、その使命を遂行するために、おのおのにふさわしい扱いを受ける権利をもっているという考え方である。」

ここに見られる社会的理念に対するキリスト教会の正当化が権力をも神学的・哲学的に正当化し、それがアンシャン・レジームの終わりまでだけでなく、その後の時代に対しても、息吹を吹き込んでいくのである。

しかし、封建的権力を支えたこの論理は、その必然的帰結として、人々を物質的に庇護する責務も彼らに負わせる。こうして、教会や修道院が代表する霊的力と平行して、封建領主の力が発展していき、両者は融合する。そのことを示している事例が、いざというときに精神的資産とともに物質的資産を庇護するための教会の要塞化と石造りの城の出現であり、これ以後、教会と城がフランスの風景の恒久的な要素となる。その形と機能は様々であるが、何百年間にわたって田園地帯に居座り、ようやくその地図が変わるのはルネサンス以後である。

城の第一の機能は防御である。ここで強調しておきたいのは、それまで都市や村の防御を保障してきたのは、ゲルマン人がローマ帝国領に侵入してきた三世紀から四世紀に築かれた市壁だけで、これらの石造りの壁は、町の最も防御しやすい部分だけを囲ったものであった。その後は、種々の建築のための採石所代わりにされ、九世紀から十世紀にかけてノルマン人が侵入してきたため再整備しようとしたときには、人々は、濠と木造の柵を巡らせるのがやっとであった。もちろん、交通の要所になっているところでは、生け垣で囲い、柵で補強した《プレシ plessis》だの地形を利用した砦だのが造られたが、火に弱い木造の防御設備がほとんどであった。

石造りの城砦が築かれるようになるのは、領主たちの権力が強大化し税を集めて財力を増してからである。それらは戦争の産物であり戦争によって掻き消されていったから、この時代のもので今日まで残っているのは、残念ながら、ごく僅かである。最初に造られたのはロワール河畔で、今ではランジェー城とモンボーゾン城の主塔がやっと遺っているくらいであるが、それでも、こうした防御施設の組織化によってフランスの国土の安全性がある程度確立された。

唯一本物の権力がキリスト教会であったが、教会は自分の力だけではヨーロッパを無政府状態から脱却させることはできないので、キリスト教徒の共同体を守護する役割を信徒のうちのある人々に与えた。結局、教会は本来的には戦争を憎んだが、止めさせることができないので、信仰と折合いをつけられそうな戦いの掟を定め、これに従って戦争する権利を、この人々に認め、共同体の現世的救済の責任を担う神聖な性格を付与した。こうして生まれたのが《騎士制度 Chevalerie》である。騎士制度の起源をさらによく理解するためには、レオン・ゴーチエの次の一文を読み返してみよう。

「教会は、戦争が大嫌いだったが、大目に見ざるを得ないので、戦争に対し一連の障害を設けた。この《鉄の時代》（原注・ローマ帝国の滅亡から西暦一〇〇〇年までの間）の何百年かは、非難できたのは内乱と私闘だけであった。結局、教会は、戦争をなくすことができないので戦士をキリスト教化したのだった。」

この「キリスト教化された戦士」が騎士階級となるのである。

「シャルルマーニュの帝国が分解したあとに幾つかの新しい王国が樹立された。キリスト教世界はサラセン人とノルマン人の脅威にさらされていたうえ、いたるところで家門同士、個人同士が争い合った。安全に旅のできる道はどこにもなく、教会はしばしば炎上し、王は民衆を庇護する力を失い、それに代わって領主たちが小型の王になった。繰り返される私闘と外敵への不安のため、恐るべき混乱が社会を覆う。このフランス史上の決定的な時に、キリスト教会は戦士たちにキリスト教教育を施すことを思いついた。その第一歩として戦士階層に示された理想像が《騎士道》に他ならない。」

もちろん、この《変身》は、一日で成ったものではない。当初は、明確に言葉で表現されることもなかった《騎士道》が実体化するのが、封建制度の基盤が形成される十一世紀である。《西暦一〇〇〇年》から間もないころは、騎士制度と封建制度は一つになっていくように見えたが、両者は異なる道を進み、《騎士道》は「神の軍勢」となり、その叙任はある意味で「第八の秘蹟 huitième sacrement」となっていく。

〔訳注・正式には秘蹟には洗礼 baptême、堅信 confirmation、聖体 eucharistie、告解 pénitence、婚姻 mariage、叙階 ordre、終油 extrême-onction の七つがある。〕

それが、テンプル騎士団（Templier）や聖墳墓騎士団（chevaliers du Saint-Sépulcre）といった軍事的修道会として開花するのが十二世紀から十三世紀にかけてである。

それに対し封建制度のほうは、支配階層は神のことよりも物質的利益に、キリストの民を守ることよりも自分の権力と富の基礎を築くことに努力を傾注する。そのうえ、これら二つの世界を結びつけるよりも分け隔てる溝があった。それは、騎士制度が最後まで個人的恩寵に留まったのに対し、封建制度は世襲化したことである。

では、生まれつつある封建制度と教会権力によって支配されたこの社会は、十一世紀の間にどのように発展し、やがて近代世界へと生育していく「偉大な進歩の世紀」（すなわち十二世紀）に到達したのだろうか？

このゆっくりした成熟において、その革新性によって重要な酵母の役割を演じた要因が二つある。一つはノルマン人であり、もう一つがクリュニー修道院で、この二つは、ほぼ同時にフランスの歴史の水面に顔を覗かせる。

ノルマン人たちは、王国の中心部に対し百年間にわたって侵略を繰り返したのち、九一一年、サン＝クレール＝シュル＝エプトの条約によって、フランス王から大西洋と内陸に同時に開かれた豊かな地方（ノルマンディー）を受け取り、その代わりに、フランス王国の一員になることを受け入れた。彼らの同化は迅速であった。というのは、彼らは全員が男で水夫であったから、与えられた土地の女を妻に娶り、二、三世代のうちに元の言葉を忘れてしまったからである。しかし、その引き換えに彼らは、何百年このかた内側に閉じこもり未来への展望も創造的意欲もなく生きてきた住民たちに、全く北方的なエネルギーと新しい血をもたらした。

他方、クリュニー大修道院がアクィテーヌ公によって創設されたのが、この前年の九一〇年である。この修道院は、生まれながらにして法王座に直結し、一種の「自由憲章 charte de franchise」によって、あらゆる世俗的権力からの自由を保障されていた。ルイ＝フィリップ・メイは、こう書いている。

「この《自由憲章》は、複雑な君臣関係のもとに窒息させられていた世界に生気を蘇らせ、その改革の拠点（Asile）は、僅かな歳月で最も強力な修道士たちの集団（famille）となった。キリスト教会の重心は北に移動し、ブルゴーニュが西欧の宗教生活の新しい源泉たる《第二のローマ Roma Secunda》になる。ここから宗教的・道徳的戒律と哲学的・教育的・政治的命令と芸術上の様式が生み出され、以後四百年の間、全キリスト教世界を向上させていく。」

第六章　偉大な実験の時代（十一世紀）

十世紀は、一見、文化の飛躍が停止したかのようであったが、その深層では、経済的・社会的・政治的・精神的な力が湧き出していた。農業の進歩と封建的組織化は、抗いがたい力でその姿を現し、建築も、この世紀の終わりごろには爆発的に盛んになる。こうして、突如出現するのが《ロマネスク様式》である。

アンリ・フォシヨンは十一世紀を「偉大な実験の世紀」と呼んだ。ロマネスク芸術は建築・装飾・写本と多くの分野にわたるが、その創造が示しているのは、一つの同じ課題への答えであるが、そこには、急激に生長しつつある新しい世界の要請がある。その最も明白な兆が人口の増加である。人口の増大は、働き手も、養うべき口も、救うべき魂も増えるということである。

この新しい社会を秩序づけるのが《三身分制 trois ordres》である。一〇三〇年、ランのアダルベロンはロベール敬虔王にささげた詩のなかで「オラトーレス oratores」（祈る人々）、「ベラトーレス bellatores」（戦う人々）、「ラボラトーレス laboratores」（働く人々）、すなわち聖職者と戦士、そして経済を担う人々の三つによって社会は支えられるとしている。前の二つが第三を支配するが、社会全体を前進させていくのは、土地を耕す農民と都市の職人たちから成る第三グループである。このように物を作る技術をもった人々の復権は、あらゆる分野での技術の革新に現れる。こちらでは非対称形の刃を備えた犂、それを牽かせるための牛や馬の新しい繋駕方式、馬鍬、水車とその多様な利用などが見られ、あちらでは、騎士の鎧の重量化がある。

技術的要素は文化的領域でも重要な役割を演じる。文化の創造には、素材と道具立てが不可欠である。文学は、一つの言葉によって生まれ変わり、新しい様々なジャンルが生じる。古典ラテン語が復権し、ヒューマニスティックな詩が、十一世紀以後、とくにヴァル＝ド＝ロワールで、ル・マンの司教であり偉大な詩人であるヒルデベール・ド・ラヴァルダンとともに開花する。その一方で、学校では、《自由学芸 arts libéraux》が花開き、新しいラテン語が生み出される。スコラ学が拠り所とするのは、修辞学よりも弁証法でありその言葉である。こうして、語義を定義し、問題を提起し、アンチ・テーゼを立てて真理を追究するうえで、新しい精神的道具立てが作り出される。こうして開花したのが「十二世紀ルネサンス」であるが、そのための《憲章》を提示し、いわば「十二世紀の《方法序説 Discours de la Méthode》」となったのが、アベラール（ペトルス・アベラルドゥス）の『然りと否 Sic et Non』である。

しかし、このラテン語と並んで卑俗語〔訳注・当時の民衆の言葉で、のちのフランス語の元になった〕も、《武勲詩》や《宮廷詩》の領域で驚異的な進展を見せる。『ローランの歌』の最初の版は今は遺っていないが、十一世紀の第三・四半期に現れた可能性が高い。最初の偉大な南仏吟遊詩人（troubadour）であるアクィテーヌ公ギヨーム九世が生きたのは一〇七一年から一一二六年までである。クリスマスや復活祭の典礼劇からゆっくり発展していった演劇では、ラテン語に卑俗語が混じり始める。

技術的条件の影響を最初に受ける造形芸術が文学のルネサンスのおかげで仕上げられるのは十二世紀であるが、十一世紀には最盛期を示していく。これまで、芸術作品の主要な素材は、開墾の進展によって供給されていた木材であったが、ロマネスク芸術において主役は石材となる。十一世紀の年代記者は、スエトニウスが皇帝アウグストゥスについて述べた一節――「彼はレンガのローマを見出せしが、これを大理石にて装いたり」を引用し、十一世紀の偉大な建築師たちがヨーロッパの他のところでもそうであったように、木造のフランスを石造りに建て替えたことを称賛している。

この石の優位は建築物に荘厳さをもたらし、彫刻や絵画がこれに呼応する。教会正面入り口のアーチ、堂内の丸みを帯びた柱頭、城や宗教的モニュメントの平らな壁面などに彫刻や絵画が挿入された。それらは、複雑にねじれた、ときには蛮族的な活力と荒々しさを帯びた芸術がふさわしいことがある。

写本の装飾や金銀細工などの副次的芸術（arts mineurs）には、ある種の独立性が残されているが、そうしたところでも、建築技術の法則、建築学上の象徴的空間の法則が支配する。

文学について見ると、周知のように、ロマネスク時代のフランスは一つではない。当時のフランスは、俗語に関しては無数の方言領域に分かれているが、単純化していうと、《ラングドイル langue d'oïl 圏》と《ラングドック langue d'oc 圏》に二分され、この対照は、文学においては明確である。

近代の歴史地理学は、南フランスを、洗練の度合いでも豊かさでも優れ、より文明化されていたと思わせたがるが、十一世紀の北フランスの人々は南フランスの人々に軽蔑の目を向け、「あいつらは皆百姓だ」と言っていた。ある北フランスの著述家は、ロワール川以北のほうが知的飛躍によって農業も発達しており都会的生活と封建社会も進展しているとして、南仏人を「Omnes rustici」（田舎者）と呼んでいる。シャルトルの司教座学校の教師ベルナールとその同僚のベルネリウスは、北フランスでも最も教養のある人たちだったが、一〇〇七年から一〇二〇年まで南フランスを旅し、そのなかでオーヴェルニュのコンクに巡礼し、たくさんの金銀細工品や、とくに聖遺物箱を兼ねたサント＝フォワの全身像を見て憤慨している。この像は度重なる修復を経て今日も残っている有名な遺物であるが、彼らにとっては、蛮族が迷信的崇拝を捧げる邪悪な異教の偶像としか思えなかったのである。しかし、このような造形芸術の南北間の対照も、根本的なところでは、知的・文学的文化におけるそれに較べると、まだ小さかった。

ロマネスク芸術の大モニュメントは、この後、北フランスでは富裕化のおかげでその大部分がゴシックなど新しいモニュメントに取り替えられてきたので、今日では「ロマネスク芸術」といえば南フランスのもののように考えられがちであるが、本来、ロマネスク芸術は、その強力な独自性にもかかわらず、地域的・個別的に多様な試みがなされたもので、西はスペインのイスラム文化やモザラベの文化から、東はアルメニアやビザンティン、ローマの芸術など、さまざまな影響を受け入れて多様な発展を示してきた。

南フランスには、もともと強く残っていたローマ人の痕跡に加えて地中海のあらゆる交易ルートが到達していたから、そうした過去のものや遠隔地のものが直接に流れ込んできた。それに対して北フランスも、ロマネスク芸術の創造に参画し、南フランスからの影響に対しても窓口を開いていた。たとえばヴォルピアーノ〔訳注・北イタリア、トリノの北方の町〕のグリエルモ大修道院長は、ロンバルディアから、まずディジョンに（原注・いまもロマネスク時代の地下墓室が残っているサン＝ベニーニュ教会がそれである）、ついでフェカン〔訳注・ノルマンディーの町〕に南方の影響をもたらしている。

北フランスには、そのほかにもロマネスクより以前のカロリンガ時代やオットー朝の伝統もあったし、早くからの経済的繁栄によって、独自のロマネスク芸術を生み出せるだけの社会的・政治的機構が整っていた。ジュミエージュだのボッシェヴィルのサン＝マルタン教会、また、カンの幾つかの教会、バイユーのカテドラルなどのノルマンディー地方の建築には、今もそれと明確に捉えられる強力な個性が現れているし、それが一〇六六年のイングランド征服で、ブリテン島にまで広がったことはいうまでもない。

したがって、重要なのは、南フランスと北フランスで分けることよりも、むしろ、嗜好性の地域的差異である。なぜなら、フランスは十一世紀に「フランス」になったとしても、その「フランス」の個性は、各州の多様性をもとにして築かれたものだからである。

そのことをミシュレは「封建世界の多様性、その事物の多さは、見ているだけで疲れるほどであるが、だからといって、そのためにフランスというものが見えなくなるわけではない」と述べ、さらに「この広大なフランスが姿を現し始めるのが十一世紀、カペー家が王位についたときからである。これ以後、各プロヴァンスが自らの歴史をもち、各州が自分の言葉を採択し、自らを語る。この素朴で野蛮な声の大合唱は、クリスマス・イヴに薄暗いカテドラルのなかで響く教会合唱隊の歌のようで、はじめのうちはがらがら声で不揃いである」と表現している。

《フランス》の形成

このフランスの文化と芸術の歌声は、しかしながら、大合唱隊のように、メロディーの流れに沿って揃い始める。そのなかでも、たしかに北フランスと南フランスの違いはある。

ロワール川の北側では、《封地 fief》に基盤を置く封建制が形成される。北フランスの平地の開放的な世界では、新しい農耕技術が力を充分に発揮し、土地が富と力の源となる。それとは逆に、南フランスでは、封建制を特徴づけるのは約束や誓約による人間的つながりであり、少なくとも貴族階層においては、男たちと並んで女性が早くから重要な位置を占める。古代からの伝統によってか、あるいはイスラム世界の影響によってか、都市的文明は、南フランスでこそ、より一層、人々の心理と文化を多様化する。また、建築に付随して装飾も、北方でよりも南方で、ずっと自由に発展し、色彩とディテール、繊細な形への嗜好性が、より先進的に現れてくる。これに較べると、北フランスの芸術を支配しているのは、骨太な輪郭の威厳のある簡潔さであり、戦士的・農民的な厳めしさである。

以上のような南北の差異はあるものの、優位を占めるのは、個別化の力よりも統一化を進める力である。その統一化を推進した最も強力な要素が人間の移動であった。十一世紀フランスは、まるで路上にいるかのようである。農民たちは町や開墾地に吸い寄せられ、それが法的・社会的自由を生み出す。巡礼たちは、聖遺物の評判に惹かれて、想像を絶する苦難が待ち受ける旅に、ぞくぞく出かける。それが、イベリア半島での「レコンキスタ Reconquista」〔訳注・キリスト教スペインによるアラビア人からの国土奪還〕や、聖地エルサレムへの《十字軍士たち croisés》の遠征に変身するのは簡単なことである。

騎士階級の次三男たちは冒険心に駆り立てられ、修道士たちは民衆に説教して熱狂を掻き立てる喜びに魅惑される。一一〇〇年ごろには、十字軍を勧説する説教師たちが西部フランスを回る。また、隠者たちは、当時の経済的発展のなかで、その活動の場を、森のなかでも、幾つかの道が交差しているあたりや川の渡し場といった人通りの多いところに定める。『トリスタンとイズー Tristan et Iseult』に見られるように、そうした隠者たちのもとには、不安にさいなまれた巡礼者や苦悶を抱える騎士たちが救いを求めて訪ねた。

こうした巡礼路に沿って、巡礼者を迎え入れるための教会が点々と建てられていった。とくに西欧世界で重要な巡礼地であったイベリア半島北西端のサン＝ティヤゴ＝デ＝コンポステラに通じる巡礼路沿いには、たくさんの教会が建てられた。これらの巡礼者用の教会はフランス全土にあるが、その建築様式も独特の特徴を示している。大勢の人々を接待できる広さと設備が必要だったからであるとともに、周歩廊には放射状に幾つかの礼拝室が設けられ、教会堂のなかには巡礼者が整然と拝観できるよう聖遺物が配置されていた。そこでは、金銀細工の装飾品や壁に描かれた絵、円柱の柱頭の彫り物が、外から射し込む光や蠟燭の灯りのなかでより美しく浮かび上がり、荘厳さで胸を打つとともに、飢饉や伝染病、内面的苦悩に蝕まれた人々の神経症を癒すように工夫されていた。

当時の人々は、一人でいるときも、集団のなかにいるときも、つねに心身を痛めつける悪魔に脅かされていた。ショーヴィニーだのサン＝ブノワ＝シュル＝ロワール、ヴェズレーだのの教会堂の柱頭には、そうした悪魔の不気味な姿を見ることができる。「人類の仇敵」たる怪物たちのオーケストラの指揮者である悪魔が表わす姿は、「ロマネスクの怪獣のフレゴリ Frégoli」といってもよいくらい千変万化である。〔訳注・フレゴリは、六十以上の変装をしてさまざまな役を演じたイタリアの俳優。1867-1936〕

オータンの入り口では、イヴが、半ば怯えたような半ば背徳的な微笑を湛えて落ち着きのない好奇心を示しているのに対して、入口の上部欄間（ティンパヌム）では、悪魔がその巨大な両の手で罪人を絞め殺している。ランド地方のサン＝スヴェール修道院では、グレゴワール・ムンタネール（1028-1072）の時代、すぐ近いイスパニアからの影響のもと、非常にフランス的な特徴をもつ細密画で飾られた写本が製作されていた。『リエバナのベアトゥスによる黙示録注解 Commentaire sur l'Apocalypse de Beatus de Liebana』がそれで、そこでは大災厄と様々な恐怖の絵が描かれている。（今日、パリの国立文書館に保存。ラテン語写本８８７８）

スペイン西北端のサン＝ティヤゴへは、トゥールとポワティエからサントンジュ地方の幾つかの教会を経由する道、ヴェズレーからヌヴェール、サン＝サヴァン、アングレームを経る道、また、オータンやクリュニーあるいはル・ピュイからオーヴェルニュの中央山地を迂回していく道（そこには、サン＝ネクテールとコンクからモワサックにいたるまで多くの教会が点々と配置されている）があり、いずれも、トゥールーズを経てピレネーを越えるようになっていた。これらの道は、巡礼だけでなく、《レコンキスタ》の十字軍や旅人たちにとっても重要なルートで、それらの沿道に点在する教会は、姉妹教会のように連携して、彼らに宿泊所を提供した。

そうした旅の物質的・精神的安全と安心を保障する力強い枠組が、地域的多様性を超えて、ロマネスク芸術として統合できるものを生み出すのに寄与していたのであって、その最も強力な要になっていたのがクリュニー大修道院であった。そのことは、ファリニエ博物館に集められている幾つかの彫刻が証明している。ロマネスク時代のフランスの心臓部は、聖ユーグによって一〇七七年に建設が開始されたクリュニー第三教会とともに、これらの巡礼路にあった。

ロマネスク様式

しかし、「ロマネスク時代のフランス」にその統一性を付与したのは、北から南へ、東から西へ進行した秩序づけであり、そこには三つの文化的・芸術的中心がある。第一は伝統的なタイプではあるが、経済的・人口的・社会的飛躍と巡礼によって根底からその様相を変えた《修道院》である。ロマネスク芸術はとりわけ修道院大教会の芸術であったが、それとともに、戦士的封建制の象徴である《城》と都市的生活の象徴である《町》も、興隆しゆく力の証言者であった。

まず《城》についていえば、今日にまでその圧倒するような影を伸ばしている主塔がこの時代に各地に建てられた。それは、ランジェでもロシュでも、モンバゾンでも実感されるし、そうした城が建っていた丘の発掘調査や、有名なバイユーのタピスリーの絵によって裏づけられる。

《町》では、郊外にある修道院や中心部にあるカテドラル（その大部分は、ゴシック時代に建て替えられたけれども）とともに、金持ちたちの家も石造りのものが現れる。建設当時の姿を遺しているものは極めて稀であるが、クリュニーやプロヴァンには、その痕跡が残っている。トロワ、ラニー、バール＝シュル＝オーブ、プロヴァンで開催された「シャンパーニュ大市」は、十二世紀にはキリスト教世界最大の市場になり、ラシャと胡椒のように南北の商品が交換されただけでなく、手形決済や契約交渉も行われ、いわば「中世の手形交換所 clearing house」となる。

「十一世紀の実験」でとくに重要なものに、石造りの教会建築における身廊の大アーチがある。スペインから南フランスに広がっていたカタローニャでは、サン＝ミシェル＝ド＝キュクサがまだモザラベ式の骨組屋根であるのに対し、サン＝マルタン＝デュ＝カニグー〔訳注・どちらも、現在はフランスになっている〕は、一〇〇九年にアーチ屋根の身廊になっている。スペイン側のカタローニャでも、とくに大きな教会は交差部に丸天井をもつ交差廊（transept）になっている。このタイプはフランスでも、シャティヨン＝シュル＝セーヌのサン＝ヴォルル教会（1000-1010）、シャピュイズ教会（1020）、サン＝ギレム＝ル＝デゼール教会（1076）に見ることができる。

マコネ地方のトゥルニュでは、さまざまなタイプのアーチが一つの力強い統一体を見せ、オーヴェルニュから借用した礼拝室を放射状に配置した周歩廊が見られる。〔オーヴェルニュ地方のロマネスク教会は、クレルモン＝フェランのノートルダム＝デュ＝ポールやサン＝ネクテール、オルシヴァル、ブリウード、イソワールなどとも共通する雰囲気をもっている。〕礼拝室を放射状に配した周歩廊を最初に試みたのは、今はなくなっているがクレルモンのカテドラル（九四六年）である。

東部フランスでは、幾つかの独創性にもかかわらず屋根は相変わらず骨組式で、カロリンガ時代やオットー時代からの伝統を示している。たとえば九九八年に建てられたムーティエ＝アン＝デールや十一世紀初めに身廊が建設されたヴィニョリーのサン＝テティエンヌ教会がそうである。ほかにも、カロリンガ時代の伝統を遺している例としては、一〇〇五年のパリのサン＝ジェルマン＝デプレや一〇三〇年のオーセールのカテドラル、一〇五〇年のモリアンヴァル〔訳注・コンピエーニュの近くで、十一、二世紀に建てられたロマネスク式のノートルダム教会がある〕の後陣に配された塔がある。《拝廊 nartex》〔訳注・正面入口と身廊の間の玄関広間〕は、トゥルニュのシャマリエールやクレルモンのノートルダム＝デュ＝ポールでも見られ、これは、ユーグ・カペーの私生児で大修道院長のゴズランが「全ガリアの手本たらしめん」としたサン＝ブノワ＝シュル＝ロワールに今も見られる《柱廊式教会 églises-porches》〔訳注・三方を柱廊にした、古代の神殿を思わせる様式〕に先んじていた。

ラングドックではトゥールーズのサン＝セルナン教会をもって、ブルゴーニュではクリュニー、ノルマンディーではジュミエージュやとくにカンの幾つかの大修道院教会（カンにはウィリアム征服王とその妃マチルドが近親結婚の罪を償うために男性用の修道院と女性用の修道院を建設していた）をもって、当時の最高峰であり、後世の模範となるような完璧な傑作を目指す試みが行われた。

ロマネスク芸術のこの多様な世界のなかで、そのティンパヌムや柱頭に施された彫刻、壁面に描かれたフレスコ画、写本の挿絵のなかから浮かび上がっている一つのテーマが「善と悪」「美徳と悪徳」の戦いである。粗野で戦士的な世界にあっては、精神生活も戦いである。この《霊の戦い psychomachie》〔訳注・「machia」は戦いを意味するギリシャ語〕は、サントンジュやモワサック、スイヤックの正面入口、ノートルダム＝デュ＝ポール、サン＝ブノワ＝シュル＝ロワール、サン＝ネクテールの柱頭、ノートルダム＝ダレーヌ、サン＝ジル＝ド＝モントワール、タヴァン〔訳注・シノンの東一四キロ〕そのほかのフレスコ画に見られる。

しかし、ロマネスク芸術を正当に評価しようと思うなら、どぎつい装飾美術によってよりも、階層的構造によって量塊（masses）と量感（volumes）を際立たせたその建物自体を見るべきである。その意味でとくに調和のある後陣の構造を見せているのが十一世紀以後のオーヴェルニュ地方の教会建築で、アンリ・フォシヨンは、次のように述べている。

「十一世紀のロマネスク建築は、初期ロマネスク芸術と同じように、建築的ヴォリューム（量感）の組合せ構成をその特質とするのであるが、その方法はいっそう変化に富み、いっそう技巧的である。オーヴェルニュ地方の工匠たちが絶え間なくあのように美しい模範を作り出した量塊相互の関係や、その累加的な積み重ねの構成を把握するためには、やはり教会堂外部に、すなわち会堂の頭部に視点を置かねばならない。祭室の屋根から会堂頭部の屋根へ、そこから採光塔を支える矩形の石積み基壇の上部へ、そして最後に尖塔の頂上へと視点は一種の上昇運動に導かれ、この上昇運動の石段一つ一つが空間的な韻律なのである。小後陣のつくる幅広くひろがった冠状構成は、この飛揚の出発点となる基壇に複雑な変化と丸く曲がったパースペクティヴを与える。」（『西欧の芸術――ロマネスク』第二章Ⅱ―68 神澤栄三ほか訳 鹿島出版会）

クリュニー大修道院

クリュニー大修道院は、九三〇年の設立以来、フランスでも、そのほかの国々でも急速に名声が高まり、「キリスト教世界の灯台」となるにいたる。クリュニー修道院は、設立から数年で、約一五〇〇の支院または傘下の共同体をもって全ヨーロッパをカバーするまでになり、ブルゴーニュのこの小さな町は、全キリスト教徒が信仰の基礎を確認し神の道への規範を見出そうとやってくる《西欧のローマ Rome occidentale》となる。

修道院の統一性を保持するために、大修道院長は支院長たち（prieurs）との連係を保ち、大陸の隅々にまで点在する系列修道院の代表たちを随時招集した。それと同時に、クリュニー大修道院自体、ますます増えるサン＝ティヤゴ＝デ＝コンポステラへの巡礼たちが義務的に立ち寄るべき中継地となったため、建物は絶えず規模を拡大し、十一世紀末には、五百人の修道士を擁し、常時二千人を超える参詣者が訪れるにいたる。

同じ時代、クリュニーを手本として修道院と教会の建物がフランスじゅうに建てられる。クリュニーの修道士であったラウール・グラベルは、その『歴史 Histoires』のなかで、こう書くことができた。

「共通の誓約で結ばれている世界の全体が、古いボロを脱ぎ捨てて教会の白いマントをまとった。」

キリスト教的戒律の霊気のなかで生きる人々すべてが一つの大きな建設熱の虜になった。建設は、ほとんどが修道士たち自身によって行われ、農民たちによる手作業はそれを補充しただけだったようである。しかし、これらの修道院や教会は、クリュニーの単なる模倣ではない。

当時はまだ、まず設計図が起こされその通りに造ればよいというやり方ではなかった。クリュニーの本部は建設を示唆はするが、具体像を押しつけることはしなかったから、新しく建設されたものは当然、地域によって全く異なるものになった。それぞれの土地で、神の栄光を最大に讃えるべく、古い教会や修道院が新しい建物に建て替えられたのであった。

この全般的な動きのなかで際立って輝きを放ったのがノルマンディーである。その大きな要因は、ノルマン人という新来の住人たちがもたらした血の若返りにある。ルーアンのサントゥアン、ジュミエージュ、スリジー＝ラ＝フォレ、モン＝サン＝ミシェル、サン＝ワンドリーユなどには、ノルマン人建設者の技術的天分と大胆さがよく表れている。同じころ、カンではウィリアム征服王が男子修道院とサン＝テティエンヌ教会、妻のマチルドは女子修道院とトリニテ教会を建設した。

これらのノルマンディーの建設熱は、ロワール以南の地方にも影響を及ぼした。アンジェーではサン＝マルタン大修道院が再興され、ボーリューの大修道院が建設された。南フランスでは、サン＝ギレム＝ル＝デゼールとエルヌ〔訳注・ピレネー・オリアンタル県にあり、十一世紀に建設されたサント＝ユーラリ教会で有名〕、そしてサン＝ミシェル＝ド＝キュクサが建てられたのもこの時期である。こうした動向は、クリュニー大修道院長、聖オディロンの言った「私は木造の修道院を見出し、大理石のそれを遺した」の言葉に倣おうとしたものであった。

この宗教的情熱の昂揚を象徴的に表しているのが、クリュニー大修道院長、聖ユーグによって一〇八八年に開

往時のクリュニー第三教会

始された第三教会〔訳注・俗人のための教会堂〕の建設である。この教会堂は、当時ローマのサン＝ピエトロ寺院につぐ、おそらくキリスト教世界で最も重要な建物であり、神の栄光のために建てられた最も大きな建造物となった。アンセルム・ディミエは、こう述べている。

「この教会堂は、張間〔訳注・身廊のなかの支柱の列同士の間をいい、普通は五つであった〕が十一以上もあり、法王ウルバヌス二世（1088-1099）によって主祭壇の献納を執り行うべく、工事は一〇九五年から着々と進められたが、長辺一八七メートルを超えるこの巨大な建物が完成したのは一一二五年のことである。」

〔訳注・この教会堂は、一一三〇年に法王イノケンティウス二世によって祝別され、約七百年後の十九世紀初めに壊された。〕

シトー会の冒険

このときフランスを捉えた建設ラッシュは、一三五〇年ごろまで約三百年続き、その作品は、フランス全土において、様々な時代が互いに見つめ合う一つの鏡を構成してゆく。

中世の宗教芸術は、各世紀がそこに吹き込んだ精神的息吹と各世紀が付与した様式にしたがって、代わる代わる否認されたり称賛されたりする一つの過去の具象化である。《ルネサンス》は中世全体を一種の野蛮な時代とみなし、《古典主義時代》は中世を、しばしばうわ言をいう遺物のように考える。《ロマン主義》は、最も昂揚したゴシックに関してのみ中世に好意を示す。「ロマネスク芸術 l'art roman」という共通の名称で呼ばれるこの芸術が単なる好奇心の対象という域を超えて、間違いなく近代芸術の先駆として注目されるには、二十世紀を待たなければならない。

　おそらく歴史上比肩できるもののないこの建設ブームは、信仰のリズムと歩調を合わせて開花したもので、十一世紀後半にはすでに輝きを放っていたが、満開になるのは十二世紀である。しかし、このときには、クリュニーは改革されるべき対象として中世史全体のうえに重みを持つようになっており、一〇九八年、クリュニー大修道院長、ロベルトゥス（ロベール・ド・モレーム）は、ベネディクト戒律に照らして余りにも緩んでしまっているのを矯正するため、華美の風潮と俗塵を避けて、森のなかにシトー大修道院を創設する。こうして誕生したのが《シトー修道会 ordre cistercien》であるが、この修道会がほんとうの飛躍を遂げるのは、一一一二年、一人の近隣の若者がシトーにやってきたときからである。この若者こそ、のちの聖ベルナールである。

　いわゆる「シトー修道会の冒険」のもつ深い意味を理解するためには、十一世紀に起きた西欧世界の底辺からの変動をまず思い起こすことが必要であろう。地方によって違いはあるが、一つの進展がフランスの国土全体に波紋を呼び起こしていた。それは、農業技術の改良によって収益が増大し、商業の活発化により経済が発展したこと、社会が安定化し平和になったことで人口が増加したため、人々が自分の住む小教区や町から飛び出して、大市を渡り歩いたり巡礼に出かけたりするようになった結果、人々の間に新しい人間関係と人間的進歩が生じたことである。物質的にも心理的にも世界の規模は拡大したが、そうして社会が豊かになったことによって、キリスト教的共同体の厳格さが脅かされるようになっていた。聖ベルナールがキリスト教徒たち、とくに、その指導的役割を担う修道士たちに提示しようとしたのは、こうした快楽追求の風潮がもたらす脅威にどう対抗するかであった。彼は、次のように述べている。

「教会は全身をきらびやかに飾っているが、民衆は飢えている。教会堂の壁は黄金に覆われているが、教会の子らは裸のままである。修道士たちよ、それでも、あなた方は貧しいというのか？　この聖なる場所で黄金がなんの役に立つというのか？　貧しい人々は飢えて泣いているのに、教会では無益で贅沢な生活が繰り広げられている。」

シトー会の厳格さは、この修道会に属するあらゆる建築にも表れている。塔もポーチも造られず、建物を飾る彫刻も派手な彩色ガラスも排除された。金色を仰々しく用いた絵で飾られたクリュニーの教会とは逆に、シトー会の聖域は、白い石のままである。このように聖ベルナールの命じた建築に関する規範は、一切の美的配慮を排除しており、それは、神の啓示を受けた一人の人が発した道徳的・宗教的呼びかけから生まれたものであった。しかし、この時代の驚くべき建築の天才たちは、彼の知らないところで芸術性の不在を一つの偉大な芸術へと高めていった。

シトー会の聖所は、瞑想のために閉じこもるところであるため、無駄なものは省かれて、厳密な幾何学的図式にしたがって設計され、その平面図はラテン十字の形をしている。内陣（choeur）は小さく、身廊（nef）には幾つかの側廊（collatéraux）が横腹に付いている。交差廊（transept）は幅が広く、そのなかに礼拝堂が二つ設けられている。今も遺されている最古の例がフォントネー〔訳注・ブルゴーニュのモンバールの近く〕の教会で、これは一一四七年に法王エウゲニウス三世によって祝別された。今日、シトー博物館になっている修道院と一緒に見事に保存されているシェール県のノワールラックの教会も、同じ時期の建設である。

しかし、この修道会も、発展拡大につれて、当初の厳格さを失っていった。聖職者の数が増えるにつれて、必然的に礼拝堂もたくさん建てられ、教会堂も大規模化していった。こうして生まれたのが、シルヴァカンヌ、フォンフロワド、エグベル、ル・トロネ、フォントヴロー、セナンクなどのシトー会大修道院である。〔訳注・シルヴァカンヌはブシュ＝デュ＝ローヌ県のロック＝ダンテロンにある。ル・トロネはヴァール県、フォントヴローはメーヌ＝エ＝ロワール県、セナンクはヴォークリューズにある。エグベルはサヴォワ地方のアルク川のほとりにある。〕

聖ベルナールが西欧キリスト教世界に発した厳しい信仰の要求は、アベラールという思いがけない反撃にぶつかる。聖ベルナールが「新しいキリスト教の預言者」だとすると、アベラールは「同じ新しいキリスト教の哲学者」である。ミシュレに言わせると、アベラールこそ、パリを世界の知性の首都たらしめた人であった。このとき、はじめて、ノートルダムの司教座学校とサント＝ジュヌヴィエーヴの修道院学校が、彼の人間的な声を聞くべく、一つの大学として同じ腰掛に並んで坐ったのであった。

「中世の粗雑な包装のもとに聖職者教育の重々しい教義の形に作られていたものがすべて、アベラールを通ると、古典的な優雅さを帯びて現れた。彼は、畏怖すべき秘儀に含まれた神にかかわるどのような晦渋な問題も、そのままにはしなかった。それまで教会が口ごもってきたことも、アベラールは明快に言葉に出してみせた。」

アベラールが語ったことは、愛が世界の法則であり、これに較べれば、原罪もその贖罪も神学的偶発事でしかないということである。それに対して聖ベルナールは猛然と反撃を加えた。アベラールは、女弟子のエロイーズとの不幸なアヴァンチュールののち、サン＝ドニ大修道院に身を潜めた。シトーの修道士（聖ベルナール）は、そんなアベラールを追及して人を教える権利を剝奪させる。アベラールはシャンパーニュの人里離れた荒野に茅屋を建てて、ここを「パラクレー Le Paraclet」すなわち「慰め主」と名づけて住んだ。しかし、彼を慕う人々がまわりに住み着き、彼が大学で口火を切った戦いをなんとか再開させようとした。しかし、戦闘的な教会から背を向けられた彼は、何年かの彷徨の末に、クリュニーのサン＝ピエール＝ル＝ヴィユー大修道院に身を寄せ、ここで亡くなった。

両者は聖書の解釈では折り合わなかったが、清貧を貫く修道生活についての信念では一致していた。アベラールは「パラクレー」をかつての愛人であるエロイーズとその修道女たちに譲るが、このとき、一通の長い手紙を書いて、最大の厳格さをもって運営するよう求めて次のように述べている。

「建物に関しては、それが必要以上に大きく或いは美しく作られてゐるかどうかといふことがはっきりわかる。又我々が貧者の小屋をでなく彫像や絵具で飾った王侯の宮殿を建ててゐるかどうかといふことがよく顕れる。そして『人の子は』とヒエロニムスはいふ、『枕するところさへお持ちにならなかったのに、汝は広い玄関と広大な建物とを持つのか』。」

（『アベラールとエロイーズ　愛と修道の手紙』岩波文庫　畠中尚志訳　三三一ページ）

グランモン修道会の建物は、これよりさらに厳格であった。この修道会は十一世紀末に設立され、シャンパーニュとプロヴァンスに広がって、約百五十の分院を作った。グランモン修道会は、教会堂も極めて貧弱であったが、今も、そうした面影をそのまま留めているのが、アヴァロン〔訳注・パリから東南に行ったイヨンヌ県の町〕に近いサン＝ジャン＝デ＝ボンゾム修道院の教会堂である。

シトー会とほぼ同じ時期に、もう一つの隠者の集団が誕生している。それがシャルトルー会である。創設者の聖ブリュノはランスの学校の教師であったが、世俗から離れる必要を感じ、数人の弟子とともにドーフィネ地方に向かい、そこで、グルノーブルの司教、聖ユーグに教えられてシャルトルーズ山地に入って、標高一〇〇〇メートルを超える高地に居を構えた。この修道会発祥のこの修道院は幾多の浮沈を経たが、こんにち私たちが知っている「グラン・シャルトルーズ」は、十七世紀に建てられたものである。「シャルトルー会」の会則を掲げた修道院で今日まで生き残っているのは、ヴィルヌーヴ＝レザヴィニョンのそれやポン＝サン＝テスプリに近いヴァルボンヌのそれのように、大なり小なり後世に再建されたものである。〔訳注・いずれもガール県にあり、アヴィニョンから近い。〕

シトーの芸術は、十二世紀じゅうは、西欧の宗教芸術になんらの影響も及ぼさなかった。この時代の芸術的豊かさは、建築家たちの多様性と相互交流に負っている。

「交通の発展にもかかわらず、実際の距離の遠さに変わりはなかった。さまざまな課題の解決をめざして創造的情熱が燃え上がったが、探求は個々ばらばらに行われた。——同一地域にある建物の間には、はっきりした親近性が存在する。なぜなら、建築家たちの思考に影響を及ぼしたのは、最も身近にある教会や頻繁に目に飛び込んでくるそれらだからである。」（ジョルジュ・デュビィ）

建設活動の華々しい舞台になっていくのは、クリュニーの影響が最も強く及んだ南フランスである。クリュニーは、当時のキリスト教的征服精神のシンボルであったコンポステラに向かう道の結節点であり、イベリア半島北西端のこのサン＝ティヤゴの聖地は、イスパニアのムーア人たちに対するフランス騎士たちの、《三日月旗 croissant》に対する《十字旗 croix》の、そして、マホメットに対するキリストの「領土奪還 reconquista」の象徴であった。しかし、ポワトゥー、ラングドック、プロヴァンス、リヨネ地方、オーヴェルニュ地方など、ロワール以南の地方は、ゲルマンやノルマンの蛮族の侵入による破壊の苦しみに遇うことが少なかったため、古代の伝統が最も生き生きと残っている地方でもあった。

この南フランスでは、ローマとクリュニーによって鼓吹された二重の流れが、神を称揚するために建築に贅を尽くすよう駆り立てたから、それに伴って、聖域の数だけ多様な様式が生み出されていった。丸天井についていえば、カオールありポワティエ、フォントヴロー、さらにペリグーがある。トゥルニュのサン＝フィリベールでは、ばら色の石と白い石の組合せが美しい壁面を生み出した。大勢の巡礼を収容するために幾つもの身廊を結合するやり方は、とくにトゥールーズのサン＝セルナン教会とサン＝マルタン教会、コンクのサント＝フォワ教会に見られる。

装飾的要素も増えていく。後陣や堂内の壁は、しばしばモザラベやビザンティンの影響を反映した壮麗な図像で飾られた。そうした《図像 images》は、ある意味で「文字を読めない人々にとっての聖書」でもあったが、どこでも、そうした教育的意図で行われたわけではない。中世世界は色彩の溢れる世界で、教会も、色彩で埋め尽くされていないうちは、完成品とはみなされなかった。

装飾に携わった人々の想像力は、しばしば私たちを福音書的テーマから全く逸れた図像に導く。これらの芸術家たちは、この時代の人々の心のなかに出没していたあらゆる物語を壁面に集めたのであろう。キリストの姿はそこに現れていても、まわりの世界はキリストのそれとは別の世界になっている。アンセルム・ディミエは、次のように書いている。

「教会堂のなかには、あらゆる種類の怪物たちが徘徊している。ケンタウロス、セイレーヌ、キマイラ、スフィンクス、グリフォンがおり、翼をもつ様々な四つ足獣、一角獣、そのほか身体が魚の女、身体が鳥の女、さらに、半分獣の人間、頭が犬の人間、両足がヤギの蹄の人間、一本足の男、目が二対あるエチオピア人などである。グロテスクな容貌の男女や卑猥な格好をした道化たちは、いうまでもない。」

〔訳注・ケンタウロスは上半身が人間で下半身が馬のギリシア神話に出てくる怪物。セイレーヌは半人半魚の怪物で、美声で水夫たちを海中に引き込んだ怪物。キマイラは頭がライオン、胴がヤギ、尾が蛇で、口から火を吐く怪獣。スフィンクスは頭部と胸は人間の女、胴と四肢がライオンの怪物で、通行人に謎をかけ、答えられないと殺したという。グリフォンは胴体がライオンで、鷲の頭部と翼をもつ怪獣。〕

西欧キリスト教の古い伝統である壁画に加えて、これ以後、彫刻も多く見られるようになる。それは、この時代のある信仰書に「ルエルグやオーヴェルニュ、トゥールーズといった地方では、その隣接する地域と同様、各人がその財力に応じて、崇める聖人の像を造るのが慣習である」と述べられているが、その聖人の身体のなかでも特に注目する部分は金銀などの貴金属で再現する風習のあらわれであった。そうした像は、当初はレリーフによる簡単なものであったが、やがて、モワサックやオーバン、ヴェズレーやサン＝ジルに見られるように、本物そっくりに再現した彫刻になっていった。

ロワール川以北では、カロリンガ時代の痕跡がまだ強く残っていたため、宗教芸術は、南仏とは違う形で開花する。というのは、北方の高位聖職者たちは、シャルルマーニュ時代の先輩たちと同様、南方の図像化の風潮を偶像崇拝とみなしたからで、彼らは建物の全体を活用して、神の栄光の表れである光を大きく内部に取り込むことと、人を天に近づけるべく建物の垂直線を強調することによって聖域の壮麗さと荘厳さを表現しようとした。これが、ノルマンディーの建築が示している意味である。

しかし、それが一つの生き生きした伝統の上に移植され、様々な学派の教えと影響を取り込むことによって、《ゴシック芸術》という新しい美学の創造に発展し、その後二百年間以上にわたって全西欧世界に広まっていく源泉となるのは、イール＝ド＝フランスにおいてである。

ここで強調しておかなければならないのは、一一五〇年ごろに全盛期を迎えた《ロマネスク芸術》と、十二世紀末にそれを引き継ぎ、十四世紀末まで続いた《ゴシック芸術》の違いについての今では古典的となった説には、議論の余地があるということである。実際問題、年代学的にも地誌学的にも、《ロマネスク芸術》と《ゴシック芸術》は、切り離して捉えることはできない。それは、宗教的建築についても都市の建物についても同じである。そこにあるのは、直接の親子関係として確定できるものではなく、地方的伝統と絶えず建設現場に入ってきた新しい技術と建設者それぞれが附したがる独自の解釈との混じり合いである。

《様式 style》なるものについていえば、教会堂の場合、小さな村の教会であっても建設には何十年もの時間を要したことが事態を複雑化している。着工から完成まで幾つもの世代が関わるため、初めの世代が構想した様式や好みに対して、あとの世代は自分たち固有の考えや時代の好みを加えたり変えたりすることになるからである。

それとともに、《ゴシック芸術》の誕生は、十二世紀末というふうに確定可能な歴史的事実として示せることではない。かんたんにいうと、この建築芸術が開花したのは、イール＝ド＝フランスにおいて、《オジーヴ ogive》〔訳注・尖塔アーチ〕が広く活用されるようになったことから始まったのであり、《ゴシック》と名づけられたこの様式は、その後、この発祥地から遠く離れた彼方にまで影響力を拡大し、十三世紀に入ると、次第に南フランスやライン地方にまで到達した。この発祥の源泉地がメロヴィンガ時代とカロリンガ時代のガリア（フランキア）の中心であり、その後、フランス王国の王制にとって聖域となったサン＝ドニのバシリカ Basilique（訳注・とくに重要な教会をこう呼んだ）であったことは驚くべきことである。

聖なるモン＝サン＝ミシェル

クリュニーから遠く離れたフランス西端の地に、信仰と文化のもう一つの中心がキリスト教世界の飛躍を象徴していく。モン＝サン＝ミシェルである。ローマやサン＝ティヤゴ＝デ＝コンポステラとともに中世ヨーロッパの主要な巡礼地の一つであったこの場所に触れずしてキリスト教世界の飛躍を語ることは不可能である。

大天使聖ミカエル（Archange saint Michel）が信仰心厚い大衆に対して何を表わしていたかについて、フランソワ・エノーは次のように述べている。

「天使は天上の宮廷を形成し、神と人間の仲介を務める使者である。彼らは、それぞれに個別の任務をもつ責任者であるが、なかでも、ミカエル、ガブリエル、ラファエルの大天使は、至高の原理の発露である純粋さによって、他の天使とは区別される」。この《大天使》の称号は、バビロン捕囚のときにイスラエル人たちが付けたものである。

（訳注・天使にも幾つかのヒエラルキーがあり、このヒエラルキーについては、さまざまな説があるが、中世神学に大きな影響を及ぼしたディオニュシオス・アレオパギテスの『天上位階論』は、天使を熾天使 seraphim、智天使 cherubim、座天使 thrones、主天使 dominations、力天使 virus、能天使 puissances、権天使 principautés、大天使 archanges、天使 anges

の九階級に分けている。とくに聖ミカエルは、イスラエルの民の守護者とされた。」

「神の民の君主」としてのミカエルは、時の流れのなかで必然的に役目の内容を増やしていった。天使の軍団の統率者として竜や堕落天使と戦うこととともに、最後の審判のとき人々の魂を主のまえに引き出し、罪の重さを量り、裁きを受けさせるのも彼の役目とされた。中世にあっては、神とともに戦い、裁くというミカエルの二重の役割は、キリスト教的生活に身を捧げる人間について中世が作り上げた理念と合致しており、まさに騎士階層が自らを省みるための模範とされた。

彼に捧げる修道院がマンシュ県〔ノルマンディー半島〕のこの寂しい場所に設けられたこと自体、この大天使の二つの役目を独特のやり方で象徴していた。要塞そのものである教会は、キリスト教世界を脅かす災厄に対する避難所であるとともに、信徒、とくに修道士たちが、瞑想しながら最後の審判を待つ聖域でもあり、この人生の不幸に対する神の庇護と、永遠の生命における永遠の至福という二重の約束を表わしていた。P・A・シェリュエルは、その著『フランスの町の歴史』のなかで、「今はゴシック建築の貴重な塊の観があるが、ここは、もともとは大西洋の波が打ち寄せる岩山でしかなく、ある人々にいわせればドルイド僧たちの隠れ場であり、別の人々の言い分では人々の崇拝によって神聖化された墓であった」と述べているが、この岩山の古い名前「タンバ山 Mons Tumba」から考えると、後者の説のほうが本当らしく思われる。

キリスト教がやってきて、この山を異教の迷信から奪い取ったのが八世紀初めである。ここが修道士の揺り籠になった経緯については、さまざまな奇跡が語られている。アヴランシュ〔訳注・モン＝サン＝ミシェルの少し東方〕の司教、聖オベールは、大天使聖ミカエルからこのタンバ山に修道院を建てるよう何度も督促され、七〇九年にベネディクト会士たちを連れて、ここに赴いたのだった。その場所の選定にあたっては、一つのすばらしい兆が現れた。このような岩山には考えられないことに、泉が噴き出して水を供給してくれた。伝説では、アイルランドの更に向こうの土地から、僧たちが聖ミカエルの剣と盾を持ってやってきて、この修道院に納めた。この戦いの大天使は、彼らの国を一匹の恐ろしい蛇から解放したうえ、彼の栄誉を讃える新しい寺院が建てられるときのために、これらの勝利の記念品を遺したのだった。

その後、九世紀から十世紀にかけては、スカンディナヴィア人の海賊によって、修道士たちはその隠れ場から追い払われ、上のような伝説以外、その歴史を伝えるものは何もなくなった。この状態は、初代ノルマンディー公のロロがキリスト教徒となり、修道士たちにその財産を返す（九二五年）まで続いたが、そのあとのギヨーム長剣公やリチャード一世もロロに倣って庇護を加えたので、モン＝サン＝ミシェルは有名な巡礼地となり、ノルマンディーの貴族たちにとって、訪れて寄進をすべき聖地となる。九九一年に火災で建物は焼失したが、リチャード一世によって、いっそう壮大で豪華な建物に造り直され、その後、「悪魔 le Diable」と渾名されたロベール公（豪華王）まで含め代々のノルマンディー公がこの大修道院に富を付け加えていった。ロベール公はライバルのブルターニュ公アランと、このモン＝サン＝ミシェルで会見して平和条約を締結。その和解の証拠として修道院を財宝で満たした（一〇三四年）という。

十一世紀になると、フランスでは修道生活が急速に盛んになり、ギヨーム・ド・ポワティエの表現によると、ノルマンディーは「新しいテーバイド Thébaïde」〔訳注・初期キリスト教において修道生活の中心となったエジプトのテーベ周辺〕であり、ル＝ベック、サント＝カトリーヌ＝レ＝ルーアン、サンタマンなどたくさんの修道院が建設され、そうした新しい修道院に刺戟されて、古い大修道院も息を吹き返した。しかし、つねにその先頭に立ったのがモン＝サン＝ミシェルであった。

サン=ティヤゴへの大巡礼道

エミール・マールは書いている。

「十二世紀の人々は、巡礼のために遠くへ旅に出ることを熱狂的に愛した。彼らにとって、巡礼の生活こそキリスト教的人生であった。なぜなら、永遠のエルサレムへ向かって歩む旅人、身を落ち着ける我が家などどこにもないことを感じている永遠の旅人でないとしたら、キリスト教徒とはいったい何であろうか?」

巡礼者の最大多数を占めたのが、イベリア半島西北端のサン=ティヤゴ=デ=コンポステラへの巡礼者であった。このようにサン=ティヤゴがキリスト教世界に巡礼を促す特別な地になった理由は今も不明瞭だが、イスパニアの地に福音を伝えた聖ヤコブ〔訳注・スペイン語でサン=ティヤゴ。フランス語ではサン=ジャック〕に関する伝説が、このころ驚くほど増えたことは確かである。彼は、死んで八百年経っても、光り輝く騎士としてキリスト教徒のなかに姿を現し、ムーア人たちを潰走させており、弟ヨハネとともに彼への信奉は、マホメットに対するカトリックの戦いとイベリア半島奪還の象徴としてキリスト教世界全体に広がった。

〔訳注・イエスの弟が小ヤコブと呼ばれたのに対し、弟のヨハネとともにイエスの最も側近として活躍したヤコブは大ヤコブと呼ばれ、イベリア半島に布教して亡くなったとされる。〕

こうして、もともとはその地方の人々から崇められていただけのコンポステラが、十世紀以後は、ヨーロッパから何本もの道が集まってくる精神的要衝となり、そこにいたる道に沿って、神の旅人たちの避難所であり休息所となる中継施設がぞくぞくと建てられていった。そこ

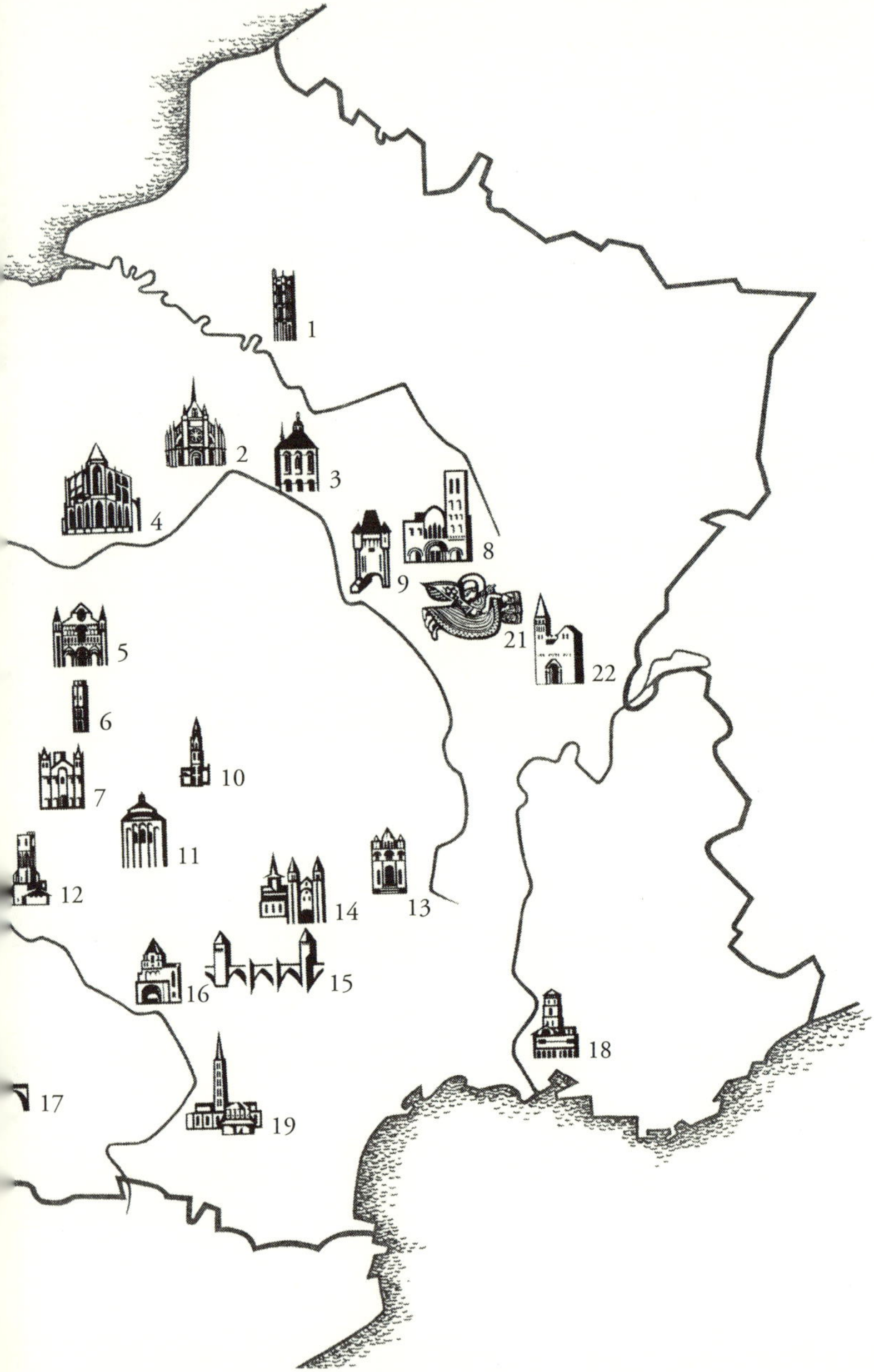
1
2
3
4
5
6
7
8
9
10
11
12
13
14
15
16
17
18
19
21
22

1 パリ
2 オルレアン
3 サン＝ブノア
4 トゥール
5 ポワティエ
6 シャルー
7 アングレーム
8 ヴェズレー
9 ヌヴェール
10 サン＝レオナール
11 ペリグー
12 ラ・ソーヴ＝マジュール
13 ル・ピュイ
14 コンク
15 カオール
16 モワサック
17 オルテス
18 アルル
19 トゥールーズ
20 モン＝サン＝ミシェル
21 オータン
22 トゥルニュ
23 エウナテ
24 ブルゴス
25 シルガ
26 サアグン
27 レオン
28 サン＝ティアゴ＝デ＝コンポステラ

には、信仰心から発露する待ちきれない思いの痕跡が遺されている。

コンポステラ巡礼について記された原資料には、もちろん、異教徒と戦う聖人伝説が仕掛けた魔術が含まれているが、それとともに、より政治的に練られたキリスト教会の意図、とくにイスパニア国土の再征服を画策したクリュニー修道会の意志が反映されている。このとき、イスパニアへ向かっていったのは、近い南フランスよりもむしろ、遠隔地であるが人口密度も高く、男たちで溢れていた北フランスであった。北フランスは、のちに述べるように《アルビジョワ十字軍》によって南フランスを植民地化してゆくが、イスパニアに対しても、巡礼のためという口実で、男たちを送り込んだのであった。

しかし、このコンポステラへの人間の移動の増大を説明するために強調しておくべきことは、中世の人々の異常なまでの移動性の高さである。すべてが未発達で、物資も乏しく、絶え間ない不安のなかで生活していた中世の世界が、危機に備えて蓄えていた僅かなものも簡単に遺して出かけたことは、今日の私たちには理解に幾分苦しむところであろう。

その場合、思い出すべきことが二つある。第一は、中世の人口の大部分を占めていた農民の大多数は、土地の所有者ではなく、生き延びるために地主の領主から貸与される土地を根無し草のように動き回っていた。そうした彼にとって、巡礼は神のもとへ連れて行ってくれる希望の移動であった。第二は、巡礼の旅に出ようという意志は、キリスト教世界の人々の目には、「すべてを捨てて私についてきなさい Laisse tout et suis-moi」との福音書の教えに合致していた。一人の男の全財産が頭陀袋一つに収まってしまうのが普通であったから、この求めに応えるのは簡単であった。当時の彫像やフレスコ画には、日々、フランスの路上で見られたこのような旅人たちが描かれている。

この旅人たちは、隠者も乞食も巡礼も、共通して杖か棒切れを携えている。実際のところ、旅は危険で、しばしば悲劇的であった。かつてローマ人たちが造った素晴らしい道路網はとっくに消滅し、道など全くないか、ないも同然であった。なかでも巡礼たちの旅は、ゆっくりしていた。ありがたい寺院や神聖な場所があると、回り道でも参詣したし、体力を回復するために長逗留することも珍しくなかった。しかし、森は、盗賊たちが待ち構えている恐れがあったから、避ける必要があったし、町の入り口とか橋の袂とかでは、地方役人たちが通行税や物品税を徴収した。

フランスからイスパニアに通じていた主要な道筋については、かなりよく知られている。コンポステラへの巡礼団は、パリとかヴェズレー、ル・ピュイ、アルルに集結し、イスパニアへの道を辿った。これらの巡礼路に沿って点在する聖域は、その多くが、今日まで遺っているロマネスク芸術のなかでも最も美しい建物である。しかし、それらはこの巡礼のために建てられたのだろうか？　それとも、以前からあったのが、この巡礼の道によって連結されたのだろうか？　これは中世に関する考古学の重要問題で、答えは学者によって区々である。

まず、初期ロマネスクのフランスで数を増やしたのは、どのような種類の教会だったのかを問うてみることが必要である。イヴ・ボッティノーが言うように、ロワール地方やブルゴーニュ、オーヴェルニュ、プロヴァンスなどでは、聖遺物を所蔵している寺院は、西暦一〇〇〇年ごろには、スムーズに拝観できるよう、放射状に小礼拝堂を備えた周歩廊（déambulatoire）を設けていた。この様式は、ブルゴーニュのフラヴィニーではすでに九世紀に、サンスのサン＝ピエール＝ル＝ヴィフやクレルモンのカテドラルでも十世紀に見られるし、トゥールのサン＝マルタン教会も、西暦一〇〇〇年ごろに、この様式になっている。このトゥールのサン＝マルタンは、エミール・マールによると、巡礼路沿いのあらゆる寺院の手本になったもので、リモージュのサン＝マルシアル教会（これは、残念ながら革命期に消滅した）と、巡礼路の教会で最も荘厳なトゥールーズのサン＝セルナン教会にもその影響が見られる。

これらの巡礼路沿いの聖域のうち遺っているものを見ておこう。北から出発して、まずサン＝ブノワ＝シュル＝ロワールがある。ここは西欧最大のベネディクト会の修道院で、マックス・ヤコブ〔訳注・アポリネールやピカソなどと親交を結び斬新な芸術運動を起こした詩人。晩年はサン＝ブノワ修道院の門衛を勤めながら詩作。ナチ・ドイツの進攻でユダヤ人として収容所に送られて死んだ。1876-1944〕は次のように述べている。

「このサン＝ブノワは聖霊の息吹のもとにある。そのことは、この町に一歩足を踏み入れただけではっきり感じられる。この聖霊を感じられるのは、救霊預定者たちだけだろうか？　土地そのものが一つの教会であるような場所は、この地上でもきわめて稀である。私が言うのは、壮麗で暗示に富んだ大教会（basilique）のことではない。美しいモニュメントは、やがて見飽きるものだ。これは、みんな知っていることであろう。」

この場所は聖霊の息吹くところで、カミーユ・ジュリアンによると、ドルイド僧たちが定期的に集まり大規模な生贄の儀式を行った、ケルト・ガリアでも特別な中心であった。サン＝ブノワが最も栄えた時期にピエール＝キ＝ヴィールのベネディクト会士たちが建てた建物で今も遺っているのは修道院教会だけである。イヴ・ボッティノーは、こう記している。

「フルーリィ（サン＝ブノワの旧名）のはかりしれない素晴らしさは、ロマネスク時代の美を遺してくれていることだけでなく、それを超えて、美学から霊的なものへ飛翔させ、別の秩序、別の光を私たちに呼び覚ましてくれることにある。」

ロワールの谷をあとにしてブルゴーニュに入ると、フランスで最も美しい景色の一つが見られる。フランシス・サレによると、あるとき、「救いを預定された女性」（マグダラのマリア）のうえに天使が舞い降りて、永遠の聖別を与え、使命を達成するよう告げた。その使命のままに彼女はガリアの地に福音を伝えて亡くなった。その彼女の聖遺物を伝えているのがヴェズレーのマドレーヌ教会である、という。〔訳注・マリアの遺品は、イタリアのモンテ・カッシーノにあったが、彼女自身がモンテ・カッシーノからヴェズレーに持ち帰ったという。〕

次はル・ピュイである。ライン川やソーヌ川、ローヌ川からやってきた旅人たちが歎称したのは、この町のノートルダムやサン＝ミシェル礼拝堂といった聖域だけではなく、火山による奇妙な光景を見せているこの町の全体である。この都市は、今日もなお、その曲がりくねった街路、あちこちにある泉、古い家々によって、《黒い聖母》や聖人たちを寿ぎにカテドラルへ向かう行列行進に息継ぎ場を提供するために造られたかのような観を呈している。このカテドラル自体の奇妙な様相についてエミール・マールは、次のように述べている。

「多彩色のその風変わりなファサードは、なんとなくオリエントの印象を呼び起こす。しかし、キリスト教世界でも最も美しいその内庭（cloître）に入ると、漠然としていた印象は明確な一つの理念となる。白黒二色の石で縞模様になっているアーチ式アーケードが想起させる印象は、コルドヴァのモスクのそれと同じである。コルドヴァの場合は赤と白であるから、使われている色は異なるが、壮麗さの印象は同じである。」

コルドヴァとル・ピュイ。この「鳴き返し rappel」は、中世におけるキリスト教文化とアラビア文化の出会いと結びつきを見事に象徴している。西方サラセン人が、イスラム教徒でありながら、雷と嵐から守ってもらうためにル・ピュイのノートルダムに贈り物をしたとき、両者の対照性は豊かな果実を結んだのであった。

さらにオーヴェルニュの中心部に進むと、コンクのサント＝フォワ教会がある。ここでは、神聖化された女性への崇拝と原初の民族の古い地母神信仰とが融合している。

「以前は、黄金の輝きよりもさらにまばゆい奇跡の光輪がこの像に結び付けられていた。災害によって周辺地域が荒廃したり、二つの町の間に紛争が生じたり、ある領主が修道院の土地の一部を手に入れようと争いを起こしたりすると、聖女の像が内陣から持ち出され、足並みのゆっくりした馬を選んで、その上に乗せられる。像のまわりでは若い聖職者たちがシンバルを打ち鳴らし、象牙の角笛を響かせる。像はかつてこの地帯が異教の地だった頃の大地母神（Magna Mater）のように、おごそかに山間の地を進んでゆく。すると、像の通り過ぎるいたるところで争いはおさまり、平和が戻ってくるのであった。」〔エミール・マール『ロマネスクの図像学』上　田中仁彦他訳　三〇一ページ〕

エミール・マールのこのすばらしい一節は、《サント＝フォワの宝》をめぐる異常な熱気を描き出している。ここで繰り広げられた光景は、コンポステラへの道に沿って「神の家」が建てられた他のあらゆる場所でも同じように見られたもので、最古のフランスと現在のフランスとを、崇める対象の違いや歴史的状況の特異性を超えて結びつけている驚くべき精神的連続性を説明してくれる。そこで神的特権に与っているのは、大地自体である。

コンクを発ってトゥールーズに向かおう。西から来た道も東から来た道も、北からやってきた道も、ここへ収斂するいずれの道も、その途中にはたくさんの聖域が配置されている。トゥールーズの手前には、ローランの思い出が刻まれたロカマドゥール〔訳注・岩山に造られた集落〕がある。またスイヤックは、悪魔に魂を売ったが聖母マリアに救われたテオフィルの物語で知られる。さらに《荘厳のキリスト像》で有名なカオール、黙示録の情景と玉座に坐る永遠の神に二十四長老が視線を向ける姿を描いたティンパヌムの彫刻で知られるモワサックがある。モワサックは、清澄な偉大さを表していて、おそらく西欧芸術全体でも最高のモニュメントの一つである。

トゥールーズは旅するキリスト教徒がいたるところからここに集まってくる大交差路であるから南国の光に映えるこの「赤い町」には、たくさんの信仰の避難所が造られていた。コンポステラの大聖堂に比肩できる大きさをもっているすばらしいサン＝セルナン教会のほかにもジャコバン教会、ノートルダム＝ド＝ラ＝ドゥラード修道院、ノートルダム＝ド＝ラ＝ダルバード教会、サン＝テティエンヌ大聖堂がある。未完成のまま一八一三年に壊されたサン＝テティエンヌ聖堂を始め、これらの保存状態はさまざまであるが、往時の輝きは、いまも想像できる。

こうしてピレネー山地を越える道がトゥールーズから始まる。その道中には、サン＝ゴーダンスとその要塞化された教会があり、次にヴァルカブレール、そして、いよいよイスパニアに入るフランス最終の町であるサン＝ベルトラン＝ド＝コマンジュがある。

したがって、これらの聖域の建築では最も深い信仰と最も厳しい勤めとが結びついていたのであって、旅する中世人たちにとって深い意味をもっていた。そこは神がおられる場であり、どのような脅威に満ちた世界にあっても、奇跡をもって守ってくださるのだという安心感を与えてくれる場所であった。巡礼の旅とは、このように神の現前によって日々新たに希望を更新してくれる聖域から次の聖域への移動だったのである。

第七章　偉大な進歩の世紀（十二―十三世紀）

その記念碑的性格にもかかわらず飛躍が顕著に現れたのは、《ロマネスク芸術》ではなく、ゴシック芸術においてである。《ロマネスクのフランス》と《ゴシックのフランス》の間には急激な断絶はなく、両者は連続している。《ゴシックのフランス》が開花するのは十一世紀と十二世紀であるが、一つの建築において、ロマネスクの部分とゴシックの部分が結合していることが多く、とくにヴェズレーのマドレーヌ教会だのランスのサン＝レミ教会、バイユーのカテドラルなどでは、《ゴシック》は《ロマネスク》の延長としか見えないほど、見事に調和した全体を形成している。

《ゴシック》の技術面での特徴的革新として長い間支持されてきた《オジーヴ ogive》〔訳注・尖頭アーチ〕も、実は、ロマネスク芸術の真っ只中で生まれた。これが最初に現れたのは一〇九三年、イングランドのダーラムにおいてで、まもなくノルマンディーに伝わってジュミエージュの参事会ホール（一一〇三年から一一〇九年に建設）に導入される。そこから、イール・ド・フランスに広がり、一一二一年にはモリアンヴァルの周歩廊、一一三〇年ごろにはボーヴェのサン＝テティエンヌ教会、一一三〇年から一一四二年には、パリのサン＝マルタン＝デシャン、モンマルトルのサン＝ピエール教会、とくに一一三七年から一一四四年にかけて建設されたサン＝ドニ大教会に採用された。

《ロマネスク芸術》の普及に主役を演じたのがクリュニー修道会であったのに対し、《ゴシック芸術》において、それよりは慎ましいが重要な役割を果たしたのがシトー修道会である。事実、シトー修道士たちは、すでにロマネスク様式で建てる場合も、《簡素さ》への気遣いを示している。その意味で、ロマネスクのフォントネーとゴシックのポンティニーには同じ一つの精神が表れている。

しかし、《ゴシックのフランス》は、まもなく《ロマネスクのフランス》から離れていく。《ロマネスクのフランス》が封建制の多様性と結びついていたのに対し、《ゴシックのフランス》はカペー的な中央集権制の刻印を帯びている。ロマネスク芸術がたくさんの伝統と影響を同化しながら各地で生まれたのに対し、ゴシック芸術は、イール・ド・フランスの王領地というはっきりした自分の揺りかごをもっており、ここからフランス全体、キリスト教世界全体へ、さらには海を越えて、フランス人たちが大きな部分を占めていた十字軍遠征を通じて、聖地やキプロス、ギリシアにまで分封したのであった。

ロマネスク芸術は、まず何より修道院的であり封建領主的であった。それに対しゴシック芸術は、とりわけ都市的である。ゴシック芸術のパトロンは、王制とその奉公人たちとともに、教会関係者（司教と参事会員）あるいは俗人（都市コミューンとブルジョワたち）の都市エリートである。

ゴシック芸術がとくに大きく発展したのは一一五〇年から一二五〇年までの百年であり、この間に、多くのカテドラルが建設されるとともに、さまざまな分野で大きな進歩が行われた。農業では開墾が進み、三圃式農法、非対称型鋤刃の付いた犂、その動力としての馬の活用が行われ、他方、都市は初期中世の狭い城郭が壊されて大きく拡大する。たとえばパリは、十二世紀末には、右岸の新しい経済活動の中心と左岸の新しい学校地域を包含したフィリップ・オーギュストの城壁が建設され、王制の強化が行われる。《ロマネスクのフランス》は、曲がりくねった道に沿って、しばしば孤立した聖域とそれを取り巻く集落という多くの中心を持つ、いわば修道院と田舎のフランスであった。それに対し《ゴシックのフランス》は一つの核から光を放っているフランスで、その核とは、パリを中心とする王領地のイール・ド・フランスであり、ここが、新しい時代の政治的・芸術的・知的実験の中枢となる。スコラ学は、ルイ七世（1137-1180）、フィリップ・オーギュスト（1180-1223）、そして聖ルイ（1226-1270）の治世、周辺（ランス、ラン、シャルトル）の司教座学校で練り上げられたが、その教育はパリに集約され、教師と学生たちによって一つの組合 corporation〔訳注・同業組合すなわちギルドと同意〕である《大学 université》が生まれる。

このスコラ学の学問的・論理的秩序は、ゴシック芸術にそのまま反映される。当時の建築家、ヴィラール・ド・オンヌクールが十三世紀前半に作成した『建築デッサン帖』は、彼が新しい建築芸術を学ぼうとして数々の斬新な例をデッサンしたもので、今も貴重な資料としてパリの国立文書館に保存されている。作成したのはサン＝カンタンの参事会聖堂においてであったが、新しい建設を頼まれてハンガリーに赴いたときも、これを携行している。

そのなかには、カム軸だのジャッキ、水車を動力とする鋸といった技術的革新、ランの塔やカンブレの平面図、シャルトルの薔薇窓、ランスの飛び梁と窓など、様式面での革新も含まれているが、それ以上に清新の気が溢れている。たとえば彼は、理想的な内陣を造ろうとの意欲から、ちょうどスコラ学者たちが延々と議論をしたように、この問題について同僚であるコルビーのピエールと議論を重ねた末に設計図の線を引いている。ゴシック芸術の諸原則は、まさにこうしたカテドラルの建設作業場で練り上げられ、その作品に反映されたのであり、それが、サン＝ドニのあとも何世代にもわたって傑作を生み出していったのである。

初期ゴシック

ゴシックの第一世代は、身廊内部が高さも重要度も等しい四つの層で形成された教会堂である。四つの層とは、下から順に、拱廊（アーケード）と二階特別席（トリビューン）、装飾的アーケード（トリフォリウム）、そして高窓である。

このゴシック建築のグループに属するのは、カロリンガの影響を受け、ブリュージュやトゥルネーの経験、とりわけボーヴェのサン＝リュシアン教会（一〇九五年から建設されたが、今ではなくなっている）の経験を生かした、フランス北部の教会堂である。これには、ノワイヨンも含め、南仏的な袖廊をもつソワソンの大聖堂や、今日では消滅してしまった幾つかの教会、サンリスのカテドラル、ランスのサン＝レミ教会の内陣、サンスの大聖堂、マントの参事会聖堂なども含まれる。しかし、なんといっても、傑作は、多分、一一五七年から一一七四年までかけて建設されたランのカテドラルと一一六三年にその最初の石が置かれ、一一七七年に内陣が完成し、一一九六年に身廊がほぼ出来上がったパリのノートルダムである。

これらの堂々たる大建築と並んで、パリから北西方向にあるシャール＝ザン＝ヴェクサン村の教会も、二階特別席を備えた第一世代ゴシックの確固たる特徴を示している。この教会堂の量感は、その平面図と変化に富んだ外観に表れており、地質時代第四紀〔訳注・地質時代で最も新しい時代〕が生み出したこの地方の地平線の単調なリズムを巧く生かしている。これらの建築は、非常に様式化された一つの家族を形成しているが、後陣でも小礼拝堂が付いているのや付いていないのがあり、交差廊、突出部の有無、鐘楼と塔の数などで、個性の違いを見せている。

しかし、ゴシックの初期から、二つの地方の間でとくに際立った様式の違いが見られた。一つは西方のアンジュー地方で広まったことから《アンジュー様式》と呼ばれ、また、この地方だけでなくイングランドまで領有した名家の名をとって《プランタジュネット様式》と呼ばれている。これは、アンジューやポワティエ地方で行われていた教会堂様式にアクィテーヌ地方のドーム型天井を載せたもので、一一五〇年ごろには、広い身廊をドーム型天井で覆ったアンジェのサン＝モーリス大聖堂、ついでル・マンのカテドラルが完成し、ロワール渓谷全体に広がった。この《アンジュー式丸天井》は、初めはリブも太く重量があったが、十二世紀末には軽量化が進み、支柱や丸天井を補強する葉脈状のリブも優雅さを増す。十三世紀初めのアンジェのサン＝セルジュ教会は、この軽快なゴシック建築の傑作である。

もう一つは、ブルゴーニュ地方で、かつてクリュニーがロマネスク芸術の普及に一役買ったように、ゴシック建築を全キリスト教世界に広めたのが、新しい修道会であるシトー会である。当初のシトー修道会の建物は、たとえばフォントネーにその手本が見られるように、ロマネスク建築から飾りを剝ぎ取っただけのものであったが、やがて、丸天井が採用されるようになって、後陣が円形の、いわゆるゴシック様式になった。この「厳格なゴシック」を示しているポンティニーでは、ロマネスクからゴシックへの移行に伴って、一一八五年、長方形の後陣は壊され、小礼拝堂を放射状に配置した周歩廊の付いた内陣に取って代わられている。

盛期ゴシック（十三世紀）の諸相

フランス・ゴシック建築の第二世代は、シャルトルとブールジュを手本として始まる。シャルトルでは、十一世紀に建てられたロマネスクのカテドラルが一一九四年に火災で焼失し、名前は分からないが一人の天才に再建のプランが委嘱された。ほとんど白紙の状態で彼に託されたが、二つの制約があった。一つは、十二世紀半ばに完成し損壊を免れた西向きの正面入り口（王の入り口 Portail Royal）を生かすこと、もう一つは、この建築家は内陣を長く伸ばす決意をしていたが、そのため身廊が相対的に短くなることであった。

こうして生まれたシャルトルのカテドラルの斬新性は、トリビューン（二階特別席）を削除して、本来は四階であったのを三階にしたこと、各層の高さを不均等にして、トリフォリウム（装飾アーケード）を一階アーケードと三層目の高窓をつなぐ装飾にすぎなくしたことにある。そのぶん、高窓は上下に伸びて、外光をより多く捉えてステンド・ガラスのプリズムを通し堂内に拡散できるようになった。建物の外側でも、飛び梁は、もはや単なる補強材ではなく、外の光を存分に採り入れる軽快な、それでいて、この石造りの籠を保護する有機的全体の不可欠の一部となっている。

ブールジュのカテドラルは、一一九〇年ごろに建設が始まり、内陣は一二二〇年、身廊は一二七〇年ごろに完成している。シャルトル大聖堂の完成が一二二〇年で、それだけ、ランやとりわけパリのノートルダムの多層構成のグループに深く根を張っているのに対し、ブールジュのほうには、より根底的な創意工夫が凝らされている。その身廊は高さの異なる五つの身廊から成っている。アンリ・フォシヨンは、こう表現している。

「ブールジュの大聖堂は、連続した平面の上に高さを段階的に違えた（中央の身廊が最も高く、その左右では次第に低くなる）五つの身廊を展開している。これを造った工匠は、視覚的錯覚効果をねらい、たった一つの教会堂を幾つもの教会堂に見せかけているのだ。」

これら二つの偉大な手本から、壮大なのや慎ましいのや様々だが、独自の特色を付け加えたたくさんの教会堂が生まれた。シャルトルの流れを引くものとしてフランスで最も輝かしいのがランスとアミアンのカテドラルで、とくに高さが四二・五〇メートルあるアミアンの身廊は「ゴシック様式の最も完璧な表現であり、その卓絶した特質や欠くるところなき論理を、無彩色の大ガラス窓を通して入り込む、むらのない外光がいっそう判然たるものにし、また、ひときわ冷厳なものにしている」（アンリ・フォシヨン）。それに対して、ブールジュの流れを引いているのがクータンスとル・マンである。

北フランスで生まれたゴシック芸術は、十三世紀じゅうに南フランスを征服した。この同じ時期、《アルビジョワ十字軍》を経て、カペーの政治的権力が南仏に根をおろすのだが、南フランスのゴシックは、ほとんどどこでも、そこならではの風味を帯びている。それは、ときに、一人の個人的気質がつけた痕跡であることもある。たとえば、ジャン・デシャンは、ナルボンヌのカテドラルの筆頭親方であるとともに、クレルモンやトゥールーズ、ロデーズのカテドラルの建設にも関わった。

もっとしばしば見られるのが、その土地に伝統的な地取りや部分の造り方がゴシックにも引き継がれているケースである。ラングドックの単身廊型教会は、トゥールーズのノートルダム＝デュ＝トールを手本としており、そのファサードは要塞のように狭間が付いていて、両端には小塔まで配備されている。この要塞型教会堂の最高傑作がアルビのサント＝セシル大聖堂であろう。

異端がはびこるこの南フランスで《異端審問》を担当したドミニコ会士たちは、都市社会のど真ん中に根をおろした人々であった。都市にはゴシックが向いていたので、そこから、サン＝マクシマン大教会のように北フランスの手本に忠実に倣ったものもあれば、アジャンのジャコバン教会、とくに最も名声の高いスコラ学者、トマス・アクィナスの遺骸を迎え入れたトゥールーズのジャコバン教会のように、二重の身廊をもつ独創的な教会堂など、幾つもの傑作を生み出した。

〔訳注・トマス・アクィナスはイタリアで生まれ、モンテ・カッシーノで修道士となり、とくにパリで活躍した。晩年、法王に招かれてローマに移り、マゼンシアに赴く途中、フォッサ・ノーヴァのシトー派修道院で亡くなった。〕

十三世紀はフランスにとって、中世経済が絶頂に達した時期である。取引商品の筆頭は、地中海を経由してきた贅沢品の高価な布地であるが、北ヨーロッパで需要の高かったワインや塩の大規模な輸出もこの時期に始まっている。この物質的繁栄の痕跡は、程度の違いはあるが、商業の要になった諸都市に残っている。たとえばエーグ＝モルトは十字軍の港であるとともに、それ以上に、地中海貿易の港であった。また、ラ・

ロシェルは、イングランド向けワインの積出港であるとともに、バイヨンヌとブルヌフ〔訳注・ロワールの河口にあり、ここから、川船で内陸に運ばれた〕を結ぶ大西洋の塩輸送船の中継地であった。

さらに、シャンパーニュ大市で繁栄したプロヴァンとトロワがある。染色産業の中心であったアミアンでは、その主役を務めた大青の商人たちの姿が、カテドラルの石像に遺されている。しかし、十三世紀のフランスで最も栄え、その裕福なブルジョワたちの力で文学や芸術にも大きく貢献したアラスは、近代になってからの災厄により、そのゴシック時代の装いの本質的なものは今では失われてしまった。〔訳注・アラスは第一次大戦で大規模な破壊を蒙り、多くの記念建造物が失われた。〕

ゴシック的感性の最も深い性向を表しているのが建築である。秩序のなかでの飛躍、瞑想のなかでの光、《ルシドゥス・オルド lucidus ordo》——光輝く秩序。そして、熟考された情念の果実。しかし、彫刻と絵画（装飾芸術はいうまでもない）も、ゴシックのフランスに別の形の表現を与えている。

ゴシック的感性の発展、その様式化の過程は、とくにランスの教会建設の作業現場に、その縮図を見ることができる。彫刻師は、建築本体のなかで、ロマネスク時代にはなかった自主独立性を勝ち取る。彫像は、今はまだ、支えてくれる柱にくっついているが、やがて、完全に離れてゆく。サン゠ルー゠ド゠ノー〔訳注・セーヌ゠エ゠マルヌ県〕、サン゠ジュスト゠ド゠ヴァルカブレール〔訳注・オート゠ガロンヌ県〕、そしてコルベイユのノートルダム〔そのソロモンとシバの女王の像は、いまはルーヴルにある〕などでは、彫像は初めて柱と別々になる。こうして解放され重みを増した彫像は、キリスト教徒の内面に視線を向けることによって古代的厳しさを再発見し、内側から《美しき神々 Beaux Dieux》のゴシック的な美を放射する。シャルトルやアミアンが、その例である。

彫像は更に個性化し、写実的なポートレートになってゆく。ランスの「ほほえむ天使」や、アミアンの「金色の聖母」、ストラスブールの「誘惑者」と「狂える乙女たち」の表情と仕草には、マニエリスムの気取りと軽薄な甘ったるさがすでに表れている。しかし、彫像は、ますます大きく口を開けるカテドラルのファサードや交差廊に群れをなして入ってきて、この石の人々が、《光の家》に憧れて集う生きた人々を重々しく接待する。キリストは、そこに福音書の言葉を提供している。「Ego sum janua（われは門なり）」。

彫刻とともに絵画も、新しい表現法を見つけようとする建築と結びついて、ゴシック芸術の多様で征服主義的拡大を助ける。しかし十三世紀には、教会堂の壁の開口部が大きくなることによって、フレスコ画は後退し、その跡をステンド・ガラスが引き継ぐ。ステンド・ガラスは、技法の発達に伴って構成は複雑化し、使われるガラスの色彩も多様化する。

今もそうであるように、そうした全てがカテドラルを形成しているのであって、サンスでもブールジュでもシャルトル、ル・マン、ストラスブールでも、その全体が生き残っている。一三〇〇年ごろ、マンド〔訳注・モンペリエの北方〕の司教、ギヨーム・デュランは、祭儀の象徴性について記した『典礼説明書Rationale』で次のように述べている。

「平信徒たちにとって、絵は教訓と真理を伝えてくれる書物であり、ステンド・ガラスは、真実の太陽である神の光を注いでくれる聖なる書である。この光が教会堂のなかに注がれるのは、信徒の心のなかに神の光が注がれ、照らし出すことにほかならない。」

ステンド・ガラスの光は「信仰のクリスタルのなかに現れた神の恩寵」である。野蛮な中世（ゴシック中世）の彩色された夢は、ロマネスク時代のけばけばしさを脱却して、プルーストが想像のなかで描いているコンブレーのステンド・ガラスのような「絶えず様相を変える高貴な炎 précieux et mouvant incendie」となる。

しかし、ステンド・ガラスが十三世紀の絵画の全てではない。写本の挿絵が新しい顧客を獲得する。都市化し世俗化してゆくパリにあっても、写本では宗教的テーマが相変わらず主流を占めている。その最良の顧客として挿絵文化をリードするのが王族である。たとえばブランシュ・ド・カスティーユ（聖ルイ王の母后）の『詩篇集 Psautiers』（パリ。アルスナル文書館　１１８６）は、サント＝シャペルの宝物の一部であったし、聖ルイ王が愛蔵していた別の写本（国立文書館。ラテン語写本１０５２５）には七十八葉の全ページに挿絵が含まれているが、その飾りを担当したのは、王室お抱えの建築師、ジャン・ド・モントルイユである。カペーの宮廷は、まさしくフランス・ゴシック芸術の炉床である。こんにちも、オックスフォードのボドリアン図書館とロンドンの大英博物館、そしてパリの国立文書館（ラテン語写本　１１５６０）の三箇所に分けて保管されている『バイブル Bible moralisée』は、おそらくカペーの宮廷に関係づけることができる。

これらの写本は、十三世紀ゴシックのスタイルとテーマと精神とに同時に触れさせてくれる。そこでは、恐怖を呼び覚ますロマネスクの雰囲気は消えて、穏やかな息遣いの芸術、希望を与える芸術たらんとする気風が窺われる。製作者は、ときに退屈させるような説教師であるが、その説教の中身は、人生をいかに正しく生きて活用するかに向けられる。それとともに、その内容は、旧約聖書と新約聖書を重ね合わせた二重帳簿になっている。旧約聖書は新約聖書を予示するものであり、《信仰》は《恩寵》を準備するということである。アダムに対する応答がキリストであり、イヴに対する応答が聖母、瞑想生活に対する答えが行動的生活である。

徳（les Vertus）は悪徳（les Vices）と戦うよりは、釣り合いをとる。日常生活が価値を高め、月ごとの農作業は《自由学芸》〔訳注・文法・修辞・論理と算術・幾何・天文・音楽の七科目〕、さらには工芸（arts mécaniques）の実践と都市職人の仕事によって補われて完璧となる。

人々は、もはや、この世界からも人間の身体からも視線を逸らさない。教会堂の円柱の柱頭を飾る植物の彫刻は、もはや様式化された装飾ではなく、写実的表現となる。ランピヨン〔訳注・セーヌ＝エ＝マルヌ県〕の教会のファサードに満開の裸像の群も、愛情をこめて眺められるようになる。労働が社会的・精神的・美的価値に並ぶ価値を獲得する。アンリ・フォシヨンの適切な言葉を借用すると、「真理の百科全書が、想像界の百科全書の跡を引き継ぐ」のである。

しかし、「暗号化された書物を放棄し、視覚と対象物の間に細工を施した格子を介在させないで人間と世界を凝視する」ゴシックのヒューマニズムにあっては、古来、人間の夢想が生んだ驚異的現象も喜んで受け入れられる。ゴシック芸術のなかのいたるところに空想的で怪奇なものが潜んでいることが、ユルジス・バルトルザイティスによって明らかにされている。十三世紀に製作されたルーアンの大聖堂の『書籍商の入り口 Portail des Libraires』を見るがよい。また、ゴシック時代の写本の余白部分に目を通すがよい。更に目を上げて、ゴシック教会のガーゴイルを眺めるがよい。すると、より趣があり、より手なずけられ、より親しくなってはいるが、古代の怪物たちの無数の末裔が見られるだろう。

この古典的ゴシック〔訳注・ゴシックを前期・中期・後期の三期に分けたなかの第二期で、レイヨナン・ゴシックともいう〕が均衡に達したとき、私たちは、突如、一つの渦巻に引き込まれたような印象を受ける。その作品は、形は怒り狂い、線は捻じ曲がったり途切れたりしており、激しい火災が発生したかのようである。――これが「フランボワイアン・ゴシック」である。そして、移行と清算のトンネルであるほぼ二百年間と「十四世紀の危機」を経るうちに中世は終わり、《ルネサンス》の港に辿り着くこととなる。

『愛』の発明

中世文明の開花は、信仰心の発露としての建設にその最もはっきり目に見える証拠を示したが、世俗的文化にも同様の輝きをもって表れてゆく。中世盛期はフランスにとって大きい変動時代であるが、その変動が完成するのは、かつての時代の蛮族侵入や、カロリンガ帝国の分裂を引き起こした内戦のように、フランスの国土の内側においてではない。ノルマンディーの人たちはイングランドへ征服に出かけ、修道会は封建騎士たちを聖地へ連れ出し、信仰心厚い人々はサン＝ティヤゴをはじめとする巡礼地へ向かった。それらは、彼らの故郷から遠く離れていたが、途中の道筋や中継地では、ほとんど常に《神の子ら les enfants de Dieu》として歓迎された。そうした遠く離れた世界との出会いやエキゾチックな人々や景色の発見、さらにあらゆる身分の旅人の上にのしかかった伝説の重荷は、自分の生まれた国の狭い地平線のなかに閉じこめられていた昨日までの人々のメンタリティーを覆した。

このとき、文学的創造の中心が二つ現れ、北の《オイル語》と南の《オック語》という二つの言葉を生み出してゆく。ロワール地方とイール＝ド＝フランス、ノルマンディーといった北フランスでは、おそらく修道士、とくにモン＝サン＝ミシェル修道院の人々の学殖豊かな仕事のおかげで、一連の叙事詩が生まれる。その最高傑作である『ローランの歌』は、キリストの戦士として十字軍の呼びかけに応えた昨日の征服者たちに気に入られるために作られたもので、そのヒーローたちは、生まれつつあった騎士道の掟に従い、神の名のもとに計り知れない忍耐と勇気をもって戦う勇士たちである。

しかし、この戦士的文学のなかに、すでに、ローマ帝政期以来何世紀も忘れられていたある重大なものが現れている。それは女性崇拝であり、まさに《十二世紀ルネサンス》の偉大な勝利者は女性なのである。北フランスの男性的な騎馬槍試合でも女性は現れていたが、それは身代金とか勝利の賭け金としてであった。それに対し南フランスでは、女性が全てである。オック語地方の文学は、修道士たちの文学ではなく、洗練ぶりと知的喜びに夢中になった領主を中心に、その城を出入りする詩人や絵描き、楽士たちによって発展した。

こうして、のちにフランス王の宮廷となるもののイメージが、南フランスの小領主たちの宮廷で生まれたのである。そこでは、あちこちの学校で教育を受けた学生や俗人の書記たちが寄食しており、女主人への愛を歌った。そのような宮廷のなかで最も有名なのがポワティエにあったアクィテーヌ公の宮廷と、ナルボンヌにあったエルメンガルド〔訳注・ルイ二世の娘で、八七七年にロンバルディア公ボゾンと結婚し、夫を鼓舞してプロヴァンス王国を樹立させた〕の宮廷である。

これらの俗人のサークルは、社会、とりわけ宗教関係者の女性に対する態度を反映している。ミシュレはフォントヴロー修道院でのロベール・ダルブリッセルの活動を思い起こしながら、こう述べている。

「いうなれば、神は性転換をされたのだ。聖母マリアが世界の神となり、ほとんどあらゆる神殿と祭壇に入りこんで行かれる。キリスト教的敬虔(piété)は、騎士道の優雅さ(galanterie)の熱情に変わる。リヨンの神秘主義的教会は《無原罪の御やどり》の祭を祝う(一一三四年)。聖母が天に君臨され、地上をも統べられるのだ。」

南仏の大地では、女性賛美が熱狂的崇拝となっていった。この男女の関係についての独特の考え方は一一二〇年から一一三〇年ごろ生まれたもので、現代の何人かの思想家たちは、ためらうことなく、こんにち私たちが抱いているのと同じ《愛 l'amour》の概念の真の発明がこのときなされたと見ている。

詩人であるアクィテーヌ公ギヨームとともに生まれたこの《愛》の概念が、吟遊詩人(トルバドゥール)たちによって《宮廷風恋愛 **amour courtois**》として磨き上げられていった。十二世紀末、それを見事に纏め上げ、人々の座右の書となっていったのが、マリ・ド・シャンパーニュ〔訳注・アリエノール・ダクィテーヌとルイ七世の娘。シャンパーニュ伯アンリ一世と結婚〕の礼拝堂付き司祭、アンドレ・ル・シャプランの『正しき恋愛技巧論』である。

このように《宮廷風恋愛》は、当初は南国的風土のなかから生まれたが、その後、古代にテーマを借りた『テーベ物語』や『トロイ物語』の連作武勲詩やブリトン人の物語群など、より叙事詩的形態をまとっていった。とくにブリトン人たちの生んだ『トリスタンとイズー』は、その後八百年にわたって、西欧における愛の文学の重要なモデルとなってゆく。

トリスタンとイズー

第八章　試練の時代（十四世紀）

聖ルイ王（1226-1270）の死後、もっといえば一二五〇年ごろ以降、フランスとキリスト教世界に次々と試練が襲いかかった。経済の急激な変動——すなわち物価の急騰に伴う通貨価値の下落、インフレ、破産、一三一五年から一三一七年の大飢饉、内乱と外国による侵略が交錯する一つの大戦争（これが『百年戦争』という長期の戦争になる）、そして、一三四八年から一三五〇年までを第一波として、その後も繰り返し流行し、人口の三分の一を奪った《ペスト》である。

これらの災厄に対し、人々の感性と芸術が示した反応は、茫然自失と錯乱であった。そのため、建設現場は麻痺し、閉鎖される。一二四八年には、高さ四十八メートルに懸けられたボーヴェのドームが、大音響とともに崩落する。いったん忘れられていた黙示録のテーマが蘇って十四世紀のフランスを震撼させ、《アンジェのタピスリー》を、そして一四一五年から一四五〇年にかけては、「屹立せる天才 un génie abrupt」と呼ばれたローアンの『時禱書 Heures』（国立文書館。ラテン語写本９５７１）などの傑作を生み出した。

この世を愛することを知った人々にとって、地獄の恐怖は、死への恐怖となった。ランの司教館礼拝堂にあるギヨーム・ド・アルシニーの彫刻（一三九一年）やラグランジュ司教の像（一四二〇年。アヴィニョンのカルヴェ博物館〕、また、ブルゴーニュのフィリップ豪胆公とジャン無畏公の像や公国大臣のフィリップ・ポの墓の『悲嘆する人々』など〔ディジョン美術館とルーヴル美術館〕は、死への恐怖を如実に示している。それを更に教訓的に表現したのが《死の舞踏 Danse Macabre》であるが、このテーマの絵で特に有名なのがケルマリア〔訳注・ブルターニュ半島のコート゠デュ゠ノール県〕とシェーズ゠ディユー〔訳注・オート゠ロワール県〕の大修道院教会にあるものである。

聖母が息子イエスの遺骸を抱いて涙を流す『ピエタ』の像も、そうした死への哀歌である。『ピエタ』の像で有名なのは、ヴィルヌーヴ゠レ゠ザヴィニョンのそれと、現在はルーヴル美術館に展示されているソスペル〔訳注・アルプ゠マリティム県〕のペニタン゠ブラン礼拝堂のそれである。

ところで、ナルボンヌのカテドラルがついに完成しないまま終わったことは、財源の涸渇と技術の行き詰まり、情熱の冷却を示している。

《レイヨナン・ゴシック》〔訳注・中期ゴシック。窓を飾る放射状の格子から、こう呼ばれる〕は、トリフォリウム〔身廊の装飾アーケード〕をなくして建物の骨組を教会堂の空間に晒け出し、ファサードと交差廊の両翼に大きな薔薇窓を開けることによって始まる。その最初が聖ルイ王の治世の晩年に建設されたパリのサント゠シャペル（1245-1248）とトロワのカテドラルと、その参事会教会のサン゠テュルバン教会である。《フランボワイアン・ゴシック》が登場するのは、それからまもなくである。というのは、この新しい様式の最初の傑作であるリオン城の礼拝堂が完成するのが一三八九年だからである。以後、《フランボワイアン》は、新しく建設される建物をその石の焔で嘗め尽くし、十五世紀末から十六世紀初めには、ロレーヌのサン＝ニコラ＝ド＝ポール教会、そしてルーヴィエ、アランソン、ブルゥの教会をもって、その頂点に達する。しかし、ルーアンでは十四世紀のサン＝ウアン教会が《レイヨナン式》であるのに対し、《フランボワイアン》が出現するのは一四三七年のサン＝マクルー教会からで、両者の間にある発展の跡は明白である。
パリでは、一四三五年から一四三九年までかけて造られたサン＝ジェルマン＝ロクセロワのファサードが《フランボワイアン》で造られたのから始まって、サン＝ジャック＝ラ＝ブーシュリーの唯一の名残りである塔が建設されたのは一五〇八年から一五二二年にかけてであり、いうなれば、そのゴシックの焔をルネサンスの真ん中にまで届かせている。《フランボワイアン》は特に塔に似合っており、「バターの塔」と呼ばれたルーアンのそれは一四八七年から一五〇七年にかけて建設され、シャルトルの北側鐘楼（1507-151）も、それに劣らず、石の焔を上げている。

同様の熱情が傾注されたものに、衣装、装飾、祭礼がある。騎士道のメンタリティーを代弁し、ひろくこれを昂揚するはずみになったのが、アンジュー＝プロヴァンス王国の《よきルネ王》とその著『馬上槍試合』（国立文書館。フランス語写本２６９５，２６９６）である。
十四、五世紀のフランス芸術は、独自の風合をもっていて、たんに新しいだけでなく、過去から来たものを見事に仕上げて未来につなげるものを豊かに含んでいる。
まず、そこでは、新しい芸術庇護者の台頭が見られる。これまでの聖職者や王宮に住む顧客と並んで、王族・大公とブルジョワの家庭がその比重を増す。アンジュー＝プロヴァンス王は、アンジェ、エクス、タラスコンにおいて、オルレアン公やベリー公はブールジュとムアン＝シュル＝イエールにおいて、ブルゴーニュ公はアラス、ドゥエー、リール、エダン、とりわけシャルトルーズ・ド・シャンモルとディジョンにおいて、豪奢で洗練されたゴシック芸術を花咲かせた。

「時禱書 libre d'Heures」と並んで、古代ギリシア・ローマの古典の写本が、この最初のルネサンスの伝播において大きい役割を演じた。たとえば一四〇五年から一四一〇年にかけて製作された有名な『大公たちのテレンティウス Térence des ducs』〔訳注・テレンティウスは前二世紀の詩人。この写本はパリのアルスナル文書館に所蔵されている〕は、ギュイエンヌの宮廷とベリーの宮廷の間を旅している。

また、裕福なブルジョワのなかには、王宮に奉仕して貴族にのし上がった人もいるが、彼らも芸術の庇護者になっていった。その代表的人物が、シャルル七世とルイ十一世のもとで財務大臣を務めたエティエンヌ・シュヴァリエとジャック・クールで、後者がブールジュに建てた館(Hôtel de Bourges)はその財力の大きさがいかほどであったかを示している。各都市が《市庁舎 hôtel de ville》を建てていったのも、このころで、それらには大きな時計塔が付設され、「世俗的時間」を市民たちに知らせた。サン=カンタンの市庁舎は、そうした思い出を今も伝えている。

文化の新しい中心

恐怖と悲劇の影に脅かされていたこの時代、いたるところで華やかな色彩が踊っていた。モルタン伯のピエール・デヴルーが寄進し一三九三年から一四〇〇年ごろまでかけて製作されたエヴルーのカテドラルのステンド・ガラスにおいては、繊細にカットされた非常に透明な色調のガラスが美しい光を堂内に投げかけている。このステンド・ガラスは、聖堂参事会員、ラウール・フェリエールが一三二五年から一三三〇年のころに、この同じ教会ですでに初めて用いた技術を再生して作られたものである。

貴族階級や上流ブルジョワの人々は、よりいっそうの豪奢さと、よりいっそう洗練された趣向を追求したので、家具やタピスリーも、快適さと豪華な装飾性を増していった。これは、パリのクリュニー博物館をちょっと覗いて見るだけで充分に納得されるであろう。死を恐れることは、生を楽しむことを知ったということでもある。

すべてに作者や注文主の個性が刻印され、生まれや育った環境、そして身につけた技によって、ますます個性的味わいを強めてゆく。こうした個人性を強調する気風は、ステレオタイプではなく写実的に描かれた肖像画の登場によっても明確に現われていく。この傾向は、宗教的文脈のなかでも、たとえばステンド・ガラスの寄贈者として目立つように嵌め込まれた絵や、その人柄を強調するために描かれた肖像画にも認められる。

一三六〇年ごろに描かれたジャン二世（善良王）の写実的な絵（ルーヴル美術館）は、知られているかぎりフランス最古の肖像画である。ルネ王の父であるルイ・ダンジューは、一四一二年から一四一五年ごろ、自画像を水彩で紙に描いている（国立文書館、版画展示室）。ルーヴル美術館に展示されているシャルル七世の肖像画は有名であるし、その愛妾アニェス・ソレルは、自らモデルになって聖母マリアを描かせている（アントワープ美術館）。

そのほか、肖像画が残っているこの時代の人物としては、大法官ジュヴェナル・デ・ジュルサン（いまはベルリン美術館所蔵）、ジャン・フーケによる財務大臣エティエンヌ・シュヴァリエのそれがある。フーケは、一四五〇年ごろ自画像も描いている（ルーヴル美術館）。エクスのカテドラルの内陣にあるニコラ・フロマンによる三枚続きの祭壇画『ビュイソン・アルダン』の両翼には、ルネ王とその妃、ジャンヌ・ド・ラヴァルが描かれている。

フランスには、『ジャンヌ・デヴルーの時禱書』を描いたジャン・ピュセル（?-1334）からジャン・フーケ（1420-1480）にいたる、さらには有名な『ベリー公の時禱書』を制作したジャン・コロンブ（1463-1493）から『アンヌ・ド・ブルターニュの時禱書』を作ったジャン・ブルディション（1457-1521）にいたる細密画家の系譜があり、アンゲラン・シャラントンの『聖母の戴冠式』（ヴィルヌーヴ＝レ＝ザヴィニョン救済院所蔵）や『ムーラン親方の乙女たち』（ムーラン大聖堂）といった中世絵画の選り抜きの「秋の花」を生み出している。十四、五世紀のフランスは、ヨーロッパ芸術を動かす中心ではなく、この時代のヨーロッパ絵画の中心は、フランドルとイタリアであったが、法王がアヴィニョンにいることと、アンジューやブルゴーニュの大公たちのような「パトロン」のおかげで、フランスとフランドルやイタリアとの段差は埋められた。ブルゴーニュ公のディジョンの宮廷にはクラウス・スリュテールが迎えられて腕を振るい、ナポリのルネ・ダンジューの宮廷では、イタリア人画家たちと同様にファン・エイク兄弟が庇護を受けて制作に励んだ。

ゴシックの終わりであるとともにルネサンスの始まりの時代のこの芸術の国際的性格が、フランスをして、新時代の様々な影響に対し門戸を開かせる。フランスが、こうした過去の伝統と外国からの刺激の出会いのなかから、過去のそれに匹敵する芸術的・文化的炉床を新しい精神によって造り出すためには、経済的繁栄を取り戻し、新しいパトロンとして目ざめれば充分であった。国王や大公、貴族や金持ちたちがこの条件を満たすようになるのが十五世紀後半であり、その主舞台であるロワールの谷は、フランスを中世からルネサンスへと転換させる軸線、「新しいフランス的生活」が開花する花園となる。

カテドラルの建設

アンリ・フォシヨンは、ロマネスク芸術とゴシック芸術を、それぞれに一つの実験であるが、どちらの実験も、技術と信仰という二重の平面で観察されるべきであると述べている。私たちは、これを更に進めて、建築技術の進歩・革命は、歴史上のほかの時代と同じくこの時代においても、精神世界において達成された革命の延長であると言おう。

しかし、まず忘れてならないのは、ロマネスクとゴシックが、中世の進展のなかで、厳密に年代的に連鎖を形成しているわけではないことである。それらは、相互に近い時代に、別々の場所で生まれていった二つの道なのである。非常に大雑把な言い方をすれば、十一世紀から十二世紀前半までは全面的にロマネスクであるが、十二世紀後半以後は、地域により、また創造的流れの混合の度合いによって違うものの、ロマネスクとゴシックは、ほぼ平行して進展していく。

ここで重要になるのが地理的分布である。というのは、ゴシックがまず開花するのは、ロマネスクがあまり浸透していなかった地方においてであり、ゴシックが進展していったなかでも、ロマネスクはその後もずっと生き残っているからである。

ロマネスクの実験とゴシックの実験の間には、まず社会的階層の違いがある。ロマネスクは封建社会の定着と結びついており、大修道会によって企てられた土地の開墾と社会の再キリスト教化の努力と関連している。したがって、ロマネスクは、本質的に農業的文明の産物であり、ロマネスク様式の大きな聖域（修道院・教会）は、人里を離れ、巡礼の道が交差するところや、奇跡で名高いかつての異教の聖域の跡に建てられていることが多い。ロマネスク式の最も豊かな建物は、そうした巡礼者を受け入れるためや、土地の開墾と農地経営のために田園地帯のなかに建てられた大修道院のそれである。

その反対に、ゴシックは、西欧では、八百年以上にわたって待望された都市の復興と結びついている。ゴシックは、イール＝ド＝フランスの中心部の強力で急激な飛躍に伴って姿を現す。そこでは、コミューンの都市化（civilisation）が始まり、労働力の雇用が進み、当時としてはかなり大量の人間が集まったため、それを収容できる宗教儀式用の大きな建物が必要になった。

この新しい建物の革新性は《オジーヴ ogive》（尖頭アーチ）の採用にあったから、「ゴシック gothique」というより「オジヴァル ogival」というべきであったろう。《オジーヴ》は、イングランドで始まり、フランスでは、十一世紀の終わりに、まずノルマンディーに現れる。しかし、それが建設者たちによって一つの建築技術として活用されるのは、イール＝ド＝フランスにおいてである。その「冒険」の先駆けになったのがモリアンヴァル〔訳注・コンピエーニュの南南東〕であり、ついでサン＝ドニ大修道院に引き継がれた。この冒険は試行錯誤もないまま忽ち《傑作》を生み出したわけである。

この《オジーヴ》の発明がもたらしたものをめぐっては、とくに十九世紀、ヴィオレ＝ル＝デュック（1814-1879）以来、盛んに論議が戦わされてきた。

——それは、十三世紀のカテドラル建設を可能にした技術上の真の革新だったのか？

——そうでなく、ロマネスク芸術では解決できなかった諸問題の解決を可能にした多くの手法の仕上げであり、それらの調整に過ぎなかったのだろうか？

この二つの極論の間にも、たくさんの道がありうるのではないだろうか？

確かなことは、ゴシック芸術が、石や木、ガラスによって、ロマネスクの世界が知らなかった一つの理念と型式（ordre）を伝えていることである。いわば「知性の一つのヴィジョン」、精神の風景を目に見えるようにした「思想の建物」がゴシック建築であるということである。ゴシックが現れたのは、ギリシア・ローマの遺産をキリスト教世界に併合するため、全面的に自然発生的で情動的な信仰に代わって、理性と数学的秩序と厳密な思考に基づいた信仰を据えようという努力が大学で行われている最中であった。政治的には、フランス王国に統一性と力を与えるため組織化し階級化しようとするカペー家の努力と平行して、それは発展している。

その意味で、ゴシック建築の最初にして完璧な手本であるサン＝ドニ大修道院の建設は、フランスの文明史における一つの重大な出来事なのである。この事業を進めたシュジェは、この大修道院の院長であるとともに、国王ルイ七世の大臣で、王制の支配階級に属していた。彼は、関心の的も物の見方も、主君と全く同じくする人物で、十一、二世紀に永遠なる神のために働いたブルゴーニュの聖人たち〔訳注・クリュニーの修道士たち〕とはおよそ似ていない。

シュジェがサン＝ドニ建設で目指したのは、当時の社会的基盤を代表していたキリスト教会の栄光のために、新しい世界への希望を、永遠なる石の建築と芸術によって表現することであった。この十二世紀半ば当時のフランスは、若々しく、激しい情熱と、若さゆえの熱気にみなぎっていた。サン＝ドニ大修道院の建設は、このフランス国家の誕生を祝うものであり、新しい中世を告げる様々な変化――都市の発展、聖母（すなわち女性）崇拝、愛の発明、色彩への嗜好、地獄への恐れより天国への希望――を象徴していた。

このサン＝ドニを手本に、本当の意味で王家の唯一の領地であったイール＝ド＝フランスの各地、すなわちノワイヨン、ソワソン、ランで、ゴシック初期を代表する大きな教会堂が次々と建設されてゆく。その集大成がパリのノートルダムである。

一一四四年に完成したサン＝ドニの建設と一一九四年に火災で焼失したシャルトルのカテドラル再建の開始を隔てている約五十年間は、一つの深い一体性をもっている。この半世紀間に建てられた聖域は全て、ギリシアの神殿建築を秩序づけていたような、全ての部分を一つの体系の中にまとめ、同じ重みをもつ象徴的意味のなかで互いを結びつけようとするものの少なくとも萌芽を含んでいる。それらが極限にまで押し進められてゆくのが十三世紀である。

イール＝ド＝フランスで発展したゴシックは、まずシャンパーニュ、ブルゴーニュ、ロワールの谷といった隣接地域に広がる。サンスとラングルのカテドラルがサン＝ドニとほぼ同時期に建設されているのに対し、シャルトルとソワソンのカテドラルが建設されるのは十三世紀初めである。ランス、アミアンがそれに続き、最後にボーヴェが来る。ボーヴェは、キリスト教世界で最も高い建物を造ろうとしたが、計算ミスのため、その中央大身廊のドームは一二八四年に崩落した。

これらの聖域の平面図は、ほとんど同じである。内陣の背後には、幾つかの小聖堂（chapelles）を配した周歩廊（déambulatoire）が付いており、身廊（nef principal）と内陣とは広い交差廊（transept）によって隔てられている。建物の規模は、ますます大きくなり、ランスのそれは、長辺が一三八メートルに達した。

しかし、十三世紀のカテドラルを十二世紀に建てられた教会堂と異なるものにしている二つの特徴がある。一つは、光をより多く採り入れるために開口部を広げたことであり、もう一つは、空中に浮かんでいるような軽快さを際立たせる建築法とその装飾的要素の繊細さである。マルセル・オベールは次のように分析している。

「ドームの内側では、ますます細くなったリブが、ますます強靱さをもって浮かび上がってくる。それに対し、外側のファサードでは、ますます豪華で大きくなった薔薇窓が、車輪の輻のように配置された石の細い仕切りによって、ピンと張られている。」

ゴシックの影響は、すぐに、イール＝ド＝フランスの直接の隣接地域を大きく越え、ゆっくりとだがヨーロッパ全域に広がっていった。その拡大のなかで、この芸術は、行く先々の地方的遺産に自らを合わせ、こちらでは十二世紀のイール＝ド＝フランスのそれに似た発明の欲求によって自らを豊かにし、あちらでは、強力な伝統の重みのもとで形を歪めながら、あらゆる様式と結びついていった。

受け入れる側は、時には、モデルの忠実な模倣と複製に終始していることもある。そうした場合は、まったく受動的に影響を蒙るのみで、創造的精神は発動しないまま弱体化する一方である。しかし、時には、逆に、手本としたものを再考し、そこから、新しい創造的な表現を生み出すこともあるが、その変容ぶりは地理的・歴史的状況によって様々で、一概に確定することはできない。新しいものがやってきても、昔からのものと融合できる度合いに応じてしか採り入れない保守的気風の強い土地もあれば、人々の通行が頻繁で商業の交差路になっているため、よそからやってきた人々や思想が押しつけてくる絶え間ない変動によってしか自らの文化的実体をもちえない土地もあるからである。

たとえばイール＝ド＝フランス周辺では、ゴシック芸術は過去の重みと新しいものの誘惑が奇妙な形で混じり合っており、形態上の進展は、ゆっくりと熟考しながら行われた。それに対しアンジュー地方では、とくにアンジェのサン＝モーリスの場合、その新味を追う《マニエリスム》（技巧的様式）は、ゴシック第三期の「フランボワイアン」を予示している。

ノルマンディーは、イングランドから《オジーヴ》を最初に受け入れてイール＝ド＝フランスに伝えた地方であるが、そのイール＝ド＝フランスの建設者たちによって変えられたゴシックを逆輸入している。そうして造られたのがルーアンやリジューのカテドラルであり、カンのサン＝テティエンヌ教会である。しかし、ノルマンディーのゴシック建築の傑作は、おそらくクータンスのカテドラルであり、アンリ・フォシヨンは後陣の交差リブに巨大な採光塔（lanterne）を備えたこのカテドラルを「ゴシック建築の最も複雑で最も完璧な作品の一つ」と称賛している。

ブルゴーニュに関して言えば、この地方は、ゴシックを南フランスとライン地方に伝えるうえで重要な役目を演じたが、それは、部分的には、シトーの芸術がイール＝ド＝フランスの芸術の出現を前にして経験した混乱のおかげである。シトーの修道士たちは、フォントネーの大修道院という最初のモデルから、オジーヴがもたらす利点をいちはやく理解した。あらゆる手法に対して開放的であった彼らがゴシックの利点に真っ先に目をつけたのは当然であった。こうして生まれたのがポンティニーとクレルヴォーであり、南フランスではフォンフロワドである。しかし、これら大修道院教会のほかに、サンスやディジョンなどのカテドラルも建設され、ディジョンのノートルダムに触発されて、ジュネーヴとローザンヌのカテドラルが建設された。

東部では、シャンパーニュ、ロレーヌ、アルザスがドイツに《フランス様式》を伝える発信地になった。ここで大事なのは、これらは伝統的にさまざまな文化が通過した地域であり、その複雑な多民族から成る住民は勤勉で、石の加工技術に優れていたことである。ランスのカテドラルやトロワのサン＝テュルバン、サン＝カンタンの参事会教会、メッスのカテドラルは、技術面での大胆な工夫の成果を示している。しかし、東部フランスで最高の傑作は、なんといってもストラスブールのそれである。

この巨大で複雑なカテドラルは、ロマネスクの初めからゴシックの末期までに達成された創造的努力のすべてを、そのヴォージュ産の砂岩のなかに要約しており、フランスのどのカテドラルにもまして、一つの文化の成果を現している。その建設に使われ奇跡的に遺されたデッサン画によって私たちは、どれほど数学的関心がこの建設の基盤になっていたか、また、建設に関わった人々が、世界の均衡のイメージを石によって表そうといかに苦心したかを知ることができる。

南フランスに関して言えば、この地方は、一種奇妙なやり方でゴシック芸術を受け入れた。カタリ派異端が壊滅したあとの宗教的再征服のシンボルになったトゥールーズからロデーズにいたる《赤いラングドック Languedoc rouge》の外では、リモージュやカルカソンヌのサン＝ナゼールに今も見ることができるように、その地方の歴史的・地理的与件に意識的に合わせた教会をたくさん見ることができる。イスパニアとイタリアのゴシックはこれら南仏のカテドラルの影響を受けている。

したがって、当時は《西欧芸術》イコール《フランス芸術》であったとしても、少しも偶然ではない。カロリンガ世界を崩壊させた大混乱のあと、フランスは世界の交差点のようになり、ノルマン人たちと一緒に北方と西方から来た流れ、サラセン人と一緒にやってきた南からの流れ、そしてフランス王権の保持者に対抗しようとしたドイツの君主たちの厚かましい試みとともにやってきた東からの流れといった全てがここで混ざり合った。

ついで、ヨーロッパのすべての人が《キリスト教世界 chrétienté》を唯一の祖国とみなし、その臣民であることを自認するときが到来すると、フランスは、この《キリスト教世界》の特別の王国という地位を与えられる。クリュニーと聖ベルナール、そして十二世紀、キリスト教徒の一体性を強固にした十字軍のあと、フランスは、歴史の不確実性が解消された最高に恵まれた国としての姿を現す。ヨーロッパが文化的基盤を見出してゆくのは、フランスに開花した大きな修道会のおかげである。

ローマ帝国が崩壊して以来、修道士たちは自分たちの古来の役割を回復し、修道院は、精神革命という最も重要な革命の準備をすすめてゆく。もしも、神の言葉を伝えるだけでなく、アルカイック時代以来地中海で熟してきていた精神の変革作業が、それを請け負う人々によって準備されていなかったら、ゴシック芸術は生まれえなかったであろう。

ゴシック芸術が頂点に達した十三世紀のパリは、西欧の生きた文化の代表であったといって過言ではない。法王特使、ユード・ド・シャルトールーが言っているように、この王国首都は「人類の知性のパンが焼かれる竈」であった。フランス王国内には、ランス、ラン、シャルトル、トゥールなど、たくさんの学校があったが、パリ大学に匹敵できる学校は、どこにもなかった。

このパリ大学が中世全体を通して保持した比類のない重要性は幾ら強調してもしすぎることはない。それは、今日のように、国家の枠組を形成するための機構の一つではなく、キリスト教会の最も熱気を帯び、最もダイナミックな顔であった。この時代の教会は、膨大な土地を所有し、物質面で慈善的組織と諸学校の指導を独占する権力であっただけでなく、永遠の救いが現世の救い以上に不安定であった時代において、各人に救いの意味と承認を与える精神的力でもあった。

世俗的権力もまた、キリスト教会とともにパリ大学とも最良の関係を保つ必要があった。なぜなら、パリ大学はキリスト教会にとって、永遠の真理を照らすと同時に、日常的真理を決定するうえで光を投げかける灯台であったからだ。しかし、国王たちはキリスト教会に対して常に警戒し、知識人たちに対しても、ルネサンスにいたるまで（ということは、大学の最初の世俗化の試みにいたるまで）は、警戒を怠らない。

ところが、十二世紀以後、パリ大学は、この世界で最良の地位を得る。それより少し前、アベラールが、当初はシテ島の司教座学校で、ついでサント＝ジュヌヴィエーヴの山で教えたところ、それがこれまで語られたことのない神についての斬新な話として評判を得て、イングランドからも、ドイツからも沢山の若者たちがやってくるようになった。ドゥイユの修道院長フルクは、アベラールに宛ててこう書いている。

「ローマは、その子らに教育を受けさせるために汝のもとへ送った。かつては聴衆に万学の知識を教えたローマが、いまや自らの生徒たちを汝のもとへ送ることによって、汝の知恵が自分のそれに勝ることを示したのであった。距離の遠きも、山の高きも、谷の深きも、多くの危険が立ちはだかり盗賊どもが跋扈する道も、汝のもとへ急ぐ彼らを妨げはしない。」

パリ大学の輝きがこのようであったので、最も偉大な知的中心であることを誇ったボローニャもプラハもオックスフォードも翳ってしまった。パリ大学は、フランス王からも法王からも特別の庇護を受けた。学生たちがパリ大学に押し寄せたのは、当時の証言が示しているように、優れた教育のゆえだけでなく、パリという都市では、よそのどこよりも快適で自由で実り豊かな生活を楽しむことができたからである。

フランスは、すでに十二世紀初めから外国人たちを驚かせ喜ばせるある種の生活の優しさと繁栄を示していた。それに加えて、パリ大学自体も、その普遍的使命に応えるものをもっていた。事実、英仏海峡やライン川を越えてやってくる学生たちを受け入れるために、パリにはたくさんの学寮（collèges）が造られていたうえ、フランス語は、当時の国際語になっていた。

この時代以後、パリ大学は、その目的を超えた好奇心に従って、本来の意味での文化的機能に専念する。すなわち、歴史が始まって以来、人間に力と理性を付与するために成し遂げられた膨大な努力の成果を世界に取り戻させようと試みるのである。こうして、古代の文献が復権を認められ、新しい感性が準備され、そこから、ブリトン人たちの作品群が生まれ、さらにくだると、クレティアン・ド・トロワの天分が開花し、国境の外、フィレンツェにおいても、ダンテのように、フランスが成し遂げたことを糧として万人を養う大輪の花が咲くこととなる。一二四五年、イノケンティウス四世は次のように述べている。

「パリは、人々がやってきて融けあう坩堝である。そこではダヴィデの塔が築かれ、その城壁からは千の盾だけでなく、ほとんど全身を甲冑で固めた勇者が出撃し、世界を駆け巡る。」

パリ大学が盛期中世の文化の頂点を表しているのに対し、もう一方の端にはキリスト教徒の民衆がいる。《西暦一〇〇〇年》の恐怖が覆い、生まれゆく封建制が貧しい人々を押しつぶした暗澹たる十一世紀のあと、この十二世紀には、平和と温暖な季節、そして人口増大のおかげで、一種の喜びが訪れた。知識人も庶民も、歩む道は別々ながら、自分たちの生きている世界の地平線を発見した。その彼らにパリ大学は一つの光をもたらした。

この光を投影しているのがゴシック芸術であり、そこは民衆のエネルギーと聖職者の知性が交じり合う交差路となっている。住む世界の異なる「信仰の人々」と「頭脳の人々」とのゴシックのカテドラルでの奇跡的な出会いがイール＝ド＝フランスで生じたことは、初期カペー朝の王たちによる強固な権力のおかげで秩序と安全が回復したためであり、けっして偶然ではない。カペー家の王たちがまず専念したのは盗賊どもを討伐して旅の安全を確保すること、臣民たちが建設と耕作と商業に励めるようにすることであった。また、他の封建領主の場合と反対に、ここでは、世俗権力と宗教的権力が最もよい形で融合していたから、民衆は、神に愛されていると感じて、人生・生活の大きい部分を神に捧げた。

大きなカテドラルを満たしているこうした民衆の熱意と、参詣や逃避のためにそこへやってきた群衆の絶え間ない動きを想像できなかったら、ゴシック建築というものは何も理解できないであろう。信仰に生きる民衆の力強く幸せな歌声が光に満ちた身廊の空間を立ち昇ってゆくのを聴き取るには、努力が必要である。十二世紀の人々にとって大聖堂は、遥かな旅に出かける大きな逞しい帆船のようである。エミール・マールが言うように、この巨大な船は「その都市の全員を収容できる頑丈な船腹」を具えていた。〔訳注・フランス語では、教会堂の身廊も船体も、同じ「ネフ nef」という語で呼ばれる。〕

人々の希望と自信から発するこの新しい信仰は、華やかに彩色したり彫刻で埋め尽くそうとする贅沢好みを非難する聖ベルナールの精神を反映した偏狭で厳めしいロマネスク芸術とは合致しない。十二世紀フランスで生まれつつあった征服者的文明、開拓者的文明こそ、この新しい精神に適っていた。ジャン・ジャンペルは、十二世紀フランスの建設熱とそれによって実現されたものを、ナイル川のほとりに大ピラミッドを築いたファラオ時代のエジプトや、たくさんの摩天楼を林立させる二十世紀初めのアメリカに似ているとしているが、これは、あながち間違いではない。

「この若い中世社会を象徴しているのが、自分たちのカテドラルの尖塔アーチをどこよりも高く聳えさせようとする都市住民たちの《世界記録熱》であり競争心である。」(ジャンペル『カテドラルを建てた人々』)

カテドラルは都市住民のこうした集団的情熱の結晶であり、キリスト教徒共同体の文字通りの《神殿 temple》であった。この時代のカテドラルは、市民たちが、そこで食べ、眠り、種々の問題について論議した公共の場であった。とくに祭の日(祭日は、やたらと多かった)には、宗教や裁判などの活動がここで繰り広げられたから、民衆にとっては、自身と世界についてキリスト教が提示するイメージを発見し、同じキリスト教徒としての深い一体感が自然のうちに培われる場となった。

デモニッシュな信仰とオカルティズムに満ちた図像美術を発展させたロマネスク芸術においては、キリスト教精神は、さまざまなシンボルのなかで失われ、二次的意味づけしか与えられなかった。それに対しゴシック芸術は、彫刻と絵画のいずれにおいても、人間的で親しみ深い世界を表現している。それらは、ロマネスク芸術に馴染みの驚異的現象とか架空の怪物やエキゾチックな事物を捨てて、神において「人の子」を認めることを重視し、恐怖と怒りと呪詛に満ちた《聖典 livres bibliques》よりも《福音書 Evangiles》に関心を寄せる。ここでは、キリストは、自分の信徒の内面を穏やかに照らす、優しさと慈愛に満ちた伴侶に戻る。とりわけゴシックの造形美術の中心的位置を占める聖母は、天使とも愛人とも思えるほど理想的な優美さと親切さに満ち、輝くような女らしさを湛えている。

しかし、人間的なものの承認といっても、そこにあるのは「甘ったるさ」ではない。自然と人間とは同じ一つの神の秩序の二つの要素であり、その相互の交信と関わりの本質をなすのは「優しさ」と「平和」である。エミール・マールは指摘している。

「中世の彫刻師は、四月の若い花のなかに堕落と贖罪の秘蹟を読み取ろうなどとはしない。彼らは、つつましい植物が芽吹き始めた初春のイール＝ド＝フランスの森のなかにいる。羊歯の葉は、まだ綿毛に包まれてぜんまいのように丸まっているが、小川沿いのマムシ草

ランのカテドラルの牛の像

(arum)はすでに満開寸前である。彼らは、その葉を手で摘み、見つめる。その優しくも情熱的な好奇心は、わたしたちの場合ごく幼いころに見られるだけだが、ほんとうの芸術家は、生涯失うことはない。」

こうして現れるのが、自然を直接かつ素直に観察し、生き生きと捉えた植物図鑑や動物図鑑である。ランのカテドラルの塔から見下ろしている十六頭の農耕用の牛の像は、この人間のよき伴侶の忍耐強い労働と持久力を讃えるために彫られたもので、牛は、このあとも、『ベリー公の豪奢な時禱書』だのル・ナンやクールベの作品

ランスのカテドラルの聖人像

だののように、様々な時代を通じてフランス抒情性の不変のテーマとして幾度も表れてゆく。

中世の芸術家たちは、森や畑を、シンボルとしてでなく、人間の労働の場として、子供のような単純さをもって表現した。教会の基壇には、「労働と日々」というべき農作業のカレンダーが描かれているが、それは、労働が神の智に到達するために通らなければならない道だからである。神の神秘に関することも、人間性をもって記される。ゴシックの芸術家たちは、神と聖人たちの歴史と道徳的教訓を信徒に伝えようとする教会の意向を承けて、それを理解し信じやすくするため物語的な手法を駆使して壁面や玄関の上に図像をもって示したのである。

ゴシックの図像芸術における唯一悲観的な要素が《最後の審判》である。とはいえ、ロマネスク芸術に特徴的な荒々しさは、その多くが失われている。ランでもシャルトルでも、「選ばれた人々」と「罰せられる人々」が、平和的構成のなかでグループ分けされている。ランスでは、デモンたちによって刑場へ連行されてゆく悪人たちにも、抵抗しようという気配もなければ恐怖の表情もない。まして《至福の人々》は若さと美しさを表しており、中世人にとって《最後の審判》は肉体の復活の時であることを暗示している。

ゴシックの彫像芸術は建築技術の延長であり、彫像は建築のなかに一体化している。両者は一つの知的構造物のなかで一つの思想、一つの感受性を分かち合うものだからである。とくに当初は、彫刻師は石工たちと一緒にカテドラルの近くで生活していた。しかし、彼らの仕事は、キリスト教の本質的要素をどう解釈し図像化するかが重要な鍵となるので、神学上の規範について責任と権限をもっている修道士や参事会員の監視下に置かれた。このように彼らが聖職者の指導下に置かれるのは、古くからの伝統であった。ニカイア宗教会議〔訳注・西暦三二五年にコンスタンティヌス大帝によって開催され、三位一体を正統教義と定めた〕以来、「描くは画家にあり、構想は師父にあり」がキリスト教会の鉄則だったからである。

しかし、石工も神学者たちに接触することによって、次第に精神の王国に到達していった。彼は、観察し、瞑想し、推し量ることを教えられ、修道院のなかで彩色挿絵の入った美しい写本を発見すると、そこから自分のテーマと独自の様式を創造していった。やがて、石工たちとの集団作業から脱け出し、一個の彫像師として制作するようになると、自らの名前を作品のなかに刻み込む人も現れる。たとえばオータンの「ジルベルトゥス」や、ルーアンのカテドラルの丸天井の要石に名前を記している「石工デュラン」がそうである。

初期のころの彫刻師は、築かれた壁の上に登って、そこで仕事をした。その後、別の作業場で仕事をするようになるが、それでも、建築師が立てた計画に合わせて構想を練った。その実例は、ヴェズレーの柱頭に見ることができる。しかしながら、両者は次第に別々にそれぞれの作品を考えるのが普通となる。こうして、一方は建てることだけを、他方は飾ることだけを考えて、互いに離れたアトリエで製作するようになった結果、彫像師が制作したものを外交員が懸命になって売り込みに回るなど、彫像が過剰に氾濫することとなる。

十四世紀、人々の信仰の熱気が冷め、戦争の影響で財政が厳しくなると、彫刻は急速に無用の装飾として軽視されるようになり、彫刻師たちは、活路を個人顧客に求めざるをえなくなる。この傾向は、都市の公共建築が盛んに行われるようになり、とくに裕福なブルジョワが邸宅の豪華さを競うにいたると、さらに強まる。

建築と彫刻が知性の成果であったのに対し、想像力の産物である絵画の化身がステンド・ガラス（vitrail）である。これは、自然の光を生かして新しい神聖な光を創出する芸術であり、信徒は、そこに、天上の光をもって姿を現す神の世界を見たり、あるいは、色鮮やかな図像を通して教訓を読み解いた。古代ローマのモザイク画を模した初期キリスト教のバジリカのモザイク画や、ロマネスク建築の分厚い壁に描かれたフレスコ画と同じく、ゴシックのステンド・ガラスは、キリスト教信仰の基礎となる教えと、聖書や聖人伝の冒険的な出来事を信徒たちに伝えた。

ステンド・ガラスは、すでに、ロマネスク芸術の最終段階で建てられたアンジェやポワティエのモニュメントでも、かなり大きな部分を占めていたが、ゴシックのカテドラルにおいて、その光の誘惑力はますます大きくなっていった。アンリ・フォションが「太陽の光のタピスリー tapisseries solaires」と定義しているように、ステンド・ガラスが外からの光をもって不変の鮮やかさで浮かび上がらせている神話や群像は、再生しゆくキリスト教の基盤となってゆく。

輝く光のこの恍惚をまず最初に採用したのがシャルトルであり、続いてはパリであった。パリのガラス職人の工房は、その後、長期にわたって、ヨーロッパ各地の建設現場に人材を提供した。ステンド・ガラスの全体が有機的につながり、一枚のカーテンウォールの観を呈しているサント＝シャペルが完成したのは、彼らの発明のおかげである。それは、知性に対する詩的精神の巻き返しであり、建築師たちの建築上の大胆さが表している抽象的発明に対する具象芸術の報復となっている。

十三世紀末には、ゴシックの創意工夫は終末を迎え、「カテドラルの叙事詩 épopée des cathédrales」は終わったように見える。一二八四年のボーヴェ大聖堂の身廊の崩壊は、天空に向けられた人間の挑戦に対する一つの応答と思われた。色彩自体も消えてゆく。赤、青、紫などの色彩に代わって、明快さを欠く《グリザイユ grisailles》

〔訳注・灰色を基調に、その濃淡で表現するもの〕になり、図像表現のもつ意義も装飾性が主となる。

この世紀の初めに光り輝いた知的自由は、形式主義的神学会議の主役として返り咲いた大学によって攻撃を蒙る。国境を超えて活躍した大きい修道会も活力を失う。その一つである《テンプル騎士団 Templiers》は、財政的逼迫からの脱却を目論む王政によって攻撃の的となり、屈服する。

加えて、信仰自体、人々の心のなかで砕け散る。一三一一年、アンジェの司教、ギヨーム・ル・メートルは、こうした宗教に対する関心の喪失を憤って、こう書いている。

「フランス王国のいたるところで、非宗教的慣習というより、むしろ忌むべき悪習がはびこっている。わざわざ日曜日や、至高の神に捧げられた大事な日を選んで大市が開かれ、裁判や会議が行われている。そのため、教会は、参詣する人もなくガランとしているのに対し、裁判所や居酒屋、工房は、言い争い罵りあう怒鳴り声に満ちている。――神が罵られて悪魔が崇められ、カトリックの信仰は傷つけられ人々の心から失われようとしている。」

信仰とともに、創造的精神も繁栄も消滅する。社会は冷たい権威主義に覆われ生気を失う。コミューンは王制の支配下に組み込まれ、教会は形式主義に陥り、十三世紀の豊かさと偉大さの源泉であった経済的自由は、自分の権利を守ることに懸命のギルド（同業組合）と同業者信心会によって窒息させられてゆく。

一三三七年に百年戦争が始まると、フランスが必要とするのはカテドラルではなく、堅固な城砦となった。十四世紀から十五世紀初めにかけて、美しいゴシックの建物の配列は壊れ、デカダンスの風潮によって蝕まれたこの世界は、退廃した古典主義的儀式のなかに沈んでゆく。現実は変形させられて劇場化し、叙事詩的活力は小説的強迫観念に席を譲ってゆく。フランスは衰弱し、事態を刷新する流れは、王国の外縁部にしか見られなくなる。そうした刷新の気風を湛えている有力な中心が、フランドルの富と活力を引き継いだブルゴーニュ公国の都、ディジョンである。

《フランボワイアン・ゴシック》は、これまでの約二百年間、フランスの文明を活気づけた芸術の最後の名残である。しかし、《フランボワイアン・ゴシック》とは何なのだろうか？ これは、十二、三世紀のゴシックが幾何学的配列を特徴としたのに対し、ロマネスク芸術の最後の容貌を特徴づけていた歪な形への回帰を示す。形態の分野でいうと、《フランボワイアン》の特色は「凹曲線」を多用することによって、新しいリズムを建物に与えたことにある。全体の秩序は、細部の配列によって破壊される。たとえば、盛期ゴシックの丸天井は、全面的に《オジーヴ》の関数として考えられたが、《フランボワイアン》では、幾つもの付随的丸天井を包含し、キヅタのように絡み合う枝リブ（tierceron）によって覆われ、さらには、オジーヴ自体まで姿を消して、格天井となる。

パリのサン＝セヴラン教会やアブヴィルのサン＝ヴュルフラン教会、また、アルビのサント＝セシル教会、あるいは、ナンシーのサン＝ニコラ＝デュ＝ポール教会の柱廊に示唆を与えたのが、このフランボワイアンの建築の過剰好みである。フランドル派あるいはブルゴーニュ派の幾つかの大きな作品を特徴づけている溢れるような想像力は、しばしば、色彩豊かだが技巧に凝るあまり落ち着きに欠ける作品を生み出してゆく。

フランボワイアン・ゴシックのルーアン大聖堂

カタリ派の聖地、モンセギュール

一二四四年三月十六日、異端カタリ派の最後の証人である二百十人の《完徳者 parfaits》たちがモンセギュール城〔訳注・ピレネーに近い南西フランス〕のふもとに積まれた薪の炎で焼き殺された。この日以後、「モンセギュール」は西欧の精神性の中心地の一つとなって今日にいたっている。それは、あたかも、平和と優しさ、神への信頼を説いたことが唯一の過ちだったといえるカタリ派信徒に対して十字軍〔訳注・アルビジョワ十字軍〕が犯した忌まわしい罪の贖いをさせることを歴史が欲しているかのようである。

フランスには、カタリ派信仰の聖地は、ほかにもたくさんある。ミネルヴ〔訳注・モンペリエの近く〕やケリビュス〔訳注・ペルピニャンの北西〕のようなラングドックのそれ以外にも、シャンパーニュ、ニヴェルネ、ピカルディーにもある。しかし、そのどれをとっても、モンセギュールに匹敵できる象徴的価値をもつものはない。

この丘の頂上にある建物は城(château あるいは pog)と呼ばれているが、一度たりとも本当の城であったことはなかったようである。それは、平面図によっても、建築の巧みさによっても、既存のいかなる建物とも似ていない。あくまでも、それは丘の頂上の一部を占めているだけの大きな五角形の石の建物で、砦(forteresse)というよりは、むしろ、オリエントに起源をもち異端カタリ派に影響を与えたマネス Manès〔訳注・ペルシア生まれで、ゾロアスターと同じく善悪二元論を立てたマニ教の祖〕の崇拝に捧げられた一つの神殿ではなかったかと思われる。

十字軍に追われてここに立て篭もったカタリ派の人々を、ナルボンヌ司教とカルカソンヌの代官の指揮する鎮圧軍が取り囲んだのは、一二四三年五月初めのことであった。包囲軍は、できるだけ篭城軍と同じ高さで対峙するために山の中腹に布陣し、それ以外は五〇〇ないし六〇〇メートル低いところにいた。情勢は半年経っても、ほとんど変わらなかった。最終的に十字軍側が異端者たちを打ち負かしたのは、裏切りによってであった。双方の消耗戦の末、ついに城が十字軍の手に落ちるという直前に、カタリ派の長老、ピエール・ロジェ・ド・ミルポワは、モンセギュールの宝物庫の大量の金銀をアリエージュの洞窟に移した。そのため、この宝物の運命についての様々な伝説が生まれた。

「カタリ派の聖地」モンセギュールは、十二世紀の全ラングドックを霊的に輝かせていたもののシンボルである。多くの人々の見方では、この《アルビジョワ戦争》は、北フランスと南フランスの決戦であって、宗教的対決は表向きの口実に過ぎなかった。事実、ラングドックはフィリップ・オーギュストや聖ルイ王の時代には、物質的繁栄と市民的世俗的発展からいっても、ロワール以北の地方よりずっと豊かな文明を誇っていた。この戦争は、カタリ派というさほど大きくもない一つの宗派の根絶を口実にして、フランスで最初に真の自由を謳歌し真実の輝きを放ち、真の宗教の道を探求した地方を、その後長く衰弱させるために行われた戦いだったのである。

テンプル騎士団の運命

《テンプル騎士団 Ordre des Templiers》がシャンパーニュの騎士、ユーグ・ド・パイアンらにより聖地エルサレムで設立されたのは第一次十字軍のあと〔訳注・一一一八あるいは一一一九年〕であるが、これに基本的規範を与えたのは、シトーの改革者、聖ベルナールであった。

一一二八年、第二次十字軍の序章として開催されたトロワ公会議の際、故郷の地を遠く離れた異郷の地で神のために戦うテンプル騎士たちの役割が定められた。ミシュレは、こう述べている。

「テンプル騎士たちは、たとえ一対三という不利な情勢であっても、戦いを引き受けなければならない。命乞いをすることも身代金を払うこともならず、城壁の一面たりとも土地一プスたりとも敵に与えてはならない。彼らは、休息を望むこともできない。無秩序でだらしない様子で行進してはならなかった。」

聖ベルナールの精神からいえば、聖地の回復とキリスト教拡大の戦いを正当化するものは、勝利による物質的欲求の満足ではなく、戦いにつきものの禁欲である。神のために戦うことは、自己自身に対して戦うことであり、人間を神の被造物たらしめる精神的鍛錬を自らに課すことである。テンプル騎士たちが求めたものと錬金術師たちの求めたものの間には、幾つか類似点がある。どちらも、関心の的は物質的目的ではないこと、めざすのは魂の変革であったこと、である。聖ベルナールは、十二世紀初めの聖職者たちの堕落に恐れを覚えて、彼らを導こうとしたのであった。

「主が受肉したもうた地に、新しい騎士たちが現れたのだ。それは生まれたばかりで、肉と血を有する敵どもと天上の悪霊どもとに対する二重の戦いをこの世界で行うのだが、試練はまだ受けていない。――彼らが悪徳と悪魔に対するこの聖霊による戦いを行うならば、私は、これをキリスト者に与えられるあらゆる讃辞に値すると言おう。」

テンプル騎士たちには、兵士に附される栄光も、修道士たちに附される土地と休息も、前もって禁じられていた。テンプル騎士たちは、故郷を永遠に逐われ、家族も兄弟もなければ身を寄せる場ももたない流浪の民である。しかし、オリエント再征服の活動を進めるなかで、《テンプル騎士団》は結束を高めるとともに、並外れた力を獲得していった。

《聖戦 Guerre Sainte》によって課せられる諸々の試練に耐えることができるのは、無限の勇気と完璧な信仰心と比類なき内面的豊かさをもった人々だけである。この人々のそうした資質が、《テンプル騎士団》を次第に、一つの秘密結社にしてゆくこととなる。彼らは、特権を与えられたが、そのぶん、キリスト教会のなかで孤立化してゆき、キリスト教世界を困惑させた。彼らを裁くことができるのは法王のみであり、騎士団の領地は、いかなる封建領主にも国王にも属さず、いかなる税も年貢も通行税も払う必要がなかった。

これほど外部と隔絶し、規律の厳しい団体であるなら、何らの秘密の儀式ももっていないとは考えにくく、そうした秘儀は、外部の人間に尋常ならざる好奇心を掻き立てた。それが、十四世紀はじめになって、《テンプル騎士団》に激しい誹謗が浴びせられた理由を説明してくれる。

「テンプル Temple」という名称は、「キリスト教会のなかの自分たちの教会」を特色づけるために騎士たちが自ら選んだのであったが、それが、「全ての宗教を集めてその上に君臨する一つの宗教」というものを想起させた。というのは、この「テンプル」とは、キリスト教の家であるがユダヤ教の家でもある「ソロモン神殿」だったからである。多分それは、初期キリスト教共同体の「テンプル」であったが、ローマとギリシアの異教神殿を全面的に引き写したものでもあった。

そのうえ、騎士たちをめぐる神話は、《聖杯 Saint-Graal》を手に入れ守っているブリトン人騎士たちの神話と多くの点で結びついていて、テンプル騎士たちは、十字架上のキリストの血を受けた杯を見つけ出して永遠の生命の秘密を知るべく神によって定められた遍歴の騎士たちでもあった。実際にはテンプル騎士団に課せられた任務は《エルサレム王国》を維持することであったが、幾つかの災厄を経てエルサレムを放棄したあとは、キプロスに後退し、さらには、騎士団出発の地であり繁栄の基盤となったフランスに退却した。

テンプル騎士たちのカネとのかかわりは、第二次十字軍に際して、彼らの事業を支えるために大規模な寄付が行われたことから始まる、法王も各国君主も惜しみない支持を与えたので、騎士団の金庫には莫大な富が蓄積され、しかも、彼らの創意工夫と勇敢さだけでなく、無私無欲ぶりも与って、この富はさらに増殖した。彼らの生活が特殊な規範に従ったものであったおかげで、騎士団は莫大な富を蓄積すると同時に、国家のなかの国家というべき強大な勢力になり、国王の手に余るものになりかねなかった。

本来は戦いを本義とした騎士団であったのが、資産が膨大になるにつれて盛んに建物を造り、いつしか「chevaliers-bâtisseurs」（土建騎士団）になっていた。彼らは広大な《騎士領 commanderie》、無数の城砦、膨大な農地を所有した。今日も、彼らの名残を遺す地名はフランス全土にあり、その数の多さで彼らの資産がいかに莫大であったかが窺われる。

しかし、彼らは建築においてはその時代と土地の建築様式を採用することで満足したから、新しく発明したものは何もない。大部分は、騎士団の壊滅とともに消滅したが、今も最良の状態で遺されているのは、南フランスでもラングドックの北、荒涼として近寄りがたい中央山地の周辺である。たとえばアヴェロン南方のケラールに近いラ・クーヴェルトワラード村には、テンプル騎士団の建物群が最も完璧な形で遺っている。それらには、その土地の同時代のほかの建物に較べて特筆できるような創意工夫は何もないが、そのこと自体、この騎士団を並外れた統一性と権威をもつ共同体たらしめていた厳格さと機能性への関心の強さを示している。

しかし、このテンプル騎士団の栄光も終わりを告げる。オリエントで遭遇した数々の試練と国際情勢の変化によって、彼らは次第に周囲の社会から浮き上がった異邦人になり、さらに、歴史の外に取り残され現実の困難から身を引いた特別の世界になってしまい、とくに周囲からは我慢の限界を超える傲慢な人々と映った。イングランドのリチャード獅子心王は臨終において「わが貪欲はシトーの修道士たちが継ぎ、わが淫欲は灰色の修道士たち（moines gris）が、わが驕慢はテンプル騎士たちが継ぐであろう」と言ったとされる。

そのうえ、この騎士団は地中海周辺の多くの地に分散していたことから、当初の純粋性は、腐敗と毀損を免れず、自分たちこそ信仰の真実と有効性を守っているのだという彼らの言い分に対しては、教会のなかからも反発が現れた。とりわけ、テンプル騎士たちは、ほとんど全員が貴族出身だったため、庶民の出身者が大部分を占めるドミニコ会士や托鉢修道士（フランシスコ会士）たちには、尊大な貴族が仮面をつけているだけではないかと映っていた。一般民衆にとってもこの騎士たちが自由を謳歌していることは許せないことであった。フィリップ美男王が《テンプル騎士団》の壊滅を決定したとき、彼らを擁護する声が王国のなかから一つとして上がらなかったのは、こうした事情のためである。国境の外側でも、法王自身、この騎士団廃絶に対しては、しぶしぶながらも同意を与えた。

しかし、この騎士団に対する戦いを機縁に、中世末から十六、七世紀を彩るもう一つ別の戦いが始まる。それは、悪魔崇拝、呪術や魔術を使うものに対する戦いである。こうして、キリスト教徒の意識の最も深いところで始まった一つの分裂と病の弊害は長く尾を引いてゆく。ゴシックが照らす光の輪から出た西欧は、十四、五世紀の迷宮の闇のなかに入ってゆくのである。

アヴィニョンの法王庁

ボルドー大司教のベルトラン・ド・ゴが法王に選出され、クレメンス五世と名乗ったのは一三〇五年六月五日のことである。彼はリヨンで法王冠を戴くと、ますます混迷を深めているイタリアへは行かず、南フランスに留まり、法王庁の仕事をここで処理した。こうして、その後、一四〇三年までほぼ一世紀、ヨハネ二十二世、ベネ

アヴィニョンの法王宮殿

ディクト十二世、クレメンス六世、イノケンティウス六世、ウルバヌス五世、グレゴリウス十一世、クレメンス七世、ベネディクト十三世により、法王権は法王領コンタ＝ヴネッサンのアヴィニョンに住することとなる。それまではありふれた集落に過ぎなかったこのアヴィニョンが、キリスト教世界の全土から使節や巡礼が詰めかけるヨーロッパの真の首都となり、宗教上だけでなく大きな都市として他に類を見ない華やかな祭典が開催されることとなる。

法王たちも、ここに居を定めると、その役目を果たすにふさわしい枠組を作りあげることに専念した。イヴ・ルヌアールが強調しているように、「法王たちは、二つの宮殿を次々と建設し、そこに腰をすえて、キリスト教世界を統治した。ヨーロッパじゅうから莫大なカネが集まり、財政的に豊かになったので、真の芸術の庇護者が出現するのにふさわしい条件が創り出された」。

法王宮殿の建設と、それに伴う装飾の仕事のために、南フランスの建築家たちと、あらゆる国、とくにイタリアの芸術家たちがアヴィニョンにやってきた。一三三九年には、当時のイタリアで最も偉大な芸術家といわれたシモーネ・マルティーニがベネディクト十二世に招待されてやってきて、ノートルダム゠デ゠ドム教会のために『乳をふくませる聖母』を製作し、同じく画家であるその親族や弟子たちもアヴィニョンに呼び寄せて、その協力のもと、法王宮のサン゠マルシアル礼拝堂やサン゠ジャン゠バティスト礼拝堂を装飾した。

もちろん、この法王の都で製作されたのは絵画だけではない。クレメンス五世は、イール゠ド゠フランスやノルマンディーで目にしていた装飾を自分の宮殿でも再現させようと、たくさんの草木模様のタピスリーを作らせた。そのほかの歴代法王たちも、それぞれが自分の好みによって家具を作らせ、植物や動物を蒐集したので、この町には、さまざまな時代の流行と法王個人の嗜好を反映したエキゾチックな物が同居することとなる。高価な食器が集められているかと思うと、珍しい金銀細工やさまざまな国の貨幣のコレクションが見られ、さらには、祭典の折りなどは、熊や駱駝、ダチョウなど珍しい動物の見世物も見られた。

しかし、もっとも重要な意義をもったのは、年々、ここに集まってきたたくさんの写本である。はじめのうちは、宗教関係の本が多かったが、次第に、歴史書や年代記、またアラビア語やラテン語、ギリシア語からの翻訳など、宗教以外の分野の本も増えていき、その蓄積が、やがて法王庁図書館となる。とくにルネサンスの革新的意義を予示する新しいヒューマニズムと、その「預言者」であるペトラルカが現れるのがこの時代のアヴィニョンにおいてである。

こうしてアヴィニョンは、法王領地の境界を遥かに越えて広がる知的活動の中心としての重要性を発揮していった。十四世紀〔1303〕、クレメンス七世によって創設されたアヴィニョン大学には、ここを卒業すると教会の管理職という有利な就職口が約束されたことから、ヨーロッパじゅうの多くの若者が詰めかけた。

十五世紀、キリスト教世界の中心がローマに戻り、さらに、アヴィニョンに程近いエクスに大学が創設されてからも、このアヴィニョンの大学は、絵画の学校として活気を失わなかった。そのなかで生まれたヴィルヌーヴ＝レ＝ザヴィニョンの『ピエタ』は、北方のゴシックの伝統とイスパニアの伝統が見事に融合した作品である。

アヴィニョンの町は、ロワールやラインの北の地からやってきた芸術家たちとイタリア人芸術家たち、つまり《北方文化 culture septentrionale》と《南方文化 culture méridionale》が対決し混じり合う交差路となるのである。

赤いラングドック

北フランスと南フランス、オイル語地方とオック語地方の差別は、フランス革命までは多分、ルイ十四世までは間違いなく、歴史的現実のなかで続いた。南フランスのなかでも、ローヌ川とガロンヌ川に挟まれたラングドックは、その独自性と天分に関して高い誇りをもつ世界である。その天分が最高度に発揮されたのが十二世紀末のころである。この時期は、コンポステラに向かう巡礼の道に沿って、数え切れないほどの聖域が建設された時代であり、巡礼たちは、それらの聖域を巡ることによって、信仰心を新たにし、衰えた力を取り戻したのであった。

しかし、こうした文明化された地方の繁栄に接して羨望と欲望に駆られた北方の人々は、十三世紀初め、オック語世界に襲いかかり、今なお傷跡を残している、恐るべき破壊をもたらす。それが異端カタリ派の根絶を旗印にアルビジョワの人々に対して行われた十字軍であった。この結果、はやくから自由を謳歌し美しい町を築いてきた南仏諸都市は、悲惨な貧困化と隷属状態に置かれることとなる。しかし、ラングドックの文明伝播力はきわめて活発であったから、最も残虐な殉教の時期が過ぎると、南国の優しさに見事に調和した赤い砂岩と煉瓦の衣装をまとって再生する。

モンセギュールの薪の山が最後の仕上げとなったあの災厄のあとのラングドックの建築上の創意を、どこよりも見事に示しているのがアルビの町である。ガロンヌ川を見下ろす岬のような突起部に、ロマネスクの古いサン＝サルヴィ教会の傍らに建てられたサント＝セシル大聖堂と大司教館は、カルカソンヌやアヴィニョンのそれとともに、南仏でも最も美しい防備を施した建造物となっている。

アルビの美しさの秘密は、その色彩にある。サント＝セシル大聖堂は、光に満ちた空のもと薔薇色に輝いている。この町の司教、ベルナール・ド・カスタネが建設を決意したのは一二七六年、カタリ派の最後の残党に対する戦いの真っ只中であった。彼は、フランス王フィリップ美男王への臣従を拒んで人々が起こした暴動と無秩序に対する戦いのシンボルとして、サント＝セシル聖堂に城砦としての機能をもたせようと考えたのであった。アルマン・プラヴィエルは、こう述べている。

「大聖堂と司教館は全体が城壁と濠で囲まれ、町からも隔てられて、あたかもアクロポリスのようになっている。この町がアルビジョワの人々の攻撃に耐えられたのも、くだっては、イギリス軍やユグノー軍の攻撃に耐えることができたのも、このおかげである。」

ベルナール・ド・カスタネは司教座を逐われてアヴィニョンに逃れたので、自分の聖域の建設を見守ることはできなかったが、彼のプランは忠実に実現された。塔が天守閣になっているこの城砦型教会は、後継のアルビ司教たちによって、何世紀もかけて仕上げられ、美しく飾られていった。十五世紀には、フィレンツェのドミニコによってフランボワイアンのポーチが付け加えられた（これは、フランス革命の際に壊されたが、その後、復元された）。十六世紀には、アンボワーズの枢機卿たちが、ブルゴーニュの彫刻師の手になるパリのサン＝テティエンヌ＝デュ＝モンのそれを模した内陣仕切り（jubé）を設けることによって内部の装飾を大幅に変えた。最後に十七世紀には、鐘楼の基壇が一連のフレスコ画で飾られ、イタリアの影響を強く反映した混合様式となった。このように次々とさまざまな要素が付け加えられたが、サント＝セシル教会の当初の深い統一性は全く損なわれていない。そこには、ルターに倣って「神こそ我が砦なり」と叫ぶ一つの信仰の南仏的反映が見られる。

このカテドラルに隣接した司教館〔ベルビー館 la Berbie〕も、神の家を守る城砦になっている。ここは、歴代司教たちが、それぞれの時代に応じて手を加えながらフランス革命にいたるまで住む。宗教戦争以後は城砦としての価値を失って専ら司教館として整備されたが、中世的防備の痕跡を留める建物として最も保存状態のよい建物の一つに数えられ、今では、南仏の光に満ちたアルビジョワを去ってモンマルトルの夜の闇に逃れた画家、トゥールーズ＝ロートレックの作品を収めた美術館になっている。

アルビは、トゥールーズからロデーズまで、中央山地の南側のへりを形成している《赤いラングドック》の中心に位置している。ラングドック全体の首都であるトゥールーズの華麗さについては、私たちは、サン＝ティヤゴへの道に言及するなかで、すでに述べた。いま、アルビ周辺の道を辿るとき、そこには、南フランスの建築上の天分を示す多くの証拠が見出される。ラバステーンス〔訳注・アルビから南西にトゥールーズ方向に向かっていった中間点〕のロマネスクの教会には、十三世紀の美しいフレスコ画が保存されている。サン＝シュルピス教会も要塞化された聖域の典型である。最後に、女城主、ギロードが投石で殺され、そのカテドラルが異端終焉の地として名高いラヴォール。そこからさほど離れていないガヤックのケーラには、パリに出て教職を務めながら文学を志したモーリス・ド・ゲランが育ち、また彼を支援した姉ウジェニーが住んだ城がある。〔訳注・モーリスは一八三九年に二十九歳という若さで亡くなった。ウジェニーは、その九年後の一八四八年に四十二歳で亡くなっている。〕

そこから北のルエルグのほうに向かって進むと、赤い砂岩のピラミッドのような丘が姿を現す。エミール・

プーヴィヨンは、こう描写している。

「乳頭のような頂にひっかかって空中に浮かんでいるいにしえの町。時間的にも空間的にも、悲劇的な暗い彼方に遠ざかっていく時計台と塔の頂――それがコルドである。」

コルドは十三世紀の要塞都市（bastide）で、「コルドCordes」という名前は、コルドヴァCordoueの思い出を留めている。一二二二年、トゥールーズ伯レーモン四世によって建設され、その後、王制の浸透に伴ってフランス王に譲渡されたこのコルドは、異端審問が特に厳しく行われ、そのために暴動が起きて、一二三四年、審問官三人が井戸に投げ込まれたことで有名。中央市場の地面の下には、今もその井戸の縁石が残っている。

百年戦争のときは、この都市は要塞として重要な役割を果たし、城壁によってしっかり守られていたので、周辺の村人たちの避難所になった。

何度も手が加えられたので、もともとの姿とは変わってしまったが、主要な建造物は生き延びてきた。たとえば、町が形作っている《赤いピラミッド》の頂上に聳える教会がそうであり、中央市場、また大侍従（grand Ecuyer）や大狩猟官（grand Veneur）、主鷹官（grand Fauconnier）などの邸である。ちなみに、この主鷹官がこの都市の市長職になった。アルベール・カミュは、生まれ故郷のアルジェリアの陽光と乾燥した空気を懐かしんで、しばしばこのコルドの町にやってきた。

樹木に覆われた穏やかなアルビジョワの丘陵をあとにしてルエルグ地方に入ると、そこには、荒々しい野性的な風景が広がっている。ヴィルフランシュを過ぎると、家々はレンガではなく赤い砂岩で造られている。アヴェロン川を見下ろす丘にナジャック城の廃墟が残っているが、この城も宗教戦争で重要な役割を演じた。

ルエルグ地方の中心にあるロデーズは、フランスのゴシック起源のモニュメントの大部分を特徴づけている混合様式の最も美しい手本を見せてくれる。開口部のない十三、四世紀の外壁のうえに鐘楼が張り出しているカテドラルは、生まれつつあったルネサンス様式を写したものである。それは、一五一〇年から一五二六年までかけて建設されたが、カテドラルそのものはこの時期には完成せず、建設作業場が閉じられたのは十七世紀はじめである。

《赤いラングドック》は、ロデーズの先のコンク大修道院で終わる。ここは、コンポステラからブルゴーニュやアルザスの故郷に帰ってゆく巡礼たちにとって、最後の南仏の地であった。

中世都市の発展

ゴシック時代の建築の飛躍の源泉であった宗教的信仰は、都市建築にも生気を吹き込んだ。当時のキリスト教会は、さまざまな責任を担っていた。まず第一は、人々の健康についての責任である。キリスト教会は、巡礼路に沿って、修道会によって運営される受入れ施設を配備した。信仰の聖地をめざして旅する人の多くは、不安定な土地を武器も持たなければ護衛もなく、しかも、健康面でも脆弱な貧しい下層民であったから、修道士たちは彼らのために、宿泊所（hôtels）兼看護所（hôpitaux）を建て、鐘を鳴らして、旅人に食事と休息を提供した。

巡礼者は、修道院に到着すると、一種の儀式として足を洗ってもらい、手厚くもてなされた。これは、キリストの振舞いに倣ったもので、修道士たちにとっては、謙遜と寛容の精神の鍛錬でもあった。食事は栄養たっぷりで、出立に際しては、このあとも元気に旅が続けられるよう、携帯食が与えられた。

こうした教会や修道院のもてなしは、旅人に対してだけでなく、定住者に対しても行われた。とくに施療院は、都市人口の急増に伴って、さまざまな伝染病や、とりわけ飢饉が頻発するようになった十二世紀以後は、都市に欠かせないものになる。施療院の役割は多岐にわたり、病気であると否とを問わず、貧しい人々、孤児、寡婦、旅人、外国人といった人々も差別なく迎え入れた。そうした特徴は、十九世紀になっても遺っていた。

しかしながら、病人と健常者は区別される必要があり、貧しい人々のための福祉施設と病人のための病院とは、次第に切り離されていった。その極端な例が、集落から離れて建設された《ライ病院 maladrerie》である。都市のなかでは、多くは貴族の寄付によって、教会の身廊のような大きい広間を幾つも含む病院が建てられた。そうした例は、いまもアンジェ、ル・マン、ファレーズ、トネールに見ることができる。その古い建物の大きい広間の奥の端には礼拝堂があって、病人たちはベッドに横たわったままお勤めの儀式に参加することができた。

中世の施療院で最も興味深いのが、間違いなくボーヌ〔訳注・ディジョンの近く〕の市立病院（Hôtel-Dieu）である。建設されたのは一四四一年から一四五一年と、そう古くないが、その構造はブルゴーニュ地方の修道院の特徴をよく表している。建物は広い庭を囲むように建てられ、広間は八つあって、二〇〇人以上の病人を収容することができた。

施療センターは、フランスの都市化の進展につれて増えていったが、とくに大きく発展したのが十世紀から十三世紀までの間である。アンリ・ピレンヌによると、この時期に西欧社会は、野蛮な封建制が余儀なくさせていた純粋に農耕的な構造から脱け出し、古代と同じように、工業や商業、通貨の流通、職人の仕事場が息を吹き返し、これらの文明開化の発信源を核に、都市が再建されていった。この都市化は農民階層の立場を不利にしたから、そのうえに成り立っていた封建貴族たちの立場をも危うくすることは明らかで、彼らがこの動きに反発したのは当然のことであった。

都市は、経済的にも社会的にもイデオロギー的にも、伝統と不動性と隷従のうえに成り立っていた古い秩序を脅かした。施療院は都市の発展に対する教会の影響を象徴しており、カテドラルとともに、西欧社会の都市化の重要なしるしの一つである。

たしかに、都市は商取引が行われる市場であり、工業と職人仕事の場であり、乞食やごろつきたちの吹き溜まりであるが、まず何よりも、宗教の儀式が行われる「神の家」でもあった。この都市生活の最も特徴的な動きを表しているのは、商業区の街路の雑踏でもなければ、鍛冶場の火床でも家具職人の工房でもなく、祭の儀式の前後に行われる行列であり民衆のパレードである。

建物自体、人々を天空高くめざしてゆくよう呼びかけている観がある。防御しやすいよう、町はできるだけ狭く圧縮した空間のなかに押し込められたため、家々は垂直方向に重なり合って造られている。空き地のなさが余計に高さを目立たせていることについてルイス・マンフォードは、こう述べている。

「空き地がないので、視線は天のほうへ向かう以外にない。この開けた空間のないことが、行列の動きと建物の均衡の特徴の一つをなしている。」

これらの都市は、ときとして、ローマ時代から残っていた古い町を核にし、あるいはそれに接して作られた。旧市街は、城や修道院の建設によって変形を蒙るものの、もともとの形を保っている。それに対して、城のまわりに新しく出来た町は、周辺の風景の形を取り込むことによって拡大していった。そうした中世の町は、古代の都市とは反対に、あらかじめ立てられたプランというものがなく、防御に都合のよい丘の上とか石ころだらけの不毛の土地とかに好んで発展した。肥沃な土地は、住民たちの命を直接支える食料の供給源とするために耕作用に取って置かれた。

都市を穹窿に喩えると《要石 clé》は明らかにカテドラルであり、そのまわりでは、貴族の館やギルドの建物がひしめき合っていた。カテドラルは細い路地で隔てられているだけの重なり合った家々の間から、突如、天空にそそり立っている。そのように、視線を天空へ向けざるを得なくすることは、カテドラルを建てた人々の狙いでもあった。住民たちにとって本当の意味での中心は、一般的には、市場が開催される広場であったから、このことが人々の住む家々との釣り合いという点でその都市を歪にしていた。

町は、人口が増えて大きくなるためには、ときには、市壁を壊して造り直す必要があった。その際に定められる市域の境界線は、水や食料の供給、労働の可能性などによって決まった。したがって、たとえば、いままでの都市を大きくするよりも、すでにある修道院や城砦のまわりに別の町を造る場合も少なくなかった。

この時代のフランスを特徴づけているのは、エリゼ・ルクリュ〔訳注・地理学者1830-1905〕が指摘しているような人間的秩序のもとに練り上げられた風景である。ルクリュに言わせると、一つの領域全体のなかで町や村々が規則的に配置され、最も離れたところに住んでいる人でも、市場になっているセンターに一日で往復できるようになっていることである。この考察は、フランス革命の行政改革に際して設置された各郡（cantons）の地図を参照すると、容易に検証することができる。

十三世紀には、都市のいわば開花期を迎えるが、そこにいたる飛躍をもたらしたのは、十世紀、十一世紀の勝者である封建秩序への反抗のエネルギーであった。人々は、領主の圧政から脱出するために都市に逃げ込んだ。領主たちは、大修道院長たちと同様、自分の封土に属する集落に対する権限を容易に手放そうとしなかったから、都市は、あるいはカネを支払うことにより、あるいは力で反抗することによって領主のくびきをはねのけ、あるいは、幾つかの義務を果たす代わりに軍事的安全や商業の自由を保証するという証書（chartes）を手に入れることによって、領主権力からの自由を勝ち取っていった。

しかし、都市が繁栄の度を増すにつれて、田舎の貴族や大修道院長、司教といった人々とブルジョワや職人との緊張は強まっていった。その背景には、十二世紀から十三世紀にかけて、自給自足的な農村経済から、ジャック・クールを草分けとする十五世紀の国際的資本主義の導火線となる動的経済への移行が始まる。これは、ラングドック、ブルゴーニュ、フランドルといった地方、とくに活気に満ちた地域で迅速に進行する。

封建領主たちは、一方で王権の強大化、他方で都市の圧力に押されて力を弱めていった。だが、国家における重要な立場を失ったわけではなかった。修道院で修道士たちが担い、都市でブルジョワたちが担ったように、彼らも城砦や館などの建設者であった。不幸なことに、彼らが建てたものの大部分は、歴代フランス王の命令による解体やフランス革命後の凋落によって消滅したが、わずかに残る廃墟によって、この何百年の間に、そのプロセスがどのように進行したかを見ることができる。

ひるがえって見ると、カロリンガ帝国の崩壊とそれに伴う王権の分裂のあとに現れた城砦は、まわりを広く見渡せる丘の上に設置され、塔を備え、柵をめぐらした防御のための木造の砦であった。しかし、貴族社会が形成されるにしたがって、城砦は権威の象徴として規模も大きくなり、木造から石造りになって、その構造は、建築的にますます複雑になる。ゴシック時代には、城は、多くの場合、独立的に防御できる小さな要塞である塔の集まりとなる。この時代の最も注目すべき建造物がヴァンセンヌの城とアヴィニョンの法王宮殿である。

十四、五世紀には、百年戦争によって全般的に不安感が増大し、戦闘に巻き込まれる人々の数が膨大になるのにともなって、城砦も抵抗能力を増していった。城壁は高さを増し、その上部テラスの歩廊が防御の要となる。それとともに、十三世紀には主塔（donjon）は無用の長物になり、たとえばアンジェの城では姿を消す。ただし、その後、城主の生活の場として役割を変えながら復活している例もある。

さらに十四世紀も末になると、大砲の出現によって、これらの防御法も変わり、城は、ますます内側で塊あったズングリした形になる。その手本が、十五世紀末に建設されたナント城やボナギル〔訳注・ロット＝エ＝ガロンヌ県のフュメルから八キロのところにある〕、ジゾール、ミュロル〔訳注・アヴェロン地方北部〕、そしてオー＝ケニグスブール〔訳注・アルザス地方にあり、十七世紀に宗教戦争で破壊されたが、二十世紀にドイツにより再建された〕の城である。

こうして、本来の要塞に戻ったのであるが、そのことが《城 château》が姿を消す原因ともなる。ルイ十一世によってフランス王制が確立されてからは、臣下たちが勝手に軍隊を養ったり防備を固めた城を築くことが許されなくなる。領主たちは新しい形の戦争に対応した建物の建設を禁じられ、中世的な防壁をめぐらしている町も同じ禁令の対象になった。

しかし城は、軍事的機能を失う一方で、住まいとしての別の使命を見出していった。そこで、いかに住まいとしてより快適にし、華やかな社交生活の場にするかが、貴族たちの関心事となり、かつては《防御》のために施されていた要素も《装飾》の要素になっていった。「戦士の長」であることを禁じられた領主たちは、「資産家」となってゆく。

こうして、ルネサンスの新しい風がイタリアから吹いてくるころには、フランスの貴族階層は、領主として生きる術を編み出し、一門の古い城砦を贅沢と快楽を謳歌する住まいにする準備を整えていた。

ブルゴーニュ公国の黄金時代

十五世紀は、中世が終わり、近世の様々な要素が生成されていった大転換期である。中世の精神的・物質的空間であった《キリスト教世界 chrétienté》は解体し、次第に《ヨーロッパ Europe》がこれに入れ替わる。

フランスでは、カペー家の王たち〔訳注・カペー王朝は十世紀から十四世紀まで約四百年、十五代にわたった〕が維持してきた統合に対して地方の抵抗が激しくなる。活力ある文化の中心が各地に現れ、ゴシックの統一性を分解させる。そうした地方的中心のなかで最も活気を湛えていたのがブルゴーニュ公国である。ブルゴーニュ家は、カペーのあと王位を手に入れたヴァロワ家が国民のなかに深い基盤を持たず脆弱であるのを見透かすように、絶えずヴァロワの王権を脅かした。〔訳注・ヴァロワ王朝は、一三二八年、フィリップ六世の即位から始まり、一五八九年のブルボン家のアンリ四世の即位まで続いた。」

ブルゴーニュ家が、並外れた栄華を誇ることができた理由は二つある。一つは、百年戦争のためにフランス王国が秩序を失い壊滅状態に陥ったのに対し、ブルゴーニュは、その周縁部にあって、別の運命を辿ることができたこと。もう一つは、ブルゴーニュがフランスのどの地方よりも多様であったうえ、歴代ブルゴーニュ公は、それをより豊かにすることに力を注いだこと、である。

ブルゴーニュ公国の発展は、一三八四年、フィリップ豪胆公がフランドルとアルトワの伯領を相続して、ローヌ川流域から北海にいたる広大な領域を支配するようになったときから始まる。かつての蛮族侵入のあとのブルグンド王国、シャルルマーニュのあとのロタリンギアという「二つの海(地中海と北海)にまたがる王国」への郷愁と、大陸交通の動脈が通りヨーロッパの軸線になっている利点に恵まれ、現在のベルギー、オランダ、ルクセンブルグの富に支えられたことから、のちに英仏独の三つの強国となる政治的集合体の間で国際的役割を演じる国家を再建しようという理想が公国全体に漲った。

この野心と自負を反映して、一つの輝かしい文化が栄える。フィリップ豪胆公は、逼迫していた当時のフランス王たちを横に見て、膨大なエネルギーを建設に注ぎ、ヴィレーヌ＝ザン＝デュモワ、アルジリー、ルーヴル、モンバール、タランなどの城を建て、公国の古い宮殿も改築した。

しかし、彼が建てた最も重要な建造物は、ディジョン西郊シャンモルのシャルトルー修道院であろう。彼は、この建設のためにヨーロッパじゅうから芸術家を集めたが、そのなかのひとり、クラウス・スリュテールに、この修道院の中庭に設置するキリスト磔刑の像を製作させた。それが今日「モーゼの井戸」あるいは「預言者たちの井戸」と呼ばれているものである。スリュテールは、歴代ブルゴーニュ公の墓の建設も託されたが、完成を見ないうちに亡くなったため、この仕事は甥のクラウス・デ・ヴェルフェに引き継がれた。

こうして、ディジョンは、この時代、ヨーロッパにとって手本であり学校となった。ブルゴーニュ公家の墓は、現在、不完全ながら復元されており、それがいかに

スリュテールの「モーゼの井戸」

新しい建築芸術の傑作であり、これ以後の《ブルゴーニュ芸術》の出発点となったかが理解される。その《ブルゴーニュ芸術》の特徴をなす荘厳な墓所のなかでも傑出しているのが、ブルゴーニュ公国の大法官、フィリップ・ポの棺（シトーに造られたが、現在はルーヴルにある）、ジャン無畏公とマルグリット・ド・バヴィエールの霊廟である。

　フィリップ豪胆公は、建物だけでなく、その装飾と調度品にも細やかな配慮をし、最良のものにするため、自ら職人のアトリエを訪ね歩いた。シャルル・ウルセルが書いているように「彼らは、鑿を巧みに振るい素材の性質を生かして様々な人物の身振りや場面を再現し、衣服の複雑な襞を浮き上がらせ、人物を巧みに配し、絵画に対抗する絵画的美しさを追求した。」

　こんにちディジョン美術館に見られるシャンモルのシャルトルー修道院の祭壇衝立は、そうした職人たちが豪胆公の注文に応じて製作したものである。

　クラウス・スリュテールの影響は、たちまちブルゴーニュじゅうに広がり、トネールのサン＝セピュルクル教会やスミュール＝アン＝オーソワ、さらにシャティヨン＝シュル＝セーヌの『キリスト埋葬図 La Mise au tombeau』などが生み出された。

　これらブルゴーニュ芸術全体に表れている特徴を一言でいうと、演劇的性格であり、この特色は、絵画や細密画、ステンド・ガラスにも表れている。この演劇性の源泉をなしているのが、とりわけブルゴーニュという地方の混交的性格である。すなわち、この黄金期のブルゴーニュは、何よりも交易の地であって、フランスからやってきたゴシックの伝統とライン地方の伝統、そしてイタリアからやってきた伝統が交じり合う交差路であった。

残念ながら現在では、ディジョンの工房で製作された作品の大部分は、各地の美術館や博物館に分散しているが、とくに忘れるわけにいかないのが、ロヒール・ファン・デル・ウェイデンの『最後の審判』とブルゴーニュ公家図書館に蒐集されていた多くの写本（現在、ブリュッセルの王立図書館にある）ではないだろうか？

ロヒール・ファン・デル・ウェイデンのこの傑作は、枢機卿ロランがブルゴーニュで発揮した芸術庇護者としての手腕の最も輝かしい痕跡の一つである。彼はオータンの司教だったが、一四七〇年にボーヌに隠退し、託されたサン＝レジェの修道院と礼拝堂の装飾をディジョンの画家、ピエール・スピークルに依頼した。彼の絵の多くは、その後何世紀もの間に行われた加筆によって元のままではなくなっているが、最も保存のよいのが、板絵の『ラザロの蘇生』である。M・バクリが言うように、「そこに描かれているのは、裕福なブルゴーニュのブルジョワで、表情は穏やかで、丸みを帯びた顔は、髭がきれいに剃られ、おなかが張り出しているので、ベルトは低く締められ、両足を開いて立っている。」

ピエール・スピークルは、その後もボーヌで『聖母の生涯』の連作を描き、さらにオータンの礼拝堂（Chapelle Dorée）で何枚かのフレスコ画を製作した。後者で今も残っているのは、ローマがペスト禍に襲われた様を描いた『聖グレゴリウスの行列』だけである。

ネーデルランドの芸術家たちによってもたらされたこの色彩の勝利は、ステンド・ガラスにおいても、それに劣らない活気を示し、さまざまな地方の芸術家たちやパリのステンド・ガラス職人の仕事に影響を与えた。また、木版画においても、ブルゴーニュがその最も活気ある中心であったことは明らかである。

このブルゴーニュの栄華に弔鐘が鳴り渡るのが十六世紀である。一四七七年のシャルル軽率公の死とともに、ブルゴーニュ公国をパリや神聖ローマ帝国と肩を並べる文化発信の中心にしようという野望は潰える。しかし、ブルゴーニュ地方は、その輝きの頂点にあって、物質的にも精神的にも古いものと新しいものとに引き裂かれた世紀の深い苦しみに一つの意味を与えた。まさにブルゴーニュ芸術は、一方の死にゆく世界に関しては、比類のない葬送芸術のなかに自らの苦しみのシンボルを追求し、他方の生まれゆく世界に関しては、その色彩の輝きのなかに未来に開花するものを予示している。

末期ゴシックの花——ブルゥの教会

ブルゴーニュ芸術にその独特の性格を付与している《死の魅惑》は、苦悶する一つの世界のサインであった。この老いたゴシックの樹液が創造的サイクルの最後の仕上げを見せるのが《フランボワイアン様式》に他ならない。西欧が再度、新しい形と様式の創造を開始するには、イタリアの啓示によって古代の発見とヨーロッパ的世界の外への窓を開く必要があった。

しかしながら、ここで真正の断絶について語るのは軽率である。十五世紀は、ときとして賞味期限が切れた芸術的天分が結んだ晩成りの果実のように見えるにしても、その本質は、やがて成ろうとしている芸術への呼びかけである。そこに提起されるのが、あらゆる芸術史家、とくにアンドレ・マルローが着目した《デカダンス décadence》の問題である。

おそらく十五世紀は、民衆全体の精神的欲求を表さなくなっているという点で、十二世紀に比べ「デカダン décadent（衰退的）」である。ロマネスクの全盛期やゴシックの絶頂期には、王侯たちだけでなく全民衆的欲求が表され、とくにヨーロッパ社会の仕組みを覆しつつあったブルジョワの意志がそこに具象化されていた。しかし、十五世紀が「デカダン」であるのは、それだけでなく、過去から受け継いだ様々な形をすでに使い果たし、この三世紀間に建築を鼓吹したあらゆる創造的要素に究極美を付与することによって清算しようとの努力が行われたからでもある。

この「ゴシック時代のデカダンス」の賛美を尽くした苦悩の貴重な証人が、ブルゴーニュ公国の端、ブール＝アン＝ブレスの近くのブルゥの教会である。十九世紀思想界の巨匠の一人でミシュレの同僚〔訳注・二人ともコレージュ・ド・フランスの歴史学教授であり、ともにナポレオン三世の専制政治に反対して弾圧を受けた〕であったエドガー・キネは、このブルゥの教会がもつ意味を見事に分析し、その重要性を明らかにしている。

「イタリアが三度目の蘇生によって世界に歓呼の声を上げさせているとき、見捨てられ瀕死状態に陥っていた中世芸術は、最後の努力としてブルゥの教会のなかに自らの墓所を建設したのだった。まさに、中世芸術は、このフランスの大地に自分の理念を埋め込み、その柩のなかで身を横たえたのである。

ああ！　女たちはマルグリットの墓のまわりで流れる涙をぬぐおうともしない。なぜなら、この柩のなかに眠っているのは、サヴォワ公とその妃だけではない。そこに眠っているのは、これまでの千年間の歴史と信仰、いにしえの愛、失われた伝統の埃であり、中世最後の宮廷楽人の歌、王冠を戴いた王とバルコニーで民衆の歓呼に応える女城主、そして天蓋の下で最後に微笑む貴族たちである。修道会と詩と過去の希望の亡霊がすべて、十六世紀の到来とともに姿を消したのだ。

この衰退しゆく建築の最後のモニュメントは、それ以前の時代のモニュメントのように世代ごとに新たになる民衆の祈りによって建てられたものではなく、ひとりぽっちの個人の頭の中で生まれた。それは、民衆全体の信仰の礎のうえに、その逞しい手で築かれたものではなく、マグダレーネのような女性がそのかぼそい手で織った経帷子であり、彼女は、それと知らず、このなかに一つの世界をくるんだのであった。

それはまた、ケルンやストラスブール、カンタベリーにおけるように、大きな町の祭と群集の騒音のなかで建設されたゴシックの最後の尖塔ではなく、年老いた世紀が、封建領主の狩りのなかで傷を負った鹿さながらに、森の奥でひっそり息を引き取るべく、隠修士の小屋の前で静かに身体を横たえる終焉の場である。

そこで選ばれたのが、フランスへの入り口であるとともに、イタリアへ通じる道端にあり、原初の面影のなかに無限のメランコリーを湛えているこの地であった。出口のないその森の足元には沼が広がり、木々の梢は鉛色の光に輝いているが、まわりは深い闇のなかに沈んでいる。ところどころ沼の水底からは泡が湧き出していて、人が溺れかけているような音がするが、こんなところに人間が訪ねてくるわけがない。せいぜい訪ねてくるのは、アオサギかコガモ、あるいは、鉛のように静まり返った水面に騒がしい音を立てて舞い降りるマガモの群ぐらいである。

あたりの空気は、この沼が放つ悪臭のために、重苦しく汗ばんでいる。朝夕には、《鬼火 feux-follets》が現れ、すーっとヒースの茂みへ流れていく。ときによると、乾いた泥炭層が落雷で燃え出し、この地下の火災は沼の水べりに辿り着くまで燃え続けることがある。今も、これ以上に重苦しく、これ以上にひっそりとしたところは、フランスにはないし、このあたり以上に陰気な悲しみが人を捉える土地はない。

この荒涼とした自然も、春の初めごろには、なんとか微笑もうと努力する。無数の水草が花を咲かせ、白鳥の雛が綿毛を撒き散らしたかのように、睡蓮が花を咲かせる。このときは、この地もすばらしい魅力を湛える。重く湿った空気も、このときばかりは、思いがけず心地よさと悩ましさを帯びる。それは、ダンテがマレンマを旅したときピアをして哀訴させて言わせたところに似ている〔訳注・マレンマはローマの北の海岸に近い湿地帯。ピアはシエナの名門トロメイ家の女性で、二度目の夫の手によりマレンマで殺されたとされている。『神曲』煉獄篇第五歌に出てくる〕。

基礎が泥のなかに潜っている古い主塔の荒れ果てた部屋部屋は、ナイチンゲールだのシジュウカラ、アトリの賑やかな住まいになることもあるが、しかし、そうした魅惑的な時期は数週間しか続かない。ある日、南風が吹いてくると、平野も森も沼も主塔もすべてが、いつもの悲しみと静寂のなかに沈む。

万物が声をそろえてうめいているなかで、中世は最後の避難所を求めて、ブルゥにやってきたのだった。事実、この建物のなかでは誰でも、無気力と衰弱を感じる。その前の百年にはあのように軽やかに空高く伸び上がっていたオジーヴが、夏になって萎れてしまった沼の花のように、自らの重みで落ち込み、あらゆる部分が半円形に丸まっている。石さえも衰弱してしまっている。そのアーチ一つ一つの上には、崩壊した社会がのしかかり、ポーチは、古い世界の重みの下で押しつぶされている。他方、このモニュメントによりいっそう完全にヨーロッパ的意義をもたせるため、全世界が手を貸した。

建設労働者たちは、トスカーナからもニュルンベルクからもイングランドからもスイスからもやってきた。ドイツ人たちは象徴と秘儀の天分を、イタリア人たちはルネサンスの処女作を、フランドル人たちは室内装飾の趣味を、アルプスのスイス人たちは、細部に手を抜かない忍耐強さと彫刻を施した雪花石膏《アラバスター》の石を持ち寄った。このため、全体としては、どの様式にも、いずれの時代にも属さず、北と南が浸透し合い、互いのなかに嵌りこみ合ったものになっている。その衰弱した神秘的な憂愁のなかに生命の色と古い祭の面影を残したこの建物は、あたかも、夫の葬儀のなかで微笑んでいる未亡人のような雰囲気を漂わせている。

ここは、長期にわたる中世の夢が身を潜める永遠の隠れ家であり、中世はこの大理石の枕のうえに永遠の眠りにつき、その重みによって昼夜問わず、地面を押し下げている。その足元に従う忠実なグレーハウンドが立ち上がることは二度とない。その石で作られた拍車が馬を急《せ》かしてロンスヴォーへ駆けさせることもなければ十字軍の道を辿らせることもない。その篭手《こて》が封建騎士の剣を握り締めることもないだろう。その兜の面頰《めんぼお》が、アリオストやペトラルカの愛の世界に対して上げられることもないであろう。その兜で深淵の新鮮な水が汲まれることもないだろう。そうしたことは、もう終わったのだ。一つの世界が死に、その閉じられた墓のまわりで、森はつぶやき、草は身を震わせ、沼はすすり泣くのだ。」

異質のフランス——ブルターニュ

一五三二年八月四日、ブルターニュ公国の三部会（Etats）は、フランス王フランソワ一世に対して、ブルターニュ公国のフランス王制への併合を宣言するよう要求した。これは、五十年来の事実上の関係を公式に承認するだけのことであったが、これによって独立ブルターニュの弔鐘が鳴らされたのであった。しかし、奇妙なことに、最も地方的伝統の強いノルマンディーやブルゴーニュ、ラングドックで、それらの地方の伝統を窒息させながら王朝芸術がフランス全土で花開きつつあったときに、ブルターニュでは、ルネサンスのもたらしたものを容易く投げ捨てることによって、独自の文化の道を追求してゆく。

ブルターニュは、最西端にあるという地理的条件から、近隣諸地域を呑み込んだ芸術の流れの影響を、つねに少し遅れて受け入れてきた。ここでは、《ゴシック時代》も、巡礼地である大きい聖域であろうと小さな礼拝堂であろうと、ほかの地域よりずっと遅く、十五世紀、十六世紀にまで、並外れた豊かさを示しながら続いている。《ルネサンス時代》のブルターニュを特徴づける、ほかの州には見られない一つの現象がある。ブルターニュでは、ひとたびフランスに併合されると、貴族の名門家族はパリになびいて去ってしまい、彼らによって支えられてきた芸術は消滅した。しかし、そのために芸術の創造的飛躍そのものが消えてしまったわけではなく、田舎の人々によって受け継がれて、当時ノルマンディーやメーヌ地方、アンジュー地方を蚕食していた都会的文明とは別の田園的・農民的芸術が発展していった。

この未来への見事な飛翔を顕著に表しているのが、ドル〔訳注・ブルターニュ半島の北岸地方〕のカテドラルの墓に見られるルネサンスの息吹であり、ガンガン〔訳注・ブルターニュ半島北岸、ドルの西方〕のカテドラルの再建事業であるが、他方、プレバンの教会は、非常に伝統的なままであるし、ブルターニュ南端に位置するシャトーブリアンの都市建築にも、ロワール地方でこのころ優勢になったイタリア様式は認められない。「ブルターニュのヴェルサイユ Versailles breton」と評されるケルジャンの城も、強力な稜堡を装備した城壁と深い濠をめぐらしていて、その大部分がまだ中世的である。この城が中世に建てられたものでないことは、平面図も装飾モチーフもアネ城〔訳注・ユール＝エ＝ロワール県にあり、ルネサンス期の城として有名〕のそれと類似していることでも証明されている。フランスじゅうに新様式の城が建設されたこの時代に、ブルターニュ貴族の住まいが示しているこの貧弱さは、貴族たちが貧しくなった結果であり、十七世紀から十八世紀にかけて都市で新しい建築が開花するのは、ブルジョワたちの台頭による。

エヴァンの主塔は特に中世的で、オクターヴ・フーイエは自分の作品『貧しい男の物語 Roman d'un jeune homme pauvre』（1858）のプロットをそこに置いている。また、政治家であり文人のシャトーブリアンは、幼少期を過ごしたこの城のことを「ここでは、すべてが静寂と闇に包まれ、石の顔をしている。それがコンブールの城である」と書いている。ブルターニュでは、貴族階級は、他の州で演じた役割を少しも果たさなかったが、エヴァンやコンブールのすぐ近くで、偶発的幸運のように姿を現わすのがヴィトレ城、ジョスラン城、ナント城である。

しかし、ブルターニュには城（châteaux）がない代わりに、小貴族たちの田舎の館（gentilhommière）がある。それらは、しばしば母屋に小さな見張り塔が付随していて、前庭があり玄関のところに紋章が付けられている農家に過ぎなかった。ブルターニュの著述家、シャルル・ル・ゴフィはこう書いている。

「そこでは、国王の馬車の後ろについてまわって知行地をねだるよりも自分の土地に住んでこれを巧く経営することを好んだ貴族一家の次三男たちが住んでいる。彼らは剣をたばさみ馬に乗って畑に行き、剣を切り株に立てかけて作業をし、終わると、また剣を腰につけて帰路についた。」

貴族と農民が土地への愛着と土を耕す労働を共有し、調和し合っていたところにブルターニュの特色があり、ブルターニュの田園には、貴族の身分を捨てて農業に立ち戻った家族がたくさんあった。

しかし、十六世紀のブルターニュが生み出した真の傑作は、もっと他のところに求める必要がある。ブルターニュの人々は、キリスト教世界の他の人々と同じく、自分たち独特の教会建築を創造することに天分を発揮した。それは、特に死者の弔いに関わるもので、彼らは、他のどこにも見ることのできないキリスト受難の十字架像と死者の遺骨を納める建物を造った。画家のアンリ・ワケは、「ブルターニュの独創性の究極の頂点を、ここに見ることができる」と述べている。

キリスト受難の十字架像（calvaires）は、ブルターニュのおそらく超自然的なものへの深い感受性と叙事詩的感性に根源をもつキリスト教以前からの宗教的気質が表れたものである。ブルターニュ芸術に典型的なこれらのモニュメントが数多く造られたのには、多くの原因がある。そうしたモニュメントのあるものは、小教区など宗教上の境界を示すためであったり、通りかかる人々に森の奥にある礼拝堂や谷のくぼみの祠を教えるためのものであったが、ほかにも、戦いの記念であったり、過去に犯された罪を思い起こさせるためとか、ペストやコレラなど伝染病に対して、神の加護で守られた記念とか、今後、そうした災いが入ってこないようにとの祈りの標識であることもある。

キリスト受難の十字架像のそれぞれをめぐっては、さまざまな伝承が語られているが、そこには、古いケルト的基盤をもつ話とキリスト教的伝承の融合、世俗的要素と宗教的要素の混交が見られる。スタニー＝ゴーチエは、次のように書いている。

「幾つかの伝承は、不幸との出会いや強迫観念と関係がある。あるものは、民衆の想像力のなかでこの小さなモニュメントのまわりで起きたとされる魔術の場面を思い起こさせる。プレヴノン Plevenon〔訳注・フィニステール県のプレバン Pleyben のことか？　ここには有名な十字架がある〕の『ムールテル Meurtel の十字架』と『ゴエア Goheas の十字架』の周辺は、魔術師が猫に化けて集まることで知られていた。トレヴェ〔訳注・コート＝デュ＝ノール県〕の『クネア Knéa の十字架』もさまざまな妖精たちが集まってきて輪をつくって踊ることで有名であった。プレミー〔訳注・コート＝デュ＝ノール県〕にも『ブリュン Brun の十字架』と『ポムレ Pomeret の十字架』があるが、いずれも、悪魔に憑かれた若い娘たちの集会場と噂された。サン＝ドナン〔訳注・これもコート＝デュ＝ノール県〕の『アルトビズ Artebise の十字架』は、死者が戻ってくるところとされ、夜遅くなって通る人間を捕まえて、ぐるぐる舞いをさせて悦んだという。足元の地下に宝物が埋められているという伝承のある十字架は、いたるところにある。」

まだ理解すべきこととして残っているのが、この無数のモニュメントの建造に、どのように創造的天分が発揮されえたかという問題であろう。この点に関して、まず想起していただきたいのは、この地方では、キリスト教が布教されたはじめから、多くの修道院が造られた。そうした修道院で営まれた瞑想と労働を結合した生活のなかで、キリストの生涯や福音書のエピソードを語る挿絵入りの写本がたくさん製作された。修道士たちは職人仕事にも携わり、俗人とも日常的に交わった。とくに十六世紀以後のブルターニュで豊かな彫刻芸術が開花したのは、彼らのそうした伝統が土壌としてあると考えられる。

また、さらに進めていえば、大規模な記念建造物を建設する場合には、普段は村から村へ渡り歩いている大工や彫刻師たちを集めてチームが編成されたし、優れた技師を抱えている大きなアトリエも、その事業に参加したに違いない。キリスト受難の十字架像の美術的価値の高さは、そうした、この地方特有の背景を抜きにしては充分に味わうことはできないであろう。あるブルターニュの歴史家は正当にも、この十字架芸術は、民衆の愛着と地方的風景のなかにその根をもっていると指摘し、次のように述べている。

「この十字架の繊細なシルエットが、抜けるように澄みわたった空にくっきりと浮かび上がり、人々に祈りを呼びかける力をもっているのは、人影も疎らな荒涼とした地の岩山の頂なればこそである。粗野で無知といわれているブルターニュ人が、こんにちの私たちにさえ、美学的と同時に精神的感動を呼び起こす場を見事に選び、造形美を生み出すことができたのは、いったい、どのような隠れた親和力（affinité）によってだったのだろうか？　ここに、この民衆芸術の秘めている神秘の一つがある。この神秘にかかわる諸条件は、現在立っている十字架像の多くはその魅惑力と繊細な感性をすべて剝ぎ取られているため、いまでは忘れられているようである。」

十五世紀末以降、キリスト受難の十字架像が数多く造られた底流には、長期にわたりキリスト教によって深く耕された土壌と、民衆の信仰の熱気をもう一度燃え上がらせようと師父たちが展開した説教活動があったようである。彼らキリスト教師父たちのなかには、巨石文明の遺物を破壊するよう唆した人もいたが、多くの地では、それらをキリスト崇拝に結びつける碑文を添えキリスト教化することで済まされた。そのうえで、師父たちは《救世主の受難 Passion du Sauveur》を完全な形で再現するために、彫刻師たちを指導して、十字架と受難の劇的シーンを結合させ、その全体をより感動的なものにしたのだった。建設熱の高まりとともに、隣り合った村同士で、より美しく飾り、より立派な十字架像を建設しようという競争が生じ、そのなかで、ブルターニュ独特の図像学的要素が磨かれていった。

芸術家たちが特にドラマチックに表現しようとしたのは、キリストと一緒に磔になった二人の泥棒たちの姿であるが、次に力を注いだのは、教会を守護する二人の騎士であった。こうした守護騎士としてよく登場するのが、キリスト教をローマ帝国の権力から解放したコンスタンティヌス帝、キリスト教世界を拡大し統合したシャルルマーニュ、悪竜を退治した聖ゲオルギウス、さらに、その地方で崇拝されている聖人で、いずれの二人を選ぶかは、地方によって異なる。

聖母マリアに関しては、その像は《処女にして母 Vièrge-Mère》であったり、『ピエタ』におけるように息子イエスの遺骸を膝のうえに抱いている母マリアであったりさまざまである。それに対し、福音書に述べられていることから民衆の自発的な想像のなかで無限に多様化していったのが「キリスト受難の十字架像」で、これがとりわけフィニステール〔訳注・ブルターニュ半島の突端部〕に集中しているのは、この最西端の地では、地方的創意工夫が外部の影響から守られてきたからであろうと考えられる。

こんにち残っている十字架像で最も美しいのが、最も人里離れた砂丘のなかにポツンと立っている『トロノエン Tronoën の十字架』と『ランリヴァン Lanrivain の十字架』〔訳注・この二つはコート＝デュ＝ノール県〕、またモリビアン県で唯一の『ゲエノ Guéhenno の大十字架』である。最後に『ギミリオー Guimiliau の十字架』は、眺望上の効果がまわりの風景との融和ではなく、むしろコントラストにあることから、おそらくブルターニュのあらゆるモニュメントのなかでも最高の傑作である。まわりを取り巻く墓の物悲しい列と台座に彫刻された表象に表れている力強さの間には、奇妙な対照性がある。スタニー・ゴーチエは言う。

「この彫像芸術は、活力を増すにつれて、そこに表現されている感情の激しさ、表情の鮮やかさ、動作の柔軟さが増し、衣服の襞の滑らかさ、動作に込められた意味などと相まって、濃密な生命と異常な興奮を醸し出す。甦ったキリストが墓の上にすっくと立っている感動的場面を今目前にしているかのようにどよめく群集を見たら、どうして感動しないでいられよう！」

さらに彼は、キリスト受難の十字架像がフランスのどこよりもこのブルターニュで盛んに造られた要因として死者崇拝があったことを次のように説明している。

「ブルターニュ人の魂のなかで死と終末の思想がこのように大きな場を占めているのは、彼らが感じやすく夢想的で、灰色の空の色調に触発されてしばしばメランコリックになりやすいことと無関係ではない。現代のせわしなさのなかでも先祖から受け継いだ夢想癖をなくしていない本物のブルターニュ人にとっては、いま自分のいるまわりから死者たちが去ってしまうことはありえない。」

画家のアンリ・ワケがそうであるように、死者に惹かれるこのブルターニュ人が十字架像以上に魂を込めるのが納骨堂である。ブルターニュ芸術は、墓から掘り出された骸骨を納めるために、ときとして宮殿のような建物を造った。当初それは、教会堂の壁に設けられた窪みでしかなく、十六世紀になって独立した小礼拝堂(édicules)になったが、ここは常に開け放されていて、夜は浮浪者の寝場所になった。そうした聖遺物堂兼納骨堂で最も重要なのがロシュ＝モーリスとアンポルのそれであるが、少し遅れて建設されたサン＝テゴネクのそれも忘れることができない。

ブルターニュ芸術は、宗教的モニュメントにこのような奇妙な調子を与えただけでなく、家庭生活にも独特の影響を与えた。とくに家具においては、フランスのあらゆる地方的様式のなかでもブルターニュが最も長く独自性を保持してきたのであって、二十世紀はじめにいたるまで、パリからやってくる流行にほとんど影響されなかった。化粧小箱、ベッド、タンスなど、いずれも、衣装と同じく伝統の根強さを示しており、その最も出来栄えのよいものは、各地の博物館で鑑賞することができる。シャルル・シャッセはこう書いている。

「ブルターニュ芸術は、一人の天才によって表れるのではなく、一地域全体の膨大な人々によって築かれたきわめて風変わりなケースである。ブルターニュでは、粗末な藁葺き家も一つの偉大な芸術の反映であり、一つの長押にも台所の木製のしゃもじにも、少なくとも芸術的関心の揺らめく光が浮かび上がっている。ブルターニュの芸術は、謙虚な無名の芸術家たちが、我慢づよい理想主義と道徳的誠実さの力によって物質的美しさを実現したものである。」

第二部　一つの国家と文化の形成

ピエール・ジャンナン

フランスは、百年戦争の試練を乗り越えて、その再建への作業をゆっくりと開始した。人口が回復し、田園が再生された。君主制はルイ十一世のもとに諸機構を強化しながら、慎重に、しかし、ときには荒々しく、権力を拡大した。

騎士道の華は、十五世紀以後、三代の王の背後で、イタリアへの冒険の誘惑にのめりこんだ。これは、国家的利益と君主の栄光とが融合した《壮大さ grandeur》をめざす新たな二百年戦争の第一幕であるとともに、海洋探検と地理的発見をめぐる国際競技でもあり、そこから、アジアの神秘と大西洋の彼方の新世界建設の扉が次第に大きく開かれていった。

ミシュレのような歴史家が「近代 Temps Modernes」の入口の柱に「ルネサンス Renaissance」の看板を立てるまでは、ラブレーやフランソワ一世といった当時の文人たちは、「ゴシック的野蛮」の何世紀かを飛び越えて古代の芸術や英知の宝庫と結びつき直すことしか考えていなかった。いまでは異論なく認められている中世とルネサンスの深層を貫く歴史的連続性は、当時の人々からは、過小評価されるか、あるいはまったく見逃されていた。

しかしながら、文化の様式、とくにその普及手段に関しては、これより以前と以後とで、明確に分岐していた。印刷の飛躍によって《本》の時代が開幕し、それと平行してフランス語が近代化した。近代フランス語は、ジョアシャン・デュ・ベレー（1522-1560）の『フランス語の擁護と顕揚』（1549）を待つまでもなく、高尚文学の領域は手に入れていたが、学問語としてラテン語に取って代わるには、なお一世紀以上の年月を必要とする。

だが、その発展ぶりを測る最良の物差しは、ありふれた比較のなかに含まれている。それは、現在のフランス人にとって十五世紀の文献は読解が容易でないが、十六世紀の文献は、難関は幾つかあるにしても、全般的には、翻訳を必要とするような完全な違和感はない、という事実である。

だからといって、我々にとってロンサール（1524-1585）の感受性のほうがヴィヨン（1431-?）のそれより近いということではない。この変容は、文明の変化と対応している。一七八九年の大革命に先立つ三百年間、フランス文化は、宗教改革の激動を経て固められた信仰の不動の真理と永遠性の保証から啓蒙の世紀の無限の希望の発展にいたる大きな動きのなかで、樹液の横溢する若々しさから厳格な鍛錬を必要とする芸術性の開花へと、その豊かさを増した。

ルネサンスの若々しい泡立ちによって雑然と播かれた種から生じた芽の多くは、古典主義の建築の厳格な構成のなかで窒息させられたが、生き残ったものは、十八世紀のダイナミックな楽観主義のなかで結実した。しかし、この古典主義も、アンリ四世と学殖豊かな自由思想家たちにまで流れている気ままさへの反動としか見ないのは、生真面目なマレルブやつまらない衒学者たちの説の受け売りに過ぎない。十七世紀に成就された秩序づけへの知的努力は、その前の時代の探求にくらべても決して劣らない新しさをもっている。なぜなら、それによって近代学問の基礎が確立されたからであり、啓蒙哲学は、この近代学問の累積的進歩によって形作られていったからである。

第一章　貴族的文明

様々な思想的傾向の屈折や嗜好性・様式の変化があったにもかかわらず、そこに一つの連続性があることは、基本的価値観の長期的耐久性を物語っている。古代の事物への熱狂によって開幕したこの時代は、それらを精査しようとする欲求とギリシア的純粋性への回帰によって完成する。イタリアをめざして殺到した人々と、一七四八年に始まったポンペイの発掘でよりいっそう明確になった発見との間では、フランス人の文化的モデルにも種々の変化がある。しかし、それらは、経済活動の広範な変動とほとんど無関係の社会的モデルに限定された環のなかに収まっており、変化しているのは富の総量とその配分である。

スピードはさまざまだが、商業と手工業と金融の進展、行政・司法・軍事に関わる仕事の発展が新しい人々とその家族の社会的上昇を助けた。これらの人々の成功は社会を変革しようなどという意志によって達成されたものではなかったが、土地を買い、貴族身分を手に入れようとしたその努力は、結果的に社会秩序を大きく変えることになる。

こうした新しい人々が貴族的生活に同化していく強力な要因になったのが、知的生活とともに文化の多様な表れ（これには、流行のモードといった表面的なものも含まれる）である。大規模商業や訴訟、金利収入で生活する上流ブルジョワたちと貴族の間に横たわる社会的距離は、司教と大部分の田舎の司祭との間の距離に較べると、それほど大きくはなくなっていった。

田舎の司祭たちは、全般的にいって、農民大衆や、もっと輪郭のあいまいな都市住民の一部と運命を共にする立場にあった。これらの人々は、思想や文学、芸術の世界の埒外で生活しており、それらの作品の受け身の参加者ですらなく、まして、その洗練ぶりや趣好に影響を与えることなどなかった。そうした民衆特有の文化がもつ歴史的重要性についての研究は、二十世紀も近年になって姿を現しはじめたもので、無視はできないにしても、近代がもたらしたものの萌芽と懐胎期をフランス全体の文化的宝庫のなかに含ませるには、まだまだ障壁があることを強調しておくべきである。

ヴェルサイユ宮殿が今日、国民的文化遺産という様相を呈しているのは、《人民》がそれぞれの君主に属していた体制の記念であり、超自然的色合いを帯びた君主制の確認であるとともに、ルイ十四世的な絶対君主制よりもずっと持続的で多様な、本質的に貴族的である一つの文明の究極的表われである。

《ブルジョワ bourgeois》の《貴族 gentilhomme》に対する関係は、「ムッシュー・ジュルダン Monsieur Jourdain」の猿真似と、十八世紀になって熟する社会的緊張（それを表現したのが十八世紀末のボーマルシェのフィガロである）の間を行き来する。〔訳注・ムッシュー・ジュルダンはモリエール（1622-1673）の『町人貴族 Bourgeois gentilhomme』の主人公。本物の貴族をめざして努力するが失敗する。〕

モリエールの喜劇からボーマルシェのドラマにいたるまでの間、幼児期から文学に培われた人々には、生まれや育ちの違いによる偏りのない共通の一つの言葉が存在していた。それが、イエズス会士たちによって方向づけられた《ルネサンス・ユマニスム》の教科書的産物である古典研究（humanités）の言葉である。

このイエズス会士の善良な師父が施した訓練は必ずしもラテン的ではなかったし、まして、高い身分の若殿たちは、家庭教師をつけられ、武術やダンス、馬術の鍛錬の合間に教わっただけで、大学のカレッジの長椅子に坐ることはなかった。しかし、宮廷風典雅につながる上流社会の美風がみんなから好まれるようになるにつれ、そこに、ローマ時代の修辞学や道徳学も折り込まれていった。

こうして劇場でも幕営でも、ローマ的雄弁とローマ人が理想とした徳（vertu）が手本とされ、ローマ彫刻やローマ神話の装いが手本とされるようになり、それにつれて、古代から借りた紋切り型の表現手段すべてが、人々の思考や感情を色づけするようになる。その結果、一七〇〇年ごろには、《古代人》に対抗して《近代人》が示している特徴点には、ローマ的な美術カテゴリーや前例を覆すものは皆無となっていた。

流し込まれる素材は異なっても、作品の型は変わっていない。この文化的基盤の堅固さは何世紀にもわたって変わることなく、遠ざかれば遠ざかるほど、私たちを驚かせる。私たちは、その地表面の領域をなぞる前に、おおまかにだが、それを形成している主要な地層を解明する必要がある。

中世文化の苦悩

この際、年代学的約束事は差し置いて、十五世紀に姿を現した様々な方向への流れをまず見ておこう。

中世文化崩壊の兆は、それ以前から現れていた。「眼前の死」と「最後の審判」への恐れは、さまざまなテキストの胸を刺すような悲痛な文章に表れており、不安に苛まれて救いを求める声、聖母マリアや聖人たちの執成しへの期待の高まりとなっていった。十字架から降ろされたキリストに涙するマリアを描いた『ピエタ』、『キリスト埋葬図』の哀感は、シャンパーニュやブルゴーニュのすばらしい墓のレリーフに描かれている《横たわる人》や《祈る人》、《嘆き悲しむ人》の哀感と一致している。

したがって、そこでは、感情が優位を占めており、もっと個人的な宗教信仰のなかでも、哲学的保証はスコラ学と霊的生活の離別によって損なわれ、支える力を失っている。この感情の優位性は、静謐や喜びを排除するわけではないが、最も愛すべき斜面が表れている宗教的テーマとは逸れている。

ルネ王のために一四六〇年ごろに作られた装飾写本『愛に燃えた心の書 Coeur d'Amour épris』の細密画は、地獄の責め苦を想起させるものではない。その凝った寓喩、描かれている図像の繊細さ、風景の明るさの源泉となっているのはフランス宮廷芸術であり、かなり限定的ながらアルプスの彼方のイタリアの影響がこれに加わる。宮廷風典雅の最良の師であったジャン・フーケ（1415-1480）がイタリアに旅し、一四四五年ごろには宮廷文化のなかにイタリアの影響が比較的素直に受け入れられるようになるが、伝統が重みと豊かさを保っていた宗教建築にそれが反映されることはなかった。

フランボワイアン様式の教会の数の多さと、その質の高さは、十五世紀がまだ中世的であったことを充分に示している。この時代の建築の主要作品は、ゴシックの本質的性格を相変わらず忠実に受け継いでいる。技術面の進歩によって、たとえば尖塔は、ますます空高く伸びて、釣り合いのうえで変化が認められるし、建物内部においても、柱頭の位置が高くなり、放射状アーチに向かっての垂直方向の飛躍が強調される一方、建物外側のファサードは、サン＝ジェルマン・ロクセロワのポーチに見られるように、彫像の多さとともにカーブし折れ曲がる線の複雑な錯綜がフランボワイアンの特徴を示している。モン＝サン＝ミシェル大修道院の内陣の力強い量感、ルーアンのサン＝マクルー教会の繊細な彫刻——この芸術が、ブルゥの身廊では、一種の古典的純粋さを再び見出す。

ゴシックのこの活力は、十六世紀にも、新しい傾向性と様々な形で結びつきながら維持されている。一六三七年、パリのサン＝ユスタッシュ教会がようやく完成するが、その古典的ファサードはヴェテュイユ〔訳注・セーヌ＝エ＝オワーズ県の村。十二世紀に建てられた教会は、鐘楼と内陣はゴシックだが、身廊とファサードはルネサンス様式〕やディジョンのサン＝ミシェル教会のそれほど成功を収めなかった。

個人的にせよ集団的にせよ、ブルジョワの隆盛ぶりは、ルーアンの裁判所でもブールジュのジャック・クール邸でも、充分に感じられるが、それらは相変わらずゴシックの枠組みのなかに納まっている。そうした形のうえでの進展の緩慢さは、個々人の保守的志向性のせいにされるべきではない。それは、建築というものの本質や建物の機能、大きい建築物の工事期間の長さなどに因るところ大だからである。

美学的刷新も、必ずしも常に急激に変わるものではない。サン＝ドニに建てられたルイ十二世の霊廟（1462-1515）を初めとして、ルネサンスのモチーフはさまざまなモニュメントの建設に見られるが、ゴシック建築とぴったり合っていることが多い。ロワールの城の有機的発展がそのよい例である。

しかし、王制の統一的な華麗さを述べる前に、フランスの空間的広がりが包含する多様性の問題をまず見ておくべきであろう。

地方的特色

ルネサンス時代やその後のフランスの文化的地理は、現在のそれとは異なる。とくに北部および東部の諸州は、一六四八年にフランスに統合されるまで、根底的に異なる文明圏に属していた。たとえばイーゼンハイム〔訳注・アルザス地方の町。ここの聖アントニウス会修道院の病院には一五一二年から一五一五年にかけてグリューネヴァルドが描いた祭壇画がある〕のようなアルザスの偉大な祭壇画は、コンスタンツ湖からケルンにいたるライン軸線の強力な独自性を示しており、この地域での芸術運動で第一線の役割を果たした。

スイスのバーゼルとアルザスのセレスタは、ドイツ・ヒューマニズムの本拠となったが、ここでも、ラテン的明晰は、たくさんの障碍によって阻まれている。そこでは、神秘主義的なものの残滓と社会的不安の発酵が、各アトリエの堅固な伝統とあいまって、深い闇へ引きずり込む力を助長していた。ゼバスチャン・ブラント〔訳注・シュトラスブルグ生まれの詩人。1457-1521〕は『愚者の船 Das Narrenschiff』（1494）〔訳注・悪徳と愚昧を愚者になぞらえた風刺詩〕によって精神的領域において、グリューネヴァルド〔訳注・ヴュルツブルグ生まれ。1455-1528〕とバルドゥング・グリュン〔訳注・木版画家1476-1544〕は美術の領域で、これを追求した。

低地諸国の場合、フランス文化との隔たりは、より小さい。なぜなら、フランドルの創作者たちの放った光が、十四世紀以来、フランス、とくにブルゴーニュ地方に深く浸透していたからである。両者の間の貸借関係を見る場合、フランスが与えたものもあるが、この約四世紀は、それ以上に、フランスが受け手であったことを認めなければならない。ディジョンに近いボーヌに大法官ニコラ・ロランが創設した施療院には、いまも、フランドル人、ロヒール・ファン・デル・ウェイデン（1399-1464）の『最後の審判』が遺されている。〔訳注・ウェイデンの作品は、このほか『受胎告知』がルーヴルに、『ピエタ』がブリュッセルに、『十字架降下』がスペインのエスコリアルに遺されている。〕

ほかにも幾つかの州が文化の炉床となり、首都パリの光を奪うほどの輝きを示したし、それはフランス王権による平和の回復によっても終わらなかった。シャルル七世は「ブールジュの王 Roi de Bourges」と呼ばれたほどブールジュに長く滞在し、ロワールの地を偏愛したが、この傾向は、プレシ＝レ＝トゥール〔訳注・トゥールの西南西二キロにある城〕を好んだルイ十一世にも引き継がれた。もう一つ、ルネ善良王がプロヴァンスに引退する一四七一年までアンジェにも宮廷が存在したし、その少し後、ボージューの人々がムーランを小型の都にしている。

このように各地に散在する権力者が文化のパトロンとなったことが、ヨーロッパ的な大きい流れを受け入れながらも、それを独自の創造性をもって同化する芸術的活動を触発した。法王庁があったアヴィニョンや、一四七六年にフロマンが『燃える茨のなかの聖処女 Buisson Ardent』を完成させたエクスで、プロヴァンス様式に力強い均衡を与えているのが北方からやってきた画家たちである。その一方で、ルイ・ブレアはイタリアで活躍している。

〔訳注・フロマンはラングドック地方のユゼスで生まれ、アンジュー公ルネに仕え、アヴィニョンで亡くなった。

ルイ・ブレアはニースで生まれ、ジェノヴァで祭壇画を描くなど、イタリアで活躍し、イタリアではロドヴィーコと呼ばれた。〕

黎明期の絵画は、彩色挿絵やステンド・ガラスに較べ、より世俗的であるが、それでも基本的には祭壇を装飾するための芸術であった。造形的ヴィジョンを超えて生活様式全体がかかりあうような変化を表しているのは、次に述べるように、世俗貴族たちの城館においてである。

新しい様式

王制による平和の回復とともに、封建領主たちは、より快適な住み心地に関心を向け、かつてのどっしりと量感のある建築から、軽やかでありながらも、進歩著しい大砲の効力を弱めるような新しい建物を求めるようになる。力強さとともに開放感と陽気さ――これが十五世紀半ばからブロア城の建設に着手したシャルル・ドルレアンが求めた方向性であった。しかし、ランジェー〔訳注・トゥールの西南西二三キロ〕におけるように、そうした陽気さの追求は、しばらくは中庭に面した居住区域に限られ、外側は城塞としての厳しさを残していた。

そうした臆病ぶりを覆し、城の建て直しや新たな建設に火を付けたのが、イタリアとの直接の接触であった。もとより、それは当初は国王のための城であったが、国王の身近にいてその鷹揚さの恩恵に浴した大貴族たちも盛んに城館を建てはじめた。その最初の波が押し寄せたのがロワールの谷であるが、まず新しさが現れたのは、基本的な構造よりもむしろ、目に付きやすい装飾などについてであった。ルイ十二世は、柱廊、螺旋状階段、軒蛇腹などをブロワに持ち込んだ。

シャンボールやアゼ＝ル＝リドー〔訳注・シノンにある〕のような新しく建てられた城も、その基本的構造には中世的特色をはっきり残しつつも、そこには変形があり、小塔には望楼が付き、巡視路や濠も防御用というより飾りとしての意味を付されるようになっている。

イタリア様式の流入が強まるのは一五三〇年ごろからである。それまでは、フランスにやってきたイタリア人といえば、ごく稀な例外（その最も有名で比肩を許さないのがレオナルド・ダ・ヴィンチ）を別にして、多くは室内装飾を専門とする単なる職人であった。一五三〇年、フランソワ一世によるフォンテーヌブローの宮殿造営で、ロッソとプリマティッチョが招かれ、その指揮のもとに大々的なチームが編成され、国王礼賛という前例のない企てのために建築・彫刻・装飾絵画を含むあらゆる専門家たちが協力し合うこととなる。

とはいえ、国王と側近が絶えず各地を巡回する伝統はヴァロワ朝になっても変わらず、宮廷は、ロワール河畔に点在する中継地に加え、サン＝ジェルマンからヴィレール＝コットレにいたるパリ周辺の各地を絶えず転々と移動した。そのため、王のための城とともに、ジャン・ビュラン〔訳注・チュイルリー宮殿の造営に携わったことで有名。1515-1578〕は元帥アンヌ・ド・モンモランシーのためにエクアンとシャンティーに、フィリベール・ドロルム〔訳注・リヨン生まれの建築家。1510-1570〕はディアーヌ・ド・ポワティエ〔訳注・アンリ二世の寵姫〕のためにアネ〔訳注・ユール・エ・ロワール県〕にというように、寵臣や寵姫のための館がその脇に建てられた。

こうした王宮スタイルを手本に、地方の各州でも領主館の近代化が広がっていった。バスティ・ドゥルフェ城は、かの一世を風靡したロマン『アストレ』の作者オノレ・ドゥルフェの祖父（クロード）によって改築された。ドーフィネの名門貴族、クレルモン＝トネール一族もアンシ＝ル＝フラン城〔訳注・アヴァロン県にあり、一五四六年ごろ、ディアーヌ・ド・ポワティエの義兄、アントワーヌ・ド・クレルモンのために建てられた〕を造り替えている。

しかし、建物の対称的配置、付け柱、円柱、開廊〔訳注・囲いのない屋根つきの列柱廊〕、入り口や窓の上の三角壁、テラコッタ、スタッコにまでいたるイタリア趣味が急速に伝播したことは、王が手本を示したからとか、イタリアへの軍事的遠征や使節の派遣による影響だけでは充分には説明できない。フランス在住のイタリア人たちの経済活動が、この伝播に重要な役割を果たしたことも事実である。ブールジュにクジャス館が建てられた（一五一五年）のは彼らの一人のためであったし、すばらしいタルシー〔訳注・ブロワの近く〕の城はフィレンツェ人、ベルナルド・サルヴィアーティによって建てられた。このベルナルドは、ロンサールが愛を捧げたカッサンドルの父で、アグリッパ・ドービニェ〔訳注・シャルル九世、アンリ三世の宮廷に出仕し、のちにアンリ四世となるナヴァール王の麾下に加わり、ペンと剣をもってプロテスタントのために戦った〕に感化を及ぼした。

最も先進的なフランスの事業家たちは、遅れじとこの動きに追随した。その代表格が、ヴァランジュヴィル〔訳注・東部フランス、ナンシーの近く〕ではジャン・アンゴ〔訳注・アフリカやブラジルに進出し、莫大な財をなした。ディエップとヴァランジュヴィルにルネサンス期を代表する館を建てた。1480-1551〕であり、トゥールーズではピエール・アセザで、とくにアセザ館（Hôtel d'Assezat）は、ラングドックにおけるルネサンスの至宝の一つとされている。リオン〔訳注・クレルモン＝フェランの近く〕やペズナース〔訳注・フランス南西部、ベズィエの近く〕の行政長官の館は、多くの町に模倣を生んだ。ヴィルフランシュ＝ド＝ルエルグの広場に面した家とグラーヴ館に表れているある商人の好みは、時代の流行になるほどにもてはやされた。そこには、国王の建物からブルジョワの建物にいたるまで大きなズレはなく、一つの調和が表れている。

ウゼスの公爵館のファサードは、各階を異なる様式で際立たせるやり方の先駆的手本である。とくにアンリ二世の建築家たちが建築構造の規範として持ち込んだ数学的比率は、いたるところで応用されていった。彼らは、フォンテーヌブロー宮殿を造営したセルリオ〔訳注・ボローニャ生まれの建築家。1475-1554〕に対抗するためにウィトルウィウス〔訳注・前一世紀のローマの建築家〕をよりどころにし、古典主義の最初の手本を提供した。たとえばピエール・レスコー（1510-1578）はルーヴル宮殿の改修に携わり、方庭の西南翼部を造っているが、この方庭のプランは、彼のあとも引き継がれ、一六六〇年にいたって、ル・ヴォー〔訳注・ルイ十四世の王室建築師としてチュイルリー、ルーヴル、さらにヴェルサイユ宮殿の造営に携わった。1621-1670〕によって完成を見る。イタリアからは古い大砲の複製も移入され、そこから得られた知識は、彫刻家たちが青銅の鋳造技術を学ぶうえで少なからぬ示唆を与えた。

すでにミシェル・コロンブ（1430-1512）は、ブルターニュ公フランソワ二世の墓をはじめ、ゴシックの伝統にイタリア・ルネサンスの影響が加わった作品を数多く遺しているが、この趨勢は、ジャン・グージョン〔訳注・レスコーとともにサン＝ジェルマン＝ロクセロワ聖堂の装飾に携わり、エクアン、ルーヴルの装飾を担当。だが、新教徒の廉で弾圧を受け、イタリアのボローニャに逃れて亡くなった。1514-1564〕においてヘレニズム芸術の優美さに達する。彼のイノサン墓地の噴水のニンフ像は、プレイアドの詩人たちの最も優れた悲歌に劣らない繊細さを示している。

この時代のフランス絵画は、フランソワ・クルーエ（1516-1572）の肖像画〔訳注・アンリ二世やシャルル九世の肖像画〕を別にして、さほど注目に値する作品は生み出していないが、フランドル人たちと一緒にフォンテーヌブローで仕事をした多くの芸術家たちは、装飾画にはかなり習熟していた。タピスリーの発展も、フランドル人との接触抜きでは考えられないが、ここにもイタリア的趣向の追求が表れており、それが、陶器や家具調度にも影響を与えていった。

イタリア半島の芸術は、フランス・ルネサンスが充分な独自性を獲得していた領域にも及び、その影響は、フランス文化だけでなくヨーロッパ全体の文化にも波及し、この世紀の半ばごろには、石による荘重な作品に刻み込まれていた理性と幻想の均衡、秩序と動きの均衡も、イタリア造形芸術の新風によって変化を見せる。

初期フォンテーヌブロー派の立て役者となったイタリア人たちは、すでに《マニエリスト》〔訳注・この時期イタリアで発展した主観的技巧的な美術様式をマニエリズムという〕の画家たちであったし、この「ルネサンスからバロックへ」という国際的な移り変わりからはフランス文化も免れるわけにはいかなかった。しかし、この時代のフランスの文化により直接的な影響を与えたのは、一五八〇年以後のフランス国家を揺るがした社会的宗教的危機である。

宗教戦争の嵐

宗教改革をめぐって三十年以上にわたって荒れ狂った暴力は、数多くの木版画に描かれ、胸を刺すようなルポルタージュを私たちに提供してくれている。その反響と痕跡は、アンボワーズ〔訳注・一五六〇年、国王フランソワ二世の奪取を計画した新教徒の「アンボワーズの陰謀」が失敗し、新旧両派の対立が激化〕からワシー〔訳注・一五六二年、この町のプロテスタント約六十人がギーズ公の配下によって虐殺され、宗教戦争の合図となった〕、ジャルナック〔訳注・コニャックの近く。一五六九年、アンジュー公、のちのアンリ三世が指揮する旧教徒軍がここでコンデ公の新教徒軍に対し勝利を収めた〕からモンコントゥール〔訳注・一五六九年、アンジュー公がコリニーの率いる新教徒軍に勝利した〕にいたるフランスの端から端まで、いたるところに今も感じ取れる。

とりわけパリには、サン＝バルテルミーの虐殺と《カトリック同盟 la Ligue》の勝利が痕跡を遺しているが、アルクとイヴリもアンリ四世がカトリック同盟軍を打ち破った地として名を残しており〔訳注・アンリ四世は、一五八九年にアルクで、翌一五九〇年にイヴリで勝利を収めた〕、戦った人々の武勲とともに、その背後で繰り広げられたマキアヴェリ的策謀を想起させる。

結論的に言えば、宗派的ファナティズムがモンテーニュの英知に対して凱歌をあげたのがこの時代であった。モンテーニュ（1533-1592）の『エセー Essais』（1580）が八年間で五版にしか達しなかったのに対し、デュ・バルタース（1544-1592）の『天地創造の聖週間』〔訳注・宗教的情熱に溢れた詩篇で、カルヴァン主義者によってもてはやされ、ゲーテも絶賛している。1579〕は六年間で三十版を重ねた。

しかしながら、大虐殺の時代にも宮廷の祭は輝きを失わず、貴族の生活はますます豪奢になっていった。フィリベール・ドロルムがチュイルリー宮殿の建設を開始したのは一五六四年であるが、その建設作業場と彫刻家たちのアトリエの活動が中断されることはなかった。とはいえ、芸術家たちの活発さも、失われるものを埋め合わせるには足りなかった。なぜなら、ユグノーたちがその狂信から各地の宗教建築を破壊したことは有名であるが、あちこちに廃墟を積み重ねた点では、両派の罪は同じようなものだったからである。

生き残った城塞にとっても不吉な破壊はなお一世紀続く。いわば、その仕上げとなったのが、貴族階級を王制のもとに服従させるためリシュリューの命令で行われた城塞の破壊であった。しかし、こうした古いものの破壊は、新しい建設の土台となり、田舎の領主たちの最後の騒乱のなかで、《偉大な世紀 Grand siècle》〔訳注・ルイ十四世の治世〕の都会的洗練が準備されていくこととなる。

とはいえ、この混乱が直ちに静穏な調和へむけて人々の心の下地を整える過程になったわけではない。現実のドラマは、悲劇の時代の扉をふたたび開いた。ジェルマン・ピロン（1535-1590）が製作したアンリ二世とカトリーヌ・ド・メディシスの墓には、ロレーヌのリジエ・リシエ（1500-1567）の作品のなかに見られる過去の彫刻師たちの調子が復活している。集団的感性に生じた分裂は、《カトリック同盟》のこれ見よがしの趣向によって、なおいっそう普遍化していった。デュ・セルソー〔訳注・装飾美術の図集を遺している。1515-1584〕の版画の魅力をなしている演劇的美学に依存した力の追求は、ときに病的状態にまで達した。

庭園についても同様で、寄せ木細工のような植え込みに古風な人物像を配置したイタリア様式に、さらに洞穴や噴水が導入され、一種の舞台装置にするやり方が発展した。この噴水装置には、技術者たちの技が不可欠であった。

こうした風潮は、行き着くところ、「奇抜さ」への追求となっていった。ルネサンスから古典主義へ向かう道程において、それらは生き生きした流れを維持し、とくにテオフィル・ド・ヴィオー〔訳注・無神論的な詩を書いて焚刑を宣告されたが、モンモランシー公の庇護によって免れた。1590-1626〕やサン＝タマン〔訳注・アメリカに旅したり、使節の随員としてマドリード、ローマ、ロンドンを廻り、ポーランド女王に仕えてワルシャワに滞在したりしながら、バロック風の詩を書いた。1594-1661〕の《プレシオジテ préciosité》〔訳注・言葉や物腰の洗練を競う風潮〕に明白に表れている。

しかしながら、ランブイエ侯夫人の館や当時の《上流社会 bel-air》のサロンが、フランス語の純化と感情分析の練磨への努力のなかで、礼儀作法の社会性や貴族社会の鋭敏な心理形成に寄与したことも事実である。十七世紀初頭の生活を推進した多様な文化の流れは、多くの傑作を生み出し、《フロンドの乱》〔訳注・ブルボン王権に対する貴族たちの反抗で、一六四八―九年と一六四九―五三年と二度にわたった〕のあと、古典主義は絶頂期を迎える。しかし、そうしたルイ十三世から同十四世にいたるフランスの大きな変化によっても、この底流の連続性が途切れることはなかった。

フランス・ルネサンスの世界

フランスの長い歴史のなかで、十六世紀は、新たな栄光の時代の黎明期である。十五世紀が闇と不幸の世界を終わらせた時代であったとすれば、フランソワ一世（1515-1547）の治世の最初の数年は、物質的繁栄と精神的豊かさの追求に出発した時期であり、この時代のフランスは、まさに近代世界への扉を押し開く巨人を彷彿させる。

しかし、このように世紀ごとを特徴づける見方には、実際には幾分か陰影をつける必要がある。というのは、中世も十二世紀以後は大きく変わってきており、その観点からすると、十六世紀は中世との断絶の節目であるより以上に、無限の変化を示しながら移行していった一つながりの時期の一部である。しかも、そこで移行していったもろもろの要素自体、世紀ごとに切ることのできない一つの強力な絆によって結び合わされている。もし《フランス・ルネサンス》が一つの時代として語られうるとしても、それは、一五〇〇年ごろに始まり十七世紀に完結する一つの長期にわたる事象であって、この約一世紀半は、フランスが政治的・社会的・知的に近代世界の基盤となる諸価値を発見していった時期であった。

事実、さながら暁を迎えたように、すべてが始まった。シャルル八世とルイ十二世の同時代人たちが目にした拡大を続ける世界には、目を眩ませるものがあった。まさに、この時代は、地理学的にも天文学的にも、生産技術・交通通信技術の面でも、西洋世界の精神的心理的地平線を一変させた転換期であり、人々は知識と富とコミュニケーションに飢え、発明の才能に異常なまでに満ちあふれた時期であった。少なくともこの時代の第一世代と、おそらく第二世代が、そうであった。

だが、この世紀の半ばには、人々は宗教改革によって魂を引き裂かれ、武器を執って争い始め、世界は死臭に覆われる。一五〇〇年ごろの著述家や芸術家を昂揚させた「微笑む自由」は、一六〇〇年ごろには現実の残忍さに打ち拉がれていた。

フランスの騎士たちが自分たちの古びた城塞をあとにしてイタリアに足を踏み入れたとき見出したのは、「芸術の大地にして諸技能の母なる国」イタリアの輝くような豪華な宮殿、美しい庭園、そして、活力溢れる芸術家や職人たちのアトリエであった。彼らは、美しい石や煉瓦で壁を築き、屋根には見事な瓦が葺かれた美しい建築を見、そうした建築に対する人々の情熱を自分の目で見たときから、すっかり建設熱に取りつかれた。ロワール河畔の城は、こうして出現していったのである。

フランス王国の大貴族たちの心を圧倒したこの建設熱は、フランスの国の精神的地平線を一変させた。シャルル八世とルイ十二世の時代の人々は、戦争への強迫観念から重苦しい石を積み重ねて造られた中世の城から抜け出し、建物を外気に向けて開放し屋内に光を採り込むこと、自然を気まぐれで恐るべき敵と見てそれから身を守るための殻のような建物ではなく、むしろ、最大限に自然の恩恵を追求するための理想的枠組みとしての建築を志向しはじめる。その自然の恩恵を象徴しているのが、シュノンソーにおいては水であり、シャンボールでは森であり、そのほかの城ではアンジューの丘陵だのトゥレーヌの色とりどりの斜面である。

まだゴシックのなかに埋没していた世界でこの変化がどのように生じたかを、多くの過去の建造物の復元で知られるヴィオレ＝ル＝デュクは、次のように生き生きと示している。

「十五世紀末、イタリアの大地に出現した新しい傑作は、フランスに大きい反響を見出す。シャルル八世が、その気違いじみた遠征から帰ってきたとき、取り巻きたちは、アルプスの彼方で見聞した豊かさへの驚きで頭が一杯であった。彼らは、自分たちが目にした大理石の円柱と彫像で飾られた豪奢な宮殿、噴水が噴きあがる庭園を再現することを夢見た。くすんだゴシックでは物足りなくなり、イタリア芸術をフランスに移し替えることに夢中になった。

だが、芸術も言葉も一朝一夕に変えられるものではない。シャルル八世が連れ帰ったフィレンツェ人やミラノ人芸術家たちは、まだ全面的にゴシック的伝統の踏襲に囚われている職人たちに直接の影響を及ぼすことができなかった。職人組合は、あらゆる芸術領域を支配下に収めていて、宮廷では歓迎されても中流階層からはよく見られていない外国人たちの言うままにはなろうとしなかった。このため、イタリア人芸術家たちは、自分たちのことを理解しようともせず理解する気もない労働者たちばかりなのを見て、すぐ嫌気がさした。

そのうえ、シャルル八世にしたがってフランスにやってきた人々は、選り抜きの芸術家などではなく、むしろ、母国ではうだつが上がらないので異国の地に運を賭けた凡庸な人たちであった。甘い約束に惹かれてやってきたものの、いざ仕事をしなければならなくなったときに見出したのは、器用で知識もあるが狡猾で素直さがなく、システム的に不手際で、命令されても、ガリア式に頭を振って疑念を示すだけの職人たちを相手にしなければならないということであった。このガリア人の頭の頑迷さは、起伏の激しいイタリアから来た彼らが、この平らで単調な国でぶつかる無数の困難を予示していた。

宮廷は、新しい流行には通じていたが、仕事上の物質的難関に対処する能力はなく、当時のフランス人建築家たちの実践的知識を生かそうという考えもないままに、ただイタリアの新しい形に囚われるのみで、おそらく地取りをしたり、石工を指図する能力に欠けた不幸なイタリア人芸術家を、これらの石工や大工のなかに放り込んだのであった。いうなれば、フランスの宮廷は、意欲と権力にもかかわらず、庇護すべき外国人芸術家を無知で理不尽な連中のために足をすくわれる結末に追いやることしかできなかったのである。

結局、イタリア芸術をフランスに導入しようとしたこの十五世紀末の試みは、一つの些末な結果しか生まなかった。それは、建物のあちこちに、イタリア・ルネサンスの断片、たとえばアラベスク模様だの、切り妻や尖塔の頂点を花葉模様で飾る《フルーロン fleuron》だの、ゴシックにおける《葉形飾り feuillage》や《花篭飾り corbeilles》の代わりに、古代を模倣した《マスカロン mascaron》〔訳注・怪人の面〕を採り入れることぐらいで、建物の基本構造と地取りの全体や配置については、昔からの様式がそのまま引き継がれた。」

イタリア様式とロワール

オルレアン、トゥレーヌ、アンジューといったロワール地方がパリの栄光を突如うばってのし上がったのは、どうしてだろうか？　気候の故か？　土地の起伏と空の美しさのせいか？　あるいは、多分、安全性のゆえだろうか？　しかし、パリも、つねに脅威に晒されていたわけではなかった。

結局、ロワール川は、それほど壮大な川ではなく、水源が山岳地域にあったため、ほとんど年中、上流から砂礫を押し流してきていた。ロワール川が十九世紀にいたるまで航行可能で、その川面が小船で覆われていたのは、通商に携わった人々の努力のおかげであった。この粘り強い活動も、十九世紀には、鉄道の開通によって、割に合わなくなり停止する。

しかしながら、ロワールの谷は、十六世紀にはすでに、芸術的歴史的次元でも国家的視点でも、際立った歴史を築き上げていた。このロワールの《過去》は、シャルル七世がその惨めな宮廷を置いたシノンから始まる。ジャンヌ・ダルクはシャルルをここから連れ出そうとした。したがって、領主らのロワールの谷に対する忠誠心はヴァロワ家のおかげであり、ルイ十一世は王国を奪還したあとも首都をトゥールに置こうとした。ブルボン家のルイ十三世と十四世に仕えたヴォーバン（1673-1707）も、都をロワール川とシェール川の間のモンルイに移すよう建言している。

したがって、フランス・ルネサンスの初期のころがロワールの黄金時代で、イタリアの近代的精神がまず根を下ろしたのもここであった。貴族や軍指揮官たちは、イタリアでの惨憺たる戦争から帰ってくると、まったく新しい見方や生き方にすっかりはまっていた。彼らは、古い物を造り替える代わりに、これまでのフランス的伝統の古い立場では想像もされなかったものを創り出すことにこだわり、森を切り開き、イタリア人たち自身が仮初めとしか考えなかった宮殿芸術を田園のなかに定着させた。

これら田舎領主たちは、自然の流れとして領地の改造に関心を向けた。この中央集権から地方への分散というエンジンの逆回転を説明してくれるのは、唯一の教訓の源であるイタリアへの回帰である。しかし、それには相当の大胆さが必要で、地方人たちはイタリアの富と原理に羨望の目を向けることしかできなかったのに対し、国王や領主たちは実際に自分が見たイタリアの珍しい物、より豊かな物をフランスに持ち帰った。芸術作品の掠奪は戦時には避けられないことだが、それに加えて、芸術家たちを連れ帰ることも行われた。ロワールの谷は、一つのルネサンスを、この地方特有の気候・風土に合わせて発展させ（たとえば同じ様式の建物でも、屋根の勾配を強くするなど）、まだほとんど田舎風であった住まいの観念を考察し直す実験場となった。

この冒険は、一四九五年にアンボワーズで始まり、二十年後のブロワに引き継がれ、各地に展開されていった。しかし、それぞれの地域に特有の構造的基盤は変わっていないようである。こうした建築に見られる交雑の発展は、文化の異種交配の象徴のようであり、これまでのリズムを破壊し新しいリズムを創造する基盤となる。

フランソワ一世はアルプスの彼方の最も著名な芸術家たちをなんとかして連れてきたが、セルリオは一つの影響をもたらしたにすぎなかった。その後まもなくレオナルド・ダ・ヴィンチ、ロッソ、プリマティッチョがフォンテーヌブローに、ボカドールがシャンボールにやってきた。才能をおだてられるとどこへでも出向いたベンベヌート・チェリーニもやってきた。

彼らの影響力のもとで、住居よりも更に深く変わったものがある。生活自体が宮廷風に洗練されていったのである。マルグリット・ド・ナヴァールはアングレームで、中世的伝統の流れを汲む愛にルネサンス的であると同時にフランス的な一つのヴァージョンを与えた。〔訳注・マルグリットはシャルル・ドルレアンの娘で、フランソワ一世の姉。ギリシア語・ラテン語・スペイン語に通じ、文人や芸術家を保護するとともに、ボッカチョの『デカメロンDécaméron（十日物語）』に倣って自ら『エプタメロンHéptaméron（七日物語）』（1558-9）を著した。〕

アゼ＝ル＝リドーの城館〔訳注・トゥールの西南にある初期ルネサンスの建物〕は、こんにちでは人を寄せ付けない雰囲気があるが、この建物は巨大なマントルピースを備え、現在の暖房システムを先取りした設備が施されている。その平面図は、フィレンツェやミラノの宮殿のそれとは根本的に異なっていて、伝統的要塞と同じように主塔、隅塔、石落としを備えているものの、それらはもはや装飾的なモチーフでしかなくなっている。同様に水を湛えた濠も、後世、運河や庭園の技術が磨きあげられてゆく源になった。金持ちたちは、庭園の広大さを競うとともに、これを眺めるために建物にも大きい窓を開けたが、そうした窓は、建物内部により一層の光を採り入れるという、予期されなかった役割も与えられる。

だが、新しく見つめられるこの世界は、同時に、近代精神の粘り強い探求者たちが紡ぎ出す世界でもある。ロンサール（1524-1585）に馴染みの森は相変わらずニンフやサテュロスが徘徊する森であったが、そうした伝説は、自己陶酔的なものを排除する理性の新しい眼差しの前に剝ぎ取られてしまう。建築技術や生活法だけに留まらず、謙虚さと忍耐をもって筋道を立てて思索する技術も、ここロワールの谷で生まれた。

この忍耐をやがてデカルト〔訳注・彼自身、この革新が行われたロワールの谷に近いトゥレーヌのラ＝エーで生まれた。1596-1650〕はその主著『方法序説 Discours de la

Méthode』（1637）において「我思う、ゆえに我あり」〔訳注・ラテン語では「コギト・エルゴ・スム Cogito ergo sum」〕の数語に要約する。ここに隠された傲慢さこそ古典主義精神の鍵である。

このフランスの中心部で開花していったのは、天上に君臨する近寄りがたいキリスト教の神の代わりに、人々と神々が交じり合う世界の象徴である古代建築がそうであるような、人間的尺度に合った建物である。まさにロワールの城がその独自のやり方で描き出しているのは古代の異教であるとともに、石工たちによって打ち立てられたその尺度は人体と建物との秘密の対応関係を示していて、私たちを驚かさずにおかない一つの人間主義的理論を表わしている。これについてヴァザーリはこう言っている。

「建物のファサードは人間の顔のように分けられていなければならない。その底辺の中央には、人間の顔の場合食物が入って行く口のように、人々が入って行く入口がある。窓は両眼に対応しており、入口を入ってすぐの玄関ホールは人間における喉に対応している。」

軍事的目的よりも生活の喜びのためのこれらの城は、この時代の貴族たちの生活様式をよく表している。田園風の愛が開花する野外での生活、狩猟の楽しみ——、城は、なによりも、百人を超える貴人とそのお付きたちを収容できる狩猟のための中継地であり、夜になると、そこでは、騎士たちが扮装して貴婦人を喜ばせる祭が繰り広げられた。シャンボール城を見ていると、テラスの下で騎士たちが、それぞれの狩りの獲物の鹿や猪を得意げに並べてみせている光景を思い浮かべずにはいられない。

シャンボール城

まさに中世的伝統とルネサンスとの奇妙な融合から生まれた宝石のような存在がシャンボール城であり、この驚きに満ちた時代の証人である。しかし、これには幾つかの謎がある。一つは、フランソワ一世がブロワから十六キロ、ロワール川から五キロも引っ込んだこの場所を選んだ理由である。第二の謎は、この並外れた住まいを建てたのがどのような建築家で、一五一九年に作業を開始しながら、完成とそのあとの手直しに、どうして長い年月をかけたかが明確でないことである。

最も極端な仮説では、建設者は一人のイタリア人だったというのもあるし、ブロワからやってきた親方たち（当時の流行の様式に通じていた）というのもある。また、レオナルド・ダ・ヴィンチが建設者だという説もあれば、ダ・ヴィンチが死んだので、フランソワ一世が彼の思い出を称揚しようとしたという説もある。しかし、もしダ・ヴィンチが建てたとした場合、この建物が公式には建設者不明のままに遺されてきたことをどう説明するかという問題が残る。

また、長い間、ヴィニョーラ（1507-1573）〔訳注・古代建築に関して彼が著した『建築の五つのオーダー』は、その後二世紀以上にわたって建築学上の経典とされた〕だのセルリオ、ロッソ、プリマティッチョだのの名が語られてきた。しかし、彼らの生没年からすると、かなり遅れて参画したとしか考えられない。もっと可能性のあるのが、すでに旧パリ市庁舎〔訳注・一八七一年のパリ・コミューンで壊された〕を建設したボカドール〔訳注・本名はドメニコ・デ・コルトーナ〕という説である。しかし、ボカドールが作成したとされるプランとデッサンは、現

シャンボール城

在の建て物とひどく違っており、これについては、何人かの人に引き継がれたためではないかと言われている。

一五三九年、フランソワ一世は、この新しい住まいに神聖ローマ皇帝カール五世を迎え、この「二つの大陸の建設者」（カール五世）も感嘆の声を惜しまなかったという。とはいえ、建物の西翼の建設作業は、次のアンリ二世の治世にも終わらず、結局、作業は、この新しい君主の死（一五五九年）で放棄されたようである。

シャンボール城は、四つの隅塔が見下ろす中庭の中央に主塔を配置している。その全体を川の流れが取り巻いており、濠を巡らせた城塞という外観をしている（もっとも、この濠は十八世紀に埋められたが）。その反対に、建物の内部は、イタリアの最新流行の影響を反映した装飾が施されている。その高い屋根は、大きい暖炉と天窓、飾りの鐘楼と釣り合わせるためで、これらは、城にあくまで人間的な容貌を与えようとして加えられたのであった。

風変わりな点は、ほかにもある。主塔の中心軸を形成している直径六メートルの螺旋式階段が同じ支柱に二重に付けられ、登る人と降りる人がぶつかり合わないようになっていることである。同様の形式はすでにイタリアで現れていた。同様にして、格天井も、素材は木や大理石、スタッコと多様だが、イタリアでは、このシャンボールのそれと似たものが幾つも造られていた。

その後も、このシャンボール城は、ルイ十四世の命令でマンサール（1646-1708）によって改修が行われたことが、十九世紀末の復元作業で明らかになっており、フランソワ一世が造らせようとしたものに近づけるための作業は今もなお、引き続き行われている。ベルナール・シャンピニュルは、シャンボールが四四〇もの部屋と暖炉、八〇〇本の柱、四十五の階段を備え、周囲三十二キロの大庭園をもち、建設に百五十年をかけながらも、一つの様式をほとんど変えることなく守り抜いた点に見所があることを指摘している。

この一貫性には、全体的意図への暗黙の尊重心を見て取ることができる。これは、シャンボールにおいて、とくに二重構造の階段に収斂しており、階段を昇って領地全体を見渡せるテラスに出ると、この建物がこの世紀の洗練ぶりと堅固な伝統的力の総合的産物であることを深く理解することができる。こうした先祖伝来の力強さと近代的繊細さとの合流は、シャンボールにまつわるあらゆる伝承に霊感を吹き込んでいく。

フランソワ一世が「女心は変わりやすい。それを信じるものは愚かである」と書いたのが、まさしくここにおいてであり、一枚のガラスに取り付けた帯状刳り型に刻まれたこの辛辣な銘句を、愛妾も含めて家族全員を連れてシャンボールに狩りにやってきていた多情な「太陽王」ルイ十四世は怒りに任せてぶち壊すであろう。このとき、モリエールは『プルソーニャック氏』を、ついで『町人貴族』を上演したが、後者については四度もやり直さなければならなかった。

くだって、ルイ十五世は、祖国ポーランドを逐われた義理の親族であるレクチンスキー一家を暫くここに住まわせている〔訳注・ルイ十五世の妻はマリア・レクチンスカ〕。レクチンスキー一家がロレーヌに移されると、サクス元帥〔訳注・ザクセン選帝侯の息子。1696-1750〕は、ここで「タルタール風に黒衣をまとい白馬にまたがった八十人の騎士たち」に乱痴気騒ぎを丸二年間繰り広げさせている。このとき最も奇抜な娯楽を提供し、第二の宮廷にした《王妃》が美しいファヴァール夫人である〔訳注・ポンパドゥール夫人の庇護を受けた劇作家ファヴァールの夫人〕。一七五〇年にサクス元帥が死ぬと、シャンボールは輝きを失い、ふたたび光を取り戻すのはボルドー公〔訳注・一八二〇年にベリー公の息子として生まれた〕がシャンボール伯になり、必要な改修を施してからであるが、それでも、シャンボール城は、幽霊が出没する噂の絶えない大きな空き家のままであった。

シャンボールはパリから余りにも遠かった。フランソワ一世は、一五二八年、人心収攬のためにパリを住まいとして時間の大部分を過ごすことを宣言したものの、パリでは落ち着きを得られなかったので、イール・ド・フランスと首都パリの入り口であるヴィレール＝コットレ、そしてフォンテーヌブローに城を建設した。

アングーモワの田舎で広々とした森に親しみ、雨風のなか馬を走らせて育ったフランソワ一世は、ルーヴル宮殿と、とくにそのまわりのごみごみした町並み、狭い路地は我慢がならなかった。また、パリの人々の地味な言葉遣いや蒼白い顔も嫌いだった。このため、一時はシャンボール城を住まいにしようと考え、その建物の規模から、一つの非現実的なカテドラルに造り替え、自身、そこで亡霊になることを夢想したのだったが、自分の異国趣味を誤解されて外国に逐われるのではないかという懸念もあり、自分でも過剰な幻想性に嫌気がさして、今度はイタリア人建築家たちを敬遠してフランスの石工に命じてフォンテーヌブローに城を建てさせたのである。そこには、やがてヨーロッパを浸すことになるバロック的想像性に対して軽蔑的姿勢を示すフランス人気質の最初の表れを見ることができる。

フォンテーヌブロー

フォンテーヌブローの歴史は長く、その間、何代にもわたる王が自分の石をここへ持ってきて、なんらかの美を付け加えようとしたので、最もちぐはぐな寄せ集めになった。

フォンテーヌブローの宮殿の痕跡は少なくとも一一三七年に遡る。一一六九年には、聖トマス・ベケットがイングランドから政治的に亡命してきて、ここに礼拝堂を奉献した。他方、この城の主塔は聖ルイ王（1226-1270）によって建てられたと考えられている。またフィリップ端麗王（1285-1314）は、ここで生まれ、ここで亡くなった。

しかし、その後フランス王権が衰微し、ロワール地方がイギリス軍に占領されるなどしたので、現在のフォンテーヌブロー城の本質的部分が整えられるのは、フランソワ一世（在位1515-1547）によってである。一五二六年、フランソワ一世はマドリードでの捕囚生活（訳注・フランソワは一五二五年、イタリアのパヴィアでドイツとスペイン連合軍に敗北を喫して捕らえられ、スペインのマドリードに送られて、ブルゴーニュとフランドルにおける権益を放棄することを条件に解放されたのであった）から帰国すると、フォンテーヌブローとシャンボールの建設を同時に進めた。シャンボールが中世的伝統とイタリアの息吹とのファンタスティックな対決に直面したのに対し、フォンテーヌブローは、王がイタリアで夢想していた「空中に浮かぶフランスの島」をそのまま再現させている。

フォンテーヌブローには狩りの魅惑が付け加わり、一五二八年、中世の古い城の面影は、この際、聖ルイの主塔と、新しい建物の土台として役立つもの以外は一掃

フォンテーヌブロー城

されることに決まった。一五四〇年には、有名な「ユリッシーズの廊下」の改修が始まり、王がイタリアから連れ帰ったイタリア人たちは、ここで三十年間にわたり装飾家として才能を発揮するチャンスを摑む。プリマティッチョの指揮のもとに行われたこの作業の成果は、十八世紀に壊されたので、今は何も残っていない。庭園も、フランソワが造らせたものは跡形もなくなって、いまは「イギリス式庭園」になっている。

フランソワ一世は一五四七年にランブイエで亡くなり、跡を継いだアンリ二世（在位1547-1559）はフィリベール・ドロルムに委ねた。しかし、この建築家はすぐにディアーヌ・ド・ポワティエ〔訳注・アンリ二世の愛妾〕に視線を向けるようになる。プリマティッチョをフォンテーヌブローに呼び戻し、再び仕事を任せたのはカトリーヌ・ド・メディシス〔訳注・アンリ二世の妃でありシャルル九世とアンリ三世の母〕である。

アンリ四世（在位1589-1610）と愛人のガブリエル・デストレは、宗教戦争の間放棄されていたフォンテーヌブローの再生に夢中になった。規模も拡大され、《楕円形の庭Cour Ovale》と呼ばれていた中庭は、その曲線を失って方形になる。外庭も広げられて堂々たるものになる。まさに、フォンテーヌブローは「アンリ四世のヴェルサイユ」となったのであったが、ヴェルサイユと違って、フォンテーヌブローでの彼の仕事は、彼が死ぬとほとんど生き残らなかった。ルイ十三世（在位1610-1643）のもとでは、洗礼堂と馬蹄形の階段が造られただけである。ルイ十四世（在位1643-1715）のもとで、マンサールは、いつも人々の侵入に晒されていた中庭を塞ぐために建物を一つ造った。ただし、アンリ四世によって広げられた庭園は維持された。

フォンテーヌブローが最大の苦難に遭うのは、ルイ十五世（在位1715-1774）のもとにおいてである。「ユリッシーズの廊下」は壊され、そのあとにガブリエルのあまり出来のよくない翼部が建て増しされ、宮廷の日常的居住区域になったが、ルイ十六世（在位1774-1792）とマリー＝アントワネットは、フォンテーヌブローにあまり住みたがらなかった。

フランス革命では、建物は壊されなかったが、装飾は剝ぎ取られた。総裁政府は、金糸を取り出すためにタピスリーを焼かせた。王の肖像も多くが焼かれた。ボナパルト（統領1799-1804 皇帝在位1804-1814）はフォンテーヌブローを陸軍学校に作り変えた。サン＝シール Saint-Cyr（陸軍士官学校）の前身がこれである。〔訳注・陸軍士官学校は、一八〇八年、ナポレオンによってヴェルサイユの西方のサン＝シールに開校された。〕

ナポレオンは、その後、このフォンテーヌブローを住まいにすると、町への出口を塞いでいた「白馬の庭」に沿った建物を撤去させ、この新しい前庭を鉄格子の柵で閉ざさせた。この改修は、全体の軸線をずらし、無理矢理向きを変えさせられたような印象を城に与えるという基本的誤りを犯した。しかも、皇帝の派手好みは、フォンテーヌブローに消し去ることのできないやり方で傷跡を残した。彼は、壁に自身の頭文字「N」を入れた紋章を打ち付けただけでなく、成り上り者らしく家具などもけばけばしいものに入れ替えた。おそらくフォンテーヌブローは彼の絶頂期を示しているが、しかしながら、その輝きがめざしているのは、恒久性とは正反対のもので、

《マニエリスム》に輪をかけた「プレシオジテ（もったいぶり）」でしかない。

ルイ十八世（在位1814-1824）とシャルル十世（在位1824-1830）は、このフォンテーヌブローに関心を持つほど力に固執しなかった。ルイ＝フィリップ（在位1830-1848）は、ここが気に入ったが、彼が引き継いだときのこの城の状況は最悪であった。修復家と装飾家が復元に取り組んだが、その「復元」の方向性は好ましいものではなかった。たとえば、ルネサンス期の壁画やフレスコ画は、こんにちでは元に戻されているが、彼らがやったのは十九世紀の大時代趣味で塗り替えることであった。

最近行われた作業によってプリマティッチョの作品より更に古い装飾が明らかにされている例もあるので、以前に描かれたものが新しい絵によって覆い隠されるということは初めてのことではないが、しかし、少なくとも王や軍人たちによって意図的に入れ替えられたことはなかった。ところがナポレオン三世（在位1852-1870）にいたっては、そうしたことを、これ以上ないほど堂々と押し進める。彼は、ルフュエル〔訳注・ナポレオン三世によってルーヴルとチュイルリーの建築長に任じられ、またパリ万博の産業館を建設した。1810-1881〕に注文してフォンテーヌブローに小劇場を造らせている。

共和制のもとでも、フォンテーヌブローは歴代大統領の住まいとして残った。しかし、一貫してこの場所の占拠に最も熱心なのは軍隊であったことは明らかである。

古いパリの中心部

ロワールの城の近代性、イール＝ド＝フランスの城の演劇的な華々しさも、フランス王制を代表するものとしては、ルーヴルにはとうてい及ばない。なぜなら、十六世紀に、こんにち見られる姿を整えていったルーヴル宮殿こそ、ヴァティカンとともに、世界で最も偉大な王宮であり、フランスのあらゆる栄光と災厄、ほとんどすべての紆余曲折に関わってきたからである。

中世の版画が示しているように、王たちがいたのはシテ島であって、ルーヴルは、当初は、この首都の心臓部を守る西側の城塞であった。この城塞は、フィリップ・オーギュスト（在位1180-1223）によって建設された当初から、その堅牢さゆえに、王家の古文書の保管所、高貴な囚人の幽閉所として使用された。聖ルイ王（在位1226-1270）はヴァンセンヌと同様に、ここへもしばしばやってきて裁判を行った。しかし、はじめてルーヴルを居住用に改修し、王家の図書館をここに置いて、未来のための文化的機能を確立したのはシャルル五世（在位1364-1380）である。

十五世紀はじめ、ここはフランスの王位を横取りしたイギリス王たちの住まいであった。フランス王たちは、王国を取り戻したときも、別のところに住むのを好んだ。ようやくフランソワ一世が、中世的建築として残っていた部分を壊すことによって、これを王宮として再生しようと考え、他のところでイタリア様式の斬新さを証明していたピエール・レスコーに、新しい宮廷にふさわしいプランを立てさせた。

この事業は、その後、アンリ二世（在位1547-1559）、シャルル九世（在位1560-1574）、ア

ルーヴル宮殿（現在は美術館）

ンリ二世（在位1574-1589）に引き継がれた。アンリ二世の妃、カトリーヌ・ド・メディシス（1519-1589）が、ルーヴルの五〇〇メートル先にチュイルリー城を建てると、そのあとは、この二つの城を一つに統合する方向へ努力が重ねられてゆく。アンリ四世（在位1589-1610）は、このプロジェクトを実現するため、セーヌ川に沿って《大廊下》を建設させ、《フローラ翼館》によって、この第二の城に結びつける。彼は、建築と装飾に従事する芸術家や職人をこの《大廊下》の地階と地下階に住まわせ、腕を磨かせるとともに、王国全体にその技能を広めさせるようにした。

アンリ四世が暗殺されたあと、ルイ十三世（在位1610-1643）は当初のプラン通りに建設を完成させるために、みずからルーヴルに住んだ。その後、彼は、のちに《シュリ翼廊》となる《時計翼廊》を建設し、北側には、ピエール・レスコーが建てた西南翼館に対応する東北翼館を建てさせる。こうして《方庭 Cour Carrée》が完成したのである。

ルイ十三世の死後、王妃アンヌ・ドートリッシュとまだ幼かったルイ十四世（1638-1715）は、こんにちのパレ＝ロワイヤルである枢機卿館に住み、《フロンドの乱》（1614-1653）が終わるまでルーヴルには戻らなかった。太陽王が専心したのは、とくに内装の仕上げで、のちに《アポロの廊下》となる《小廊下》の装飾をル・ブランとその弟子たちに委ねた。同時に彼は、この建物に完全な統一性を与えるために、中世的建築の残滓を一掃して、《方庭》を囲む建物を完成させ、ル・ヴォー、ル・ブラン、クロード・ペローらにサン＝ジェルマン＝ロクセロワ〔訳注・ルーヴルのすぐ向かい〕に面したファサード（東正面）を建設させた。また、植物園をル・ノートルに立案させるとともに、のちにシャンゼリゼーとなる古典主義的眺望をもつサン＝ジェルマンへの道を線引きさせた。

ヴェルサイユの建設は、それでもこの王がルーヴルに不満を抱いていたことを示している。ルーヴルは芸術家と学者たちに託され、フランス・アカデミーもここに入った。王室絵画保管室は、ル・ブランの配慮によって開放され、これが美術館への萌芽となる。多くの画家や著述家がここに住み、王の庇護のもとに、自分が制作した絵や自著の本を売った。ルーヴルがその政治的機能を取り戻すのは大革命のはじめ、革命政府の公安委員会〔Comité de Salut Publique〕がここに陣取った期間だけのことで、一七九一年五月二十六日からは、美術館に逆戻りし、王室が収集した作品が大廊下に展示された。

ナポレオンはチュイルリーを住まいにしたが、ルーヴルとチュイルリーの結合計画を再び採りあげ、芸術家や著述家たちを宮殿から追い出して、それぞれの家に住まわせるようにした。そしてリヴォリ街に面して北廊下を建設させ、ついで植物園をふさいでいた建物を撤去させてカルーゼル凱旋門を建てさせ、マリー＝ルイズとの結婚式を大廊下と大広間で挙げた。

王制復古〔訳注・ルイ十八世とシャルル十世の時期1814-1830〕と七月王制〔訳注・ルイ＝フィリップの治世1830-1848〕下のルーヴルに関しては、美術館の人の入りをよくするための細部の手直しが行われただけである。ナポレオン三世（1852-1870）から、パリ大改造の命を受けたオスマン〔訳注・セーヌ県知事〕は、ルーヴルとチュイルリーの結合を妨げていた建物を全て壊し、多くのロマン派作家や芸術家が住んでいた街区を一掃、ナポレオン庭園のパヴィヨンと翼廊を、過剰な装飾で押しつぶされんばかりの疑似ルネサンス様式で建てさせる一方で、セーヌ川に面した大廊下の一部は、ナポレオン様式で造り直させた。しかし、二つの王宮の結合は長く続かなかった。というのは、一八七一年のコミューンの間にチュイルリー城は焼かれ、修復可能であったにもかかわらず、残骸は一掃され、一八八二年に更地にされてしまったからである。

大革命から帝政にかけて、高価な宝物の多くが国外に流出した。しかし、その大部分はワーテルローでの敗北のあと、戻ってきたと考えられる。ルイ十八世以後、ルーヴルを世界の芸術の真の百科事典たらしめんとする努力が始められ、ジャンルも、彫刻と絵画だけでなくそのほかの貴重な文物にまで広げられた。歴史の舞台となった各地の考古学的発掘作業のおかげで、古代のギリシア、ローマ、オリエントそれぞれの文物のコレクションが展示されるようになり、歴代の王とナポレオン三世の庇護政策と遺贈や外国からの購入によってジャンルも収蔵品も増えた。

それに伴って高まった過去の芸術的遺産に対する公衆の熱気と愛好家の増大に対応するには、さすがのルーヴルもスペースが足りなくなった。その都度、急場凌ぎの対処は行われてきたが、本格的な対策が必要となった。そこで、かなりの芸術作品が、すでにその分野の作品の重要なものを所蔵している地方の美術館に移され、地下倉庫に山積みされていた作品も、部分的ながら定期的に展示されるようになった。展示室の配置も、入館者がスムーズに流れるよう工夫された。

こうしてルーヴルは、フランス文化の洗練ぶりと美のすべてを一堂に集めて提示するという創設者たちの意図を近代的機能のなかで実現することをめざす。フランソワ一世がその創設者たちの筆頭であったことは重要である。彼は、国民の日常的努力の到達点が文化作品のなかにあることを恐らく他のどのフランス王よりも理解していた。彼が芸術家を援助し、詩人を保護し、建築家たちを督励したのは、地理的大発見や様々な発明によって揺れ動く世界に対し、「人間の尺度に合った文明」を提示することのできるのがフランスであると見ていたからであった。

ルネサンスの遺産

十六世紀末は混乱と内戦の時代である。この世紀はじめの繁栄と若さは、カトリックとプロテスタントの対立、王権の弱体化と国内の多様な共同体同士の憎しみあいの増大によって長続きしなかった。しかし、宗教的平和が回復するや、王権は強化され、国家的統合は再建されて、十七世紀は、とりわけ「フランスの世紀」となる。いまや、フランスがルネサンスに負っているものは何か、ルネサンスがフランスに負っているものは何かを見ておく必要がある。

シャルル八世とその軍隊がイタリアを「発見」したとき、一つの本物の革命がフランスを揺るがした。中世的経験はその終局にいたって、近代フランスの大枠を確定した。十五世紀後半には、政治の仕組み、経済活動の基盤、都市機構などの全てが生まれ、素朴ながら形を整え、フランスという生命体を大革命にいたるまで維持させる基本構造がすでに確立されていた。しかし、そのフランスに欠けており、だからこそ、イタリアへ求めにいったものが一つあった。それが、少々疲れてきていた身体を回復させてくれる新しい血であり、終息しつつある中世を一掃させてくれるエネルギーである。

このフランス王は、自分がミラノやフィレンツェ、ナポリから連れ帰った人々のなかに、パリやトゥールの職人たちより優れた職人や、ソルボンヌやリヨン大学の学者たちより有能な発明家だけでなく、イタリア諸都市に繁栄をもたらした素因である新しい精神とイタリア芸術のアトリエの独創性を保持している人々を見出した。フランス人たちは、この逆植民によって、未来を考察し創造するための秘密をイタリアから持ち帰ったのだった。

しかもフランス人は、このイタリアから相続したものをすぐ同化しフランス風にアレンジした。アルプスの向こうからやってきた石工や画家たちが考案し建設し装飾した城は、古いフランス建築の鋳型のなかにすんなりと滑り込んだ。イタリアのモデルは、様式は変わっても動きは同じままに、フランスの伝統のなかに迅速に溶け込み、瀕死の芸術を甦らせる働きをした。そのことは、技巧と遊び心からイタリア的に造られた幾つかの建物にはっきり観察される。

同様にして、クルーエ〔訳注・父のジャン、息子のフランソワともにフランソワ一世に仕えた〕とコルネイユ・ド・リヨン〔訳注・オランダで生まれ、フランスに帰化してアンリ二世に仕えた画家〕は、百年以上前の先輩で、まだ中世的画風で描いていたジャン・フーケあるいは「ムランの画家 Maître de Moulins」〔訳注・十五世紀末に活躍し祭壇画や肖像画を描いた。本名不詳〕によって始められた探求を引き継いでいるように見える。

また、ロッソやプリマティッチョのもとで描かれたフォンテーヌブローの遠慮がちの裸の女たちは、ゴシック教会の祭壇画の聖母に似ている。シャルル七世の時代に「かくも安らかで優しい si souef, si tendre」と歌われた女性の身体の甘美さが、そのまま、王たちのギャラリーを飾る世俗的な裸女のなかに姿を現すようになったのである。この点についてルイ・フィリップ・メイが「十六世紀の芸術家は女性の衣を剝いだが、彼は彼女を裸にはしなかった」と述べているのは的を射ている。なぜなら、慎み深さと純潔という重さの量れないヴェールは、剝ぎ取らなかったからである。胸やほっそりした脚と腿は、顔と同じように人々の視線に晒されている。それらは、目には見えているが、けっして裸ではない。この芸術は、聖性を失っても、世俗化してはいないのである。

この世紀の間を通じて、あらゆる形の芸術が最も顕著に表しているのが、人間化の配慮であり自然とその具象的生命への訴えかけである。おそらく、それが、宗教改革とバロック芸術に対するフランスの二重の拒絶を説明してくれる。

ヨーロッパのあらゆる国と同じくフランスも、キリスト教社会を分裂させようとしていた宗教的変動を経験したし、プロテスタントの陣営にカルヴァンという当時の精神性を代表する教師の一人を提供していたけれども、フランス自身は、根底からの革命を必要としていなかったので、カトリックのまま残った。すでにフランスは、聖ベルナール以来、改革を拒絶してきていたが、それは、生命と色彩と光への愛という民衆の天分にあまり符合しない、したがってフランスにとって必要性が少ないと見えた規律や束縛を彼らが課してくるのではないかと懸念したからであった。

そのことは、十六世紀の宗教建築にも看取される。ルネサンス期の教会は、貴族の館と同じ理由で、想像力と豊かな形態の開拓に対する強い志向性を示している。プロテスタントの祭儀がめざしたのは、その逆の方向で、あるフランス人はプロテスタント信仰の教会を次のように述べている。

「プロテスタントの教会の壁は、白い石の地肌のままである。すべてが収斂していく聖域の奥には、装飾を施した祭壇ではなく、台所のテーブルのような粗末な木製のテーブルがあるだけである。その上には十字架も燭台も聖なるパンを入れた聖櫃も載っていない。」

フランス人にとって、自然は、その生き生きした官能性のまま捉えるべきものであった。マルグリット・ド・ナヴァールのような当時の女性が書いたロマンには、それが力強く大胆に表れている。十六世紀の宗教的危機のなかで、プロテスタントから改宗した王〔アンリ四世〕を中心とするフランスに揺らぐことのない統一性をもたしていったのは、ローマのカトリック教会ではなく、むしろ、ゴシック時代の幸福で人間的な教会の古い思い出であった。

十二世紀と十三世紀にそうであったように、十六世紀にあっても、フランスのキリスト教徒が好んだのは、禁欲主義者や浄罪の天使が説く禁欲や苦行、神秘的信仰ではなく、一つの祭であるような日常的気安さに満ちた信仰であったし、これは、十七世紀になっても変わらなかった。

この同じ生命への愛と官能性と色彩と光への嗜好は、十八世紀フランスの哲学者たちが《自由 liberté》を考え出したときにも表れてくる。彼らは、モラリストとして、この《自由》を、キリストの宗教よりも更に厳しく辛い浄罪のための《徳》とする新しい道徳的宗教としてヨーロッパにもたらしたかもしれなかった。しかし、実際には、この十八世紀のいわゆる《啓蒙の世紀》には、《自由》とともに女性と享楽への嗜好、旅行ブーム、贅沢の限りを尽くした別邸の建設、幻想崇拝が息を吹き返しており、そのようにはならなかった。こうして私たちは、あらゆる生き方が可能であるような生き生きした充実感が、世紀を経るごとに国民的伝統のますます深いところに根づいていくのを目にするであろう。

このことは、また、南欧から中欧にかけヨーロッパじゅうに広がっていたバロックの大きな流れがなぜフランスに浸透しなかったかを説明してくれる。バロックは現実からの逃避であり、現実にはありえない世界の劇場的表象化である。多くの場合、それは、日常生活の恐怖を夢想によって埋め合わせるための、心の奥から噴出してくる民衆的芸術である。フランス人たちは、バロック芸術を前にして、自分たちが現実をいかに愛しているか（あるいは、少なくとも是認しているか）を確認した。たとえ、その現実がゴシック建築の柱頭に刻まれている農民や、ル・ナンの描く労働者やミレーの「種をまく人」のように、どんなに惨めであったとしても、彼らの現実に対する愛は変わらない。

　しかし、この現実への愛は、もっと深い一つの理念の上に立っている。それは、人間と自然、そのなかでの人間の労働は、はるかに広大で完璧な有機的法則に従った秩序の反映であるとする理念であり、無秩序で衝動的な建築や図像作品をそうした秩序に従うものと同等の立場に昇格させるバロック精神とは正反対の姿勢をとる。その秩序こそ、ゴシック教会の身廊において、厳格に組み上げられた石材が光との共演によって表現しているものであり、それは、シャンボール城、ルーヴル、そしてさらにあとで見るように、ヴェルサイユの宮殿建築にも、そのまま引き継がれている。

　それだけではない。《プレイヤド》〔訳注・ロンサールを中心に一五五〇年ごろに展開された文学運動〕の最初の詩作品にも、モンテーニュ〔訳注・『エセー』の最初の刊行は一五八〇年〕の思考のなかにも、さらにはデカルトが厳密に考察する真の人間の哲学〔訳注・『方法序説』が刊行されたのは一六三七年である〕にも、同じ精神が反映している。

軍事的建造物

ロワールの谷やイール＝ド＝フランスに建設された城は、実利的関心や眼前の心配とは無関係の、いわばフランス文明の贅沢品であり、閑暇と享楽を追求する文化の究極の洗練の成果である。それらが目的としたのは、国王の身近で生活し、国王から収入と社会的機能を引き出していたごく少数の人々のために生活の枠組みを提供することであった。

これら少数の特権階層とは別に、資本家ブルジョワジーや商業ブルジョワジー、農民、職人、手工業労働者といった「働く人々」は全く異なるやり方でルネサンスの革命時代を生きていた。その「革命」とは、まず技術革命である。その萌芽は十五世紀のドイツとイタリアで生長していたが、十六世紀になってフランスにその果実をもたらしたのである。

ここでも、傑出した一人の人物がいた。レオナルド・ダ・ヴィンチである。フランス王は、彼を連れ帰り、安全な隠れ家を与えたとき、当時の最も偉大な画家を手に入れただけでなく、この世紀最大の発明家、最も優秀な技術者を味方にしたのだった。

レオナルドの探求は、あらゆる分野にわたっていた。建築の分野では、大砲という新しい攻撃力に対応した防御力をもつ城塞を考案したほか、水力を活用する技術、冶金術、輸送手段、織物の技術、採鉱技術にも取り組んでいた。もし、彼の考察のあとに随っていたら、技術者も労働者も、自分たちの物質加工技術を根底から変え、近代工業文明の基礎をうち立てることができたであろう。

しかし、ここで、とくにルネサンス時代の芸術を生き生きしたものにしている点で私たちの興味を惹きつけるのは、軍事技術と近代的要塞の構築法、芸術作品の制作法、そして製本技術の三つである。

築城術の発展は、火薬兵器の進化と結びついている。その際、技術者たちが解決しなければならない問題は防御と攻撃の両面にわたっていた。すなわち、大砲のような重砲であれ、カルバリン砲のような軽砲であれ、新しい兵器に対して防御できる砦を築かなければならないのと同時に、そうした新兵器を攻撃用に活用できる仕組みを考えることが必要であった。たとえば、砲台をどのように設けるか、火薬と砲弾を安全に、しかも、迅速に砲手に補給するには、どこに格納するかである。それには、古い中世の城塞を新しい形の戦いに適応できるよう改良する必要がある。フランソワ・モンドンがヴァンスの要塞に施した改修には、それが端的に表れている。しかし、ディジョンの城壁やナントの城、サン＝マロの城には、それとは別の適応法の探求が見られる。

十五世紀のランジェーの城にまだ見られるような高い城壁は放棄され、新しい築城技術の特徴は、低いが厚さを持たせるところに表れる。その口火を切ったのがラングルの城壁とトゥーロンの大きな塔の建設である。城壁の内側には、大砲を設置する砲座が設けられ、その砲座の下は、砲弾や火薬を蓄えるトーチカになっている。この時代のもので今も最も完璧な形で残っているのが、スペイン人たちによって建造されたサルヴ城とマルセイユの沖のシャトーディフである。

こうした城塞の平面図は、中世的なままである。しかし、ベルトラン・ジルが指摘しているように「大砲は、舗装した台座の上に据えられ、砲弾は斜堤で築かれた胸壁の狭間から発射される。加えて、地下には哨戒のためと砲台の間を行き来するため回廊が網の目のように巡らされていた」。この時代に試行錯誤を重ねられた要塞の建設技法が百年後のヴォーバン〔訳注・ルイ十三世、十四世のもとで活躍し、トゥーロンの築港をはじめ、各地に城塞を建設・強化した築城家〕の仕事の下地となったのである。

十六世紀の建築家たちにとって城塞は、十二世紀においてはカテドラル、前五世紀には神殿がそうであったように、技術的進歩の指標となる建築見本であった。私たちが忘れてならないのは、レオナルド・ダ・ヴィンチとほぼ同時代に、もう一人の偉大な芸術家であるアルブレヒト・デューラー（1471-1528）もまた戦争技術の研究に情熱を注ぎ、一五二七年にはニュルンベルクで『町と要塞を強化する技法』なる書を出していること、またミケランジェロ（1475-1546）も築城に関して見識をもっていて、一五二九年にはフィレンツェ防衛戦の指揮を執っていることである。〔訳注・このあとフィレンツェはドイツ皇帝軍に敗れ、皇帝の後ろ盾のもとアレッサンドロ・デ・メディチがフィレンツェの支配者に返り咲いている。〕

当時のフランスでも、上記のイタリア人やドイツ人ほど著名な芸術家ではないが、何人かの建築家が軍事的施設の建造に同様の熱意を示している。そうした成果を受け継いで、十七世紀には、フランスが軍事的天分の開花する舞台となるのである。

都市の変革

しかしながら、城塞が《ルネサンス》のすべてではない。商人ブルジョワが国家の本質的実権を握ろうとしていたとき、彼らの本領地である都市も、近代的都市への準備となる重要な変革を経験する。それは、十五世紀末から十八世紀にまで及ぶ長期間の変動である。そのために有利に作用したのが、百年戦争に伴って起きたさまざまな災厄とペストの流行による人口激減のため中世都市が内側から崩壊したことであった。こうして町を守ってきた城壁が崩壊したおかげで、都市の領域は、その後、容易にこの境界線を越えて広がることができた。

つぎに、政治的・社会的変化にともなって、中世的精神が崩壊した。中世の共同体を統括してきた聖職権力に代わって、国家的イメージと役人による管理主義が進展する。ゴシック時代の古いギルドや信心会は商業資本主義によって壊され、あらゆる都市活動を押さえ込んでいた伝統や禁令は、「交易の自由」の名のもとに死滅させられていった。

ルネサンス時代の都市がどのようであったかを明らかにすることは今日では困難である。というのは、ルネサンスは都市領域にあっては、一瞬の移行期だったからで、せいぜい、ルネサンスの流れがどのように町々の中世的容貌を変えていったかぐらいしか語ることができない。その流れを本質的に特徴づけているのが、主要街路に堂々たる風貌をもたせ、軍隊と群衆を大々的に動員するための大きな広場を造り、郊外地は、大砲の配置と移動を容易にできる原っぱで囲む必要性であった。

しかし、全般的にいって、十六世紀の町の最も驚くべき特徴は、大きな村に過ぎないことで、その生活は、田園での生活とほとんど変わらなかった。リュシアン・フェーヴルが強調しているように、「この時代に町に留まっていたのは、町の仕事に携わっている人々だけ」であった。家々の多くは石造りで、窓はガラスがはまっていて雨風から守ってくれるので、居心地がほんの少し田舎の家よりましなだけであった。暖房施設はまだ発達しておらず、マントルピースを大きくしても、暖かいのはその数メートル以内だけであった。

こうした日常生活の住み心地の悪さは、当時の衣服と家具に顕著に現れている。十六世紀の人間にとって、人生とは気象条件との絶え間ない戦いであった。とくに北の地方は、寒く、じめじめしていた。フランソワ一世の時代の人々が、当時の絵画に見られるように野外での活動を好んだのは、この寒さと湿気から逃れるためであった。彼らは、もし身体を温める必要がなかったら、あんなに走り回りはしなかったであろう。

衣服の基本的機能は、身体を保護することである。この点で、ルネサンス芸術やフォンテーヌブロー派が描いている裕福な美女の裸像は私たちを惑わせる。とくに後者にあっては、女たちの裸を補うように、太陽と楽しい季節が支配している異教的楽園が広がっているが、現実は全く別であるからだ。貧富を問わず当時の人々にとって悩みの種は、冬の厳しさと春秋の黴からいかに自分の健康を守るかであった。だが、当時の歴史的図像によって私たちが確認できるのは、せいぜい、イタリア直輸入の支配階層の優雅さと洗練ぶりである。

建物の内装において必要とされたものも、衣服の場合と同じで、できるだけ熱を保持することであった。その点では、石材も漆喰も、あまり目的に適っていない。そこで寒気を防ぐため、室内には絨毯や茣蓙が敷かれ、壁には重い壁掛けが張り巡らされた。ベッドは部屋の奥に押し込められ、それが、のちには壁を窪ませた「アルコーヴ alcôve」となる。

空気調節という点では、金持ちの家も貧しい人々の住まいも、それほど違わないが、社会的身分の違いが表れるのは、家具においてである。王国の大物たちは黄金製の食器を並べた飾り戸棚を備え付けた。ブルジョワたちは床には絨毯を敷き、壁には鏡や絵、そして、やがては時計を懸けた。最もつつましい人々にあっては、家具は、せいぜい腰掛けと衣類を収納するための大箱があるだけであった。

したがって、本質的にいうと、十六世紀はまだ中世に近かったのであって、人々の願いは、物質的世界との関係において、いかに生活を改善するかであった。しかし、日常生活に関すること全てについて、文化は技術に先行する。フランスの社会が新しい生活条件を経験するのは十八世紀以後である。それでも、近代を告げる直観ともろもろの発明をもたらしたのは、ルネサンスをリードした大きな動きであり、わたしたちは、それらの発明と直観の直接の相続人なのである。

地方の豊かさ

十六世紀のリヨンほど、世界的栄光と突然の蹉跌を経験した町は少ないであろう。類例のない飢饉（一五三一年）による人口の減少でさえ、その経済的・知的繁栄を打ちひしぐことはなかった。法王領で今も神学指導者たちを惹きつけていたアヴィニョンに近いことのほか、航行可能な二つの大道〔訳注・ソーヌ川とローヌ川〕が出会うところにあること、しかも疑り深く圧力を加えてくるソルボンヌから適度に離れているという地の利も、リヨンに味方した。印刷業が早くから栄え、宗教改革の理念を真っ先に広めた元凶としてソルボンヌから非難されたリヨンには、十五世紀から、サヴォワ経由でイタリア・ルネサンスの影響が伝わっていた。ラブレーとも親交のあった建築家フィリベール・ドロルムも、代々のリヨンの石工の家に生まれている。

　リヨンの繁栄をもたらしたのは、そこで開催された市（foires）で、これを目当てにたくさんの銀行家がやってきた。一五三二年、リヨン市立病院の医師に任命されたラブレーは、すぐにこの地方の知識人サークルに加わり、ジョセフ・ドロルムや印刷業者のエティエンヌ・ドレ、ジュント、またグリーフと出会っている。ソーヌ川沿いの土手道（当時はローヌ川沿いより賑やかだった）では物語作家のボナヴァンテュール・デ・ペリエだの天才的道化役者、ボーリューのユーストグに逢った可能性もある。

　ラブレーの『パンタグリュエル（第二之書）』を一五三三年に、『ガルガンチュワ（第一之書）』を一五三七年に刊行したのはフランソワ・ジュストである。〔訳注・その後、一五四六年に『第三之書』、一五四八年から五二年に『第四之書』が出版され、『第五之書』は死後の一五六二－一六四年に出版された。〕

　ソルボンヌは、これらを猥褻であるとして非難したが、フランソワ一世は、そのような争いを無視して宮廷人たちを引き連れてリヨネ地方に滞在し、イタリア戦争の計画に没頭した。モンテキュクリが王太子フランソワを毒殺したという嫌疑で、宮廷人たちの前で四つ裂きに処されたのもリヨンにおいてである。

　一五三六年には、クレマン・マロが追放先から帰ってきて詩人たちに盛大に歓迎されている。この詩人サークルのなかにはモーリス・セーヴ、ルイーズ・ラベ、ペルネット・デュ・ギエといった名が見られた。

〔訳注・クレマン・マロ（1496-1544）はフランソワ一世やマルグリット・ド・ナヴァールに仕え、詩を作る一方で聖書をフランス語に訳したが、異端的と見なされて弾圧され、ヴェネツィアに逃れた。一五三六年に許されて帰ってきたが、その後も『詩篇』を訳してソルボンヌと高等法院によって有罪宣告を受けてジュネーヴのカルヴァンのもとに逃れ、イタリアのトリノで亡くなっている。モーリス・セーヴ（1501-1560）はリヨン生まれの詩人で、「リヨン詩派」の中心になるとともに、ペトラルカに傾倒して、その詩を翻訳した。ルイーズ・ラベ（1524-1566）は綱具屋の妻であったが、才色兼備で詩人たちと親交があり、「ベル・コルディエール Belle

Cordière（綱具屋小町）」と呼ばれた。〕

金銀細工と銀行家の町であったリヨンには、贅沢な品々を扱う商業がますます多く引き寄せられていった。アンリ二世は先王（フランソワ一世）と同様、このフランス第二の町に敬意を表そうと考えて、一五四八年九月二十三日、盛大な入城式を行い、リヨン側も盛大な行列を組んで歓迎。これには、帽子屋・毛皮業者・織物屋・ピンや針の職人など衣服に関わる職業組合をはじめ、四一三人の印刷業者が参加し、そのあとには十二の国から来た代表たちが豪勢に着飾って続いた。それらは、途方もないリヨンの栄光を示していた。

延々と際限なく続いたこの行列のセレモニーが興味を引くのは、そこでは、イタリアからドイツの宮廷にいたる、一つの時代の野望が凝縮されていた点である。「美徳」だの「信仰」だの「王の威厳」だのといった神話的テーマのもと、富と想像力を駆使して贅を極めた衣装をまとい、凱旋門が設けられ、戦車も登場した。その大部分は、その少し前に翻訳され、ジャン・グージョン（1515-1564）の挿し絵入りでパリで刊行された『ポリフィルスの狂恋夢 Songe de Polyphile』の学者ぶった隠喩にヒントを得たものであった。

翌日は王妃が入城し、熱気はさらに高まった。モーリス・セーヴの指導のもと、リヨンの芸術家たちは豊かな創造力を発揮した。セーヴの名声はきわめて高かったので、《明晰さ clarté》にうるさいジョアシャン・デュ・ベレー（525-1560）さえも、この『デリー Délie』（一連の愛のエピグラムから成る作品で、一五四四年に刊行された）の詩人のためには例外を設けたほどである。『哀惜詩集 Regrets』には、彼らが互いに抱いていた称賛の念と一四五三年の両者の出会いを証言するソネットが見られる。

ルイーズ・ラベと、この情熱的な「綱具屋小町」のまわりに集まったサークルによって、リヨンはナヴァールの宮廷と密接な関係を築く。ルイーズの作品はジャン・ド・トゥルヌの手で出版され、マコンの学識ある参事会員、ポンチュス・ド・チアールはこの「ソネットの詩人」のために哲学詩を書いた。

知的活動に熱心なリヨンは、プロテスタントたちに対しても、とりわけ好意的であった。プロテスタントたちは、一五六〇年九月、即位したシャルル九世〔1550-1574〕〔訳注・原著ではフランソワ一世となっている〕が幼く権力が弱体化したのに乗じて、ジュネーヴと同じようにリヨンの町を自分たちのものにしようとしたが、この陰謀は失敗し、都市はきびしい監視下に置かれた。それでも、リヨンはカルヴァン主義者たちの避難所であった。

一五六一年六月、ふたたび暴動が起き、一五六二年には二つの教会が、その守っている聖遺物ごと焼かれ、新教徒の新しい礼式にしたがった説教と洗礼が行われはじめた。国王がリヨンを「奪還」したのは一五六三年七月で、これ以後、カトリックと新教徒のそれぞれ六人、計十二人から成る助役たちによって統治されるようになる。

このソロモン的な平和にもかかわらず、リヨンの栄光は長続きしなかったように見える。リヨンの栄光を担った詩人たちの大部分は亡くなり、若い人々は、リヨンを手本に《プレイヤド Pléiade》なる派を立てたパリに引き寄せられていった。一五六四年、シャルル九世がリヨンに行幸したときには、《凱旋式》は行われなかった。ペストのため六万人を超える死者が出て人口は減少し、町は荒廃していた。ベルトラン・ド・ゲガンは、モーリス・ド・セーヴの遺骸もこの膨大な死者のなかに混じっていて、名も知られないまま一緒に積み上げられ投げ捨てられたと推定している。それは、まさに《ユマニスト》の首都の寓喩的終焉を示していた。

職業としての芸術

職業としての芸術の開花は、都市の開花と結びついている。十六世紀の都市の発展は、その地方の職人階級に有利に働いた。都市の発展は他都市との広範な交易と交流の動きを含んでいたし、新しい欲求を生み出したから、職人たちは並々ならない創造力をもって、それに応えなければならなかった。建築に関わる技術には、それが最も顕著に表れている。

ガラスの需要が高まるにつれて、オーヴェルニュやシャンパーニュに散在していた多くのガラス工業の中心地とともに、ニーム、ポワティエ、ヌヴェールでもガラス製造業が盛んになった。ここで求められたガラスは、中世におけるような教会のステンドガラスのための彩色ガラスとは異なり、窓のためや鏡用の透明なガラス、そして食器用のクリスタル・ガラスであった。一六八五年には「王立ガラス工場 Manufacture Royale des Glaces」がサン＝ジェルマン城に設立される。

装飾のための技術は多岐にわたり、使用される素材も金属、石、木など様々である。リモージュの七宝焼きをはじめ、ヌヴェール、リヨンを中心とした製陶業は、ベルナール・パリシーの発見の恩恵で、フランスの重要な輸出産業となっていった。

〔訳注・ベルナール・パリシー（1510-1589）は独力で釉陶の技法を完成し、新教徒ながらカトリーヌ・ド・メディシスの保護を受けて「王室製陶工」の称号を授けられ、チュイルリーに工房を与えられた。しかし、カトリーヌが亡くなったあとは、勅令に従わなかったためバスティーユに投獄されて死んだ。〕

木を素材とする芸術では、指物細工の技術がとくにフランスで発達したが、寄せ木細工に漆や金泥など貴金属に結びついた技法がもたらしたものによって、内容がますます充実していった。

織物は、十五世紀から十七世紀にかけて、機械化と結びついて根本的な変革を経験する。靴下の機械編みや、水車を動力源とする絹糸の紡績などが行われ始めるのが、この時期である。モンペリエ、トゥール、リヨンは絹織物の中心地となり、レース編みは、ル＝ピュイとエヴルー、トロワで盛んであったが、とくにトロワは十六世紀はじめ以降、メリヤス製造の中心となる。織物製造業は厳格に組織されたギルドの管理下に置かれ、「ギルドの親方以外は誰びとといえども、ボンネット、靴下、手袋、スリッパ、半手袋、球帽などの製造だけでなく、羊毛、綿、糸、毛糸を扱う全ての仕事をみずからすることも、人にさせることも禁じられ、背いた場合は三リーヴルの罰金を科せられた」。

しかし、ほかにも多くの都市が織物師たちを保護する政策を行っていた。とりわけ、フランス南東部から南西部の、ロマン、エクス＝アン＝プロヴァンス、ウゼス、トゥールーズが織物の伝統的取引市場であった。

さらにいえば、織物の仕事は本来、農民たちの手作業による自前生産が主であり、作業場に人々を集めて行われるのは特別なケースであったのが、この時代からは後者のやり方が通常になる。こうして、田園の女たちにとって、作業場の親方に雇ってもらって仕事をすることが、冬の農閑期の重要な収入源となっていった。

印刷本の出現

しかし、十六世紀に出現した様々なもののなかで真に偉大なものこそ「本」である。それまで、大学を中心に写字生によって行われてきた本を造る仕事は、一四八〇年以後は専門業者の手に移る〔訳注・活字印刷がグーテンベルグによって始まったのは一四四五年ごろ〕。その発展は、ブルターニュ、オーヴェルニュ、ボージョレ、ヴォージュ地方で特に増えていった製紙業に伴って進んだのだが、一方で活字と活版、他方でぼろ布を素材にした紙の発明によって、印刷はますます複雑になり専門化していった。こうして幾つかの印刷・製本の中心地が形成され、その伝統の一部は今も維持されている。

一五〇〇年当時、リヨンだけで五十の印刷業者がおり、リュシアン・フェーヴルが分析しているように、こんにちの文明の不可欠の基盤をなすものの一つである「本」が、そこで仕上げられていった。中世の時代の《手書き本 manuscrits》に較べ、印刷本は圧倒的な数によって、人々の知的生活の条件を覆し、直接的にであれ、周辺的にであれ、ほとんどあらゆる人々を文化の恩恵に浴させた。

この十六世紀初め以後、印刷が表記的芸術の中心となり、今日そうであるように、どのようにページに組み、印刷するか、そして、見た目に美しく映るようにするかが本の職人たちの第一の関心事となる。この時代の、とくにパリとリヨンに集中していた印刷業兼出版者のなかで、忘れるわけにいかないのが、こんにちの製本業の形成に主役を演じたとされるエティエンヌ一族と、こんにちも使われている書体の活字を発案したクロード・ガラモンであり、ラブレーの作品を出版し、有罪を宣告されてパリのモベール広場で本と一緒に焼き殺されたエティエンヌ・ドレ、そして挿絵入りの本の偉大な出版者のベルナール・サロモンである。

〔訳注・エティエンヌ一族は、ロベール・エティエンヌ（1503-1559）がフランスにおける活版印刷を軌道にのせ、息子のアンリ（1538-1598）はギリシア語の研究で不滅の業績を遺した。ガラモンは、それまでのゴシック体に代わってローマン・タイプを普及させた。〕

文学のルネサンス

十六世紀の文学的フランスは、ロワール地方に中心をもつ政治的フランスと驚くほど一致している。この国家と国民の一致のなかに、ルネサンス初期のフランス民衆の願望と欲求が象徴的に表れていると見てならない理由がどこにあろうか？

中世末の十四、五世紀にフランスを覆った数々の不条理な苦しみと世紀末を思わせる死臭のあと、神々から愛され、ペトラルカによって謳われた、優しく愛想よい森と果樹園と牧草地、畑、川が見事に混じり合って形成しているトゥレーヌとアンジューの静穏な風景が現れた。そこには偉大な再生を予示するフランスのエネルギーの集積が感じられる。

フランス語が本当の意味で生まれたのがこのロワールの地であったことに、どうして驚く必要があろうか？思考の大革命とともに、詩の大革命が起きたのも、そこであったことに、どうして驚く必要があろうか？

ロンサール（1524-1585）の国、ヴァンドームは、イール＝ド＝フランスとアンジューとトゥレーヌが相接し混じり合う地である。そこには、この詩人が若き日々を思い出して謳ったロワール川が流れている。

白銀に輝く泉

その美しき永遠の流れは
わが父祖の国の
平野を豊かに潤す
汝の水を浴び
勇気と誇りを燃え立たせよ
これ以上に美しく浄めてくれる
フランスの川はあらじ

ヴァンドームは、歴史の喧噪をまぬかれ、幾世紀もの深みに根ざした静かな運命を辿ってきた、フランスの小都市の典型のように見える。そこでは今も、ロンサールと同時代のルネサンス期の人々が生きているかのようである。アンドレ・アレーは次のように書いている。

「澄んだ川のほとりには、びっしりと生い茂った果樹園と、古びた学校の大きなプラタナスの木々が並び、その上にはトリニテ大修道院の立派な鐘楼が聳え立っている。おそらくフランスでも最も気高い金色の尖塔を備えたこの鐘楼は素晴らしい角塔の頂にあって、町じゅうを見下ろしている。その足下には、ロマネスクからフランボワイアンにいたるあらゆる様式が一堂に会したような教会と、壮麗な十三世紀のファサードを備えた大修道院が居住まいを正している。」

この詩人がいたポワソニエールの館は、ここから少し離れたところにある。現在のそのありさまは、十九世紀に行われた復元のためにルネサンス時代のそれとは違ってしまっているが、エレーヌに捧げたソネット『愛 Les Amours』に霊感を与えた周辺の風景、とりわけヴァンドームを縁取る小道の抒情的世界は今も変わってはいない。ここには、この詩人が少年期から青年期を過ごした二つの住居がある。

一つは、ロワールの湾曲部に身を丸めるように建っている、ボナヴァンチュール＝オ＝ゲの館。もう一つは、ここから少し離れたクチュールに近い水車小屋で、幼いロンサールは、その堰き止められた水のほとりで夢想の世界に遊んだ。しかし、この詩人の最も気に入っていたのは、ラヴァルダンの城跡であった。十六世紀末に取り壊され廃墟を遺すのみとなっていたこの城から、彼は大きくうねるロワールを眺め、ガティヌの森が破壊されるのを悲しんだ。

「聞け。木こりよ。しばし、手を休めよ」

ほかにも、彼の詩想を駆り立てた場所として、クロワヴァルの修道院がある。ここでロンサールは、晩年の何年かを過ごしたが、さらに宗教戦争を逃れてサン＝コーム修道院に移り、そこで亡くなり埋葬された。

ロンサールにまつわるこれらの風景を眺めると、彼の詩的経験の深い動きを理解することができる。彼は、ここで、忘れられた古い神話世界の半人半魚のシレーヌやニンフそのほかの妖精たちを装飾に復活させた。しかし、彼が、こんにちの私たちには少々技巧的に見える当時の異教趣味の想像世界の先に再発見していたのは、フランスの大地の優しさとその人間的厚み、肉感性である。

彼にあっては、フランス人固有の土への愛着と土地を耕す労働への固執、といった古い伝統と、学識豊かな古代をまとったイタリア渡来の新しい息吹とが一つに合流している。だからこそ、ロンサールは、まさしく《ルネサンス人》だったのであり、彼にとって「文化」とは自然の再発見に他ならなかったのである。

ラブレー（1494?-1553）はロンサールとは、まるで人種が異なるかのように別の種類の人であるが、両者が汲み上げている泉は、同じ地理的世界にあって、それほど隔たってはいない。なぜなら、ラブレーが生まれたのは、ヴァンドームとはロワール川のすぐ対岸のシノンだからである。

シノンは、ほんの数十年前には、フランスの中心であった。ジャンヌ・ダルクが、けっして明かすことのなかった自分の真の使命の秘密を王太子（シャルル七世）に告げ、シャルルこそフランスの唯一正当な王であるとの保証を彼に与えたのが、このシノン城においてであった。「ガルガンチュワの父」は、おそらく幼いころ、《乙女 Pucelle》がシノン城の門に到着した光景を目撃した老人たちを知っていたし、この娘が馬から下りるのに縁石に足をかけた井戸のあたりで遊んだに違いない。

レイモン・リッテルの言葉を信じるなら、十五世紀後半は豪快で野放図、攻撃的な冗談が好まれた時代であり、「シノンの街路では、この元気で騒々しい、生き生きした目を輝かせた少年が走り回り、人生のスペクタクルや馬鹿げた滑稽な光景を見て楽しむのが見られた。観察力に秀でていた彼は、とりわけ人々を鋭く観察したが、この偉大な視覚型の人間にあっては、それだけでなく様々な事物とその形や色が、思考力と想像力と感受性のすばらしい宝を形成するのに協力した」。

父親がシノンで弁護士をしていた関係上、彼は、子供のころから、法律上の議論やおしゃべりを耳にし、抗議に押しかける人々の光景を日常的に目にしていた。それらは、バルザックにはるかに先駆けて彼がその複雑性を示すこととなる《人間喜劇 Comédie humaine》の完璧な一覧表を提供してくれたにちがいない。

しかし、この作家が生まれた家は、町の中心ではなく、サン＝ジャック大通りを越えた先のヴィエンヌ側、作品のなかでピクロコル軍を敗走させているヴォーゴーディの丘のふもと、ドヴィニエールの葡萄園にある。ここは、当時と何も変わっておらず、古くからの農民の生活が、同じリズムを刻みながら営まれている。

私たちは、古びた家に足を踏み入れる前に、まさに、輝かしい武勲の夢で一杯の子供の想像力のなかで、世界を新しく造り直すために、奇妙に懐古的でありながら革新的で寛大な《善き巨人たち》のイメージが生まれたことを思い浮かべよう。そして、これらのヒーローたちと同様、このガルガンチュワの著者が、「九人のこびととヒキガエル、死せる獣と小さな娘」が主役を演じる今日の私たちには不可思議な遊びに熱中するのも、ここにおいてである。なぜなら、「ガルガンチュワとパンタグリュエルの物語」は、子供向き、あるいは、少なくとも、子供心を失っていない人間のための本だからである。

それは、幸せな子供のころの寛大さと健全さと自由を人生において保ち続ける大切さを人々に思い起こさせることを目的とした作家の作品であり、ラブレーはこの原理を、豊かさと優しさに満ちたこの国の自然から汲み出したのであった。彼がこの本に託した責務は、この世に生まれたことへの感謝の心と素直さと情熱を、幼児期を越えて保持するよう万人に教えることであった。この役目を彼が心に宿したのが、生まれたこの場所であり、人間の善意と真の幸福の道を教えてくれたのが、まさにこの土地であった。

ラブレー（1494-1553）とモンテーニュ（1533-1592）を分かつ一つの深淵がある。時代は、「ガルガンチュワ」の革命的で豪快な哄笑から、「エッセー」の根底をなしている懐疑的で用心深い、冷めた微笑へと移る。それは、別の時代の別のフランスに移ったかのようである。

この二人の作家の間では、なんとさまざまな変化がフランス王国に影響を及ぼしたことか！「ユマニスト」の偉大な希望は宗教戦争の暴力のなかで消え失せ、イタリアへの勢力拡大で期待された繁栄は、田園の惨禍、盗賊団の横行によって帳消しになる。生まれつつあった自由は、正反対の暴君政治に陥る。こちらではカトリック教会が、あちらでは新教徒が暴政を布き、さらには、反国王勢力が暴虐な政治を押しつけるかと思えば、そのために怯えた君主側も暴政を徹底した。

つい最近フランスに帰属したものの、相変わらず外国との戦争のため平和を乱されつづけていたギュイエンヌの息子であるモンテーニュは、ロワール周辺で三十年間にわたって開花したルネサンスの偉大な光にはなんら関与していない。彼は、一五三三年二月二十八日にモンテーニュ城で生まれ、長じてはボルドーの高等法院で市の公職を務め、イタリアへも旅したが、早くからこの城に引っ込み、そこで一五九二年九月十三日に亡くなった。〔訳注・彼の家系はエイケムと名乗るボルドーのブルジョワであるが、曾祖父ラモンがペリゴールの男爵、モンラヴェルの封地と城を手に入れたのであった。この城館は丘の上にあったことから「モンターニュ Montagne」と呼ばれていたが、それが「モンテーニュ Montaigne」となったのである。〕

当時の城館は、十九世紀末に火災に遭い、焼け残った部分も、元の姿をあまり考慮しないで修復された。ただ、幸いなことに、モンテーニュが公職を辞して、読書と哲学的瞑想、執筆に専念するために閉じこもった塔は、母屋とは離れていたため、当時の面影を遺している。彼は、そこに籠もることになった経緯を自らこう書いている。

「ミシェル・ド・モンテーニュは、久しい以前から高等法院と種々の公職の束縛に倦んでいたが、三十八歳の誕生日を機に、残っている日々を安息と平安のうちに過ごすことができるようにと、博学な女神たちの胸にひきこもることにしたのであった。」

私たちは、ここで、彼が生き、『エッセー Essais』を執筆した知的雰囲気を少しは見出すことができる。塔の一階はシャペル、二階が小部屋になっていて、彼は、しばしば、孤独になるためにここにやってきて、そのまま夜もここで眠った。有名な『読書室 librairie』は三階にあり、古典主義時代の倫理的文学を先取りしている綿密で冷徹な自叙伝は、ここで書かれた。

「わたしは、人生の大部分の日々と、その日々の大部分の時間をここで過ごす。冬は、ずーっとはいられない。というのは、私の家は、その名のとおり丘の上に建っていて、ここ以上に風に吹き曝される家はないぐらいだからである。ここが私の気に入っているのは、自身の鍛錬を実らせるのに程良く人里から離れているからである。」

彼が、日々をどのように過ごしたかについては、『エッセー』の文章によって想像することができる。『エッセー』の次の告白は、自身の生活にあっては多少の放縦さがないわけではないが、彼が、事業に追われるよりも、その時々の心の赴くままに過ごした人間であったことを示している。

「そこでわたしは、あるときにはこの本を、またあるときには別の本を、というふうに、これという順序もなく、あれこれと拾い読みをする。あるときは夢想し、あるときは歩きまわりながら、ここにあるような夢想を記録したり口述したりする。」

妻も子供たちも使用人たちも立ち入ることを許されなかったこの場所で、丁寧に並べられ、すばらしい図書室を形作っている本（約千冊あった）の前で、モンテーニュは自身の生活と気性を通して、人間の条件の秘密を一端なりとも捉えようとしたのであった。

女性の勝利

ルネサンスは、まず人間と世界の関わり合いを変えていくが、また、「男性homme」とその「似たものsemblable」（つまり女性）の関係をも変える精神革命である。その点では、十六世紀の女性の立場の変動以上に特徴的なものはない。十二世紀の情動的幕間を除いて、キリスト教の起源以来、「呪われし者」とされてきた女性が、フランスのイタリア発見とともに、勝利の光のなかに姿を現したのである。

この光の源は、時代意識の最も深いところに求められなければならない。十五世紀は、戦争と狂気という、いずれも破壊的な病気によって苦しめられた。これらの病から癒し、幸福を甦らせるのが女性の役目である。なぜなら、幸せな時代だけが、女性に誇らかな容貌を与えることができるからである。

しかしながら、ここで大事なのは、うるさい要求者としてのフェミニズムではない。十六世紀の女性は、男性に対抗する気などなく、男性とともにあることを考える。彼女は、かの陰鬱な《死の舞踏 danses macabres》に表れている死の幻惑によって自らを見失った観のある男たちに自身を取り戻させる一つの強力な和解の絆である。

この革命は根底的である。この世紀の初めになっても、エラスムスは、こう書いていた。「女というものは阿呆でとんまです……プラトンが、女性を理性を備えた生物のなかに入れるべきかどうか迷っているように見えますのは、だれの目にも映る女性の痴呆ぶりを示そうとしたので、それ以外のものを示そうとしたわけではありません。」(『痴愚神礼讃』渡辺一夫、二宮敬共訳)

それから百年後、女性は、現代とほぼ同じ立場を獲得する。ルネサンスが女性を感情と理性が混じり合った完璧な存在に作り上げたのである。女性を通じて、《愛》のイメージそのものがすっかり変わっていく。

《愛》のこのイメージは男が創り出したものではない。女が男に押しつけるのである。そして、それは《誠実さ sincérité》のイメージである。女性たちは、一つの魂と一つの心を認めてもらうまでは、まず、自分たちの身体に敬意を払うよう、中世を通じて押しつぶしてきた不吉な重みからこの身体が解放されることを求めた。なぜなら、身体は内なる存在を覆う衣であり、人格の鏡だからである。

こうして、女性のおかげで、肉体的な愛が、季節の移り変わりとさまざまな所作と自らの言葉をもつ儀式として組み立てられる。これは、肉体的快楽が両性間の対話の唯一の形であった粗野な時代にあっては、巨大な一歩前進であった。女性たちは、愛において平等性を勝ち取り、単に他者であるために犠牲になったり我慢したりするのをやめるや、知識と英知においても男と同等であろうとする。そして、この世紀の最も偉大なヒロインであり、恋するあらゆる女のなかで最も熱烈なルイーズ・ラベは、女性たちに「美しさだけでなく学識と徳においても、男と等しいか、それ以上であれ」と督励する。

この新しい女性の姿を特異な力をもって象徴し、この世紀を通じて《女らしさ féminité》の権化になったのがディアーヌ・ド・ポワティエである。彼女にあっては、知性と情熱、社会的束縛と内面的自由、個人的企図と世間的役割が均衡を保っていてこそ、人間生活に、より大きい広がりと幸福への機会をもたらすという。それは、この世代の人々の主要な関心事の表れであった。ディアーヌの最も完璧な肖像は、アネ城（ユール＝エ＝ロワール県）に見ることができる。彼女は、華やかな公的生活を退いたあと、過去を追憶するとともに、自身の生きた愛と観想の世界をそのままここに保存しようとしたのだった。

ディアーヌのためにアンリ二世が建てたアネ城

〔訳注・ディアーヌ・ド・ポワティエ（1499-1566）はサン＝ヴァリエ伯の娘でヴァランティノワ公妃。国王アンリ二世の寵愛を受け、このアネ城もアンリ二世が彼女のために建てたもの。〕

ミシュレは、アネ城についてこう書いている。

「想像力を駆り立て、それに変化を与え、時間の経過を払拭させ、夢見る心を引き留めて、永遠の若さの奇跡を創り出すことが必要だったのだ。」

ディアーヌには決定的栄華に到達した女性という容貌が附される。彼女が建築家ジャン・グージョンに注文したこのモニュメントのもつ意味は、そのようなものである。彼女は、石の永遠性のなかに書き込まれることを望んだが、ボードレール風に文字によって記録される以前はそれが普通だったからである。彼女の美しさは、プラトン的といってよいもので、裸の肉体のもつ媚びにもかかわらず、その背後に隠れている広大な想像の世界への至高の認識に到達していたように見える。

とはいえ、十六世紀の女性たちの世界は、逃避するための世界でもなければ夢想のために籠もる家でもない。それは、とりわけ勇敢で知的な視線を現実世界に投げかけるなかで得られた女性の条件の完成である。当時の女性たちが書いた数ある書のなかで最も私たちの蒙を啓いてくれるのがマルグリット・ド・ナヴァール（1492-1549）の『エプタメロン』である。彼女が、この本で意図したのは「人の世を考える rendre compte du jour」こと、つまり、人間的条件への可能な道と限界を見極めることであった。ここで、女性が望むのは、大地から造られ、大地のうえで生きる現実の存在であることである。そこで作用する心理的異郷感も、この大地の上でこそ測ることができるのである。

そもそも、女性は、十五世紀までは、不可思議で非合理的、さらにいえば悪魔的なものの象徴であった。そのように、全ての女性は生まれながら無意識のうちに悪魔的な力に縛られていると考えられていなかったら、ルーアンの裁判官たちも、ジャンヌ・ダルクを有罪とする過ちは犯さなかったであろう。マルグリット・ド・ナヴァールにとっては、女性をこの漠然とした神秘主義、恐るべき魔術から解放し、生命の真実の流れのなかに組み入れ、男性と同じように理性と責任と文化の世界に加わるよう導くことが責務であった。

だが、それは、困難な企図であった。地上に戻ってきた女性は、独自の性格も神話的な後光も失って、さまざまな心配事や日常の瑣事、限界をもった普通の存在に逆戻りする。しかし、この新しい女性のイメージは、社会が社会自らについて作るイメージをも変えていく。もしも女性が、《魔女》のような悪の極限の形や、逆に、《聖母》のように男性を生命の深奥に到達させる善の極限の形でなくなったら、男は魂を失うことを恐れないで、かつ、接近不可能な絶対性に到達できるなどと期待することもなく、平常心をもって女性と共存することができるはずである。

十六世紀、女性は、もはや天使でもなければ獣でもない、ほんとうの意味で人間的存在となる。愛は病気ではなくなり、家庭は夫の暴虐に委ねられた閉じた世界ではなくなる。「人間の尺度に合わせて造られた世界」を発明したルネサンスは、いまや女性を通して、「自由を発明する十八世紀」を予示しているのである。

第二章　《偉大な世紀》の始まり

三十年戦争〔1618-1648〕においてフランスは、十六世紀最後の四十年間に演じた残忍な対決〔訳注・フランスで一五六二年に始まったユグノー戦争がナントの勅令をもって終息したのは一五九八年であった〕をドイツの国土を舞台に再演した観があるが、そこで前面に表れてきたのがカトリックの再生である。

カトリック勢力は、フランス王国を通して新しい修道会を作ったり、古くからの修道会を改革して若返らせることにより、それらに積極的な使命を持たせるとともに、あらゆる社会に枠組みを押しつけ、トリエント公会議〔訳注・ドイツ神聖ローマ皇帝カール五世の提唱により、一五四五年から一五八三年まで数次にわたって開催され、宗教改革に対する巻き返しのための方策が議定された〕で打ち出された新しい信仰モデルを広めさせた。

「人々の信仰の努力よりも秘蹟の儀式を重んじ、仰々しい祭儀によって大衆の心を惹きつける宗教」（カトリック）は、庶民大衆にとっては、舞台の背景のようなものであった。エリートたちの次元では、精神性の多様化が、フィリップ・ド・シャンパーニュ〔訳注・マリ・ド・メディシスやリシュリュー、ルイ十三世のために肖像画や歴史画を描いた王室付き首席画家。1602-1674〕の作品が示しているように、ジャンセニストとイエズス会の神学論争など神学的・倫理学的争いの激化を惹起した。
〔訳注・イエズス会はジェズイットともいい、プロテスタンティズムに対抗して失地回復とアジアなどの世界におけるカトリック勢力拡大のため、スペインのイグナティウス・ロヨラによって一五四〇年に創設された。戦闘的貴族階級によって構成される。他方、ジャンセニスムは、オランダのヤンセンがアウグスティヌスの恩寵論に基いて立てた教義をもとにフランスのポール＝ロワイヤル尼僧院を中心に展開されたもので、パスカルをはじめ文学史上有名な人々を輩出した。同じカトリックであるが、イエズス会を批判したことから、法王により異端と宣告され、ブルボン王朝からも弾圧された。〕

この二つの思想と気質の対立をわたしたちは、あまりモニュメントのなかに求めないようにしよう。ジャンセニストの場合、隠者の谷のポール＝ロワイヤルの思い出が感動を呼び起こしたとしても、その感動は芸術による仲介にはあまり負っていないし、他方のイエズス会も、百年ほどの間に百を超える拠点を造ったものの、中世の建物を改造したものが多く、独特の様式といえるものは生み出さなかったからである。リシュリューによってパリの立願修道院に奉献された教会堂（Saint-Paul-Saint-Louis）も一つの原型をなすものではなかった。

このことは、ルイ十四世の母、アンヌ・ドートリッシュの命でローマのサン＝ピエトロ大聖堂を模倣して建設され、有名なミニャールの絵で飾られているヴァル＝ド＝グラースの教会や、それを超えるドームを目指してリシュリューによって建てられたソルボンヌの礼拝堂にも見られる。両者とも、その計画と作業は国家の偉大さに関わっていた。パリは、ルメルシエ（一六五四年没）、マンサール（1598-1666）そのほかの人々によって王都としての威容を整えたが、それらは独断を排し、計算された整然たる様相を示すとともに、種々の装飾的要素を受け入れる度量の大きさを表している。

サロモン・ド・ブロッス（一六二六年没）の手になるリュクサンブール宮殿はフィレンツェ的プランを示しているが、その装飾は、ルーベンス（1577-1640）が担当し、フランドル的天分を高度なイタリア的技法によって存分に発揮している。宰相マザランの命でル・ヴォー（1612-1670）によって建てられた「四国民のカレジ Collège des Quatre-Nations」（のちに「学士院 Institut」となる）を特徴づけているのは、イタリア・バロック的色使いである。

王制は、自らにとって欠かせない栄光の増大を、幾つもの宮殿を建てることによって追求する一方で、都市整備のために新しい配慮を注いだ。その痕跡を遺しているのが、パリ中心部のドーフィヌ広場と最初の近代的な橋であるポン＝ヌフ、そしてヴォージュ広場である。ヴォージュ広場は厳格な幾何学性を基本としながらも、広場を囲む建物は、白い石と赤い煉瓦を交互に並べた壁が独特の美しさを醸し出している。これと同じ特徴をそなえたモニュメントは、イール＝ド＝フランスとその先のルイ十三世の領地にも見ることができる。

パリの町は、田園と釣り合う新しい魅力をもって王の寵臣たちを惹きつけた。その「王の寵臣たち」とは、古い家柄でありながら更に権限を拡大し名をあげようとしている人々だけでなく、大きい事務所を構えて国家の司法や財政、あるいは金融に関わる新興階層の人々である。とくにパリのマレー地区に軒をつらねる幾つかの美しい館は、沸騰するアマルガムを思わせるこうした特権的な人々の社交界の世界を今も偲ばせる。そのような館は、学校で教える哲学や学問の枠から出て、さまざまな方向に分岐し発展してゆく火元になった。

そうした代表的な館のなかで、シュリ邸〔訳注・一六二四年建設。ヴォージュ広場のそばにあった〕の場合は、まだルネサンス様式に近い特徴を示しているが、ローザン邸〔訳注・ルイ十四世のもとで社交界を牛耳った〕にあっては、装飾性も家具も増え、住み心地のよさを追求したものになっている。ヴォー＝ル＝ヴィコント〔訳注・ムランの北東五キロ〕のフーケ邸は王宮を凌ぐほどの贅美を尽くしているが、とくに、際立っていたのは、庭園の美しさで、ラ・フォンテーヌが『悲歌 Elégie』のミューズ神に会ったのがこのフランス風の庭園においてであった。

〔訳注・フーケの館は、ル・ヴォーが建設し、装飾はル・ブラン、庭園はル・ノートルが担当した。ラ・フォンテーヌはフーケの庇護を受けたが、フーケがあまりの贅沢ぶりのためルイ十四世の怒りを買って貶謫されたとき、自らの身の危険を顧みず、恩人のために『エレジー』を書いた。〕

古典主義の建築と彫刻

このように、近郊の芸術的風景にまで影を映した首都と宮殿の文化的光輝は、絶対王制が決定的勝利を勝ち取るより以前から確固たるものになっていたが、だからといって、地方の活力すべてが窒息させられたわけではなかった。行政の中央集権化はますます進んでいったにもかかわらず、地方は、この後も長く、社会生活の大きい部分において、空間と人間の尺度に最も適合した、最も表現力に富んだ枠組みとして残る。

ピレネー地方のモンテスパン城は、その名高い侯妃がその魅力をもって大王（ルイ十四世）を虜にしたときにはすでに廃墟と化していたが、このような事実に安直に地方の衰退のシンボルを求めないようにしよう。このことは、ル・ミュエ〔訳注・ディジョン生まれの建築家。1591-1669〕がパルティセリ・デムリ〔訳注・ルイ十三世の宰相マザランによって財務総監に任ぜられた〕のために仕事をしに行ったタンレー〔訳注・トロワの南方。パルティセリが改装した中世の城がある〕だの、コルベールが所有者でコアズヴォ〔訳注・ヴェルサイユ宮殿の装飾にも参加し、ルイ十四世、リシュリュー、マザランなどの彫像を制作した彫刻家。1640-1720〕がその像を作った城のあるリニエール、さらにはエフィア〔訳注・ヴィシーの南方〕を訪ねてみれば明らかで、こうした極めて辺鄙な田舎においてさえ、創造の泉が王国に君臨する太陽への集中のために干上がることはなかったことが充分に分かる。

しかしながら、パリから遠ざかると、パリのそれに比肩できる豪奢な居館は、確かに稀になる。同様にして、同じ地方でも、町と田舎とでは、会話の洗練ぶり、文明的生活の便利さといった点で大きい落差があった。高等法院の所在地であることは、州都として重要な条件で、ディジョンは上流階級の人々の館が軒を連ねていることによって、レンヌはサロモン・ド・ブロッスが建てた裁判所によって際立っていた。シャルルヴィルの広場（Place Ducale）は、この町が辺境の公国の都市として早くから発展したことの証左である。

このころには中世の自治都市の多くは、その自由権あるいはその残滓を完全に失っていたが、豪勢な《市庁舎 Hôtel de Ville》が次々建てられていったのがまさにこの時期であり、その建物がもっている古典主義的な線は、王室芸術の風潮と一致している。その筆頭がマルセイユとリヨンであるが、そのほかの多くの都市も、まったく同様である。

プロヴァンスには注目すべき都市がたくさんあるが、そうした都市も、エクスの前では顔色を失う。マザラン枢機卿区域、現在のミラボー通りの何カ所か、あるいは「四頭のイルカ Quatre Dauphins」のすばらしい噴水などがそうである。このプロヴァンス州では、トゥーロンでもマルセイユでも、ピエール・ピュジェ（1622-1694）の存在が、地理的に近いイタリアのバロック様式との親近性を際立たせている。〔訳注・ピュジェはマルセイユに生まれ、イタリアのフィレンツェ、ローマで修業した画家・彫刻家で、「プロヴァンスのミケランジェロ」と称えられた。〕

北に目を転じると、ノール州は鐘楼、ブルターニュは祭壇画と磔刑記念十字架というように、各州それぞれに馴染みの光景と特徴を成すものをもっている。コルヌアイユの中心部にあるサン＝テゴネックとギミリオーには、地方的独自性が濃密に残っており、中央の宮廷やパリの洗練された風潮が強力に浸透しようとしたにもかかわらず、それらを覆い隠し、あるいは浸透を遅らせてきた。

そのようなズレは、地方が中央の流れに乗るのに時間がかかったために生じたと見るべきだろうか？　しかし、十七世紀初めのフランス絵画は、そのような解釈では説明できないことを教えてくれる。地方の絵画制作のアトリエは、けっして小物の画家たちだけで占められていたわけではなかった。トゥールーズではニコラ・トゥルニエ〔訳注・『キリストの十字架降下』などの作品がある。1600-1660〕がいたし、ディジョンではタッセル父子〔訳注・父はリシャール、息子はジャン。ディジョンで仕事をしたのはジャンのほうである〕が第一級の腕を振るい、しかも、ロレーヌ地方の伝統的力強さを加味した作品を遺している。

この世紀初めのジャック・バランジュ〔訳注・一六〇二年から一六一七年までロレーヌで仕事をし、『聖痕を受ける聖フランチェスコ』がナンシーに遺されている〕の奇妙な近代性は、文化の幸運な合流によって豊かさを増したロレーヌの小宮廷の輝きを証明している。その一方で、ジャック・カロ（1592-1635）は、優れた版画技法によって、貧しい人々についての胸を刺すルポルタージュの数々を遺している。ジョルジュ・ド・ラ・トゥール（1593-1652）は、光のなかに浮かぶ純粋性と余分なものを取り去った感動性によって、この時代の第一級の画家に位置づけられている。〔訳注・彼の作品の価値が見出されたのは、一九三〇年以後である。〕フランドルと境を接するラン出身のル・ナン兄弟〔訳注・長兄アントワーヌ、次男ルイ、末弟マチュー〕にあっては、その地方的な根っこは、三人のなかでも最も優れたルイにより、農民を描いた絵のなかで見事な結実を示した。〔訳注・ルイ・ル・ナンの『農民の食事』はルーヴルに展示され、ミレーを先取りするものと評されている。〕

このように活躍した人々を想起すると、地方のアトリエとパリの中心との間に、イタリアの影響やイタリアでの経験の有無を設定し、それによって両者を対比したり、両者の間の対話を追究しようなどという誘惑は消え失せる。偉大な画家であれ、さほどでない人たちであれ、フランスの画家たちは、イタリア半島、とくにローマで何年かの修業期間を過ごした。

この世紀前半、シモン・ヴーエ〔訳注・ルイ十三世とリシュリューのもとで活躍した画家・彫刻家。1590-1649〕が、パリの流行にフィットし、フォンテーヌブローやサン＝ジェルマンの宮殿の装飾に腕前を発揮できたのは、ローマでの修業の賜であった。逆に、クロード・ロラーン（1600-1682）とニコラ・プーサン（1594-1665）は、一生のほとんどをローマで過ごしたが、風景のなかに印象派的な光を捉え、ラシーヌの悲劇と同じ簡潔さをもって構成され、同じ詩趣をもって描かれた画を遺している。

〔訳注・ロラーンは、ヴォージュ地方のシャマーニュで生まれ、十二歳でローマへ行き、二十五歳から二十七歳までロレーヌ地方で過ごした以外は、ずっとローマで制作に励み、ローマで亡くなっている。プーサンも、ノルマンディーで生まれ、三十歳のときローマに移り、四十六歳のときルイ十三世の招きで二年間ルーヴル宮殿の装飾に携わったあと、ローマに戻っている。〕

創造的理性と、造形的調和、生命のざわめきを奪うことなく自然を理想化する古代的英雄主義を究め、しかも、絶対王制の贅沢好みによって堕落することなく古典主義の根底的均整を示す作品を遺した点でプーサンに匹敵できる人はない。しかし、その絶対君主政が生んだヴェルサイユにおいては、全てが永遠性の力によって結晶化され、それが歴史を象徴によって改竄する危険性を常に秘めていることも事実である。

ヴォージュ広場

アンリ四世（在位1589-1619）とその友である大臣のシュリ（1559-1641）による王国の政治的・経済的再建の結果、建設事業も盛んに行われる。それが特に顕著なのが首都においてであり、ルイ十三世、十四世のパリ（本質的には十九世紀半ばの第二帝政下の大々的改造まで続くパリ）がその基本的な姿を現しはじめるのが、この十七世紀の初めである。とりわけ、三角形をしているドーフィヌ広場〔訳注・シテ島の西端〕と、それに接してセーヌ川を跨いでいるポン＝ヌフとその延長であるドーフィヌ通り、そしてサン＝ルイ病院は、いまも首都パリの生き生きした面影を遺している。しかし、古いパリを愛する人々の心のなかで、この時代の最も大きく貴重な位置を占めているのは、ヴォージュ広場であろう。

ヴォージュ広場は、もとは「ロワイアル広場」といい、いまもパリ観光の秘かな穴場として有名である。訪れる人も少なく、ここほど歴史が停止し、過去が息を吹き返すように見えるところは、ほかにはない。こんにち、かつての「ロワイアル広場」の面影を見せてくれるのは、まわりを囲む家々の幽霊が出そうな風情だけで、それが忙しい観光客たちを遠ざけるうえで魔力を発揮しており、人々は、ここからすぐ近いバスティーユ広場の喧噪にぶつかって、ほっとする有様である。

この広場は、すでにイタリア諸都市の多くを際立たせていた理念を反映した広場をパリに造ろうというアンリ四世の発想から生まれたものであるが、慎み深くてしかも有能な建設者が創り出したものは、きわめて「フランス的」で（ということは、イタリア半島からの影響は、僅かしか認められない）、全体が完成したのは一六一〇年ご

ヴォージュ広場

ろである。

長辺一四〇メートル、短辺が一二七メートルの広場は、四辺をそれぞれ九つの建物が連なった四つの長い棟で囲まれている。この長辺と短辺の差が、もし正方形だったら与え得なかったであろう微妙な方位性を、この広場に与えている。

作業を指揮した親方がどんな人物であったかは、充分には分かっていない。最もありそうな仮説は、王室建築師のルイ・メテソーだとするものであるが、ジャック・アンドルーエが協力したとする説も有力である。パレ・ロワイアル建設の際にも適用された原則によると、この広場の建物の取得者には、いかなる改変も加えることなくこれを維持する義務が課せられ、この原則は、次の十八世紀にも踏襲された。

その結果、大革命においても、マレー地区（王朝時代の貴族たちの居住区で、この広場もその一画）の他のいたるところで猛威を振るったヴァンダリズムの嵐にもかかわらず、このロワイアル広場の景観は無傷で保たれ、計三十六の建物の、石材で造られたアーケードと窓縁、軒蛇腹と、それらによって縁取られたレンガの外壁が醸している優雅なハーモニーは維持された。

いずれの建物も、アーケードになっている一階の上に二階、三階があり、屋根は棟瓦の忍び返し付きでスレートで葺かれている。あまりにも厳格に統一されているので、ほんの僅かな改変でも、統一性を壊し、建物同士の間にちぐはぐを生じさせる恐れがあった。ときにはレンガの代わりに石材に変えられたところもあり、時の経過とともに変色して、こんにちでは、塗り替えを要するというデリケートな問題も生じている。

南翼中央の、かつての王の住まいには、アンリ四世の胸像のメダイヨンがはめ込まれ、この広場では数少ない装飾の一つになっている。（反対側の北翼の王妃の住まいには装飾が全くない。縦溝の入った柱と窓の上部を飾る円弧と三角のペディメントが僅かに王の住まいと対をなしていることを示している。）建物はすべて厳密な幾何学的比率に従って造られており、水平方向は軒蛇腹によって、垂直方向は窓と天窓、小天窓の配置によって区分されている。

一六三九年、リシュリュー枢機卿は、ルイ十三世に敬意を表して騎馬像を広場に設置させた。細かくいうと、もともとは、カトリーヌ・ド・メディシスが夫のアンリ二世像のために、ミケランジェロの弟子の一人、ダニエル・デ・ヴォルテッラに注文して馬の像を制作させたのであったが、リシュリューがフランス人彫刻家、ピエール・ビアールに命じて、ルイ十三世の像をこの猛々しい動物に騎乗させたのであった。

広場に鉄柵が設置されたのは一六八二年で、その後一八三九年に造り替えられている。その間、ルイ十三世像は革命主義者たちによって破壊され、現在あるのはコルトとデュパリによる模造の凡作でしかない。各建物内部の装飾は取得者たちの自由に委されたが、第一四館のラ＝リヴィエール館の内部装飾は、すぐ近くのカルナヴァレ美術館に展示されている。

現在、このヴォージュ広場が人をひきつける目玉になっているのはヴィクトル・ユゴー美術館である。これは、この詩人が一八三二年から亡命生活に入る一八四八年まで住んでいた部分で、一九〇二年に設置された。しかし、このロワイアル広場は、ほかにも著名な住人に事欠かない。のちのセヴィニェ夫人は、ここの一番館で生まれたし、ラシェル〔訳注・女優として有名。1820-1858〕は一八五七年に九番館に入居し、僅かな期間だが住んだ。

リシュリュー公は一六六〇年に二一番館に入り、ひどく気に入り、一七二一年に同名の元帥に引き継いでいる。一八七七年、アルフォンス・ドーデは八番館に入居し、ここでアナトール・フランスやシュリ＝プリュドム、フランソワ・コペといった文人たちと親交を結んだ。

一四番館のラ＝リヴィエール館は、十七世紀にル・ヴォーによって改修され、その後長い間、この区の区長のものになった。一八三〇年には一つの学校になったが、ついでユダヤ教の礼拝所となり、こんにちも、フランスにおけるユダヤ教の長老の住まいになっている。八番館はアルフォンス・ドーデが住む前はテオフィール・ゴーチエが住んだ。

しかし、「ロワイアル広場」は、とりわけ十七世紀を通じて、フランスの貴族たちが住まいとして憧れた特別な場であった。だからこそ、サン＝シモンは、その著述のなかで、パリの都会的建築のいわば野外博物館であった黄金時代のこの広場に関し、簡潔にして苛烈な言葉を遺している。

リシュリューの都市計画

十七世紀初めは、ラテン語圏もゲルマン語圏諸国も文化的試練に直面した転換期で、フランスは、伝統と今日的課題に同時に対応できる可塑的社会を追求してゆく。ルネサンスの到達点であり古典主義の輝きの前奏というこの移行期を支配した巨人が枢機卿のリシュリュー（1585-1642）である。人民の上に《国家》を、貴族的急進主義の上に《王制》を樹立することによって大革命にいたるまで続くフランス国家の道を線引きしたのが、他ならぬ彼である。

リシュリューは、世界統治によって目に見える痕跡を残したがった大君主たちに倣って、自分のシャンボールとフォンテーヌブローを待つことを望み、居城の傍らに都市を建設させた。このリシュリューの町は、その名前から期待されたほどの栄光の歴史は刻まなかったものの、都市計画のモデルとしては今も賛嘆されている。〔訳注・アンドル＝エ＝ロワール県にあり、人口は一九七九年の時点で二五二九である。〕

都市計画についての彼の考え方は、全面的にルネサンスの影響を受けており、全体が縦五〇〇メートル、横七〇〇メートルの長方形で、城壁と壕で囲まれ、一本の中央道路と、それに交差する二本の街路によって幾何学的に構成される完全に人工的な都市である。そこに住むことになる人々から出資が募られたが、パリから離れているため、寂れる危険性を最初から秘めていた。レーモン・レキュイエは、こう書いている。

「予定されている建物を自分のカネで建てる気でいる善意の住人たちを見つけることが必要であった。そうした人々を、この地方の住民のなかに見つけることはほとんど絶望的で、まだ期待できるのは、枢機卿の取り巻きで、彼を中心に宮廷を形成するそれなりの理由をもっている人たち、とりわけ財政家たちであった。リシュリューは、このプロパガンダを自ら引き受けて不動産屋の役割を演じ、契約書に自らサインすることも厭わなかった。しかし、契約者の大部分は、あまり急いで契約を履行しようとはしなかったうえ、建築主として出資はしても、住人になる気はなかった。」

しかしながら、リシュリューは、この町を魅力的にするための労苦を惜しまなかった。彼は、よき思考法と生き方を貴族たちに教育することをめざしたアカデミーを設立し、また調馬場を建設させて自分の厩舎から最良の馬を何頭か送り、さらに外国人たちをここに惹きつけるために、のちにニコラ・ルドゥー〔訳注・ルイ十六世のもとで活躍した建築家。1736-1805〕が描く理想都市に見出される娯楽施設と同様のものを立案している。

この事業は、一六四二年の彼の死後も継続された。一六五〇年にはルイ十四世が立ち寄り、その後も多くの旅行者がやってきた。ラ・フォンテーヌはここに滞在し、この都市が「世界で最も美しい村」でしかないことを発見してメランコリーに陥っている。彼は、この町があらゆる重要な川や街道から四里以上離れていることに気づいて、「この町を有名にしようと考えた設立者も、この点では計算を間違えた。このことに考えが至らなかったのであろう」と書いている。

このあとの成り行きは、我らの寓話作家の悲観的見方を、不幸にも確証していった。リシュリューの町は眠りに落ち、その眠りは二十世紀になっても破られていない。このキマイラ的な都市にあっては、人間は自分の時間も場所も見出すことができず、町自体が厳格さを追求する余りの精神錯乱の表われであり、歴史に堪えられないまま、フランスがロワール河畔にその中心をもっていた遙か遠い時代の夢に今も休らっている。

すでにルイ十三世の時代には、シャンボールは荒れ果て、シュノンソーは、その地方の名所旧跡でしかなく、アンボワーズは同胞相食む戦争の思い出の象徴でしかなくなっていた。王国も、時代の推移も、この時の流れを覆すことはできず、これ以後は、パリと、イール=ド=フランスと呼ばれる森と湿地と肥沃な畑が織りなす地域が主舞台となり、ルイ十四世とともに、真の首都として、ますます偉大な輝きの時代を迎えることとなる。

リュクサンブール宮殿

十六世紀が全面的に「ヨーロッパ的」であったのに対し、十七世紀は全く「フランス的」である。イギリスもスペインも、イタリアもドイツも、ルネサンスの創造的飛躍の影響のもとにそれぞれの道を追求しつつも、宗教改革の遅ればせの成果でありその具象的化身である《バロック》に身を委ねる準備をするが、フランスだけが古典主義の様式を発案していく。この古典主義の光は、生みの親である専制君主制が崩壊したあとも、フランスの国境の外で生きながらえてゆく。

文明の歴史にあっては、単純なものは何もない。十七世紀のフランスが当時の精神的・物質的要請に対応する発展の形を絶対王制の勝利のなかに見出したのだろうか？　それとも、逆に、支配階層が断固たる意志をもって絶対主義を利用したのであって、状況が異なれば別の形をまとったかもしれないイデオロギーと感受性をフランス文化に課した可能性もあったのだろうか？　これは、現代の歴史家たちも、ひどく見解が分かれる問題であり、ある人々は基本的重要性をもっていたのは権力の責任者たちだとし、別の人々は国民の奥深くにある欲求の反映に他ならないとしている。

しかし、この「フランスの十七世紀」が始まるのは、ヴォルテールの表現によると「ルイ十四世の世紀」となる一六六〇年以後である。一五九八年のナント勅令による国内平和の回復から《太陽王 Roi-Soleil》の即位にいたるまでのフランスは、まずルネサンスの初めのようにイタリアを手本とし、ついでスペインをモデルとするなど、偉大な外国の手本の影響下に置かれたままで、ロベール・マンドルーに言わせると「巨大な対立を抱えた一つの国土」であった。

そのうちイタリアの影響をとくに顕著に示しているのがリュクサンブール宮殿で、ここには、一六一〇年から一六二四年まで摂政として王国を支配したマリ・ド・メディシス（アンリ四世の妃）のバロック趣味が反映されている。彼女は、フィレンツェ生まれという個人的事情もあって、カトリックの栄光に執着し、イタリア贔屓の人々を身辺に集めた。そうした彼女の存在は当時の文化全体に痕跡を残している。

このころのパリ社交界を牛耳ったのもイタリア生まれの二人の貴婦人である。一人はランブイエ侯妃で、彼女は芸術家たちを支配した。もう一人はモンモランシー元帥の夫人で、詩人たちに影響を与えた。〔訳注・ランブイエ侯妃はローマ駐在フランス大使の娘で、ランブイエ侯と結婚し、ルーヴルに近い彼女の館は多くの文人たちが集まる文芸サロンとなった。マダム・モンモランシーはイタリアのオルシーニ生まれで、夫のモンモランシー元帥はカトリック側の軍事的指揮者であった。〕

セーヌ左岸を豊かにするためにフィレンツェ風宮殿を建設しようというマリ・ド・メディシスの構想は、一六一五年、サロモン・ド・ブロッスに委ねられた。この宮殿は、そのトスカーナ風の円柱と《ボサージュ bossage》〔訳注・彫刻などを施した石を粗く突き出して積まれた壁〕から、「メディチ」の名が付けられて然るべきであったが、実際には、このすぐ近くの館の所有者がリュクサンブール公であったことから、いつの間にか「リュクサンブール宮殿」と呼ばれるようになっていった。王妃は故郷フィレンツェのピッティ宮殿を模したものにしたかったのだが、工事は一六一五年から一六二五年まで十年かかり、大広間の装飾は、イタリア趣味が染み込んではいるがフランドル的な粗野ぶりを特徴とするルーベンスに託された。ちなみに図書室の装飾画は、約二百年後、ウジェーヌ・ドラクロワ（1798-1863）に託される。

現在、リュクサンブール宮殿は、元老院（Sénat）が入っているため、残念ながら一般の人はほとんど近づくことができないが、その庭園はリュクサンブール公園として、フランスの知的生活の中心の一つになっている。この庭園は南側が譲渡不可のシャルトルー会の土地に接し、北側はヴォージラール通りに沿って広がっている。

リュクサンブール宮殿は、王妃の意図に反して、もっぱらフランスの芸術家たちの作品である。建設の指揮を執ったのはニコラ・デカンであり、庭園をデッサンしたのはジャック・ボワソーである。しかし、庭園は、欄干をめぐらしたテラス、彫刻のある噴水が随所に設けられ、密生した木々で縁取られた小径が走るイタリア風の庭園になっている。

噴水用にはパリ郊外のルンジス〔訳注・ソーとオルリーのほぼ中間〕から導水路が引かれた。慈善について吝かでなかった王妃は、この水を街区全体が利用できるようにした。パレ＝ロワイアルのそれと同じくリュクサンブールの庭園も一般に開放され、はやくから「パリで最も美しい庭園」の一つと評された。

しかしながら、この宮殿は、ルイ十三世、ガストン・ドルレアン、「グランド・マドモワゼル」〔訳注・ルイ十三世の弟の長女、モンパンシエ公妃〕、ギーズ公妃といった歴代の所有者たちをそれほど魅了したようには見えず、彼らは、ほとんど自分の痕跡を残していない。ギーズ公妃からルイ十四世に贈られたが、《太陽王》も、すぐにフィリップ・ドルレアンに譲っている。

十八世紀には、自然志向の芸術家たちが、このリュクサンブールの庭園に惹きつけられた。これは、そのデッサンに直線が用いられず、したがって、あまりフランス的でなかったからである。こうして、ワトー（1684-1721）をはじめ、くだってはディドロー（1713-1784）、ベルナルダン・ド・サンピエール（1737-1814）などが、このリュクサンブールをこよなく愛していく。アベ＝プレヴォー（1697-1763）は、ジャン＝ジャック（1712-1778）（ルソー）と同様、頻繁にこの公園を訪れ、木陰を散策している。

この公園が現在の大きさに広げられるのはフランス革命が起き、総裁政府がシャルトルー会の土地を接収したことによってであるが、恐怖政治のもとでは、この宮殿は牢獄として使われ、ここに投獄された画家のジャン＝ジャック・ダヴィド（1748-1825）は、その窓からメランコリックな『リュクサンブール公園の風景』を描いている。これは、彼が単独で制作した唯一の風景画である。

ボナパルトは、お気に入りのチュイルリーに移るまで、ここに住んだ。そのあと元老院が入り、リュクサンブール公園が現在の形になったのも、このころである。ただし、第二帝政時代、オスマン男爵によるパリ大改造にともなって、土地の投機買いがブームとなり、《ヴァンダリズム》へと暴走した。現在のメディシス通りを開通させるために十七世紀の多くの館が壊された。ギヌメール通りが通っている西側では、パリ庶民の楽しみの一つであった苗木育成場がなくなった。このことは市民を激高させ、ナポレオン三世とウジェーヌ皇后は、オデオン座から出てきたところを群衆から罵倒されている（一八六六年）。

リュクサンブール宮殿自体、その三十年前にアルフォンス・ド・ジゾールにより、前方に突き出した翼部を備えた十六世紀様式の建物が付け加えられ、そのぶん、庭園は多少狭くなった。一八五〇年にはヴォージラール通りに沿ってオレンジ栽培用の温室が造られ、これは、その後一八八四年に博物館に造り替えられ、元老院が入ったために邪魔になっていた絵が移された。そのなかには、歴史と神話に題材をとったルーベンスの連作『マリ・ド・メディシス一代記』が含まれていたが、これは、その後、ルーヴルへ移された。

この宮殿の一部は、まだ王室財産であった一七五〇年から開放され、おそらく最初の美術館になった。ドラクロワは、ここでその最も重要な作品の幾つかを同時並行的に描かなければならなかった。十九世紀末、リュクサンブール美術館は「近代美術館」となる。その展示作品の多くは「ポンピエ pompiers」〔訳注・「旧套墨守屋」といった意味〕と呼ばれた大時代的な画家たちのもので、マネ（1832-1883）や印象派の画家たちは、ようやく作品が展示されるようになったばかりであった。「近代美術館」がプレジダン・ウィルソン通りに完成するのは一九三七年で、第三共和制〔訳注・一八七〇年に始まり第二次大戦でナチス・ドイツにフランスが占領されるまで続いた〕政府は、リュクサンブールの美術館に展示されていた作品の最良のものの大部分は移そうとしなかった。この間、有名な「カイユボットの遺贈事件」が喧しい論議を呼んでいる。

〔訳注・カイユボットは裕福な家庭に生まれ、自らも絵を描いたが印象派の画家たちの作品を買って援助した。死去に先立って、それをルーヴルに寄贈しようとしたがルーヴル側がセザンヌらの作品を拒絶した事件。こんにちの印象派美術館の展示作品は、彼の遺贈した絵が大きい部分を占めている。〕

こんにち、リュクサンブールを飾っているのは、安物の彫刻ばかりだが、唯一、注目に値するのが『メディチの泉』で、これは、碑銘によってサロモン・ド・ブロッスの作と認められている。この泉はオスマンによるパリ大改造のとき場所を移され、背面には、サン＝プラシドの辻での第一帝政の誕生を描いた浅浮き彫りが施された。

ほかの彫刻はいわば「ルイ＝フィリップの著名婦人たちの森」の様を呈しており、そのなかで評価に値するモニュメントは二つだけで、それ以外は引き立て役でしかない。その二つとはカルポー（1827-1875）の『地球を支える世界の四つの部分』とフレミエ（1824-1901）制作による荒れ馬で飾られた円形の噴水、もう一つはリュード（1784-1855）の『ネイ将軍記念像』である。

このように、リュクサンブール公園を飾っている彫刻は、硬直的なつまらない作品ばかりだが、それでも、東側にソルボンヌがあり、西側はアサス街区の市民たちの世界に接しているおかげで、パリでも最も人々が頻繁に訪れる場所であり、おそらく、作家や記録作家たちも最も多くの証言を遺している庭園であることに変わりはない。現代でも、ケッセル〔訳注・ロシア生まれの作家。1898-1979〕からヘミングウェイ〔訳注・アメリカ人。1899-1961〕やリルケ〔訳注・プラハ生まれ。1875-1926〕にいたるまで、伝統の香水を嗅ぎにやってくるエトランジェーたちは跡を絶たない。

軍事技術の変革

十七世紀の建築には、その後のフランス史を支配することとなる二つの展望が表れている。その一つは、宮殿（とりわけヴェルサイユ宮殿）の建設と都市空間の調整で、これは君主の威光と永遠性への配慮を特色とし、とりわけ、君主の威光の宣揚は、その後のフランスの各都市の義務となる。もう一つは、効率性の追求を特色として驚異的革新を遂げる軍事的建造物で、そのなかでもずば抜けた成功事例は、二百年以上にわたって戦闘技術論のよりどころとなっていく。

この軍事的建築を代表する技術者がヴォーバンであり、

フランスの国境地域や沿海地域の町でこの天才的建築家の思い出をなんらかのやり方でその城壁に留めていない町はないくらいである。そのうえ、彼は、築城技術や戦術に関わる才能だけでなく、フランス全体の問題についても、政治家には珍しい真摯さをもって考察し、彼が国王に建言した解決策は、次の十八世紀の技術官僚の直接の先駆者を思わせるものを秘めている。

彼は、自身はよきカトリック教徒であったが、ナント勅令の廃止には強く反対した。これは、その決定が宗教間の抗争を再燃させ、勇気と力強い知性をもつ人々をフランスから失わせることを見通したからであった。そして、王国の栄光にかげりが見えた大王の治世の最後の何年か、彼は『十分の一王税』に関する記述のなかで国家財政における公正と効率性を同時に保証する税制改革案を進言(一七〇七年)したが、そのため投獄され、まもなく亡くなったのだった。〔訳注・ヴォーバンは宰相のマザランに認められて、戦術家として各地で参戦するとともに、トゥーロンの軍港やフランス各地の要塞を建設し、運河を開いた。〕

ヴォーバンの政治的建議はあまり宮廷から歓迎されなかったが、築城に関しては、彼の考えは大いに重んじられた。一六七八年に彼が国境の防備強化を引き受けたとき、彼が自らに課した主要な問題は、強大化する兵器の火力とそのおかげで容易になった弾道計算に対応できる構築物を考え出すことであった。その結果、この時代の軍事的建造物の考え方は、第二次世界大戦前の地下要塞線の建造にまで引き継がれることとなる。この新しい建造物は、一般的に「forteresse rasante」〔訳注・ラザントとは「地をかすめる」の意〕と呼ばれ、ピエール・ショセーは次のように書いている。

「まず考えられたのが、弾丸の貫通力で壁が壊されないよう中世の城壁を厚くし背を低くすることであったが、やがて、土を盛って城壁を強化し、弾丸を跳ね返させるやり方が考案された。戦いの持ち場はそれぞれに異なっており、大砲の発射台については、弾薬の補給を考慮しなければならない。大砲は、アプト式の移動用の台に設置され、歯状堡や凸角堡へ移動するようにした。」

まだ残っていたのが、地下要塞あるいは地表面ぎりぎりに要塞を建造するやり方である。この新しいタイプの

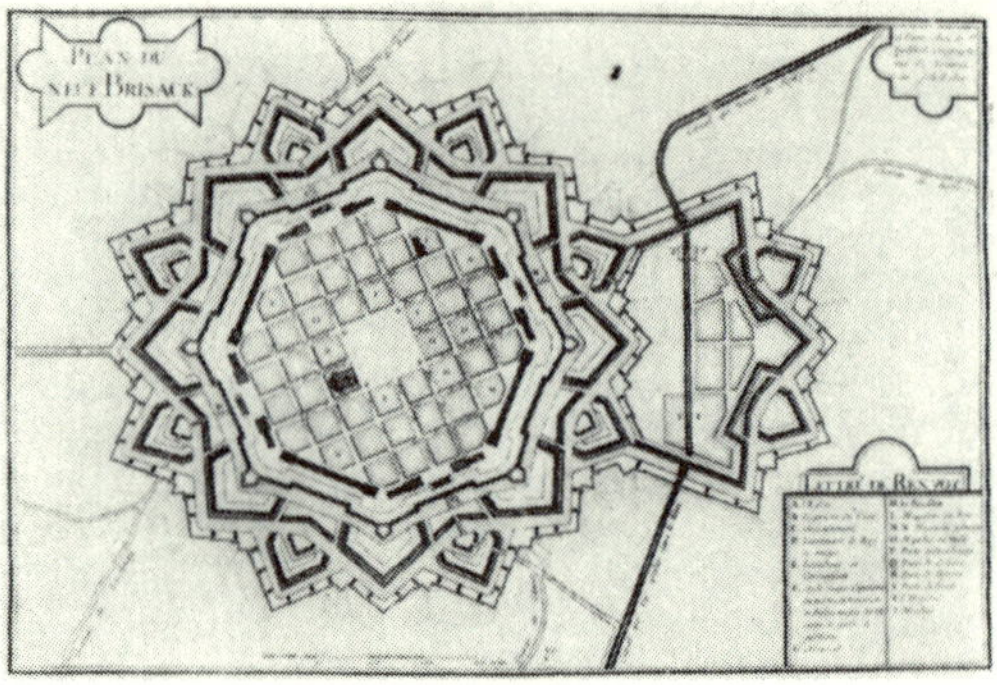
ヴォーバンが考案した星形要塞

要塞は、ヴォーバンが初めて考えたわけではなく、彼よりも早く、一六二八年には、城の胸壁に土を斜面状に盛って城の石積みが弾丸によって損傷を受けないようにする方法が考案されていた。そこでは、城は、最も外側を盛り土の壁、次に濠、その内側の傾斜した岸で囲まれる。聳える城壁の上部には巡視路が設けられ、胸壁で守られた内側に発射台が設置された。

ヴォーバンは、地形も考慮しながらであるが、星型に幾つかの凸角堡を具えることによって死角をなくし、いずれの角度からの襲撃にも耐えることができる要塞を考案した。ヴォーバンが考え出したこのタイプの要塞は、いまもフランス各地に遺っているが、なかでもアルザスのヌーブリザックとブルターニュのサン=マロは、都市計画と防御施設を結合させた全体像を最も完璧な状態で遺している。

私掠船の基地であったサン=マロの町の十七世紀の繁栄を想像することは、こんにちでは難しい。ジャン・ドリュモーがレンヌ大学で行った研究によると、一六八〇年ごろのこの町は「年間二〇〇隻を超える船が入港し、ヨーロッパだけでなく、アメリカ、南はインドのポンディシェリー、北はグリーンランドにいたる世界中とつながりをもつフランスで最初、否、世界でも最初の港の一つ」であった。しかし、とりわけ盛んに出入りしたのは、現在のカナダのニューファウンドランド(Terre-Neuve)およびスペインのカディスや地中海との間の交易船で、船主たちは、町の城壁を超える高さを誇る花崗岩造りの家々に住み、百万リーヴルをはるかに超える資産を擁し、マゴンだのダニカンだのの子孫を名乗った。(訳注・マゴンは古代カルタゴの名家で、ハンニバルもその一族とされる。ダニカンは十七世紀から十八世紀にかけての

サン＝マロの私掠船長。〕

ほかにもサン＝マロを象徴する数字を挙げると、一六六一年ごろのサン＝マロの船団が一回の航海で運んだ銀は一〇〇トンに達した。そのような繁栄は、沿海諸国、とりわけオランダとイギリスの羨望を掻き立てずにはおかなかったから、防衛のために並々ならない努力が傾注された。その努力の結果として具えることとなったこの町の容貌は、その後二五〇年間の深刻な激動と最近の戦争にも耐えて生き残った。ヴォーバンは、この町の防御の基本構想を立てる上で、この町の前面にそびえる荒々しい岩山を重要な要素として採り入れた。ウェールズからキリスト教伝道にやってきた修道士、マクロウが住み着いたとされる岩山である。

ジョン・バークレイ〔訳注・一六四三―五年、デンマーク・ノルウェー軍の指揮官〕の青い艦隊を迎え撃った「フォール・ナショナル」〔岬の先端〕、港に築かれたベルト状の要塞、無数の娯楽用ヨットが海面を覆っている今の停泊区、特にヴォーバンが町の統治者とそのスタッフを住まわせるために整備した城――これらすべてにルイ十四世時代の面影が遺っている。とくに要塞ベルトの内側では、サン＝マロが、繁栄を続けた十八世紀当時の建築が、ほかのどこよりも純粋な状態を保っている。

そのうえ、この都市は並外れた幸運によって、数々の栄光に包まれてきた。まず、大海に乗り出し、世界の果てにまで我が国の名と伝統を伝えた冒険者たちを輩出した。カナダを発見したジャック・カルティエ（1494-1557）、リオ・デ・ジャネイロを征服したデュゲ＝トルアン（1673-1736）、ナポレオンのもとで活躍したシュルクフ（1773-1827）、ラ・ブルドネ〔訳注・オーストリア継承戦争のとき、敵にまわったイギリスを脅かすためにインドに赴き、マドラスを奪取した。1699-1753〕など、いずれもサン＝マロが生んだ海の英雄たちである。

精神世界の分野では、シャトーブリアン（1768-1848）とラムネ〔訳注・自由主義と教皇至上主義を結びつける理論を提唱した宗教哲学者　1782-1854〕が出ている。彼らは、サン＝マロという新しい都市が何を引き起こしたかを象徴しており、それは今も、どのようであるかを示している。まさにサン＝マロは世界に大きく開かれた窓であり、彼らは、それゆえにこそ育まれた知的大胆さとエネルギー、冒険心のシンボルというべき人々である。

ヴェルサイユの輝き

十七世紀前半には、近世フランスの様々な可能性の壮大な開拓が行われた。フランス国民は、政治面でヨーロッパの運命全体のなかで進むべき道を確固たるものにする一方、芸術においても、社会の知的構造の変容につれて過去の遺産を覆しながら種々の様式を試し、その独自の具象化を見出そうとした。これらの革新の到達点こそ《太陽王 **Roi-Soleil**》の治世にほかならない。

ルイ十四世は、そのヴァロワ家とブルボン家の祖先たちと同じく、宮殿建築に情熱を注いだ。スペイン王室が、その芸術的情熱を、教会や修道院、墓など、神と死に捧げたのと対照的に、フランス王室は伝統的に宮殿に情熱を注いだのである。

とくにこの王は、風景に自分の威光の刻印を遺したがった。彼の事績は、のちにサン＝シモン公が彼について評する「才能は平均以下でありながら、まわりから臆面もなく借りて自分のものにし、それを磨き洗練していく能力をもっている人物」という厳しい判定を真っ向から否認する。ルイ十四世が発揮したのは、建設の技よりむしろ、「生きる技」「考える技術」であり、自ら、「一つの様式」というより「独自の文明のシンボル」たらんとした。彼の遺産は一つのシステムの成果であり、孤高の意志の表明でありながら、それが成就したのは、支配階層のそれと一致したからであることが明らかである。

旧世界は、延々と続く苦しみののち、中世的精神の残滓とともに死んだ。その痕跡は、過去の多くの遺跡のなかにおけるのと同じく日常生活の変容のなかにも見られる。フィリップ・エルランジェは、こう書いている。

「大きい町は、ルネサンスの攻撃にも耐えてきた中世から、このとき決定的に脱出した。古い城塞は、過去の栄光の記念碑から、いまや好奇心の対象に成り下がった。風景だけでなく、ときには気候も変わった。悪臭を放っていた湿地の多くが姿を消し、木々も池や川も、平野や丘も、人手の加わらない森にいたるまで、進んで素晴らしい装飾的要素になった。」

首都自体、都市計画と治安上の新しい規範によって造り替えられ、様々な街路や記念建造物、公園、凱旋門が姿を現した。大都市ゆえの必要性に応えるとともに王の治世の栄光を誇示するために、「美しく壮麗な、不滅の建物」が次々と建てられる。アンヴァリッド、ルーヴルの柱廊、サン=ドニ門とサン=マルタン門、ゴブラン製作場、ヴァル=ド=グラース〔ドミニコ会修道院〕、サルペトリエール病院がそれである。

しかし、パリは過去の記念があまりにも多く、これを全て造り替えることは手に余った。そこで王は、ヴェルサイユに宮殿を建設することを思いつき、やがてはこの何もない物寂しい荒れ地を西欧の首都に変えようと決意するにいたったのであった。

彼は、二十三歳になった一六六一年、かつて父のルイ十三世が狩りの宿として建てさせたヴェルサイユの館に「豪華な装いを施すよう」建築師のル・ヴォーに命じている〔訳注・ルイ十四世は、一六四三年に即位したときはまだ五歳になったばかりであったから、宰相マザランが摂政を務め、一六六一年にマザランが死去してルイ十四世の親政が始まった〕。

一六七八年には、すでに父親のつつましい城はすっかり様相を改めていたが、太陽王は、宮廷全体と王家のすべてを収容できるよう、二つの翼部をこれに付け加えることを決意し、さらに、この新しい宮殿を、信じられないような広大な庭園で囲むとともに、宮殿に隣接して、同じ規格と同じ壮麗さを帯びた町を建設するよう命じる。

工事が始まると、ヴェルサイユは、比肩できるものが古代世界にしか求められないほど大規模な建設現場となった。作業に従事する人は、ときに三万五〇〇〇人に達した。宮殿本体の建設はマンサールが担当し、ル・

ノートルが大勢の職人たちとともに庭園の水路を掘削する一方で、王室首席画家のル・ブランも、自ら絵筆を振るうとともに職人たちを指揮してタピスリーや家具、鏡、そのほかの装飾の作業を進めた。こうしてヴェルサイユは、一七一五年〔訳注・ルイ十四世の死去の年〕には、一国の運命が演じられる巨大な劇場に姿を変えていた。

ヴェルサイユは、確かに、ルイ十四世が自らの幻想を保存するために造った人工的世界であったが、国内のすべてに君臨する中心であるだけにとどまらず、その放つ光は、当時の世界に及び、その後も、サンクト・ペテルスブルグからマドリードまで、ポツダムからロンドンにいたるまで、全ヨーロッパが模倣していく手本となる。

ルイ十四世の忠実な代弁者であるコルベールは、一六六三年に書いた覚書のなかで「文芸庇護の時期は終わった。これからは王国の芸術家たちは王の栄光のために働くのでなければばならない」と述べ、「ヴェルサイユには、あらゆる多様な文化の天才たちが集められなければならないが、それは、ただ芸術への嗜好性のゆえではなく、文化によって王の威光を生き生きと表わさなければならないからである」と述べている。

ルイ十四世自身、王太子への訓えのなかで、次のように書いている。

「フランス王および王太子たるものは、自分の気晴らしのなかに快楽を求めるだけであってはならない。民衆はスペクタクルを好むゆえに、そうした彼らを楽しませることが必要である。——彼らの精神と心を、より強力に繋ぎ止めるため、ときには褒賞と恩沢を与えなければならない。たとえ余計な出費と思われても、それらは、外国の人々にも、壮麗さと力強さ、豊かさ、偉大さといった好ましい印象を植えつけるであろう。」

ヴェルサイユに示された壮麗さは、まもなく三百年を経る今も、彼の偉大さを変わることなく示している。ヴェルサイユは、完成したときから、当時の人々にとって王の偉大さを表していて、書かれた物によってそれが広まっていった。

その称賛は、何百年を経ても、ほとんど弱まることはなかった。十八世紀には、フランス人たちの好みは、壮大なモニュメントから私的な住まいに移り、ヴェルサイユのなかでも宮殿本体よりもトリアノンを好んだが、外国人たちは、このルイ十四世の遺したもののなかに新しい世界の理想的表示を見た。

ヴェルサイユは、ヨーロッパの大きな王宮にとって模倣すべき手本となっていった。それまで世界から嘆賞の的とされてきたルーヴルの柱廊とフォンテーヌブローは、忘却のなかに沈む。各国の王や貴族たちは、「小ヴェルサイユ」を増やすことしか考えなくなる。イギリス王、チャールズ二世（1660-1685）は、フランス人技師たちを招き、また、ル・ノートルに庭園のデザインを依頼している。

十八世紀末、そしてロマン主義がもてはやされた間は、ヴェルサイユ崇拝は衰退する。ルソーの説く「自然に帰れ」という呼びかけと一八二〇年代の作家たちの幻想趣味のために、秩序づけられた優美と技巧の世界は、そっぽを向かれたのである。しかし、十九世紀半ばを過ぎると、夢想よりも思考を促す古典主義時代の壮大で厳格な建築が新しい眼で見直されはじめる。

もとより大王のまわりを固めていた人々も今はなく、賑やかな祭典も欠けているが、革命の災厄以前の賑やかさを復活させる努力も試みられ、こんにちヴェルサイユの城は、かつての偉大な時代にもっていた輝きを少しは取り戻している。

ヴェルサイユの完成に中心的に関わり、十七世紀後半の芸術全体を担ったのがシャルル・ル・ブラン（1619-1690）である。彼が「前奏の間」や「平和の間」「鏡の間」「使節たちの階段」で仕事をしたのは、《装飾師》の肩書きにおいてであったが、実際には、『メルキュール・ギャラン Mercure Galant』の記者が「すべての芸術家を動かしているのが彼である」と書いているように、ヴェルサイユの性格を決定づけた主役である。画家から彫刻家、装飾工、家具職人にいたるあらゆる芸術家・職人が彼の指示と示唆のもとで仕事をした。

ヴェルサイユの建設作業と内装の仕事のために、職人たちのたくさんのアトリエが生まれた。その中核となった「ゴブランの王立工場 Manifacture Royale des Gobelins」も、一六六二年の設立のはじめからル・ブランの責任下

ヴェルサイユ宮殿

に置かれた。ロジェ・アルマン・ウェゲールが「あらゆるインダストリアル・アートがゴブランに提出され、すべての職人がル・ブランの指示を仰いでルイ十四世の住まいを立派にするために働いた」と述べているように、このゴブランの製作場では、タピスリーの職人だけでなく、金銀細工師、絵描き、刺繡職人、宝石加工職人も一緒に仕事をした。

しかし、ヴェルサイユについて語るうえで忘れることができないのが庭園に関してであり、この壮大な造園の総指揮はル・ノートル（1613-1700）が執った。「それまでの庭園は閉じられた様式であったが、ヴェルサイユのそれは、どこまでも遠くを展望できる開かれた庭園である。この果てしない中心軸に、幾つもの対称的な水平面の線が集中し、一つの集大成のなかに視線を導いていく」とロベール・マレは書いている。

「そこに捉えられているのは、無用な要素を排除した一つの風景である。これは、水平線を幾つも複雑に重ねたルネサンスの庭師のやり方とは逆である。フランス古典主義の庭園は、かけがえのないものだけを遺した一篇の詩である。」

ヴェルサイユの庭園は、水と木々、石のモニュメントといった各要素を際限なく再生しながら地平線の彼方にまで広がっており、まさに《広がりétendu》の征服という古典主義的庭園の極致の観を呈している。それは、眼が追いかけうるかぎり遠くへ映像が連なっている鏡を思わせ、デカルトの言葉を借りて言えば、「形と大きさの区々な部分に分割することが可能だが、長さと幅、高さにおいて無限に続いている物体、あるいは、無限に延びている空間」になっている。こうして、ヴェルサイユの庭園には、精神と知的平静さ、論理的に熟慮された空間といった西欧建築のモーメントの全体が表れている。

デカルトの道

この世紀初めのフランス、すなわちアンリ四世（1553-1610）およびマリー・ド・メディシス〔訳注・アンリ四世の二番目の妻〕のフランスとルイ十四世（1638-1715）の古典主義のフランスとの間には、本当の意味での断絶は存在しない。この連続性を象徴しているのがリシュリューである。

一つの国としてのフランスの政治的・経済的・芸術的復興は、ナヴァール王（アンリ四世）とともに始まった。それは次第に独自の性格を明確化し、他のヨーロッパ諸国とは異なる容貌を帯びていく。その文化は、きわめて濃密な生命をもっている。

ヨーロッパにおいて、プロテスタントの国とカトリックの国の間で、民族も町も家族をさえも分裂させた宗教的紛争が和らいだおかげで、人々の間の静穏な関係が樹立され、知的交流も増大した。イタリアやドイツだけでなく、プラハやクラクフなどスラヴ世界の大学とも思想的交流が行われ、神学上の禁令だの政治的・宗教的抗争を乗り越えて、近代的精神の前線が構築されていった。

フランスでも、学者であると同時に著述家として、時代をリードし、時代を彩り、その後も長くフランス思想の探求というテーマを提供することになる二人の人物が現れる。デカルト（1596-1650）とパスカル（1623-1662）がそれである。

『方法序説 Discours de la Méthode』と『形而上学的省察 Méditations Métaphysiques』を著して近代合理主義の基盤を築いたデカルトという人物を知るためには、その生まれたオー＝ポワトゥーの地から出発しなければならない。もとより、この思想が、いつ、どこで生まれたかについては、確かなことは全く分かっていない。ラ・エー（トゥレーヌ州）の男爵領がこの哲学者の生誕地であることが認められたのは革命後のことで、このため、この地は「ラ・エー＝デカルト」という名に変更された。

しかし、デカルトが生まれたのは、シャテルロー〔訳注・ヴィエンヌ県。ポワティエの北〕に近いシビリエールの家であった可能性もある。ここには、デカルトの母が幼い子を連れて滞在したことが分かっている。さらにシャテルローにも、デカルトの高祖父であるピエール・パストーが一五〇〇年ごろに建て、一六四〇年にデカルトが相続した家があり、今も遺っている。彼は、「フランスの貴族によき教養と真の宗教の基本を身につけさせるため」にアンリ四世が設立したラ・フレーシュ校で学ぶために八歳で去るまでここで過ごした。

彼がポワトゥーに戻るのは、学業を修了し、首都での幾分か放浪的な生活と、ドイツ諸侯の軍隊で一介の兵士として過ごしたのち、二十六歳になった一六二二年のことである。もっとも彼が本当に軍務に就いたかどうかについては大いに疑わしい。というのは、デカルトが軍人になったのは、レーモン・レキュイエが「負い革とマスケット銃は、生得の好奇心を満たすためにどこへでも行けるパスポートのようなものだった」と言っているように、ただ勉学のためで、彼の眼中にあったのは「世界という大きな舞台と、あらゆる国で演じられている役割を、観客として観察すること」であった。

一六二九年、彼は、オランダに住むため、相続した土地と家々の大部分を売り払い、ほとんど決定的にポワトゥーに別れを告げた。したがって、故郷の土地に滞在した期間は短かったが、遺した痕跡は今もたくさんある。幼児期を過ごしたシャテルローの家が博物館になっているほか、ラ・エーには彼が生まれたとされる祖母の家がそのまま遺っている。シャテルローの家の入り口やアヴァイユにある小さなペロンの領地の家には、デカルトの落書が遺っている。

しかし、西部フランスのこの地方に残っているまぎれもないデカルトの痕跡は、むしろ、風景そのものではないだろうか？　この明晰で均衡のとれた土地、地平線へ向かってどこまでも続き、他の風景を発見するために出発するよう呼びかけているかのような、この開かれた大地——。この哲学者があらゆる創意工夫の秘密を見つけたのが、ポワトゥーの人々によって肥沃に造り替えられたこれらの土地においてではなかったろうか？

パスカルの精神的冒険は、このデカルトの知的冒険に結びついている。彼の名前は、ポール＝ロワイアルおよびジャンセニスト的異端という十七世紀フランスの大きな宗教運動と切り離せない。

パスカルゆかりの土地は、いまもその精神的響きに惹かれて多くの人が訪れるが、そのなかでも、まず知られているのは、パリのどこかではなく、この『パンセ Pensées』の著者が一六二三年に生を受けたクレルモン＝フェランである。ただ、彼が生まれた家は、いまではなくなっており、彼がその短い生涯の終わりに戻ってきて住んだビアン＝アシの住まいも、いまは門が遺っているだけで、土地はルコク庭園になっている。彼は、この地で数学の問題で神経を磨り減らし、疲労困憊した挙げ句、病を得て、一六六二年に亡くなったのであった。

しかし、パスカルの本当の存在の痕跡が見出されるのは、パリから約二十五キロ、シェヴルーズの谷〔訳注・ヴェルサイユの西南〕のポール＝ロワイアル＝デ＝シャンである。この著述家が、その人生の最大部分を過ごしたこの大修道院も、いまは廃墟になっている。一七一二年に起きたポール＝ロワイアルの破壊は、熱烈な狂信と冷酷な残忍性の所業で、教会堂も修道院も根こそぎ破壊され、その後も、百年間にわたって周辺の村人たちの採石場となった。

パスカルの滞在した跡をもっとよく偲ぼうと思うなら、少し離れたこの修道院付属のグランジュ農園へ行く必要がある。『プロヴァンシャル Provinciales』のこの著者が真実の信仰生活を知ったのが、この田園に住む隠遁生活者たちを通してであった。神をよりよく知るために世を逃れたこれらの気骨ある人々について、アンドレ・アレはこう書いている。

「これらの隠遁生活者たちは、さまざまな身分や立場の人たちで、その穏和さからか、または、独立的な気性からか、修道院の生活には溶け込めなかったが、最も厳しい修道生活を自らに課した。彼らは、農園で作物を作り動物たちの面倒を見ながら、祈り、聖務日課書と聖書を読むなど、俗事と聖事の両方に心血を注いだ。」

このグランジュには、パスカルがそのなかで人間の条件と神の条件について思索した古い建物がいまも残っている。一六五四年に彼を迎え入れたこの建物の各部屋の入り口には、少々独断的にではあるが、この著述家の仲間たちの名前が書かれている。中庭には、「十二歳の子供でも楽に水汲みができるよう、空の桶と水を満たした桶を交互に揚げ降ろしする装置」をパスカルが設置した井戸が残されている。

最後に、農園の壁のそばには、パスカル自身が植えたと伝えられる胡桃の古木が立っている。

信仰の新しい容貌

パスカルの著作と人生が雄弁に示しているように、科学は信仰を壊しはしない。アンリ四世が口火をつけた精神的再建は、この世紀前半、急激に加速する。宗教改革の厳しい対決を経て、カトリックが新しい道を探っていくうえで、人々の魂の再征服という問題に直面したことから、様々な新しい宗教組織と文化のための建物が生まれた。

この信仰の再構築とその目に見える具象化を促した本質的要因が二つある。一つは、宗教戦争の混乱のなかから神秘主義的気質が各地で花開いたことで、そのことは、聖フランソワ・ド・サル〔訳注・カルヴァン主義者を改宗させることに執念を燃やし、女子サレジオ会の設立を立案。1567-1622〕とベリュル〔訳注・フランスにオラトリオ会を設立した枢機卿。1575-1629〕の書いたもの、また、彼らの師であるスペインのアヴィラの聖テレサ（1515-1582）と聖ファン・デ・ラ・クルス（1542-1591）のライバルたちが書いたものに表れている。もう一つは、ブルジョワ階層の台頭と事業家たちの繁栄で、彼らは、秩序とモラルを支える基盤がキリスト教会にあるのを見て、修道院や教会の建設を支援したのであった。

古典主義のフランスは、教会に都市的建築の装いを施そうという考えを歓迎しなかった。フランスの教会の大部分はイエズス会とは無関係であったが、装飾が過剰で厳格さが足りないと、これはジェズイット様式の教会だと決めつけられるのが普通である。この点について、イヴァン・クリストが次のように述べているのは的を射ている。

「フランスは、ゴシックの炎をキリスト教世界全体に広めたあとも、この松明を頑固に守ってきた。そこには、ヨーロッパの他のどこよりも中世的伝統が深く刻み込まれており、幾つかの例外は別にして、自説を曲げることなくガリア民族主義の誇りと自由主義をもって古典主義の冒険に乗り出すことができた。しかし、ブルボン朝のフランスは、信仰面でも芸術面でもローマに対しては忠実で、バロックのイタリアから自分が受け入れたいものしか受けつけず、中世の過去からも、遺すにふさわしいものしか保存しなかった。こうしてフランスは、意図すると否とにかかわらず、流行に譲歩するために時には非難して捨てる振りをしたとしても、何百年も変わらない伝統に従いつづけるのである。」

こうした伝統の根強さは、パリのサン＝シュルピスやサン＝ニコラ・デュ・シャルドネ、サン＝ロク教会、またモントーバン〔訳注・ガロンヌ川支流のタルン川沿いにある〕のカテドラルやメッスのサン＝クレマンなどで、オジーヴの身廊が相変わらず造られていることに見られる。ヌヴェールのヴィジタシオン礼拝堂やシャンベリーのサント＝シャペルのドーム屋根にファサードを組み合わせたやり方には、一つのモデルのなかにゴシックの伝統とイタリアの影響を融合させようとした古典主義建築家の配慮が窺われる。オーシュやレンヌの大聖堂に見られるようにファサードに塔を二つ付け加える手法は、ロマネスクにせよゴシックにせよ中世の遺産への親近性を示している。

これら宗教建築と平行して、一六二七年にヴァンタドゥール公によって設立された《聖秘蹟協会 Compagnie de Saint-Sacrement》により突如拡大を見せる社会的施設〔病院、施療院、牢獄など〕の建設がある。このヴァンタドゥール公のプログラムは、多くの点で戦闘的カトリシズムの考え方を示している。事実、この設立者は、《聖秘蹟協会》の目的を次のように述べている。「ペスト患者、徒刑囚、播く種もない貧しい農民といった不幸な人々を受け入れること。罪なき人々が代官の手下たちの犠牲になるのを防ぐこと。悪辣な高利貸しから債務者たちを守ること。乳房をさらけ出したマルセイユ女たちの衣服を改良すること。放縦な書物の出版者たちに鉄槌を下すこと。地方から乗合馬車でパリにやってきた若者たちを保護すること。ユダヤ人、プロテスタント、狂信家たちを放逐すること。——」

同時に、オラトリオ会とイエズス会の推進により青少年教育施設がフランスじゅうに増え、これらは、のちに「リセー」や「コレージュ」に変貌する。その一方で、とくにサン＝ラザール会が聖ヴァンサン・ド・ポールによって設立されたのをはじめとして、様々な慈善施設が造られ、魂を神に捧げた人々は時代の悲惨さを癒すことに努力していく。

こうした精神的活動の広がりは、建築物の装飾や絵画のなかにも、さまざまな痕跡を遺している。そのなかでも際立っているのがジョルジュ・ド・ラ・トゥール（1593-1652）である。長い間無名であったこの芸術家が広く知られるようになったのは二十世紀になってからである。

たしかに、彼の作品は、カラヴァッジョ（1565-1609）の特色を示しており、このイタリアの師と同じく、光の劇場的効果を活かし、具体的エピソードよりも魂の雰囲気を表現しているところに特徴がある。しかし、彼の作品の最大の特徴をなしているのは、物質的対象との官能的でほとんど肉感的な関係、日常的な所作や表情との親近性という基本的にフランス的な側面である。

彼は、これによって、ル・ナンのように、汗水垂らして働いて土地と深く関わってきたフランスの農民たちと心を通わせることのできる十七世紀の土着の画家たちの仲間入りをする。彼らが表現しているものこそ、農村世界における人間と環境との親密な関係であり、私たちは、このフランス絵画の不変の特徴が、十九世紀にもクールベ、ミレー、セザンヌらによって光り輝くのを目にするであろう。

植物園

デカルトとパスカルは、社会全般にその反響を及ぼした、科学運動においても比肩するもののない二大巨匠であり、はじめてフランスに科学がほんとうの意味で普及していったのは、彼らのおかげである。

こうした学者たちとは別に、たくさんのアマチュアたちがいて、研究者たちを互いに近づけるとともに、専門家たちの研究成果を教養ある一般人に知らしめることに貢献した。その一人がプロヴァンス高等法院の判事ペレスクで、彼がそうした交流の場として提供したエクスの邸とヴァール県ベルガンティエの領地には、ヨーロッパじゅうの研究者がやってきて、発見した成果を証明したり補完したりした。

飛躍を見せたのは純粋科学（とくに数学）であったが、自然科学もけっして忘れられたわけではなかった。一六三〇年ごろ、ペレスクの提唱で、トゥールーズの一人の行政官がアリストテレスの『動物誌』を注釈付きで印刷し、これをヨーロッパじゅうの主要な自然学者に送付した。こうして、人間に関わりのある動物や植物の生命現象の研究が数多くなされるようになり、生命のあらゆる様相に対する好奇心が高まった。そこから生まれたのがパリの現在の《植物園 Jardin des Plantes》である。

これは、薬草学者のギ・ド・ラ・ブロッス〔訳注・ルイ十三世の侍従でもあった〕が一六二五年に、国内各地だけでなく外国からも薬効のあるあらゆる植物を集めた植物園を作ることを国王に進言したことがきっかけで生まれた。こうして、「王立薬草園 jardin royal des plantes médicinales」が、当時パリの外れであった現在のオーステルリッツ駅の傍らに設けられることが決まったが、工事はヴェルサイユの主任建築師ル・ヴォーとアンヴァリッドの建築師リベラル・ブリュアンによるサルペトリエール〔訳注・もともと年老いた女性のための病院で、現在もオーステルリッツ駅のすぐ西にある〕建設（一六五六年）が優先されたため、遅れた。

この庭園にはファゴン〔訳注・ルイ十四世の侍医で植物園長になった。1638-1718〕からトゥルヌフォール〔訳注・西欧だけでなくギリシアから小アジアまで回り薬草を蒐集した。1656-1708〕、ジュシュー〔訳注・一族の多くが植物学者として活躍しているが、ここで言うのはアントワーヌ 1686-1758〕からリンネ（1707-1778）やビュフォン（1707-1788）にいたる著名な植物学者によって各地から様々な物が集められた。しかし、この植物園の栄光は本質的には、この最後の人物の企業家的精神のたまものである。

ビュフォンは、先輩たちが築いたものに、後世、百科事典の根本精神となっていく論証的性格を付与した。彼以後、この場所は、植物学だけでなく鉱物学・動物学・

化石学など、あらゆる自然科学の発展の舞台となっていく。キュヴィエ（1762-1832）が古生物学を樹立することによって復元システムの基礎を確立したのも、この植物園周辺においてである。〔訳注・キュヴィエは古生物を研究し動物分類学をコレージュ・ド・フランスで講じ、またナポレオンに重用され、パリ大学総長を務めた。〕

一七九三年、国民公会は《王立植物園》なる伝統的名称を廃止し、《自然史博物館および植物園 Muséum d'Histoire Naturelle et Jardin des Plantes》と命名し、その指導権を、ビュフォンの弟子で、同じモンバール〔訳注・ディジョンの北西〕の生まれであるドーバントン（1716-1800）に託した。

動物の蒐集は、心優しいベルナルダン・ド・サンピエールがヒントになって構想され、最初のそれはヴェルサイユに造られ、その後、ジョフロワ・サン＝ティレール〔訳注・ラマルクの同僚で、ドーバントンの推挙によりパリ博物館の脊椎動物学教授になった。ナポレオンのエジプト遠征に随行した。1772-1844〕により、革命で逐われた貴族たちが飼育していた動物たちを収容することで充実された。この施設にキュヴィエがやってくるのは、あとのことである。さらに一八九六年にはベクレル（1852-1908）が放射線を発見する。

この目と鼻の先に樹齢二千年を超えるセコイアの切株があり、その年輪によってフランスの歴史上の偉大な節目節目（カエサルによるガリア征服、ジャンヌ・ダルクの活躍、ルイ十四世の治世、バスティーユ陥落など）との時代の相関性が辿れる。丘の頂上の小さな四阿にいたる小径は、複雑に入り組んでいることから「迷宮」と名づけられているが、この中腹に立っているヒマラヤ杉は、一七三四年にジュシューによって植えられたので「ジュシューの杉」と呼ばれている。ベルナール・シャンピニュルは、ヴェルニケによって一七九六年に建てられたこの四阿が、全て金属で造られた最初の建物であることを指摘している。〔訳注・ヴェルニケは建築家で、とくに七二葉から成るパリの地図を作成したことで有名。〕

しかしながら、この博物館の栄誉は、ほかのところにある。この博物館は幾つもの大きな建物から成り、膨大な蒐集物が収容されているだけでなく、その素晴らしい温室と、オーステルリッツ門から図書館にいたるまで広がっているフランス式花壇は、十九世紀末には一万三〇〇〇種を超える植物が集められ、科学的要請と観光的要請の両方に見事に応えるものになっていた。

ビュフォン亡きあと、植物園の栄光を担ったのは、一頭のキリンであった。当時は、ヨーロッパでは誰も見たことがなく、エジプトのパシャ〔訳注・オスマン帝国の地方長官職。当時、エジプトはオスマン帝国の一地方であった〕からシャルル十世(在位1824-1830)に贈呈され公開されたことから人気が沸騰し、絵に描かれたり、その姿を象った雨傘の柄だの小ビンが作られ、さらには、キリンを題材に謳った詩や研究論文まで発表されるなど、一世を風靡した。キリンの主食はミモザだと信じられ、ヴィクトル・ユゴーもその長い『植物園のうた』のなかで、そのことを歌っている。

ブルジョワの住まい

この十七世紀、すべての国家的活動、なかんずく建築に関わる活動は、勝ち誇るブルジョワジーの功績である。その様式は、ロベール・マンドルーが書いているように、「建物は、街路から切り離された内庭を囲む馬蹄形の館で、一方は内庭に、一方は前庭に面するよう部屋を二重に配置しており、客を迎えるためと住む人の快適さのためのに、当時のあらゆる手段が駆使されている。建物は、ペディメント〔訳注・建物の上部や窓と出入り口の上部に付けられた三角形の切り妻部分〕とスタッコで装飾され、外壁は、赤いレンガと白い石または灰色の石灰岩を交互に積み重ねてある。これが、十九世紀にいたるまで都市の建築のモデルとなる」。

十六世紀には、豊かなブルジョワたちも、ジャック・クール（1395-1456）の遺した伝統のなかで、庇付きの狭い窓、尖った切り妻壁の中世様式の家を建てていたのに、十七世紀には、全く新しい住宅芸術を示していく。ファサードはアンリ四世時代の行政府が定めた都市建築の規範に合わせたかのように、平らで横長になる。最も贅を尽くした住居は、街路からの視線や騒音を遮るように、街路に面して四角い庭を具えている。

こうして、ブルジョワたちは、ほかの労働者階級の生活から自分の生活を切り離しはじめる。だが、分離は、建築の次元だけであって、住む区域で分けるにはいたっておらず、豪華な家具を調えた金持ちの邸にすぐ隣り合って労働者たちの住まいがある。このことは、ルイ十四世時代のブルジョワの建物が全体として最もよく保存されているマレー地区を見ても明らかである。

このマレー地区に関して思い起こされるのがジャン・ジロドゥー（1882-1944）の『全権 Pleins Pouvoirs』のなかの次のような詩的な一節である。

「私たちは、すばらしい町を見つけた。それはナポリからポンペイへ行くのにかかった時間の二十分の一もかからないくらいのすぐ近くにあった。この町は、造られたときから手を加えられておらず、柱廊を巡らしたすばらしい広場のまわりに、三十か四十の宮殿が散らばっている。ときには塔や物見櫓を具えていて、それらの陰に、こちらでは回廊が隠れているかと思うと、あちらでは噴水が身をひそめていて、生命の威厳であり味わいでもあるもの、すなわち様式の最も見事な手本となっている。」

地方のあらゆる大都市も美しさを競い合った。地方の諸都市の美しさを代表したのは、金持ちたちが建てる邸宅であったが、モンペリエでそうした手本となったのは、王国財務官の豪邸であり、その後、マンス邸、ボラック邸が豪奢を競った。ペズナス〔訳注・南仏ベズィエの北東〕は、古典主義時代の壮大な建築を遺している。同じように豪華さで際立っているのが、ブルゴーニュ高等法院の判事たちがディジョンのサン＝ジャン広場に面して建てさせた美しい邸と、植民地貿易で巨万の富を積んだ美術愛好家たちが建てたラ・ロシェルの美邸群である。

室内装飾と家具調度も大きな変化を遂げる。レジーヌ・ペルヌーは次のように書いている。「十六世紀になってもまだ、人々の生活の場は、食べるための台所と眠るための寝室で、後者は客を迎える部屋にもなっていた。ブルジョワの家で、部屋が用途別に多様化しはじめるのが十七世紀、それが仕上げを見るのが十八世紀である。」

玄関ホールが現れ、それを通って台所や食堂、客間へ入るようになる。また、二階には廊下ができて、別々の寝室に行けるようになる。この部屋の多様化に伴って、居住のための部屋は、より豪華になる。とくに客間であるサロンにはタピスリー、鏡、シャンデリアが備え付けられ、「各部屋は、天井の梁が白く塗られたり、ときには、天井板が張られて低くなり、小型の暖炉が設置され、その低く幅広の棚板の上には、燭台二つと、その中央に振り子時計が鎮座する。時計は、ブルジョワの家では必需品となっていく。」

この『フランスのブルジョワジーの歴史』の著者は、付け加えて、「このころから住まいが様々な物や美術品で一杯になりはじめ、そうして蒐集された作品が現在の美術館による大規模な蒐集の先駆となり核となった」と述べている。

建築熱は、特権的な人々の住まいだけにとどまらず、町自体が、中世的秩序に代えて古代を手本にした秩序をもたせる努力を始め、その容貌を根底から変えてゆく。パリでは、ヴァンドーム広場とヴィクトワール広場が、ほぼ同時期に造られる。地方でも、シャルルヴィルやニームに大きな広場が現れる。

この都市再整備は、恐るべき大規模な破壊を伴わないでは済まなかった。この世紀は、ラ・ブリュイエール(1645-1696)とともに「中世の野蛮性が宮殿や寺院のために導入したゴシック様式が全面的に放棄されたこと」を祝い合いながら、屈辱的な過去の痕跡を一掃する。サン=ドニでは、最も神聖な建物のファサードが槌で破壊され、オータンでは、ティンパヌムがセメントで塗り込められる。十九世紀ロマン主義による復活までの二百年間、フランスの中世は、廃墟と化すか、または消滅していった。

第三章　ルイ十四世と文化

何千年来の聖性に近代的効率性を結合し絶対的権威の上に樹立されたのが近世政治システムで、古典主義は、そこから単なる飾りではない本物の文化的活動の道具を創り出す。「われらは、凡庸な王の御世に生きているのではない」――コルベールのこの言葉には、大王の治世の栄光を財政面から支え、多くの芸術家たちを支援しながら、さまざまな建築を総監督した宰相としての自負と責任感が現れている。そこでは何よりも偉大さが優先され、アカデミーを通して人々の精神に目指すべき方向が指し示された。

アカデミーはリシュリューによって骨格が作られたあと、次第に肉付けされ、細目が整備された。芸術分野では、ル・ブランが芸術家たちを統括し、ついで音楽の分野では、リュリ（1632-1683）が《王立音楽舞踊学校》を設立した。《科学アカデミー》でも権力への追従色がないわけではなかったが、その代わりしっかりした内容をもち、《天文観測所 Observatoire》が付設されていった。

〔訳注・《フランス・アカデミー Académie française》は一六三五年にフランス語の保護と純化を目的としてリシュリューによって設立された。その後、一六六三年に歴史学・考古学・文献学の分野のために《碑文・文芸アカデミー Académie des inscriptions et belles-lettres》、一六六六年には数学・物理学・生物学・医学の分野のために《科学アカデミー Académie des Sciences》が設置された。芸術分野のための《芸術アカデミー Académie des beaux-arts》が設置されるのは一八一六年であり、《人文・社会科学アカデミー Académie des sciences morales et politiques》が設置されるのは一八三二年である。〕

しかし、この方向づけは、後の世代の規準にしたがってなされたものではなく、その恩給リストで重きを成したのは、ジャン・シャプラン（1595-1674）そのほか、ボワロー（1636-1711）の攻撃の的になった人々であった。これは、芸術においても同じである。〔訳注・シャプランはリシュリューの厚い信任を受けて文芸批評において重きをなし、アカデミーの最初の会員に選ばれたが、彼が創作した『聖処女あるいはフランスの解放』はボワローから酷評された。〕

ルーヴルの東向きファサードに関しては、イタリア人ベルニーニ（1598-1680）がプランを立てていたにもかかわらず、ペロー（1613-1688）〔訳注・シャルル・ペローの兄〕が委員会を牛耳って採用させた威圧的なコロネード様式は、明らかに退嬰的であった。〔訳注・コロネードとはアーチを架す代わりに平屋根を架した列柱廊。〕

ヴェルサイユにおいても、大王のバロック嫌いは明白で、この若き王が父親の小さな城で見出した楽しみは、イタリア風の気晴しというべき演劇がせいぜいであった。この宮殿の拡張に際して建築師のル・ヴォーは、ル・ノートルの庭園のほうへ水平に延長する手法を採用し、その方向性のなかで、ジュール・アルドゥアン・マンサール（1646-1708）により、さまざまな建物が付け加えられていった。まず、オレンジ園のあとに美術館の《オランジュリー Orangerie》が造られ、ファサードはより厳格さを増し、そこから同じ平面上で鏡の間（Galerie des Glaces）を通って中央テラスにある礼拝堂に行けるようになった。王の住まいを中心にした配置は、その後の宮殿の手本になる。そこに見られるのは、古代という保証人によって神聖化された規範の合法的正当化である。

事実、この宮殿建設に携わった責任者たちのなかでも、王宮筆頭画家でありゴブラン製作所の代表であるル・ブランが方向づけをしたヴェルサイユの絵画装飾は、大袈裟なまでの壮麗さに特徴があり、ジラルドンやコアズヴォの彫刻に較べて、説得性においては劣るように見える。

〔訳注・ル・ブラン（1619-1690）はイタリア遊学ののち、ルイ十四世付きの首席画家、王立ゴブラン製作所監督となり、ヴェルサイユ宮殿やアンヴァリッドの装飾の中心者になった。ジラルドン（1628-1715）は宰相セギエに見出されてイタリアに遊学し、帰国後、ヴェルサイユ宮殿とルーヴル宮殿の装飾に腕を振るい、フランス古典主義の代表的彫刻家となる。コワズヴォ（1661-1722）は王室首席画家、アカデミー会長となった。〕

大王の象徴的な言葉「朕は国家なり L'Etat c'est moi」に表れているのは、硬直したドクトリンの冷たさではなく文化の生き生きした豊かさと総体としての力強さである。そこでは、もろもろの情念も、窒息させるのではなく、演劇的レトリックと幾何学的配置によって制御され、サン＝シモンの健康的な無礼も、殺すことなく腰をかがめさせるのが、そのエチケットである。

ヴェルサイユの外でも、この複合体のさまざまな要素が、強度はいろいろであるが、影を投じている。ヴァンドーム広場やヴィクトワール広場といった舞台でも、サン・マルタン門やサン・ドニ門でも、勝利者としての栄光に輝く王の像が飾られた。

リベラル・ブリュアンがサルペトリエール病院において示している厳めしさは、アルドゥアン・マンサールがアンヴァリッドに付した壮大なドームとの間に調和をもたせるためであった。アンヴァリッドの正面ファサードは、軍事的いかめしさを際立たせるために城砦の趣を示しており、東部や北部フランスの国境地域、ラングルやサン＝マロで見られるヴォーバン（1633-1705）の城塞の原型となっている。このように、王国の隅々に押し付けられた秩序は、ナント勅令の撤回や大戦争によって加速されたこの大王の専横の表れである。

大王の治世の後半も、パリの文化を模倣した建設が地方のいたるところに、ぞくぞく生まれていく。しかし、パリの文化自体、大王の嗜好に合わせて進展をつづける。この流れは、ルイ十四世なきあとの摂政時代〔訳注・一七一五年にルイ十四世がなくなったあと、曾孫のルイ十五世が五歳で即位するが、叔父のオルレアン公フィリップが一七二三年まで摂政として補佐した〕にも中断することはなかった。

装飾の凱歌

一六八〇年代に頂点に達した高雅な建築の技法は、十八世紀に入ると、アルドゥアン・マンサールの弟子や親族の専門的建築師たちによって継承される。その筆頭が、アンヴァリッドやサン＝ロック教会〔訳注・サントノレ街にある〕、ヴェルサイユの事業を引き継いだ義弟のロベール・ド・コットであるが、王が建設に無関心なので（ルイ十五世が建築に関心を寄せるのは一七五〇年以後である）、彼らの技量は個人用の館に向けられた。

必然的に、彼らの仕事の質は、師匠であるマンサールや、さらにいえば、その前の世代のそれとは異なっている。ロレーヌ公国の首都リュネヴィルについてのボフラン（1667-1754）の基本プログラムは、規模の大きさでは勝っているが、輝きにおいてはコットがストラスブールのパレ・ローアンで見せたそれに及ばない。

パリでは、美しい館が幾つか見られる。上流階級がフォーブール・サン＝ジェルマン方面へ移る以前は、現在はロダン美術館になっているビロン邸を西の境界として、古いマレ地区にはスービズ邸だのローアン邸（現在は国立古文書館）をはじめたくさんの邸が立ち並んでいた。とくにこの二つは、マティニョン邸とともに、ルイ十五世風の装飾の傑作を遺している代表格である。

嗜好の変化は、まず何よりも装飾に表れた。《近代》の攻勢は、すでにルイ十四世の崩御より前に、ジャン・ベラン（1637-1711）のアラベスク様式やクロード・オードラン（1639-1684）から始まっていた。いわゆる《ロカイユ》〔訳注・貝殻や小石で装飾を施した岩窟や築山。ロココ様式という呼称は、ここから来たといわれる〕が普及したのは、南仏トゥーロン生まれのトロ〔訳注・本名はテュロー。1672-1731〕とオランダ生まれのオプノール（1672-1742）のスケッチ・ブックによるが、ベランとオードランは、その先駆者である。

これらの形は、「愛すべき摂政の時代には、人々はあらゆることをやった。贖罪は別にして」と言われるように、余りにも重くのしかかっていた大王が一七一五年に亡くなって一挙に解き放たれた社会から歓迎されたのであって、大王の死の反響は、マントノン夫人がいたにもかかわらず公徳について何の苦しみも感じない放蕩者たちが広がったということだけではなかった。〔訳注・マントノン夫人はルイ十四世とモンテスパン夫人との間の子供たちの教育のために宮廷に入り、モンテスパン夫人を排除したあと、ルイ十四世と秘密に結婚し、王の死後も四年間、サン＝シールで貴族の娘たちの教育に携わった。〕

この風雅への嗜好は過小評価されるべきではない。ワトー（1684-1721）は、これをテーマに、神経質な不安を多少は交えつつも軽快さをもつ新しいざわめきに聖別を与えた。とくに肉体的快楽の解放は、亜流の人々によって俗悪化され、くだっては、ブーシェ（1703-1770）やフラゴナール（1732-1806）にあっては、ときに甘美な卑猥さへと走るが、教養あるサークルにあっては、信仰熱の高まりと連動していった。〔訳注・ワトーは三十七歳という若さで亡くなったが、ブーシェやフラゴナールに引き継がれる雅宴画とダヴィド（1748-1825）に引き継がれる写実主義の二つの十八世紀フランス絵画の流れの源となった。〕

これらの変動は、存在についての異なる感覚、超自然的なものを人間的基準によって一つの残留機能に還元する一つの新しい世界解釈の仕方のなかに統合されていく。このプロセスは『ペルシア人の手紙』〔訳注・モンテスキューが一七二一年に匿名で出版した書簡体の著述〕で始まったばかりだったが、啓蒙主義のコスモポリタン的領域において加速し、前の世紀には知られていなかった新しい王位をヴォルテール（1694-1778）に提供することとなる。

この知的進歩がいかなるものかは、道徳的理念と社会的価値についての論議に対するピエール・ベール（1647-1706）の鋭い批判的理性と、ニュートン物理学への信頼をよりどころとした自然神教に対する支持を思い起こすと明白である。文人たちのたむろするカフェの活気に見られる「文化の世俗化」という全般的風潮のなかで、文化的活動の重心はヴェルサイユからパリの貴族たちのサロンへと移る。このパリで、哲学者ヴォルテールが追求したのは、最終的には《傲慢》へといたる「より輝かしく洗練された精神」であった。社交界（mondain）は、社会の仕組みのことなどあまり心配する必要のない最初の経済的繁栄の波に遭遇し、先祖伝来の精神的態度をかなぐり捨てて贅沢と堕落をさえ推奨した。富の誘惑はけっして新しいことではなかったが、人々は、社会的有用性と人類の幸福という名目のもとに、羞じらいもなく富の追求を宣言したのである。

この風潮は、快適さと親密感を追求する住まいの変化に表れる。サクス元帥〔訳注・ザクセン選帝侯アウグスト二世の息子で、フランス国王ルイ十四世に仕えて武勲をあげた〕はシャンボール城で部屋を細分化させ、大貴族たちも、豪華さではそれほどでないが、暖房がよく利いた快適な住居にするため板壁で内装させ、衣服も明るい暖色系を好んだ。

もっと幅広い階層が参加できる生活の装飾の祭典において洗練ぶりを示すのが金銀細工と食器、さらに美麗本である。衣服の豪華さが後退を見せ、それに代わって、整理たんす、ライティング・デスク、テーブル、化粧机（bonheur-du-jour）などの家具にカネがかけられるようになる。貴重で高価な素材を使ったものや精巧な寄せ木細工、細かい彫りを施したブロンズの金具がとくに好まれ、他方、黄金や大理石は硬さと冷たさを感じさせるので敬遠された。

形態面でも幾何学的硬直さは敬遠され、滑らかな曲線や卵形あるいは楕円形の曲面が多用される。ときには退屈凌ぎの気晴らしのような非対称性が導入され、魚鱗や貝殻の形が凱歌をあげた。《ロココ調》と呼ばれるこの空想的芸術が古典主義芸術に対抗して最も明確に自己表現しているのが、円形浮彫装飾においてである。ロクロール邸のサロンに見られる、木々の枝と棕櫚の蔓や花飾りなど植物を様式化した装飾、ローアン枢機卿館の有名な猿の間のように動物にモチーフを採ったものも、同じこの流れに属している。

この《理性の世紀》には、サン＝シュルピスをはじめ多くの教会が建設された。この世紀は「若返り」のためにカネを惜しまなかったし、建物の姿を変えることも恐れなかった。装飾絵画では宗教的主題も多く採り入れられ、とりわけ《智天使 chérubins》が濫用された。

そのバロック的壮麗さにはモーツァルトのミサ曲を思わせるものがある。その大音楽は、宗教的オラトリオにせよ、世俗的オペラにせよ、流れ出てきた源泉は同じである。ただし、可視的次元に限定していえば、「神の家」と「人間の家」との共通点を指摘しておく必要がある。それは、この想像力に訴える装飾には、そのために建築上の秩序が見失われることがないよう、節度が守られていることである。

したがって、建物の外観はあまり変わらなかったが、内側で一つの革命が起きたのであって、その変容ぶりは、互いに似たものを対照するだけで明白で、それらの間には年代学的断層が顕著に現れている。リゴー（1659-1743）はルイ十四世だのボシュエといった錚々たる人々の躍動する個性を見事に捉えて威厳に満ちた肖像画を描いているし、ラルジリエール（1656-1746）は、ブルジョワ階層の人々をモデルに、それとは違った雰囲気のなかで更に動的に描くことに成功している。『マルリーの馬』〔訳注・シャンゼリゼ大通りに飾られている像〕の激しい躍動美は、その作者のギヨーム・クストゥ（1677-1745）が叔父のコアズヴォやヴェルサイユの彫刻師たちから受けたものを証明している。また、『聖書の言葉から引き出された政治』〔訳注・ボシュエ（1627-1704）の著〕から『法の精神』〔訳注・モンテスキュー（1689-1755）の著〕にいたる道は、世代の重なりと偶発的に現れる天才というものを思い起こさせてくれる。

強調しておかなければならないことがもう一つある。十八世紀になって、絵画などの芸術作品のマーケットの拡大、またパリで展示会が開催されて美術批評が文学の一ジャンルとして成立したのにともない、芸術愛好家の世界が形成されたことである。そうした美術批評のなかで際立って重要な位置を占めたのがディドロー（1713-1784）であるが、ともあれ、これによって、芸術の社会的機能は、価値のヒエラルキーのなかで大きな自治権を獲得し、キリスト教会や王制は、それを指導できないばかりか、むしろ引きずりまわされるほどになる。

こうした逆転現象は、ルイ十五世のために行われたヴェルサイユの改修にも現れている。貴族たちのためのアパルトマンが幾つも造られ、王室の生活の枠組みと大貴族たちのそれとは、すぐ間近になった。しかしながら、その出来栄えには、かなりのレベルの違いがある。その理由の一部は、彼らにとって、国家を支える仕事が高くついたこと、もっとありていにいうと、さまざまな公的建築を分担しなければならなかったからである。

ここで目に付くのが、二重の意味で伝統的な建物の重みである。王室建築師の血を引くアンジュ＝ジャック・ガブリエルの「ルイ十五世広場」（コンコルド広場）は、前の時代の広場を模倣しているわけではないが、同じジャンルのなかにあるのに対し、陸軍学校はすぐ側のアンヴァリッドを手本にしつつ、この同じ芸術家の強力な独自性、十八世紀においては比類のない天才的師匠の特性を表している。

もっと対比を押し進めると、さらに示唆的な点がある。ヴェルサイユにおいて考慮されているのがこの《城》の王としての威厳と機能上の必要性との間の釣り合いであることは、細部の分析にまで入らずとも、その礼拝堂が全体を見下ろす形になっていない事実を挙げるだけで充分であろう。ポンパドゥール夫人の気に入ったこの哲学は、軍隊で成功を収めた。

似たような考え方は、地方でも確認できる。ナンシーでは、一つのすばらしい集合体を形成しているスタニスラス広場に時代的特徴を付与しているのは、建物よりもむしろ金属工芸による装飾で、そこでは、統治する君主は臣下たちに囲まれるような形になっている。とりわけ、県庁所在地のトゥールやシャロン＝シュル＝マルヌでも、ボルドーやオシュでも、王と臣下の親近性が現れている。

この特徴は、地域的特殊性ではなく時代的特性である。ヴィクトール・ルイ〔1735-1807〕の傑作であるブザンソンの総督官邸やボルドーの劇場〔訳注・グラン・テアトル〕は、啓蒙主義によって仕上げられたこうした雰囲気を無視しては考えられない。しかし、リヨンのベルクール広場やレンヌの市庁舎とその広場、また、各地の港の海岸通り、あるいは、もっとつつましいところでいえば、橋や散歩道、入市税徴収所の防壁などの建設においては、生まれ出ようとする《国民》のなかに王制の威光を射し込もうとする十八世紀の都市整備の考え方と『百科事典』のように人類普遍で実用的な芸術への希求とが表れている。

啓蒙主義の社会

では、それは、ブルジョワ的価値が《文化》に昇格したということだろうか? この結論は早や過ぎる。その問題に取りかかるには、「善良なシャルダン」や、質より数の多さで説得する中流階層の民衆向けのテーマや作品を想起するだけでは不充分である。〔訳注・シャルダン（1699-1779）は『食前の祈り』など庶民

の日常生活を好んで描いた画家。〕

文化の複雑で偉大なモデルと同様、この光の流れのなかに包まれる人々は、広がる光の輪のなかに拡散していく。彼らは多分《パリの名士連 Tout-Paris》と呼ばれるにふさわしいパリ人であったが、各地方で特権的少数者を集めてさまざまな協会や支部、アカデミーがぞくぞく出来るにつれて、赴任していった。そうした地方への定着の動きにともない、文化のアクセントも移動した。明晰な精神は、どこでも同じ香りを発するわけではなく、シリー〔訳注・ヴォルテールが滞在したムルト＝エ＝モーゼル県の町〕の「神聖なエミリー」の家そのほかのサロンには、「シャルメットを知ったジュネーヴ市民」（ジャン＝ジャック・ルソー）を苛立たせる雰囲気がある。〔訳注・ジュネーヴ生まれのジャン＝ジャック・ルソーはその青年時代をシャンベリーに近いシャルメットのヴァラン夫人のもとで過ごしている。〕

しかしながら、無知から生まれる恐怖や不幸から民衆を知的進歩によって解放しようとする願望と思考においては、両者は同じである。そこで、一種の合金のように姿を現すのが、もろもろの原理とその人間的目的に神聖な威信を付与するとともに、幸福と徳、道徳と利益、貴族的エリートの自由な開花と各人における人間性への正しい考察とを融合するのに充分強力な実践的理性である。

この合金の中に潜んでいる罅（ひび）を明らかにしてみせたのがルソーである。彼の著述には、さほど攻撃的ではないが、批判精神の高まりにつれて哲学者たちを権力に立ち向かわせ革命の淵源に変えていくような大胆な表現が見出される。

ヴェルサイユでも一方ではイギリス式庭園やプティ・トリアノンの牧歌調の流行が象徴している精神（l'ésprit）に対する心情（coeur）の巻き返し、都会的腐敗に対抗する自然の素朴さの宣揚が起きるのと同時に、ロカイユ様式に対する巻き返しとして、新古典主義が新しい展開を見せる。そこには、ヘレニズム時代のほんものの古代を発見したのだという確信があった。

かつてのメソニエ（1693-1750）のロココ調の作品と違って、ルイ十六世様式の家具におけるポンペイ調の装飾、ユベール・ロベール（1733-1808）が好んで描いた「廃墟」は、革命前夜の心理状態を表している。

スフロ（1713-1780）は、壮大なパンテオン〔訳注・この建物はまさにローマ建築の再現を思わせる〕を建てたが、そのときは、やがて、大物たちによって歴史が捏造されるであろうということには気づきもしなかった。〔訳注・スフロはサント・ジュヌヴィエーヴ教会として一七五七年着工で建設したのであるが、大革命後、パンテオンとなり、ナポレオンの柩が安置されるのを始め、ルソー、ユゴーなどフランスの偉大な人々のメモリアルとなる。〕

ルソーの優れた側面の一つである《夢想》に触発されて幾つかの奇妙な建築が構想されたが、ルドゥー（1736-1806）によって現実化されたそうした夢想的な建築の一部には、ショーの製塩工場〔フランシュ＝コンテ州〕のような工業的建築の先駆けというべきものが認められる。

十八世紀は、内密にであれ自惚れからであれ、絶えず理性について語ったが、その一方で、非合理性のもつ力に関しては、隠すことも窒息させることもできなかった。彼らが語る理性への称賛にはこの非合理性への無認識が少々あり、それが啓蒙主義の社会に花を咲かせるとともに、生の甘美さは、その土台に開いた墓穴のなかに葬られていくこととなる。

古典主義時代の都市

一七一五年、フランス史上最も長命な治世が終わったとき、フランスの国の容貌は根底から変わっていた。偉大な君主、ルイ十四世の死以来、一つの長い戦いが始まった。そこでは、この君主の事績とともに、その存在についてさまざまな評価が行われたが、芸術に視点を絞れば、重要なのは評価や批判ではなく、十七世紀は、どのような遺産を十八世紀に伝えたか？　古典主義のフランスは啓蒙主義のフランスを、どのような道に導いたか？　ということの確認になる。

この王の存在は、きわめて輝かしく圧倒的であったから、王国は王を手本とし、王に歩調を合わせなければならなかった。この王の人柄は、小説風の冒険が語られるようなものではなく、王としての役割を象徴し、神のような全能の機能を体現し、主要な階層のみんなの心の奥にある希求に合致していた。

凋落しゆく貴族階級は彼の振舞いに自分たちの行動の枠組みを見出したいと願っていたし、キリスト教会は、この王のなかに新しい秩序の誕生と、《聖なる心 Sacré-Coeur》の礼拝の広がりによってカトリック信仰の復活をもたらす保証人を見ていた。さらにブルジョワジーは王を、増大しゆく下層庶民の権利要求から自分たちの特権を保護してくれる庇護者と見ていた。

君主制にあっては、フランスに限らずどこでも、それこそ小さな領邦に分かれていたドイツやイタリアでも、宮廷がその枠組みであり、宮廷で行われる儀式は一種のドラマである。王の優位を示すのに欠かせないのが衣装であるが、このこと自体、儀式が目的そのものであることを物語っている。

したがって、ヴェルサイユは王の住まいであるとともに、こんにちの行政官庁のように、国家経営の中枢でもあった。しかも、それに加えて、貴族たちに食物と住居と楽しみを無償で提供する広大なホテルでもあった。これらの客人たちをもてなすために膨大な数の人々が働いたが、その労作業は、実際的目的はまったくもっていなかった。たとえば、ヴェルサイユでもマルリ〔訳注・サン＝ジェルマン＝アン＝レの近くで、ルイ十四世のために、マンサールによって建てられた城があったが、大革命のとき破壊された〕でも、ただ広大な庭園の噴水と池に水を供給するためだけに、当時の先端技術が駆使され、大勢の人が働いていた。これは、十七世紀のシトー派修道会の飛躍を決定づけた、人間的で実用的な芸術とは遠く隔たっている。

これと同じ《外観への欲求》が都市工学の分野でも、町の変化を決定づけていった。中世の都市がそのコミュニティー全体のために構想されていたのに対し、古典主義時代の都市は、もっぱら資産家や貴族に安らぎと威信を付与するために構想され、労働者階級や貧しい人々への配慮はまったく認められない。

こんにちも都市工学を決定づけているのがこの近代都市計画の原理で、その深い根っこは、ルイ十四世時代をさらに超えて、デカルトによって創始された世界の幾何学化に求める必要がある。それは、利潤追求に基盤を置く資本主義的経済の発展と簿記の厳密さや銀行の発展と相携えて進展してきたもので、この「世界の幾何学化」は、無限大から無限小にいたる空間に新しい理念をもたらす。

ルイス・マンフォードが強調しているように、時間と運動の観念を空間のそれに結びつけたのが十七世紀であり、建築においては秩序と比率（プロポーション）、対称性、そして形の反復が、都市工学にあっては幾何学的な線の適用が重要となる。

この建築様式は、そのうえ、政治的・道徳的あるいは宗教的意味合いを伴なう。十七世紀の社会は、ジャンセニスト的ドラマと静寂主義的危機が示しているように、カトリックを核に霊的に結合し、定期的に異端の穢れから自らを洗浄しながら、富と権力という明確な価値によって秩序づけられた社会である。

古典主義時代の町を特徴づけるものは、まっすぐに走る街路である。ヴェルサイユを別にして、中世以来の都市は、手を加えてこの古典主義の町の基準に適合させる以外にない。物資の輸送や、とりわけ完璧な秩序の象徴である軍隊の移動と行進が容易にできるよう、新しい街路（rues）や並木道（avenues）が開通された。しばしば大きい町では、並木道は作り変えられて軍事的広場になった。こんにちも、フランスの町の大部分は、そうした広場をもっている。

人口が増えすぎて調整が困難になった場合は、旧来の町に幾何学的プランに従った新しい居住区が付け加えられることがあるが、もっと多いのは、人間的エネルギーに満ち、歴史と社会的関係が絡み合った昔からの旧い街区が、取り返しのつかないやり方で破壊されたケースである。それらは、軍事面の技師たちの仕業である。

都市計画者や担当行政官が共通して構想した理想的都市とは、都市の心臓部である一つの中心に向かって何本かの線が収斂する星型の都市である。この理想型はヴェルサイユからナポレオン帝政下のパリ、ついでオスマン（1809-1891）のパリへと引き継がれた。

この秩序と対称性への傾向性、形態的規制は、十七世紀の間にフランスじゅうに広まった。ヴェルサイユは、ヨーロッパにとっての手本となる前に、フランス各都市がこれを手本とした。地方的特徴にあわせてさまざまに適用が行われたが、基本的には地域的特性は消滅し、中世とルネサンスの豊かさをなしていた地方地方の多様なスタイルはなくなって画一的スタイルに取って替わられた。そこから、フランスの地方的自主独立主義の苦悩が始まる。この苦悩は、すでに十八世紀末から建築の貧弱化のなかに表れていたが、大革命はそれに拍車をかけた。

結果はどうであれ、この画一化によって地方的自発性は有罪宣告を受け、地方のコミューンがもっていた特権や自由権は中央権力の絶対主義のもとに圧殺され、あらゆる伝統も死に絶える。こうして、フランスでは地方は、以後三世紀間にわたって、中央の模倣という情けない作業に憂き身をやつすこととなる。

この中央集権化の請負人が各州の知事たちである。権力の締めつけがそれほどきつくなかった十八世紀には、知事たちの多くは、過去において輝かしい光を放ってきた地方の天分の一部でも保存しようと努力し、それなりに素晴らしい仕事をした。しかし、そうした彼らも、大部分の時間を、パリの権威と規範の代行に費やさざるをえなかった。そのため、それまでは詩趣と平和的な魅力を帯びていた「プロヴァンス province」という言葉が、このころからほとんど屈辱的意味合いを帯びるようになり、それが、つい最近まで尾を引くこととなる。

画一化は、生活のあらゆる面に及んだが、とりわけ文化の領域を呑み込んだ。中央の《フランス・アカデミー》に倣って、たくさんの《州アカデミー》が創設された。その幾つかは、たとえばトゥールーズのアカデミーのように地域の文学的遺産の保持に努めた例もあるが、大部分の州アカデミーはパリの「大アカデミー」から発せられた命令や勧告を伝達する機関でしかなかった。

そのパリのアカデミーの第一の目的は、フランス語に決定的秩序と構造を与え、それを国民全体に押しつけて、当時は言語的次元でも造形的次元でもまだ生き残っていた地方的様式を払拭することにあった。

同様の変化は、それまで多様で特徴的であった教育にも及んだ。中世やルネサンス時代の学校は、教師の出自によっても、教科の質でも、かなり多様であった。ところが、ルイ十四世の御代とともに始まったイエズス会(ジェズイット)の教育改革が、公教育の世俗化を超えて続いていき、それがフランスの大学教育の基盤となっていく。十七世紀はじめのこの大事業の主役となったのがオラトリオ会の人々である。〔訳注・イタリアでは十六世紀、フランスでは十七世紀に、彼らによる教育の進展が行われた。〕

イエズス会とオラトリオ会――この二つの修道会が多くの教育機関を設立し、ブルジョワジーと貴族階級に、当時の時代のレベルに見合った知的手段を提供したのであり、大革命のあと、《リセー》の全国設置がスムーズに実現されたのは、そのおかげであった。

現在を秩序づけるには過去の秩序づけを必要とする。

現在を支配するとは、先行する時代をも支配することである。美術館は王室ギャラリーから生まれ、動物学と植物学は自然誌的視点から奇妙と見える動植物の蒐集から始まった。それを突き動かしたのは、科学的探究心というよりむしろ、珍しいものを手に入れる喜びであり、アマチュア愛好家のコレクションが動植物学の発展を促したのである。

事実、フランス王国が一七一五年までに経験した精神的・知的変革を超えて、他のすべてを決定づけていった根本的現象が科学の急速な発展であり、そこにこそ近代の真の革命の源泉があるとするのが大方の見解であろう。事実、全ヨーロッパ、とりわけフランス全土で、人間と世界との関係を一変させる知識の飛躍は、一六二〇年と一六四〇年の間に起きた。

〔訳注・フランシス・ベーコンが『ノーヴム・オーガヌム』を刊行したのが一六二〇年、ガリレオ・ガリレイが『天文対話』を発表したのが一六三二年、ルネ・デカルトが『方法序説』を発表したのが一六三七年である。〕

十八世紀は、この十七世紀の経験から、ときには逆行しつつも、多くのものを引き継ぐ。君主制秩序の厳格さと新しい精神の約束するものとの間にあって、人間を中心とし進歩を原則とする一つの文明が確定されていく。彼は《自由》を発明するために《秩序》を忘れ、その《自由》をもって《幸福》を発明する。

アルザス——伝統とモダニズム

光源はパリにあるが、地方の放つ光も、それに負けていない。地方各州の都市は、首都を手本としつつも、幾世紀にもわたって築いてきた独自性を守ろうとする。それぞれの州が、歴史の流れのなかで培われた固有の性格と遺産を守りながら、フランスの大きな文化的運動のなかに自らの居場所を見出していった。ロベール・マンドルーは言う。

「小さな町々も独自の伝統と情熱を向ける対象をもっていた。そのサロンやアカデミーは、大小さまざまな作家や芸術家が集い、パリでの生活に負けない魅力を放っている。豊かさの種類は町の数だけあり、その総和が啓蒙の世紀の洗練された文明を構成している。」

それぞれの宝を持ち寄ってフランスの国民文化を構成した各地のなかでも、アルザスは二重の意味で興味深い。アルザスがフランスの支配圏に復帰したのは、一六四八年のウェストファリア条約以後であるが、それまでにライン地方との接触や神聖ローマ帝国の領邦諸国あるいはスイスの諸州との不断の交流によって独自の豊かな伝統を培っていた。したがって、アルザスはドイツの文化的特徴を深く刻み込まれていたが、当時は、フランス文化やイタリア文化のようにドイツ文化があったわけではなかった。アルザスがドイツから受け取ることができたのは、統一性のないばらばらの遺産であり、他方、フランスの芸術からの影響も、十七世紀末までは、少ししか受けなかった。

ルイ十四世にとってアルザスは王国の辺境であり、彼は防衛線としてしか関心を向けなかった。こうした王の意志を受けて赴いたヴォーバンは、三つの防衛システムを次々と試みた。彼がライン地方を一本の巨大な防衛線にするために築いたもので今も遺っているのはヌフ＝ブリザックの要塞だけであるが、これは、あらゆる軍事的大建築物のなかで最も完璧なものである。

しかし、このヴォーバンの仕事のおかげで、アルザスでは、都市的建築物の根本的刷新の門戸が開かれた。というのは、ハンス・ハウクが指摘しているように、ヴォーバンの仕事によって、アルザスでは「新しい建築の手本が示され、とりわけ中世以来ストラスブールとヴォージュ地方の砂岩採石場を結びつけていたブリュシュ運河が拡幅され、ヴォージュの石切り場とヌフ＝ブリザックをつなぐヴォーバン運河が開通したことによって、これ以後石材の輸送が容易になり利用の可能性が増大した」からである。

こうして一七二〇年ごろには、アルザスはフランス的な規範と様式による建築技法の《選ばれし地》となる。その傑作が、マンサールのあと王室首席建築師になったロベール・ド・コットによりストラスブール司教ローアン公のためにサヴェルヌ〔訳注・ストラスブールの北西約四〇キロ〕に建てられたパレ・ド・ローアンである。注文主のローアン枢機卿は、ここをアルザス全体に君臨する玉座にしようと考えた。事実、このサヴェルヌの城は、当時最もすばらしかったヴュルツブルクやボン、ポッペルスドルフの城に比肩できる、当時の最も偉大な大公にふさわしい宮殿になった。

一七七九年に火災に遭ったが、一七八〇年から一七九〇年まで十年をかけた再建事業にあたったニコラ＝アレクサンドル・サランは、古代ローマ建築を模倣した荘厳さを採り入れ、それが、大革命からナポレオン帝政にかけて、君主の住まいの手本になっていった。

アルザスは、フランスと神聖ローマ帝国の一種の接合部であり、ドイツにとってフランス古典主義の霊気が入ってくる入り口であった。おそらくこの時代ほど、ドイツとフランスが深く関わり合い、多産的であった時代は他にない。そこでは、ラテン的文化とゲルマン的文化が融合し、十八世紀の偉大な希望であった「文化の普遍性」の土壌が用意された。

この文化的普遍性は、ヴォルテールやヘルダー、ゲーテとルソーといった啓蒙時代のヨーロッパを代表する著述家たちがストラスブールを訪れている事実に明確に現れている。まさにアルザスは、『ヴェルテル Werther』の作者にとっても、『ザディグ Zadig』の作者にとっても、そして彼らを案内したアルザス人やプロシャ人のガイドにとっても、地中海のユマニスムに向かって開かれた窓であり、そこへ至る道の交差路であった。

この時代の最も保存状態のよい記念建造物は、サヴェルヌの城を建てた同じロベール・ド・コットにより一七三六年から一七四二年までかけてストラスブールに建設されたパレ・ローアンである。サヴェルヌの城の場合は、土地が充分に広いので、広大な庭園のなかに建物もゆったりと建てられているが、ストラスブールの館は、市街地のなかなので敷地面積は広くないが、パリのロー

枢機卿ローアンの館

アン＝スービズ館とよく似た、ルイ十四世時代の建物の風貌を湛えており、建物のなかは豪華なサロンと客人たちのためのアパルトマンによって構成されている。この建物についてロベール・ミンダーは、次のように書いている。

「サロンの壁は、金色の飾りとガラス、タピスリー、そしてラファエロにヒントを得た絵画によって交互に彩られている。しかし、窓を通して見えるのは、バトリエ河岸の全くアルザス的な家々の切妻壁とその装飾であり、古い町らしい幅の狭い家々のファサード、そして狭い空である。」

しかしながら、ローアンの城館は、十八世紀がこのアルザスの州都に遺した数ある痕跡の一つでしかない。とくに挙げておきたいのは、王政府法務官クリングリンの館である。この人物はその肩書きを利用して町の評議員たちを脅し、法外な安値で市有地を譲らせ、そこに建てさせた館を膨大な値で市に買い取らせたうえで、自分と子孫のためにその用益権を要求したのであった。結局、彼は、数々の不正が明るみに出て牢獄で生涯を終えたが、亡くなる九年前、栄華の絶頂にあったときの記念を、わたしたちは、今も生き生きと描くことができる。それは一七四四年、フランス王の御機嫌をとるために「国王の病気平癒のため」と称してストラスブールの町で催した派手なレセプションの様子を描いた版画集がローアン館に残されているからである。

ボルドー――文化の発信源

正反対の側のボルドーでもストラスブールに負けない文化の開花が見られる。しかも、ボルドーを中心とするギュイエンヌの立場も、ある意味でアルザスのそれと、そう違っていなかった。というのは、この州がほんとうの意味でフランス共同体に入ったのは十八世紀だからである。

長期にわたるイギリスへの隷属と依存の時代を経てきたギュイエンヌは、フランスに帰属してからも、パリのフランス中央政府との間で数々の難問を抱えてきた。十六世紀には塩税をめぐって反乱が起き、ボルドーのブルジョワジーと高等法院が宰相マザランに対して起こした抗争、そして、一六四九年から一六五三年まで続いた内戦〔訳注・フロンドの乱〕は、すっかりこの町を荒廃させた。加えて、ルイ十四世は終始、ボルドーに対して敵対的で、それは治世の晩年に近づくにつれて重篤となり、ボルドーの生命線である海上交易にまで深刻な影響を及ぼした。

ボルドーの劇場の建設を担当したヴィクトール・ルイ（1731-1802）は、この都市の改造の仕上げとして、ガロンヌ川に面して半円形の広場を造り、これを統制のとれた建築群で囲む計画を立てた。この事業は、近隣の住民の嫉妬と、つぎには革命の勃発のために遅れ、カンコンス広場としてなんとか形になったのは一八二五年のことである。

このようにボルドーでは建設ラッシュによって文化が花開いたのであったが、十七世紀にはそのチャンスがまったく与えられなかった。というのは、ボルドレ地方はパリの中央にとっては、アレクサンドル・デュマ

（1762-1806）が有名にしてくれる銃士隊を国王に供給する《ガスコンの武器庫》でしかなく、また、マレルブ（1555-1628）が地方訛りを一掃して《一つのフランス語》を創り出そうとしたとき、「宮廷を非ガスコーニュ化（désgasconner）する」と述べたように、ガロンヌ川流域の文化は、なにがしかの軽蔑的眼で見られていたからである。

しかしながら、ボルドー人の著述家たちは侮れないものをもっていた。モンテーニュの影はすでに遠ざかっていたとしても、『ポルトガルふみ Les Lettres Portugaises』という素晴らしいロマンの作者として今では確定されているラヴェルニュ・ド・ギユラーグの影、また『千夜一夜物語』を最初にヨーロッパに紹介した若き東洋学者アントワーヌ・ガラン（1646-1715）の影はすぐ間近である。

ラ・フォルス公（1582-1678）によってボルドーのアカデミーに《科学部門》と《文学・芸術部門》が創設され、その活動がブルジョワジーのサロンで話題になったのが一七一二年のことである。一七二八年、このアカデミーの議長に選ばれた人物こそ、すでにこの州の知的活動全体を統べ、その名がフランス国境を越えて轟いていたラ・ブレードとモンテスキューの男爵、シャルル＝ルイ・ド・スゴンダ（Charles-Louis de Secondat, baron de la Brède et de Montesquieu）であった。

彼の思い出は、いまもボルドーの「モンテスキュー通り」と「レスプリ・デ・ロワ通り」という名に留められ、その彫像はカンコンス広場を飾っているが、この『ペルシア人の手紙』の著者の本当の容貌を探すとすれば、ボルドーよりもむしろ、この町の南四里にあるラ・ブレードの城に求めるべきである。この家屋敷は、未完のまま終わった『義務論 Traité des devoirs』のあるページに自らの誓いとして述べている言葉に応えるように、ていねいに保存されている。

いわく「わたしたちは先祖たちが所有し大事にした家々を、できるだけ保存する義務を負っている。なぜなら、先祖たちはこの家々に気を配り、かねをかけて建てて美しくしたのであり、そこから明白に、彼らの願いが、それを末永く伝えさせるにあったことが判断できるから

モンテスキューのラ・ブレードの館

である。」

シャルル＝ルイは、この屋敷で一六八九年一月十八日に生まれ、エミール・カディラックが述べているように、「街なかを歩き回ることと法王を批判することの二重の意味で自由主義的な少年期をすごしたあと、ラ・ブレードの主人は重々しい法務官、思慮深いアカデミー学者、そしてなかんずく、これは年を追うごとにだが、自分の土地に住んで生産性をあげることに懸命な田舎の領主になっていった。」

『ペルシア人の手紙』を除いては真面目一本の著作を遺したこの人物の生涯は、事実、謹厳一筋であった。快楽、とりわけ女性とのそれを愛し、ボルドーでもパリでも、はたまた外国の地にあっても、向こうからやってくる楽しみは逃さなかったが、生き方は善良であった。彼は、七〇万リーヴルの持参金つきでアジャンの女性と結婚したが、結婚の絆については比較的柔軟に考えていた。この心の温かさが、彼の知性を活気づけ、その好奇心をつねに待機状態に保ち、その精神の厳格さと気難しさを補っていた。

彼は青年期をパリで過ごし、一七二八年から一七二九年にかけてはオーストリア、イタリア、ドイツ、オランダ、イギリスを旅行したほか、ボルドーを本拠としつつも、しばしばパリと行き来していたが、六十五歳のときパリの住居を処分するためにパリに出たとき流行性感冒にかかって亡くなった。『法の精神』を執筆したラ・ブレードの仕事部屋は、その質素な樫の木のテーブルや家具類すべてが、彼がパリへ出発したときのままに遺されている。

《幸福》の発明

十八世紀はフランスにとっての《偉大な世紀 grand siècle》であるとともに、近代にとっての《偉大な世紀》でもある。当時のあらゆる著作が示しているように、フランスは、《大国 grande nation》として、ヨーロッパ大陸と全世界のうえに光を放つ。世界は、ヴォルテールによって真理を、モンテスキューによって正義を、ルソーによって幸福を教わり、首都パリは光に包まれた特別の存在となる。

ウェストファリアのカンディドとオランダ人マルチンは、南米旅行から戻ってボルドーの埠頭で下船したとき、道々旅籠屋で出会う旅人たちが口をそろえて「パリへ行く」と叫んでいるのを聞いて、女友達のキュネゴンドがヴェネツィアで待っているにもかかわらず、自分もこの都をめざしていく。ボルドーの町なかを歩き回っているロシア人やドイツ人、イギリス人たちも、マリヴォーと同様、「パリこそ世界だ。それ以外はパリの郊外でしかない」と考えている。

フランスの玉座に五十四年間君臨した老人がヴェルサ

イユでひっそりと亡くなったとき、喜びのあまりいたるところで燃やされた火は新しい時代の夜明けを象徴していた。このとき宮殿からサン・ドニ教会堂へ向かっていたヴォルテールは、路傍の居酒屋の前で篝火が焚かれ群衆がたむろしているのを眼にしている。こうして革命の大動乱にいたるまで止むことを知らない祭が始まったのである。

しかし、この光に包まれた豪奢な世紀は、革命的エネルギーに溢れる世界への入り口だったのだろうか？　それは、期限が切れた一つの文化の最後の輝きだったのだろうか？　多分、その両方であろう。「わが亡き後は大洪水たれ！ après moi le déluge」という有名な言葉は、ルイ十五世が言ったというのは多分でっちあげだろうが、それでも、情熱をもって感覚の楽しみと精神の喜びを追い求めるすばらしく洗練されたこの社会の唯一の原理であったことに変わりはない。

商業を創始し、幾多の戦争を遂行したルイ十四世時代の活動的英雄たちのあとを引き継いだのは、観想的な思想家たちであった。そこでは、ロベール・マンドルーが言うように「決闘の剣の撃ち合いに替わって、化粧の下の顔を青ざめさせるが殺すことはしないエスプリの利いた言葉の応酬」が主役となる。そこで表れてくるのが「地方の州都の独自色を損なうことなく、それを超越し、ブルジョワと貴族の抗争が均衡を見出すパリを模倣した社交生活の開花」である。

しかし、同時に、古典主義時代のイデオロギー的基盤はぐらつく。一連の力学的図式全体が、即座の行動を鼓舞するよりも未来の行動の下地を整える。多くの芸術家たち、とりわけ作家たちは、こんにち《アンガジュマン》（社会参加・政治参加）と呼んでいるものに参画する。彼らは、自分たちが生きている社会と、その社会が解決しなければならない問題に対して無関心ではいられず、それを指摘し、あるいは、深い理想が促す解決法を求めようとする。

それがディドロー（1713-1784）の歩んだ道であり、彼が厳しい検閲や技術的難問を乗り越えて編纂した『百科事典 Encyclopédie』は、たちまちヨーロッパの新しいバイブルになっていった。それはまた、ヴォルテールの歩んだ道であり、彼はカラス〔訳注・カルヴァン派信徒の商人で、カトリックに改宗した息子を殺したとして有罪を宣告され、一七六二年、トゥールーズで車裂きの刑に処された〕の名誉を回復し、あるいは新しい哲学を遙かなプロシャの地に伝えた。

たしかに、それは、二面性をもった世紀である。しかし、その二面的な動向の下から、深層の統一性が隠しようもなく顔を出している。いたるところで、この時代の鍵となる問題のなかに現れており、文学も芸術も音楽あるいはすべてのスペクタクルが答えを出そうと試みたもの――それがほかならぬ《幸福 Bonheur》の問題である。

この時代は、ペストの大災禍に襲われた十四世紀や、ルネサンスの偉大な息吹のあと宗教戦争による災厄に覆われた十六世紀末と同じく、絶望の時代であった。バロック芸術とは、まさにそうした魂の錯乱を表した芸術にほかならない。

叙事詩がもてはやされる時代が表しているのは冒険と人間の所業への信頼であり、ロマンティシズムもその一つである。また、信仰の時代とは、神と無限なるものに賭けた時代であるが、十八世紀は、人間とその幸福に賭けた時代である。それは、ポール・アザールの言う「絶対を願望するのでなく、ある確かなやり方でほどほどの幸せを手にすることで満足する生き方」である。

ある人々は、それを達成するための方法を提示する。たとえばマルキ・ダルジャンス〔訳注・エクス＝アン＝プロヴァンス生まれの文人で、フリードリヒ二世の庇護を受けた。1704-1771〕は、幸福を構成する要素を三つ挙げている。一つは、自ら心に咎める罪がないこと、第二は神が定めた境遇のなかで幸せになるやり方を知っていること、第三は完璧な健康を享受していること、である。なぜなら、身体的平和を追求しつつ精神の平和を維持することが人間最大の関心事だからである。

この時代の最も賢明にして最も思弁的な思想家であるモンテスキューは、幸福に近づけてくれる生活規範を次のように示している。

「健康維持のために下剤をのんだり、瀉血する人がいるが、わたしの場合は、食べ過ぎたときは節食し、睡眠が不足したときは眠り、悲しいことがあっても楽しいことがあっても、忙しくても暇でも気にしないのが健康法である。」

この幸福の追求にあっては、すべての道はすでに踏破ずみである。幸福でありたいという強迫観念は、ときとして不幸への道を隠してしまう。大事なのは、生活のなかに生じうる不快なことや苦しみをもたらすことすべてを回避することである。幸福とは希望であるより前に、生活への警戒である。リーニュ公（1735-1814）〔訳注・オーストリア皇帝に仕えたベルギー人将軍〕は、不幸が入り込んでくる可能性のある空白を残しておかないよう日々の生活を幸福で埋めてしまうことが必要であるとし、そのために彼は毎朝、目覚めると、次のように自らに問いかけたという。

一、きょう自分は誰かに楽しいことをしてやれるか？

二、自分は、どのように楽しむことができるか？

三、夕食には何を食べようか？

四、心地よい人、あるいは興味深い人に会えるだろうか？

五、わたしを喜ばせてくれる貴婦人をわたしも喜ばせることができるだろうか？

六、出かける前に何か新しい刺激的なこと、有益なこと、快いことを読んだり書いたりできるだろうか？

わたしたちは、自分の畑は自分で耕さなければならないが、そこでは、同じようにネガティヴな二つの教訓が混合しあっている。一つは、憂いがないように、この世界から逃れて生きることであり、もう一つは、わたしたちの立場の弱さを忘れるために働くことである。

いずれにせよ、ルイ十四世なきあと、一七一五年九月二日、フランス王国の摂政に指名されたオルレアン公フィリップは、新しいフランスを代表した人物である。

オルレアン公は、その個人的性格と時代の全般的風潮から、一つの生活スタイルと国家の観念、法と楽しみについての観念を支配階級に押しつけた。彼は、人々から最悪と嫌われると同時に最も善良と評価されるような人間の一人で、その日常の振舞いはまったくお手本にできるものではなかった。彼は、何事も仰々しく束縛がきついヴェルサイユを嫌って、生き生きしたパリ市民の民衆的息吹に包まれ、くつろげるパレ＝ロワイヤルに住んだ。

その生活ぶりについては、ときに厳しい批判が浴びせられてきた。最も控えめな論評をする歴史家のマルセル・レナールでさえも、こう書いている。

「パレ＝ロワイアルでのオルレアン公の生活は自堕落なものであった。彼を取り巻いていたのは、車裂きの刑に処されるにふさわしいということから《ルエ roués》と呼ばれる連中や縛り首になって当然であることから《パンダール pendarts》と呼ばれたならず者たちで、そんな人々がのさばり歩き、罵り合い、中傷し合っていた。」

フィリップ・ドルレアンはヴェルサイユの豪華な祭典よりもオペラの上演を好んだ。このオペラは、パレ＝ロワイアルの一画にリシュリューによって建設されのちに《コメディー＝フランセーズ Comédie -Française》になる劇場で上演された。こんにち、この一画はすっかり造り変えられてしまってオルレアン公時代の面影はないが、ここを抜きにして十八世紀の人々の趣好の歴史を語ることはできない。

それについてはさまざまなことが語られているが、その真相は、曲がりくねった通路と二重列柱、鉄格子の複雑な防壁のうしろに隠されていて、パリ市民でも知っている人はごく僅かしかおらず、パレ＝ロワイアルとその伝説を伝えているのは、ルーヴルから目と鼻の先にあって、リヴォリ通りとオペラ通りが交差する辻の雑踏に囲まれながら、雑踏を忘れたがっている人々であった。

《コメディー＝フランセーズ》は、その南西の角にあって、演劇の通人たちを引き寄せた。モリエールが「パレ＝カルディナルの豪勢な外観」と呼んだように、ここはルイ十三世の宰相にして枢機卿のリシュリューが、自らの権威を示すために、当時の建築の最新技術を駆使して、この場所に住まいを建て、そこに大劇場を併設したのが始まりである。その後ルイ十三世に譲渡され、ルイが亡くなったあとも、王妃アンヌ・ドートリッシュは、好んでこの宮殿に住んだ。まだ幼かったルイ十四世も、多分、いっしょに住んだ。

しかし、ルイ十四世の関心はヴェルサイユに向かい、パレ＝ロワイアルは一時、忘れられたが、ルイ十四世亡きあと、フィリップ・ドルレアンの摂政政府は、ヴェルサイユ派を巻き返すうえで、パレ＝ロワイアルを陣営のシンボルにしたのであった。オルレアン公はさまざまな手段を使って、ここを政治上の執務の場であるとともに娯楽の中心にして、仮面舞踏場にかんたんに切り替えられるようにした。やがて、宮殿は改装され、豪華なタピスリーや布によって様相を一変した。

庭園は一七三〇年、クロード・デゴ〔訳注・ル・ノートルの甥〕によって造りかえられた。しかし、パレ＝ロワイアルがほぼ現在の姿になるのは、シャルトル公が近隣住民の無遠慮な闖入を防ぐために回廊で囲むことを考えついたことによる。隣人たちの家々の上に迫り出すように聳えるこの回廊は、同じような部分が六〇個繋げられており、その一つ一つが一階は照明付きの三つのアーケード、中二階は、その商店主の住まい、最上階は引っ込んでいて、欄干によって隠されている。

この記念建造物的な回廊を造った建築家のヴィクトール・ルイは、それまで自由に庭園に入り込んでいた近隣の住民たちの怨嗟の的になった。フィリップ・エガリテ〔訳注・オルレアン公はフリーメーソンの平等思想に感化されて、この渾名を付けられた〕は従兄弟のルイ十六世にからかわれてこのパレ＝ロワイアルを売却したがったが、この全体を買い取ってくれる人を見つけることはできなかった。

彼が当初から付けられていた条項の一つについて妥協しなかったことは、原状維持に幸いした。それは、取得した人には、パレ＝ロワイアルの建物とその付属部の永続性を守ること、建て替えの必要があるときも、買ったときの状態のままに戻すことが義務づけられていたのである。

こうして、民衆に開放されていた部分も、次第に特権的な人々のそぞろ歩きや娯楽場になっていった。庭園には日時計があり、かつては人々も直接に見て時刻を確認していたが、正午の時報は大砲の轟音によってパリ市民たちに知らされるようになった。夕方には、このころはまだパレ＝ロワイアルの敷地外にあったオペラ座の女の子たちが客を招き入れるため木陰に灯りを飾りつけた。

このオペラ座は、ある夕方、全焼した。オルレアン公は、ただちに辻に面した自分の敷地の一角に壮麗で広大な新ホールを建設させた。これがフランス革命で《テアトル・フランセ Théâtre Français》になり、現在にいたっている。

オルレアン家の人々がパレ＝ロワイアルで許した慣習の自由がさまざまな話題を年代記に提供したにしても、政治的自由も野放しであったかどうかは分からない。パリ市内のあちこちにアーケード街が姿を現し、それに伴って増えていったカフェでは、神知論的・哲学的サークルが生まれ、それが革命的理念を煽動する火元になっていった。一七八九年七月十二日、カミーユ・デムーランがテーブルの上に飛び乗り、剣を抜きピストルをふりかざして「記章をつけて立ち上がろう！」と叫んだのはパレ＝ロワイアルのカフェにおいてであった。

オルレアン公は革命家たちと交遊したが、自分の売春斡旋の商売が日に日に危なくなっているのを忘れてはいなかった。フリーメーソンに入って「フィリップ・エガリテ」となり、その宮殿も「パレ＝エガリテ」（のちには「革命の庭」）と呼ばれるようになった彼は、コデルロス・ド・ラクロ〔訳注・オルレアン公の秘書で、革命政府のもとでは砲兵大佐として活躍。ナポレオンのもとでは北イタリア軍総監に任じられた。心理小説『危険な関係』の作者でもある。1741-1803〕の助言に従ってルイ十六世の死刑に賛成票を投じることで国民公会メンバーとの和解を試みたが、この忘恩行為も空しく、国王から数週間遅れで死刑台に送られた。

同じ日、パレ＝ロワイアルを国有財産とする旨が宣言された。これが、パレ＝ロワイアルにとって思いがけない救いになった。というのは、一つの象徴的活動としてパレ＝ロワイアルを消滅させるという公安委員会の決議のもと群衆がこれに火を付けはじめていたところに、破壊命令の撤回が伝えられ、行動は中止され、損傷部分は修復されたからである。

こうしてパレ＝ロワイアルは革命政府の執務所の一つとなり、一七九三年には、この庭で法王の肖像画が、翌年にはラ・ファイエットのそれが焼かれている。この庭の噴水盤は、なんらかの絶対君主制派の疑いのある議員たちを噴出し、あらゆる命令の便乗者たちや売春婦たちが、ここをねぐらとした。自由を謳う共和暦の第一年〔訳注・共和暦が決定されたのは一七九二年十一月で、この第一年とは一七九三年〕、「二一〇〇人のパレ＝ロワイアルの古参女たち」が国民議会Assemblée Nationaleに陳情書を提出した。そのなかで彼女たちは、自分たちをフランス防衛隊の士気を鼓舞する「早熟の民主主義者」と称して、競合するライバルたちによる侵害からの有効な保護策を要請している。

革命執政政府も帝政政府も、パレ＝ロワイアルに対しては名声を付与するばかりであった。大道薬売りたちは、宮殿主屋に並行に設けた木造の二つの回廊によって調馬場とフライド・ポテト売りたちを分け、その間に自分たちの席を設けた。バルザックはその『幻滅』のなかで、自然主義的な筆致でその様子を記している。この《スーク souk》〔訳注・中東アラブ都市のごみごみした市場〕を思わせる一画が壊され、代わってP・F・フォンテーヌ〔訳注・ナポレオンに重用され、ルーヴルやチュイルリー、ヴェルサイユなどの宮殿の整備、カルーゼル凱旋門の建設などを担当した〕により宮殿全体にマッチした様式で現在の「ギャルリー・ドルレアン」が建設されたのは一八二九年のことである。

フィリップ・エガリテの息子のルイ・フィリップは王座に登る（一八三〇－一八四八年）と、父親の住まいを取り戻して建物を修復し、全体を建築学的に整備するとともに、この場所を健全化したが、一八四八年の二月革命で焼失した。元のパレ＝ロワイアルに復元されるのはジェローム・ナポレオン〔訳注・皇帝ナポレオンの末弟。1784-1860〕のおかげである。

これ以後、ここは高級品を専門に扱う商店街となり、やってくるのは賢い人たちばかりで、あまり絵画的ではなくなる。パリ大改造を断行したオスマンも、パレ＝ロワイアルには敬意を払い、わずかにオペラ通りを通すなかでテアトル・フランセを改造するだけにとどめた。一八七一年、南側の部分が焼け、以前からの装飾が残っているのは、現在の国務院の幾つかの部屋と文化省の大臣室だけである。

二十世紀には、パレ＝ロワイアルはさまざまな芸術家や作家を引き寄せた。サン・トノレ通りが拡幅されて出来たリシュリュー・ホール前の広場には、コクトーからコレットにいたるさまざまな人々が、その名前を残している。

こうして生まれた新しい叙事詩は、このパレ＝ロワイアルの歴史の最初の何世紀かを彩った色彩とは対照的である。そこは、国立図書館へ行くために通過するオアシスであり、パリのどまんなかにありながら奇跡的に騒音を免れているこの場所を訪れる人は、書物のなかに閉じ込められない過去が隠れ家のように身を潜めていることを確認するに違いない。

ルイ十五世の庭園

文学・芸術・科学の分野で創造的活動が活発に展開されたのに対し、建築の分野での新しい着想は、相変わらず、君主制が中心になって試みられた。とはいえ、ここでも十七世紀の威圧的な壮大さは、もう見られない。王室建築師たちは、時代の風潮と王の気性に合わせて、壮麗さよりも親しみやすさ、厳粛さよりも魅惑的であることの追求に、その天分を発揮する。その最もよい手本がヴェルサイユのなかの《トリアノン》である。

この十八世紀の至宝というべき建築は、長い間民衆とは無縁の存在であったが、修復の対象となってからは、啓蒙の世紀に生まれ近代の装飾職人たちの技能によって甦った最も美しい集合体の一つとして、一般人も鑑賞できるようになっている。

その歴史は、太陽王の宮殿のそれと同時に始まる。ヴェルサイユの大庭園を横切る運河の掘削が終わったとき、トリアノンの小集落の土地が残っていることを知ったルイ十四世は、ここに一つの新しい庭園を造るよう命じたのであった。ベルナール・シャンピニュルが述べているように、ヴェルサイユの値を競り上げることに反対していたサン＝シモンも、この新しい気まぐれを容認した。事実、ルイ十四世の新しい実験が成功したので、彼の後継者たちも、この場所で自分の建築上の天分をもって、それに張り合おうとしたのであった。

《トリアノン》には、十八世紀になってあちこちに増える《別邸 folie》の最初の萌芽が見られる。それは、社会が想像力の病気にかかって陥る牧歌調の思考に引きずられたときに現れるものである。ルイ十四世は、当初から、ここでは壮麗な対称美を捨てるよう求めた。そこで、建築家たちは、厳格にバランスのとれたモニュメンタルな建築の構想を忘れ、部分部分で調和している建造物を横につないでいくことを考えついた。

一六七二年からル・ヴォーによって建てられた最初の《トリアノン》は、青と白の色調の磁器板で覆われていたことから《シナ風パヴィリオン》と呼ばれた。この磁器板はオランダのデルフトのそれを思い起こさせるが、実際にはカルヴァドス県のリジューで製作されたものであった。その柱廊は少なからずドリス様式を採り入れている。

モンテスパン夫人〔訳注・ルイ十四世の愛妾で、王との間に七人の子をもうけた〕はここで王との間に生まれた子らを育て、王も宮廷の煩雑さを忘れるために、好んでここに滞在した。ここには、女性たちしか立ち入りを許されなかったから、おそらく、その厳しさのために、作家たちはこの住いの豪華絢爛ぶりを誇張して想像したのであった。

しかし、この建物は長持ちしなかった。その繊細な被膜はやがて破れ、一六八七年には壊れた。王は、驚異的な迅速さでこれを再建させ、翌年一月十七日には新しいトリアノンで食事し劇を上演させている。しかし、それと同時にモンテスパン夫人に代わってマントノン夫人が主役となる。おそらく、そのことが前任者の思い出の跡を遺していた旧いトリアノンが捨てられ新しい住まいに造りかえられる主要な原因になったのである。

〔訳注・モンテスパン夫人（1641-1707）は貴族の娘で、王妃マリー＝テレーズの女官であった。一六六三年にモンテスパン侯爵と結婚していたが、一六六七年には王の愛人になり、七人の子供をもうけた。しかし、一六七四年には王の寵愛は、子供たちの養育係りであった詩人スカロンの未亡人(すなわちマントノン夫人。1635-1719)に移り、モンテスパン夫人は一六八七年に宮廷を去って修道院に入っている。マントノン夫人は王の愛人になったばかりか、一六八三年に王妃が亡くなったあと王とひそかに結婚している。しかし、王が一七一五年に亡くなったあとは、彼女も修道院に入った。」

この新しい《トリアノン》については、マンサールが一六八七年からプランを作成していたが、王は彼が不在のときを見計らってロベール・ド・コットに建物のファサードのデザインを任せた。こうして、この建物は、《ヴェルサイユ第二様式》と呼ばれる新しい軽快さを表すものとなった。激しい反発を惹き起こしながら果断に非対称性を採用し、出入り口を兼ねたたくさんの窓が設けられ、外の空間を建物の内に取りこむとともに、建物自体がまわりの庭園に溶け込んでいる印象を与えるところに、その目新しさがある。

庭園はル・ノートルの甥、ル・ブテゥーの執念の作で、コルベールの指示で、果実をもたらす種々の植物が植えられた。とりわけ温室式のオレンジ園のおかげで、王は「冬でも夏の庭園を楽しむ」ことができた。こうして《トリアノン》はヴェルサイユに「親しみやすさ」という非常に稀な意味合いを挿し入れた。

いかめしい容貌にもかかわらず大地と身近に接し、土に触れられることは、この住まいの秘密のメッセージであるように見える。そこでは、マンサールが考案した複雑な噴水が唯一、自然の流れに逆らっているかのようである。庭園の幾つかの部分は、すでにル・ノートルによってバロック的気易さを表すものになっていた。同じように建物の内部も、鏡や金属的光沢で覆われたものではなく、漆喰塗りの小部屋に分けられた。

ルイ十五世も、曾祖父のやり方にしたがって、ここで生活を続けるはずであった。しかし彼は、ジャック=アンジュ・ガブリエル(1698-1782)に命じて《プティ・トリアノン》を建てさせた。ここでは、ポンパドゥール夫人(1721-1764)にせがまれて造った典型的な酪農場と鳩小屋の跡が今も見られるし、ジュシュー〔訳注・リヨン出身の兄弟三人とその甥およびパリ生まれのその息子とともに植物学者の一族〕によって整備された菜園には珍しい種類の植物が植えられた。はるばる海外から運ばれたエキゾチックな植物を保護するためにたくさんの温室が建てられ、ヨーロッパじゅうの植物学者たちの称賛の的になった。北欧生まれのリンネ（1741-1783）が、生まれて初めてパイナップルやコーヒーの木を見たのが恐らくここである。

このすぐそばに四つの分枝をもつ星形の《パヴィヨン・フランセ》を建てたガブリエルが、フランス古典主義的建築のシンボルとなっている正方形の《プティ・シャトー》をデザインしたのは一七六一年以降である。この世紀は、それを無駄遣いのしるしとするような声には耳を貸さなかったが、大革命が勃発すると、愛妾たちのわがままと王妃たちの気まぐれの思い出によって怒りを掻き立てられた民衆の怒りが、この優雅さと魅力への嫉妬の焔に煽られて、この住まいを襲う。

ルイ十六世の妃マリー・アントワネット（1755-1793）の思い出があまりにも鮮明であるために、今日では忘れられているが、この《プティ・トリアノン》には、彼女より以前に、ルイ十五世の愛妾であるポンパドゥール夫人とデュ・バリー夫人（1743-1793）が君臨していた。ルイ十六世がマリー・アントワネットにこれを与えたのは、彼女が、儀典係りなどに煩わされないのびのびとした生活ができるように、と考えたからであった。

王妃は、この《トリアノン》で音楽を演奏し、演劇を楽しむという目的のために、オーストリアの宮廷のそれを思い起こさせる小劇場を建てさせ、そこで、自らもジャン＝ジャック・ルソーの『村の占い師』のコレットの役を演じ歌った。彼女は、自分がどのように見えているか、外国女である自分が王の決定を左右していることが恐らく革命の火種になることも知っていた。それでも彼女は最後の気まぐれから、この田舎風離宮の改修を求め、その工事がようやく終わったのは一七八六年であった。

この離宮が表している美学はルソーの理念であり、宮廷じゅうが取りつかれていた《イギリスかぶれ anglomanie》である。王妃が直線的な道と宗教的な像を排除したのは、自然の息吹を表す無秩序を再現したかったからであった。彼女は、ヴェルサイユの庭園の植え替えが行われている一方で、《イギリス式庭園》の推進者、カラマン伯に注文して、トリアノンの庭園をあたかも一つの花束のようにデザインしてもらった。

さすがにルイ十五世が集めさせたエキゾチックな草木は尊重し、そこには人工的な川を引き込むだけにとどめ、また、王の好みを反映した古代風の小さな《愛の神殿 Temple de l'Amour》も、そのまま遺された。他方、劇場はポンペイ式に、ごつごつした岩石で意表をつく装飾を施されている。フランス革命においては、心を癒す幻想性を湛えたこの牧歌的世界が民衆の攻撃の的になったのであった。

フランス式生活

パリでも地方でも、建築は古典主義の様式によった。「石工の王室芸術 L'Art royal des maçons」とは、十七世紀に結成されたフリーメーソンが石工の誇りを表現した言葉で、彼らは、建築という自分たちの仕事こそ、画家や彫刻家、ガラス工、金具職人、庭師といったさまざまな職人や芸術家が持ち寄ったそれぞれの技能を綜合し一つの「オーケストラ」に構成する綜合芸術であると自負した。

そして、美しさこそ建築の真髄でなくてはならない。サン=ドニ門など多くの建築を手がけるとともに古典主義建築のバイブルとされる『建築教程 Cours d'Archirecture』を著したフランソワ・ブロンデル（1617-1686）は「それぞれがふさわしい規模と比率にしたがったときに美しさが生まれるのであり、それを見失えば、同じ素材と同じ作業でもごみの山でしかなくなる」と述べている。

フランス建築は、この古典主義的な形のもとにヨーロッパ征服に出かける。ヨーロッパ大陸全土におけるフランス式建築のこの広がりこそ、「フランス文化かぶれ」と呼ばれるものの最も明白な痕跡である。文化とその外国での普及との間には「時間的ずれ」がある。ドイツやロシア、北欧諸国がフランスのそれを採り入れたとき、フランス自身は、基本教程を考え直し、変革し、ときには捨てていた。

この「ずれ」は、時代が進むにつれ、また、フランスが門戸を開いて外国の影響を受け入れるようになるにつれて小さくなっていくが、少なくとも十八世紀前半までは、ルイ十四世が世界の芸術のシンボルでありつづけ、その魅惑力は、十八世紀以後も作用しつづける。この魅惑力の大きい部分は、ヴェルサイユが象徴している思考法と慣習の普及に負っている。ルイ=フィリップ・メイは、次のように述べている。

「諸外国は、フランス流の生き方と精神的態度を採用し始めたときフランスの建築家に助けを求めた。君主や大貴族は、フランスの哲学や文学によって人格を涵養しフランス流の生き方をしようと考えたときから、ヴェルサイユやパリの建築家に助けを求めるようになっていったのである。――ヴェルサイユの王宮をフランスの最もすばらしい記念建造物すべてを超えた完璧な作品であるとして驚嘆する風潮は、あらゆる国で根強いものがあり、一八七一年、ドイツのヴィルヘルム一世がドイツ皇帝に即位するために選んだ場所は、ローマ式に軍営のなかや凱旋式後のベルリンではなく、ヴェルサイユ宮殿の鏡の間（Galerie des Glaces）であった。」

〔訳注・ヴィルヘルムは、プロシャ王であり神聖ローマ帝国皇帝であった兄のヴィルヘルム・フリードリヒ四世が病弱だったため、これに代わってプロシャ王となり、オーストリアと戦って北ドイツ連邦を結成し、さらに普仏戦争で勝利を収めてドイツ帝国の成立を達成し、ヴェルサイユ宮殿で皇帝の位についたのであった。〕

「こうして、ドイツ帝国はフランス軍の敗北の上に打ち立てられたのであり、その焔は、フランスの偉大さの炉から着火されたのである。フランスがヴェルサイユをドイツの政治史のなかに組み込まれたこの屈辱を雪ぐには、一九一九年、第一次世界大戦でドイツを降伏させ、同盟諸国がヴェルサイユに集まって、ここを《国際連盟Société des Nations》の揺り籠として世界の政治史のなかに入らせることが必要であった。」

フランスという中心から、ヨーロッパの隅々だけでなく、さらには、ヨーロッパの境界の外にまで根を下ろしていったこの永遠性の芸術は、フランスでは、その幾何学的厳格さと厳しさを脱ぎ捨てていく。十七世紀を通じてイタリア、スペイン、ドイツ諸連邦で勝ち誇ったバロック的表現に対して長い間閉鎖的であったフランスが、形態のうえではなくとも（形態のうえでバロックを採用したのはアルザスのエーベルスミュンスター修道院だけであると考えられる）、少なくともその精神に対して門戸を開き、装飾の分野に限ってであるが幾何学的簡潔さと単純さに代わってバロックの想像性と劇場的表現を増やしていくのが、このころからである。

一七二〇年以後、アカデミーの理論に逆らって、装飾芸術の名誉回復をめざす一つの強力な動きが現れる。そうした動きは、いずれも、より親しみやすく快適な生活への欲求に応えようとすることから生まれたもので、ヴェルサイユのように、外から眺め、しかも、一瞥して知的に捉えられるように全てが造られている壮麗さではなく、すべてが生活する人々のために造られ、それぞれの部分は人に幸せな家庭生活を営ませることに寄与している生活の場としての《アパルトマン》の温かい優しさが建築の主題になっていく。

この動きのなかで生、たとえば「食堂 salle à manger」のような新しい部屋が生まれる。こうして個人の住宅や館は、一日の時間によって、また家族の各人が互いに邪魔しないで固有の仕事をしたり休息を取れる場所を見つけることができよう設計されることとなる。

《見た目の豪華さ（apparat）の王国》に対し《好み（goût）が支配する王国》が取って代わり、このときから、現代世界を定義づける上で決定的なフランス的特徴、たとえば行動より感受性、伝統より生活スタイルを重んじる生き方が生まれる。パリの流行が服飾芸術の手本となり、フランス料理がフランスの文明の究極の成果となっていく。パリ駐在のイギリス大使、ジェファーソンは、一七八九年ごろ、次のように強調している。

「フランス人は、食卓の喜びについて、われわれよりずっと進んでいる。なぜなら彼らは、《節制》を旨として、食事の目的を《貪欲》より《美食》に結びつけるからである。」

そのうえ、料理は一つの建築になぞらえられる。そこでは、食べ物は感覚の喜びを得るための一つの口実にすぎない。食事は一つの儀式であり、庭園を美しく見せるように皿の並べ方にも気が配られる。室内装飾が発展を遂げ、金銀細工師やガラス工が腕を振るう。これは、フランス以外の国では、ボシュエ（1627-1704）の見事な表現によると、「料理とは動物や植物の死骸をさばく技術」でしかなかったのと大きい違いである。

この料理芸術の勝利がもたらした《啓蒙の世紀》のフランス文明の最も独創的な性格を表しているのが《会話の芸術》である。たとえばマルグリット・ド・ナヴァールの『エプタメロン』やヴェルヴィルの『出世の道 Le Moyen de Parvenir』のなかにはっきり見て取れるように、王室や大公たちの宮廷の饗宴は、かつては御馳走を腹一杯詰め込むことであったのに対し、ルイ十五世時代以後のフランスでは、ますます洗練された知的な集いになっていった。テーヌ（1828-1893）は、次のように言っている。

「哲学が話題にのぼらない夕食会はない。人々は灯りが美しく照らすなかを、着飾った婦人たちと並んでテーブルにつく。第二皿のころには、あちこちで才気煥発で機知に富んだ会話が飛び交い、デザートからコーヒーが出るころになると、魂の不滅だの神の存在だのといった最も深刻なテーマながら、巧みに表現した言葉の応酬がくりひろげられる。」

この会話の芸術は、マリヴォー（1688-1763）の辛辣な言葉のやりとりへの趣向から始まって、ボーマルシェ（1732-1799）の論争劇によって培われたもので、ガストン・バシュラール（1884-1962）が「深い親密さ

l'intimité profonde」と表現する優雅な言葉の応酬がこの世紀を彩る。その優雅さは、しばしば自由奔放さに変わる。

絵画においては、ワトー（1684-1721）以後、ブーシェ（1703-1770）とフラゴナール（1732-1806）による雅宴画が一世を風靡する。彼らは、《黒いエロス》と《バラ色のエロス》の間で近代エロティシズムを描き出していく画家たちの先駆であり、その絵画は、当時の人々のロマンティックな生活の感覚的・官能的アヴァンチュールの明細目録の観がある。

それと同じものを文学によって表現したのがアベ・プレヴォー（1697-1763）の『マノン・レスコー』、コデルロス・ド・ラクロ（1741-1803）の『危険な関係』で、それらは、主人公たちが、チャンスを把えて運命が提供してくれるあらゆる偶然に冷徹に立ち向かっていく文学的風景画となっている。

事物の秘めた生命

フランスにとって十八世紀は、厳格さを特色とする古典主義による束縛のあとの解放の時代であり、人間とその生活の日常的枠組みとの関係が逆転して、人間のあり方や考え方、生き方、愛し方が、日々の生活スタイルそのものによって表現されるようになっていった時代である。もちろん、この変化は、まだ、長い間、社会の一部にとどまっており、民衆の生活状況は、ほとんど変わらない。それを根底から揺り動かし、貴族と都市ブルジョワから社会全体のなかに新しい生活様式が浸透していく突破口を開いたのが十八世紀末のフランス革命である。

ともあれ、この階層（貴族と都市ブルジョワ）が、数は少ないながらも、文化的進展と時代の趨勢を左右する存在として、パリだけでなく地方の大きな都市でも明確に姿を現しはじめるのは、一七一五年に大王が没しオルレアン公による摂政時代になってからである。いまや、厳格な儀礼によって人々に偉大さを印象づけ秩序への志向性を与えるために考えられたルイ十四世様式は捨てられ、代わって、便利さと楽しさの追求が主流となる。ミシュレは、《プレシューズ Précieuses》〔訳注・十七世紀の気取った才女たち〕の時代に、社交界においてあのように大きな役割を演じた婦人たちの閨房に起きた激変を、ユーモアを交えて指摘している。

「レースの服をまとった特権的貴婦人たちを迎えた威厳に満ちた閨房は姿を消す。部屋いっぱいになるほどだったベッドはこの世紀のうちに主役の座を失い、やがて寒そうに壁の窪みのアルコーヴのなかに身を縮める。女たちは寝ていられなくなって起き上がり、このころ発明された柔らかい椅子に腰掛けるようになる。彼女らは、二人掛けの長椅子に坐り、優しい親密さのなかでおしゃべりするようになる。」

同じ変化が服飾ファッションにも現れる。「大きく膨らんだイギリス式スカートがロンドンからやってくると、フランスの女たちは、それを空気のように軽快なものに作り変えた」。

これが、無愛想で窮屈なルイ十四世時代の仰々しさへの止めの一撃になった。このころにはすでに人々はマントノン夫人式の高く組み上げた髪型を振り捨て、スカートも開放的になっていたが、コルセットだけが抵抗していた。それが後方に大きく膨らませたバルーン・スカートによって身体の動きが自由になる。とくにスカートのふくらみを支える鯨の髭のしなやかさのおかげで、あらゆる方向に自在に動けるようになった。このように、服装が軽快になったことから、女たちは立ち上がり、鳥のように軽やかに飛び回れることとなったのである。家具も、一七八九年の革命にいたるまで服装と歩調を合わせて変わっていった。

強調しておかなければならないのは、この進展にはさまざまな外国からの影響が反映していることである。ルイ十四世の治下では、フランス芸術は、ほんの些細な側面ですら閉鎖的で、典型的に国家主義的であった。ところが、摂政時代以後は、イタリア様式やオリエンタル様式、イギリス様式が入ってきて、優雅さと幻想性、ときには奔放な想像性を強めることに寄与した。家具においても多様なスタイルが見られ、貴重な材質や寄木細工による宝石のように美しい家具が作られる一方で、いっそうの便利さが好まれ、ライティング・デスクには、シリンダーによる巻き込み式の蓋が付けられたり、貴婦人たちのための化粧机が発案された。室内装飾にも、より居心地をよくし暖かくしようという意志が現れる。

この新しい生活の芸術に応じて、絵画芸術も変わる。古典主義が普遍的人間を探求したのに対し、十八世紀の芸術は、各人固有の特殊性、個別的な《個人》の発見に関心を向ける。この変化は、すでに文学においても明確である。

十七世紀が、ラ・ロシュフコー（1613-1680）やラ・ブリュイエール（1645-1696）のように、それぞれの人に割り当てられる相違点を考慮しないで、普遍的人間を発見しようとする《モラリスト》の時代であったのに対し、十八世紀に凱歌をあげるのは、人々を互いに異ならせているものに関心を向ける《小説家 romanciers》たちである。摂政時代に入って、アベ・プレヴォーによる『マノン・レスコー』（1732）から、少し後れてコデルロス・ド・ラクロが書いた『危険な関係』（1782）にいたる《ロマン》がめざしたのは、主人公たちがほかの誰とも同一化しえない運命を見出す例外的状況の再現である。

この動向は、絵画においても同じである。このことは、同じ十七世紀でも、フィリップ・ド・シャンペーニュ（1602-1674）の素晴らしい肖像画とワトー（1684-1721）の非現実的な人物像とを較べてみれば充分である。マルセル・ブリヨンは、こう書いている。

「ワトーは、しばしば、描く主題と題材を演劇から借用する。それは、演劇が人間と現実の間に幻想やフィクションという飾りを置くための手段だからである。はるか彼方へ向ける芸術家の視線、観客に背を向けて彼方をめざす登場人物は、現実に裏切られることで夢想と幻想の世界のなかにノスタルジーを求め、手の届かない無限性と絶対性に向かって掻き立てられるロマンティックな渇望の権化なのである。」

事実、十八世紀最大の成果である生命の内奥を結びつける可能性をもっているのは夢であるが、それは、ときとして一つの軽薄さの平面に位置づけられる。というのは、それがまず発見したのは《愛》であり、それも最も気違いじみた野放図なものまで含むあらゆる形の愛であるからだ。フラゴナールとブーシェ、そして彼らにつづく無数の雅典画家が示しているのが、これである。

それは、自らを罪人と悟り、死ぬ前にこの世の幸福を最大限に味わおうとする人たちのシンボルである。しかし、この時代は軽薄であるとともに、深刻な時代でもある。なぜなら「十八世紀を特徴づけているのは、理念と社会の大転換を反映した不安である」からで、彼らはこの新しい世界の誕生について手本を示しリードする責任を担い、避けることのできない転覆に直面して、その証人にならざるをえないからである。

そうした真実を探求し、真実のなかに深く入っていこうとする姿勢が現れているのが、文学においては百科事典編纂の努力であり、絵画においては卑近な事物を描こうとしたこの時代の絵画である。シャルダン（1699-1779）の描いた絵がもっている意味もそこにある。その仕事は物質の賛美である。彼が絵によって追求したのは、創造すなわち建築の秘密を明らかにすることであった。その秘密は、わたしたちを取り巻く自然の全体のなかに住まっているのと同じく、わたしたちのなかに住まっている。

この内密性の追求は、人間と彼が生きている世界との新しい交友関係を明らかにする。それ以前は、人間的条件に適った環境だけだったのに対し、これ以後は、あらゆる形の自然が直接会話の要素になっていく。自然は無言ではなく、わたしたちの存在の深い願望に雄弁に答えてくれるものになる。

ワトーとシャルダンは、彼らなりのやり方でジャン＝ジャック・ルソーを先触れした。なぜなら彼らは、生命体に属さないものにも魂を与えようという意志をもって精神的地平線を広げ、わたしたちの視野の狭さを補ったからである。もはや十八世紀の人間は、この自然を飼い慣らして人間が願うような容貌を与えるために使おうなどとは思わない。その反対に彼は自然をその自由に任せ、女をより美しく見せて欲望をそそらせるように着せた衣装などは取り払ってしまう。

庭園においても、人工的秩序を押しつけて、純粋に知的産物にしてしまう《フランス式庭園》に代わって、茫漠としたなかで人間の想像力を自然の想像力の規模に合わさせる《イギリス式庭園》が好まれる。フランスが提供してくれるその最良の例がエルムノンヴィル〔訳注・サンリスの東南にある小さな町で、周辺は美しい公園が広がっている〕である。この公園は、ジラルダン侯がルソーの『新エロイーズ』を読んで構想したもので、ルソーはここに隠居所を見つけて晩年の何年かを過ごし、一七七九年七月二日にここで亡くなった。

彼が住んだ家はなくなってしまったが、この地の全体の様子は、いまも特別な輝きを湛えている。アルベリック・カユエは、次のように述べている。

「エルムノンヴィルを訪ねる人々は、この見事にデザインされた無秩序、ほとんど奇跡的に砂地のうえに実現された緑と水路が放つ輝きの虜になってしまう。これをデザインしたのは、直線の道や凝った庭園、彫刻を施した木を嫌い、この場所をユベール・ロベールによるイタリア庭園、ワトー好みの神殿やモニュメントで彩られた風景で飾ろうという趣味のよい人であった。」

ここでは、自然は、それ自体が一つの祭典である。それは、人間が手を加えて自分の必要性や美感に合わさせようとする固定的枠組みではなく、その反対に、自然自体が生きている劇場であり、人間は自然が提示してくる要請に応えて、その歴史劇のなかで配役を演じる役者である。なぜなら、「自然が先にあって、汝を招き、汝を抱擁してくれる」のだからである。この自然のほうからの招待、この抱擁こそが《啓蒙の世紀》のおそらくもっとも重要な発明なのである。

百科全書の世界

この十八世紀には、文学的表現に限らず、哲学的野心においても、自由がないわけではなかったが、作家や哲学者たちにとって自分の思想を広める道は、自らが社会で占める重要性によって異なった。ただ間違いなく言えるのは、こんにちのわたしたちが《出版 l'édition》と呼んでいるものが、このとき始まったことである。それまでは、さまざまな取締りが行われ、その脅威のもとで何百人かの顧客のために印刷する書店しかなかったのが、一七四〇年ごろには、オランダとイギリスを手本に、経済的基盤を持ち好奇心旺盛に情報を求める民衆を対象にした意欲的な大出版企業が創設されたのである。こうして、本の売買が資産家への一つの道となる。

こんにちと同様に当時も、本の商人たちが共同して資金を出し合い、大型プロジェクトを実行しようとする例が見られた。一七四七年十月十六日、出版社の《ル・ブルトン》と《ブリアッソン》は大修道院長グア・ド・マルヴェーズを仲介にして、一七二八年にロンドンで出版された技術と科学の総合事典であるエフレイム・チェンバーズの『サイクロペディア Cyclopedia』のフランス版作成をディドローに提議した。こうして始まったのが、十八世紀について、こんにち「啓蒙の世紀」と定義づけられる根拠となった『アンシクロペディ Encyclopédie（百科全書）』の編纂事業である。

ディドローとその共同編纂者であるダランベールは、この『百科全書』を、すでに獲得され公にされた知識を点検・集成したものというよりも、芸術と技術、科学、道徳におけるこれからの《進歩》をめざすもの、反伝統主義的理念を宣揚して既成の秩序の信奉者たちと戦うための武器を調達するものにしようと考え、ただちに専門家・技術者たちを集めるとともに、このプロジェクトのめざすところを明記し、各章を接合するための全般的論述を冒頭に掲げることにした。

こうして、ヴォルテール（1694-1778）、モンテスキュー（1689-1755）、ビュフォン（1707-1788）、マルモンテル（1723-1799）、デュクロ（1704-1772）、エルヴェシウス（1715-1771）、コンディヤック（1715-1780）そしてテュルゴー（1727-1781）といった、すでに充分に著名であった錚々たる人々によって執筆された論述は、このプロジェクト全体の《宣言書manifeste》になっている。彼らの執筆分はわずかであったが、彼らの存在自体が《百科全書家encyclopédistes》の名に重みを与えた。

編纂作業は、本質的にはジョクールという名の人物の指揮のもとに進められた。ディドロー自身も監督として、各技術分野の最新の情報を入れることに執念を燃やし、疲れも見せず作業に傾倒した。国王の允許は一七四六年に取得されていたが、第一巻が出来たのは一七五一年である。その冒頭に載せられたダランベールの《序論Discours》が大きい反響を呼んだ。

まっさきにパリ大学神学部が激怒した。一七五二年、神学部は、その「未来」についての記述に反キリスト教的なものありとして、はじめの二巻を没収処分にした。マルゼルブ（1721-1794）は、この出版の責任者として、印刷されたものを素直に教会当局に提出しながら、手書き原稿については隠して「どこにあるかは知らない」としらを切った。

出版は、一七五八年まで続けられたが、一七五九年には高等法院の介入で危機に陥る。国王の允許は取り消され、定期購入を禁止する命令が下されたため、以後のテキストは秘密出版となる。一七六四年、ル・ブルトンはテキストの文章をかなり和らげて、なんとか公刊にもちこむ。その印刷が終了したのが一七六六年で、テキストは全部で十七巻（さらに補遺五巻が一七七七年に出ている）、図版は十一巻である。とくに図版十一巻は、後世、愛書家たちの垂涎の的となった。

その教育的価値、視覚的合理性は、奇妙なものや不条理なものも排除することなく、あらゆる問題（とくに検閲官たちに警戒心を起こさせた宗教的問題にさえ）にまで合理的視点から手を付けていることにあり、それがこのプロジェクト全体の精神の生きたシンボルとなっている。しかしながら、百科全書家たちは、攻撃を呼び起こす危険性のある項目については慎重に、いわば知的ゲリラ作戦を採用することによって敵の目をごまかしながら、定期購読者たちに作品全部を読ませ、自分たちの理念をより広く、より深く浸透させることに成功した。

この『百科全書』は、機械的技術とそれが予示する未来のすばらしさを宣揚したが、技術自体、ブルジョワ資本主義の誕生とあいまって進歩し、さらに過激な機械文明を導入していったため、『百科全書』が頼りとした職人階級の技術的知識もたちまち古臭くなり、技術的次元においてだけでなく、理念や考え方、研究法においても、時代遅れになっていった。こんにちでこそ『百科全書』と美化されているが、十八世紀も末には、古くなった香水のように、さほど注目される存在ではなくなっていた。

実際に同じジャンルのプロジェクトは、イギリスだけでなく、ドイツやイタリア、スペインでも現れていたし、フランス自体においても、すでに一六六六年、創設まもない科学アカデミーが、応用技術のために膨大な著述を総合し結合する作業に取りかかっていた。このとき（一六六七年）、マロル師がその主題に関連する版画を一二万三〇〇〇枚も集めていたことを知ったコルベールは、王に進言してこのコレクションを国家で購入している。このプロジェクトを引き継いだレオミュール（1683-1757）は、一七一一年、解説つきの図版集を構想し、それが『百科全書』のそれの先駆となったことが明らかである。

レオミュールが『Description et perfection des arts et métiers』という題名で立てた企画では、百巻近いものになるはずであったが、その作業は遅々として捗らず、ようやく第一巻がアカデミーから刊行されたのは、死後四年経った一七六一年、それも、ディドローとダランベールの編纂事業の進展に触発された結果であった。

一七四七年の『百科全書』編纂作業のスタート早々、この二つのプロジェクトの間で競争が繰り広げられたが、最も興味をそそるのは、ディドローが、先行していたアカデミーのプロジェクトの成果を横取りしようとして図書係や版画家たちを買収し、一七四八年には、このプロジェクトの主要部分をほとんど骨抜きにしていたことであろう。一七五六年、レオミュールは、こうした厚顔無恥なやり方によって自分の生涯をかけた仕事が横領されたことを嘆いている。

一七五九年、ディドローの仕事の版画彫刻を担当していたものの途中で決別した建築家のピエール・パットは、『百科全書』が大きく扱い、出来栄えもよく注目を集めている《機械的技術》についての部分は、明らかに剽窃されたものである」と告発している。

一七六二年から一七七二年までの間に『百科全書』の図版出版の権利を取得した出版者は、アカデミーとも良好な関係にあったようで、彼は、百科全書家たちの完全な無罪を保証する証明書をアカデミーから取得（一七六〇年一月十六日）し、この文書の写しを図版集の各巻に誇らしげに掲げた。

『百科全書』の版画が借り物であることは、アカデミー・プロジェクトの図版を一目見ただけで明瞭であるが、それ以外にも、『百科全書』にとって、収集し整理しなければならない資料は膨大であったから、時間を節約するために、さまざまな借用を行っている。手本とされたチェンバーズ自身、指物大工や航海術などさまざまな専門分野や自然史の出版物を利用した。したがって、『百科全書』のために仕事をした芸術家たちは、この第一次資料のかなりのものについては、あまり大きい修正を加える必要がなかった。当局から異議を差し挟まれたのは、これらを検討し、明晰さと調和ある統一性をもたせようとしたページに関してであった。しかし、こうして異議を差し挟まれた部分にこそ、彼らの深いメッセージがこめられていた。

この本の本質的独自性は、当時獲得されていた知識の総体を最大多数の人々に明示し、近づけるものにしたことにあった。哲学者たちは、秘儀的様相を保ってきた伝統的協約に逆らって、組合主義やナショナリズムのために部外者に対して隠されてきたことを人類全体に提供するという一つの明断で決然としたやり方を採った。こうして、『百科全書』とともに国際的な楽観主義精神が凱歌をあげ、「啓発されたすべての人類」の進歩と「精神の全般的平和」をめざす動きが形成されたのである。

《自然》の発見

《自然の学問》は、いつまでも《人間の学問》の後塵を拝してはいなかった。ラヴォワジエ（1743-1794）が生命のない物質のミクロコスモスを探求して近代化学を打ち立てた（これは、のちにパストゥール（1822-1895）が生命体のミクロコスモスを探求するための動機をもたらすのだが）ことによって、宇宙はあらゆる形をとった厳密な探求の対象となる。

しかし、科学がときとして詩のなかに溶け込むことは、ビュフォンの足跡をコート＝ドールの小さな町、モンバールに辿るとき、明らかである。そこには、いまも、この偉大な自然学者が作った一種の植物園が残っており、その様相は、十九世紀にある熱心な旅人が描いているのとまったく変わらない魅力を湛えている。

「ビュフォン伯の古い領地のなかで最も目を惹くのは、公園を貫いている長さ五〇〇メートルを超える遊歩道である。両側には、ヨーロッパではじめて植えられたたくさんのプラタナス、トウヒそのほかさまざまな種類の木々が力強く空に向かって伸びている。遊歩道は、一方に谷と畑を見下ろし、他方の側は、岩の塊や大きい石で築かれた巨大な壁になっていて、そのあちこちに開いた隙間は、それが中世の城郭の切れ込みであることをうかがわせている。エメラルドグリーンの木蔦や野ぶどうの茂みが垂れ幕のようにかかり、あらゆる種類の蔦植物が豊かな群落を形成しながら、そのつやのある葉や赤く色づいた葉、花でこの廃墟を飾っている。」

ここに記されているロマンティシズムは、いまもその

ビュフォンが「自然誌」を執筆したモンバールの館

真実性を少しも失っていない。わたしたちは、科学の知識を進歩させるために早くから田舎に引っ込んだこの探求者の本当の容貌をそこで捉えることができる。

このビュフォンに、その時代に属しているものと時代離れしているものとをいち早く見分けたのがサント＝ブーヴ（1804-1869）であった。ビュフォンこそ、大都市（とりわけパリ）に住むことが著名人の必須条件であった時代に、田舎に住むべきことを知っていた稀な人物の一人であり、そこに彼が時代を離れていたゆえんがあった。

ビュフォンは科学的精神を備え、人間の本性が善であることを信じた疲れを知らない努力家であり、自分の仕事に打ち込むために『百科全書家』たちと訣別し、宮廷人として巧みに立ち回る術をわきまえていた。同様にして、世界の起源についての革命的な仮説を立てながら、これに微妙な含みをもたせた。なぜなら、ソルボンヌが聖書の記述に基づく教会教義に対して疑問を抱かせるような仮説を容赦しないことは明白であったからである。

そうした言い逃れは、わたしたちにはいかにも怪しげにみえるが、十八世紀には少しも罪ではなかった。事実、そのことで彼を責めた人は誰もいなかった。それは、彼が、その冒険精神から、非常に科学的な「火についての実験」や、怪物目撃談を集めただけの『人類の多様性 Variétés de l'Espèce humaine』といった領域に踏み込むにつれて、なおさらであった。

こうして、一七四九年から一七八九年まで三十年間、夢中になって取り組んだ成果が三十六巻の『自然誌 Histoire naturelle générale et particulière』として結実したのであったが、そのために、もっと広範な問題への関心を失ったわけではなかった。その一つである《農村経済の原理》に関しては弟子のドーバントンに譲っている。

ビュフォンは、リンネに比肩される有能な植物学者であったが、自分が所有していた製鉄工場で、近代製鉄業の基礎となる「浸炭法」〔訳注・木炭の粉など浸炭剤を用いて金属を加熱し、種々の特性をもたせ、とくに鉄を鋼に変えるやり方〕の実験に成功した。また彼は、地球の歴史をほぼ明らかにしただけでなく、太陽系の惑星についても観察を重ね、仮説を立てた。その一方で著した『算術試論 Essai d'Arithmétique morale』は、確率計算の下絵以外の何ものでもない。

『鉱物史入門 Introduction à l'Histoire des Minéraux』は先に『大地の理論 Théorie de la Terre』で述べた主張をより堅固なものにするために再度取り上げたものである。また『雷についての覚書 Mémoire sur les Trombes』はフランクリンの業績に比肩するもので、これ一つ採り上げても、明晰な物理学者としての彼の名誉を不動にするに充分である。

したがって、ロジャー・ハイムはビュフォンをゲーテに並ぶとしているが、前者「モンバールの製鉄所の親方」と後者の「イルメナウの鉱山主」とでは、精神の広がりと観察の学問への情熱以外では共通しているものはほとんどない。事実、二人とも幾つもの謬説に固執したし、とりわけ後者〔ゲーテ〕は、その科学的著作〔訳注・光学理論〕では、彼の名声にとって致命的な誤りに固執した。それに較べて、ビュフォンの生殖に関する理論については誰が厳密さを求めるだろうか？

ビュフォンは、その栄光にもかかわらず、なによりも、モンバールの世捨て人であった。エロー・ド・セシェル〔訳注・貴族、パリ高等法院検事。革命勃発後は国民公会議員。一七九四年、ダントン派として刑死〕は、この栄光に包まれた老人を訪問したとき、この場所の様子が風聞によって得ていた知識のとおりであることを再確認している。この老伯爵は、七十八歳になっても変わることなく伊達男で、日に二度、髪をカールしていた。フランスでは、雄弁ぶりは、とくに自信に裏づけられているとき喜ばれるが、この未来の国民公会議員は「時として彼は、興味深い見方をする」と述べている。

一つの伝説が、モンバールをヨーロッパ思想の中心地の一つにしている。そこには空壕があって、ライオンや熊まで飼育されていた。そのすぐ側の飼鳥園にはエキゾチックな鳥たちが飼育され、セーヴによって描かれたその絵は、『自然誌』の愛書家の自慢の種になった。

この庭園は、さまざまに配置された十三のテラスと有名なサン＝ルイ塔がそびえる城があり、城は十二のアパルトマンからなっていた。この偉大な人物の仕事場はその端にあり、修道院のような質素な部屋の壁にはニュートンの肖像画が懸けられていた。

彼は、この部屋で四十年間、孫娘たちへの情熱も含めて、十二か月のうち八か月を研究と執筆に過ごした。ここは、訪問者たちの喧噪も届かない聖域になっており、ビュフォンは、勤勉な著述家として、最も適切な表現や形容詞を探して文章を推敲し、ときには進行中の仕事を中断して別の仕事を企画した。書き直した原稿が古い原稿と一緒になってしまい、完成したはずの原稿を破り捨ててしまったこともあった。

彼の製鉄所では四百人ほどの人が雇われていたが、これは、当時としてはかなりの数であった。この事業は、もし管理を任されていた人物が収益のかなりの部分を横領していなかったら、もっと繁栄していたであろう。

エロー・ド・セシェルは法律家の正義感からモンバールに捜査の手を入れた。その結果、被害はこの偉大な人物の財布だけでなく、その誇りにも及んでいたことが明らかになった。この城は、ひとりの口うるさい家政婦とイニャス・ブゴなるカプチン僧によって牛耳られていたのである。家政婦が世俗的なことをいっさい仕切っていたのに対し、心の問題はカプチン僧が支配していた。
ビュフォンは近くのスミュールのカプチン修道院から押し寄せた大勢の寄食者たちを前に「民衆には宗教が必要である」と説き、また、読み書きできない人々にはミサを聴きに行くよう促した。これらは、革命の理論家たちからは「偽善家」「無道徳主義」と非難されかねない言動で、もし彼が革命勃発前の一七八八年に亡くなっていなかったら、ラヴォアジエと同じ運命を辿っていたであろう。
〔訳注・化学者のラヴォアジエは若くして科学アカデミー会員になり、革命勃発後は新度量衡法設定委員、国民金庫役員になったが、革命まで徴税請負人になっていた前歴を暴露され、処刑された。〕
しかし、ビュフォンは、数々の奇行や奇癖の奥で、同郷人のラモー（1683-1764）と同じく、心底からの農民的性格の持ち主でああった。彼がこの世紀に特有のナルシシズムとロマンティズムの絶望的冒険の退廃的誘惑から免れることができたのは、人に羨まれる知的堅固さとともに、そうした地方人的な知恵によってであった。

夢想を追った建築家たち

十八世紀末には、二重の配慮を特徴とする奇妙な建築精神が見られる。一つは、新しい人間の要求により有効なやり方で応えようとする配慮であり、もう一つは、古典主義的芸術によっては表現されなかった夢想的・非現実的なユートピアを建物自体のなかで表現しようとする配慮である。そうした建築家の一人、ニコラ・ルドゥー（1736-1806）は、フランス人が建築のなかに社会的機能と想像力を喚起する機能の二重の特徴を求めようとするときに、最も頻繁に引き合いに出される建築家となっている。

好奇心も手伝って、幻想的な文学や映画は、ニコラ・ルドゥーに、その芸術に対しては主人であるが、時代に対しては奴隷であるという二面性を付与する。すなわち、時代の気に入られたいという欲求を持ちながら、この世界を美化したいという欲求に突き動かされ、両者の間で引き裂かれる悲劇の主人公である。

しかし、ルドゥーは、ブレー（1728-1799）やルクー（1757-1825）と同様、《啓蒙の世紀》にあって、人々の精神を惑わせるとともに最も巧みに何人かにそれを引き継がせることのできた折衷的主知主義を継承している。彼は、一七三六年にマルヌ県のドルマンで生まれ、パリに出て給費生として十八世紀最大の建築学教授、ブロンデル〔訳注・王立建築アカデミー教授。1705-774〕のもとで学んだ。

ブロンデルは、住まいとしての快適さと外観の形式主義にこだわり、とくに公的建物においては外観に重点を置き、個人の住宅においては住み心地を重視しながらも、全体の統一性、造形的調和に関して重大なリスクを敢えて冒した。おそらくルドゥーの初期のつつましい作品にも、入居した人に大きな全体のなかにいる感覚を呼び覚ますことによって公的生活の流れに与っている幻覚を提供しようという彼の一貫した関心がすでに現われている。

一七六四年には、オーセールのカテドラルの内陣の装飾工事のために招かれ、その一年後にはオテル・ダルヴィル〔訳注・スタール夫人もここで生まれた。パリのミシェル＝ル＝コント街二八番地〕を建て、これが首都パリにおける彼の最初の仕事となった。その直後、メジエールのル・ノルマン家〔徴税請負人を生業にしていた裕福な一家〕がセーヌ＝エ＝オワーズのオーボンヌのために都市総合計画を注文し、これが彼の栄光の時代の始まりとなった。

彼はフランスじゅうを旅し、サンスのカテドラルの工事に携わり、マダム・デュ・バリー〔訳注・ルイ十五世の愛人で、王妃マリー・レクチンスカが一七六八年に亡くなったあとは二人の関係は公然たるものになった〕のために《逸楽の聖地 sanctuaire de la volupté》の注文を受けた。

この建物はルーヴシエンヌ〔訳注・ヴェルサイユの北約八キロ〕に造られ、称賛と非難が半ばするなか、何度も手直しされた。一七七三年には王室建築師に任命され、多くの注文を受ける一方で、フランシュ＝コンテのアルク＝スナンの製塩工場（サリーヌ Saline）の建設事業を請け負っている。

このプロジェクトはデュ・バリー夫人の口添えでルイ十五世の允許を得たもので、工事は一七七五年に着工された。その間も、ルドゥーはエクス＝アン＝プロヴァンスのために知事公館、裁判所、牢獄などを建設し、またオーボンヌのプロジェクトを完成させている。一七七七年には、カンの近くのベヌーヴィルの館を完成させるが、そのころ（一七七九年）から、彼の仲間たちが彼の成功は自分たちのおかげであると主張し始め、いざこざのために《ショーの製塩工場 Saline de Chaux》の工事は中断され、古代趣味を反映した別邸の工事は続けられるが、ブザンソンの劇場が完成するのは、ようやく一七八四年のことである。

マルセイユとヌーシャテルは彼の市庁舎建設のプロジェクトを拒絶した。一七八五年にはパリの市門建設のプロジェクトが受理されるが、二年後には、これらの威圧的で金喰いの建設に対する民衆の反発が強まり、ルイ十六世はルドゥーをその任務から外すことを余儀なくされる。彼は一七八八年に王室建築師に復帰するものの、その七月には、完成していた市門の幾つかが焼き払われる苦痛を味あわなければならなかった。

ルドゥーはすでに一七八一年から、ロシアのパーヴェル大公にロシアへ移住したいむねを申し出ていたが、フランス革命が勃発し、一七九三年、貴族に肩入れしたとの疑惑を懸けられて牢獄に入れられる。一七九五年一月にはギロチンにかけられるところを辛うじて免れたが、その後の人生は惨めであった。彼の芸術と考え方は、アンシャン・レジーム下の象徴的スタイルを思い起こさせたからである。

こうして建築家としての活動の道をふさがれて以後は著述に打ち込み、一八〇四年に『芸術・風習・法律との関連で考えられた建築 Architecture considérée sous la rapport de l'Art,des Moeurs et de Législation』の第一巻を自費で出版した。これは、パーヴェル大公の息子のロシア皇帝、アレクサンデル一世に捧げられている。彼の美学的理念のかなりの部分はナポレオン帝政によって採用されたが、正当には理解されないまま、一八〇六年十一月十八日、七十歳で亡くなった。

現在まで残っている痕跡と、彼がその理念を体系づけた著作によって考察すると、ルドゥーの仕事は相矛盾するさまざまな原理を示しているように見える。ブザンソンの劇場では、閉鎖的に区切られた桟敷席を捨てて一階土間の立ち見客を坐らせるようにしたが、ホールの高い部分の後方に押し込められた人々は何も見えなかった。

彼の書いた著述を読むと、《人間の自然の風習》と《快適生活 bien-être》の議論が繰り返し出てくる。彼が構想した理想都市には、最も天才的なひらめきがあると同時に最も痛ましい強制収容所的世界を思わせるものがある。各部屋を一家族が占め、廊下で共同竈と結ばれている建物のおかげで、労働者は、家庭生活を壊す酒や不健全な娯楽の害から守られるわけであるが、ここでは、「自然への回帰」というジャン＝ジャックの高潔な理想と巧妙に段差をつけたカースト制度の狡猾で隠然たる圧迫とが接合されている。さらにルドゥーは、不和な夫婦のための家や、古代の知恵を崇敬する反動的な人々の心を捉えるため象徴的神殿を造ることまで考える。この新しい世界にあっては、憲兵（警察）がすべてを監視し、人々を堕落から守るために圧倒的な力を独占する。「この施設の目的は社会的秩序を正し、法に従わせ、放縦をなくすことにある。」

——財務省（Bourse）は、その外観を見ただけでお金を大事にしようという気持ちにさせるものでなくてはならない。教育省は自然を基盤にした諸価値に対する尊敬心をさらに堅固にするものでなくてはならない。一般的に円環、立方体、球体は、それぞれに独特の魔術的力をそなえており、建築家たちは、これらの象徴的な形を有効に活用すべきである。——

ユートピア的社会主義と強制収容所的厳しさを混合したこの魅惑的建築は、奇抜な特徴を幾つももっているが、ルドゥーがその理想都市に、このように地獄を思わせるほどに閉鎖的な家々を用意するのは、悪の道に陥った人々を善の世界に連れ戻すためである。これは、既存の宗教の保護施設よりはるかに巨大で、性器の形をしている。淫らな形のモニュメントにより性的羞恥心を起こさせるためである。

こんにちのわたしたちにはユートピアとしてステレオタイプ化されて見えるが、ルドゥーは、勃興するブルジョワジーのあらゆる要請に応える施設の構想にその天分を注いだ。その意味で、このルドゥーの構想は《都市計画 urbanisme》の先駆的アイデアとみなすことができる。他方で、ショーの製塩工場においては、建物の形態上の配慮だけでなく、のちに心理学的な新しい学問として進展する、自然環境や地方的独自性との調整についても配慮している。

こうしてルドゥーは、《自然の原理》から出発することによって、ロマンティシズムによって解放された不安定な個人を抑圧する「人工的社会」にも「ノン」を突きつける。彼の設計したエクスの牢獄に窓がないのは、大罪は閉じ込められておかれるべきだったからである。牢獄にヒューマニズムは不要で、抑圧的精神を満足させるのに適していればよいのである。

このように、ルドゥーの仕事は、その幾つかの理念の幅広さと、それに加えて、今も残っている作品の大部分の造形的美しさによって興味を惹くが、そこに宿っている生命は、みずからの限界を告白しているのではないだろうか？

ショーの製塩場は、未完成に終わり、実際に人々を入居させることはできなかった。《ルソー主義》の支持者であったルドゥーは、理念においては肥沃だが未来への行動においては不毛であったこの世紀の破綻を悲劇的なやり方で体現している。

まさにルドゥーは、同時代人のルイ＝エティエンヌ・ブレー〔訳注・古代建築に範を求めた建築家〕とともに、キマイラのごとき妄想に養われた十八世紀のもつ限界を、身をもって示したのであるが、この十八世紀の偏執的なまでに復古的な思考が、帝政時代から現代にいたる建築関係者を特徴づけることになる。

ユートピア的幻想

《啓蒙の世紀》は、人間の知的地平線を一変させることにより、知識と想像の空間的・時間的境界線を押し広げた。この新しい世界の広がりは、十二世紀のあとや十六世紀のあと〔訳注・いずれも「ルネサンス」と特徴づけられる時代である〕と同じく、ユートピア的思想をその動きのなかにもたらす。

一七八九年の人々の政治思想は、彼らがイデオロギーの源泉とした人類改革の概論書によって判断すると、明らかにユートピア的思考の痕跡を帯びている。しかし、そうした感染病にかかったのは政治学だけではない。都市生活とそれにつきまとう欲望、その未来像全体がそうであった。

この時代は、それまでの何世紀にもわたる古典崇拝のあと、父祖伝来の定義のもとで意図的に隠されていた真実に直面して一つの奇妙な冒険を経験し、それがやがて、最も理性的な人々をも合理的体系的不条理に導くことになる。その逆説的な諸結果はわたしたちを魅惑せずにはおかない。これらの彷徨は絵画的表現以外の建築や科学といった道に進むなどということはありえないはずであった。ところが、それが事実になったのである。

その点で、ルドゥーやルクー、ブレー、フォンテーヌといった十八世紀の建築家たちを、グロピウス（1883-1969）の《バウハウス造形学校》やル・コルビュジエ（1887-1965）などの《機能主義 fonctionnalisme》や《古典的ロマン主義》あるいはさらに現実軽視の想像性によって道を間違えた単純な天才たちの先駆者といえるかどうかについては、まだ議論の余地がある。論理的妄想に囚われた理性主義者やユートピア思想に向けられたこれら「呪われた建築家たち」の冒険は、《空の征服者たち》の冒険と奇妙に一致する。

一七八三年のある戯画は、かなりはっきりとこの対比を提示している。そこでは、遍歴の騎士たちが気球か傘のような奇妙な器具にぶらさがって空中に浮かんでいる。「空気より重い物」がそんな器具の力だけで空に浮かぶというのは明らかに不条理であり、ここでは、想像力と不条理とが結合しあっている。モンゴルフィエ兄弟〔訳注・一七八二年熱気球を製作し、無人で飛ばした〕のプロジェクトが尊敬心の混じったパニックを引き起こした理由がここにある。

この実験に基づく冒険と非現実的創造主義との結合は、ロマン主義時代の古代芸術模倣主義者を当惑させるが、それ以前に、この時代のセンチメンタリズムを表している。それは、哲学用語の範疇を超えていて、カントのような哲学者なら、ためらうことなく「卓越せるもの sublime」と呼んだであろう。この「卓越」という観点に立つとき、これらの実験がもっている劇場的特質が一層明確になる。

この誇張は、それだけで、当時広がっていた古代の裸像への嗜好を充分に説明してくれる。この事態は、かつてバロックの幻想主義によって嘲笑された機能主義への回帰につながり、ロココ芸術によって妨げられた高尚美術の復権と発展をもたらすはずであった。しかし、これによって歴史的哲学的正当化のチャンスをつかんだのは、ジークフリード・ギーディオン〔訳注・スイス人建築史家。1888-1968〕によって提示された《古典的ロマン主義のエチケット》の慎重な生き方のほうであった。形の象徴主義もまた、それが仮定する魔術（ルドゥーの著述には、それを印象づけるたくさんのページがある）によって、ロマン主義の袋小路に行き着いたのではないだろうか？

しかし、この象徴主義自体、当時は隠れていた渇望から生まれたもののように見える。この点から見ると、彼の機能主義はもはや疑問の余地がなく、J・J・ラメの『祖国フランスの祭壇 Autel de la Patrie』（1890）がフランス的というよりは新エジプト的、新ドーリス的様式であるにもかかわらず、成功を勝ち取ったことは、この深い嗜好性を示している。〔訳注・ジョセフ＝ジャック・ラメ（1766-1842）はサンリス、ノワイヨン、ボーヴェのカテドラルを修復した建築家。〕ジゾール（1796-1866）はパレ＝ブルボン〔訳注・コンコルド橋の近くで、一九四六年までフランスの下院が置かれた〕を改造したが、そのなかで、幾つかのレセプションの間を一つの半円形の会議場にしたのは、古代の劇場のようにしようとしたであろうか？　わたしたちの世紀（二十世紀）は、建築をその当時時の見方の原理に則って見直さなければならず、そのとき初めて、部分的ながらその含意の幾つかにおいて予言的であることを明らかにできるのである。

　同じように、生まれてまもなく不運な事故に遭った結果、眠りに陥り、その間、縁日興行のアトラクションでしかなかった熱気球も、一七八三年十一月二十一日、ピラトル・ド・ロジエがモンゴルフィエ製作の気球に乗って、パッシーと現在のイタリア広場の間〔訳注・距離は一二キロメートル〕を空中旅行し、固有の意味での「航空 aviation」の最初の試みに成功したことによって、「空の征服」という本来の重要性を取り戻したのであった。このいわば《潜伏期間》すべてが、あたかも教師たちが唱えたユートピア思想を人類が消化しなければならなかったかのように推移したのであった。

　このように、十八世紀の一ユートピア主義者にわたしたちが負っている負債は、物質的側面だけに留まらず、そこには帳簿に記載しきれないものがある。

第三部　現代への入口

アルベール・ソブール

第一章　新しい社会

フランスの社会構造は、十八世紀末も貴族制的なままであった。そこでは、起源の時代そのままに土地が社会的富の唯一の形であり、土地を所有する人が土地を耕す人々を支配する権力を独占していた。

カペー王朝〔訳注・十世紀から十四世紀まで続いた〕は、長期にわたる努力の結果、領主たちからさまざまな権利を剝ぎ取ったが、だからといって、土地所有者たちが封建領主としての社会的・経済的特権を失うことはなく、相変わらず農民たちに隷従を強いる体制が続いた。十五、六世紀には、封建的遺物であるこの社会的枠組みのなかで、地理的大発見と植民地開拓と恒常的金欠病に悩む王制の財政的措置に刺激されて、ブルジョワジーが資本主義の発展とリズムを共にしながら飛躍の道を辿り、十八世紀になると、金融と商業・工業の先頭に立って、国家の前進と行政に必要な資金を王政府に提供するまでになる。そのなかで貴族階級の役割は絶え間なく縮小していったが、それでも彼らが社会的ヒエラルキーの第一位にあることは変わりなかった。しかし、貴族階級が《カースト》のなかで硬直化していったのに対し、ブルジョワジーは、数においても、経済力と文化や知識においても重要性を増し、そうした社会的・経済的現実を背景に野心を増大させていったから、法と制度の運用に携わる貴族階級と必然的に真っ向からぶつかりあった。

アレクシス・ド・トクヴィル〔1803-1859〕は、その『アンシャン・レジームと革命』のなかで、フランス革命はフランス社会の実体と構造に秘められた基本的敵対関係に根ざした、避けることのできない結果であったとして次のように述べている。

「この革命が他のすべてに比べて些事であったというのは、それが偶発的出来事であったことである。それは、まさにだしぬけに世界を襲ったが、実は、ゆっくりと進められてきた作業の補足であり、何世代にもわたる人々の仕事の突然の荒々しい結末でしかなかった」。

しかし、この苦痛と痙攣をともなう現象が、なぜ、「移行期や予告といった配慮もないまま」いきなり爆発したのだろうか？

一七八九年の革命は、経済的危機という背景のなかで生まれた。十八世紀は繁栄の世紀であったが、それが頂点に達したのが一七五〇年代末から六〇年代初めにかけてのいわゆる《ルイ十五世の栄華》の時期で、一七七八年には《ルイ十六世の凋落》が始まる。こうして収縮期、後退期に入るのだが、その仕上げをしたのが一七八七年に起きた飢饉である。

そこから循環的にさまざまな悲惨と混乱が生じる。ジャン・ジョレス〔訳注・社会主義者。『フランス大革命史』を著した。1859-1914〕も、飢饉が大革命の重要な動機になったことを否定はしないが、この飢饉は庶民大衆を苦しめながらブルジョワにはむしろ有利に働いたとして、付随的な役割しか認めていない。とはいえ、それは偶然的にそうなったのであって、病の根はもっと深かった。

一七八九年の時点では、革命の主役はブルジョワジーであって、都市下層民や田舎の農民大衆を動員するところまで進んでいなかった。そうした貧しい大衆が主役として躍り出るのは、一七九八年以後、バリュエル僧院長の主導によってである。このとき大衆が立ち上がったのは、テーヌ（1828-1893）が言うように流血の本能に突き動かされてではなく、ミシュレが強調しているように、飢饉が大衆を立ち上がらせたのであった。

「どうか、貧しいヨブよ。大地に横たわる民を見に来てください。……」

それまでも、飢饉は、季節的に変動する物価高騰の結果であり、現実の給料への配慮によって幅があるが、結局、これを増幅したのは人口の増大であった。経済と人口の変動が緊張を生み出し、時代的条件のなかで、政府の施策の甲斐もなく革命を招く状況を創り出したのであって、支配階層ももはや守る力を失った体制に対して、国民の圧倒的多数が、混乱に巻き込まれてか、あるいは意識してか、反抗に立ち上がり、それがついに一七八九年、決壊点に達したのであった。

十年間にわたる革命の混乱を経て、フランスの現実は根底から変革された。アンシャン・レジーム下での貴族の特権と優越性は打倒され、封建制度は廃止された。農民たちは領主の課す税と教会の十分の一税から解放され、労働者たちも、同業組合の独占体制が壊されたことによって共同体的束縛から解放され、国民的市場への統合に向かって一つの決定的段階に踏み出した。

革命は領主制と封建秩序を破壊することによって、この国の国民的統一を実現した。トクヴィルに言わせると、「フランス革命の本来の目的は、中世の制度機構の残滓をいたるところから払拭することであった」。この革命のおまけとして最終的に民主主義の体制に到達したことは、その歴史的意義をいっそう明確にしている。この二重の視点と世界史的角度から見ると、フランス革命はブルジョワ革命の古典的モデルと考えられて然るべきである。

ここで最も活躍したのは、商人ブルジョワジーではなく（彼らは、仲介的商業の立場にとどまっているかぎりにおいて旧社会に順応したし、一七八九年から一七九三年までは一般的に妥協に走る傾向性を示す）、アンシャン・レジーム下の国家の司法制度と強制手段によって貴族たちに余剰労働と余剰生産を独占されていた農民や職人といった小規模生産者たちであり、彼らの反抗が旧社会に最も有効な打撃を与えたのであった。


とはいえ、この封建体制に対する勝利が、同時に新しい社会的関係の出現を意味したわけではない。資本主義への移行過程は単純ではなく、資本主義を構成するさまざまな要素が旧社会の枠組みを壊すのに充分強力になるまでは、旧社会のなかで発展してきていたし、さらにフランスで資本主義と大工業が決定的に姿を現すためには、大革命から七月王制（1830-1848）にいたるまで、なお半世紀以上の時間を必要とした。その歩みはゆっくりしており、企業の規模もつつましいままで、専権を振るったのは商業資本主義であった。しかし、封建的土地資産制度と同業組合のシステムが崩壊したことによって中小規模の直接生産者たちは解放され、それが、都市の職人階級にあっても農村共同体にあっても、資本家と給与労働者への階層的分化と社会的分極化のプロセスを加速する。

中小生産者の経済的分化と農民と職人の分離が行われる一方で、ブルジョワ内部の均衡も変化した。先祖伝来の資産をもつ人々に代わって、実業家や企業リーダーが富のランクにおいて優位を占めるようになる。そうした企業家に新しい利得のチャンスを提供したのは、とくに軍隊の装備と物資補給にかかわる事業、征服された国の搾取と開発であった。経済的自由によって企業集中の道が開かれ、やがて、進取の精神に駆り立てられたこれらの人々は、自ら資本を製造部門に投資し、産業資本主義の発展に貢献する。

フランス革命は、古い自治権の名残を一掃して地方的特権や地域的特殊性を破壊することにより、アンシャン・レジームの国家的骨組みとその経済的・社会的構造を覆した。こうして革命は、総裁時代(1795-1799)、執政時代を経て一八〇四年の帝政にいたるまで、近代ブルジョワジーの利益と欲求に応えることによって、新しい国家の創設を可能にした。こうして築かれた行政機構・国家機構が二十世紀の現在まで持ちこたえてきていることは、その構造の一貫性と堅牢さを証明している。

この二重の視点からして、フランス革命は、これまで言われてきたような一つの神話などではないことが明白である。おそらく中世的意味での《封建制 féodalité》は、一七八九年にはもはや何の役にも立たなくなっていたが、当時の農民やブルジョワたちにとっては、この抽象的な言葉は、「封建法」や「領主権力」などによって彼らもよく知っており、最終的に一掃されるべき一つの現実を包含していた。

他方で、革命評議会が基本的に自由業や公務員の人々によって占められ、事業主や金融業者(つまり、資本家)は加わっていなかったからといって、そこから革命は新しい秩序の樹立においてさほど重要でなかったとする議論を引き出すことはできない。この後者の人々は少数ではあったが非常に活動的で、圧力団体としても強力であった。しかも、本質的なのは、古い経済的・社会的システムが破壊されたこと、フランス革命が起業と利得の自由を宣言することによって資本主義の進む道を整備したことである。これが一つの神話などではなかったことは十九世紀のフランスの歴史が明らかにしている通りである。

《自由 liberté》の見習い期間

要するに、フランス革命は、フランス史のなかでも近代世界史においても、特別の位置を占めている。フランス革命は古典的ブルジョワ革命として、領主制と封建制を廃止することによって、フランスにおける資本主義社会と自由民主主義の出発点を成しているとともに、妥協なき反封建的農民革命・民衆革命として、ブルジョワ的限界線を二倍は越えることをめざした。

革命暦二年〔訳注・第一年は一七九二年〕から始まった社会的民主主義の試みは、必然的な幾つかの挫折にもかかわらず、長い間、予言的価値を保持し、平等を謳った《バブーフ主義者たち》の陰謀のときも、現代の革命的思想と行動の肥沃な源泉になった。かくして、フランス革命という危険な先例に対して歴史的現実性や社会的国民的特殊性を否認しようとしても無駄な努力であることは明白である。

しかしこのことから、世界が感じた震動、人々の意識のなかでのフランス革命の影響の大きさもまた明らかである。まさに一七八九年以後のフランスの歴史は《自由》についての見習修業であり、さらに、一七九三年からは、《平等》についてのゆっくりした見習が始まる。

その間ずっと、さまざまな理念の変動は、政治的・社会的抗争を映し出す。伝統的社会の枠組みは崩壊したが、多くの人は新しい秩序に適応できなかった。事件を通じて人々の攪拌が行われたせいで、非合理的なものがふたたび力と信頼を取り戻した。フランス革命が《啓蒙の世紀》の仕上げとして現れたのに対し、反革命は理性主義に対抗して権威と伝統を掲げ、感情と本能といった闇の力に頼り、直観（intuition）を援用して知性（intelligence）に異議を申立てた。

人類の無限の進歩と、人間性の改良への不屈の確信を表明したコンドルセ（1743-1794）の『人類精神進歩の歴史』（1794）は、この世紀の「哲学的遺書」といってもよい。しかし、その一方、伝統主義派も自分たちの理論家を見つけ出した。一七九六年には、ボナルド（1754-1840）の『市民社会における政治的・宗教的権力の理論』とジョゼフ・ド・メーストル（1753-1821）の『フランスについての考察』が同時に出ている。

芸術の領域では、革命の画家として、また国民的盛儀の演出者として『マラーの死』から『ナポレオンの戴冠』にいたるまで画壇を仕切ったダヴィド（1748-1820）のおかげで、古典的美学と古代的インスピレーションが造形美術を力強く支配しつづけた。それに対し、文学の領域では、古典的文学の弟子たちは革命という事件と個人の解放や情念の激化といった衝撃に対応できなかった。

革命の飛躍は、同時に、音楽におけるインスピレーションも刷新した。それを表しているのが『マルセイユ人たちの歌（ラ・マルセイエーズ）』と『出発の歌』で、そこでは、感受性と思考の一新を通して、すでにロマン主義の追求が始まっている。

名士たちの治世

フランスにとって十九世紀はじめは、勝ち誇るブルジョワジーの時代であり、金持ちの名士たちが誰からも異議を申し立てられずに君臨した時代である。一七九九年の黎明期にあっては、《祖国 Patrie》の観念がより革命的であっただけに、なおさら、それらはあらゆる可能性を包含しているように見えた。いまでは狭められて個人の所有権の境界線に後退し息苦しくなっているが、名士たちは《国家 l'Etat》を自分たちの法を尊重させるために作られた、いわば《ブルジョワジーの特典》の防壁のように考えた。

しかしながら、一八一五年から一八四八年まで続いた《納税有権者の王制 Monarchie censitaire》も、経済的拡張はもたらさなかった。帝政のよき時代のあと、一八一七年から一八五〇年までは、「停滞期」ではないにしても、少なくとも生産活動は低下する。物価は下がり、銀行組織は弱体化し、技術の進歩は低迷し、発展は鈍る。

ブルジョワの利得の本質は工業生産ではなく、相変わらず商業資本から生じたものである。鉄道路線は一八四八年の時点でようやく三〇〇〇キロで、人々の心を幻惑できるまでにはなっていない。国家的市場はまだ萌芽期で、農民大衆を組み込むにはいたっていない。繊維産業を牛耳っているのは、リヨンの絹織物業におけるように、製造卸商人である。製鉄業は、繊維産業の後塵を拝している状態である。

経済のこの遅々たる進展の本質的受益者である大ブルジョワたちは、納税者だけが選挙権を持つ仕組みによって政治を独占し、農村と都市を問わず、庶民大衆も職人や商店主といった小ブルジョワも、政治から排除されている。

一八四〇年代を通じて、選挙改革を求める声があがるが、効果はなかった。基本的自由権は狭い社会的境界内に限定され、平等は法律上の形式しかない。理論的には、労働と貯蓄によって納税額で決められている政治的障碍を越えれば、この社会的ヒエラルキーを登ることが可能であった。そこで言われたのが「金持ちになれ Enrichissez-vous!」であった。しかし、ヒエラルキーの階段を登ろうとしたどれほど多くの人たちが、激しい競争によって押し返されたことであろう!

法治国家は次第に硬直化し、大ブルジョワは自分本位の自由を謳歌し、とくに七月王制末期には数々のスキャンダルと腐敗が露呈する。だが、それにもかかわらず、この間に《議会制度 parlementarisme》がゆっくりと修練を積んでいったことは、この時代が後世のために遺した功績として挙げておかなければならない。

納税有権者のブルジョワジーは、社会的・政治的には固定化していたが、まだ部分的に《啓蒙の世紀》のイデオロギー的弾力性を維持していた。ヴォルテールの思想に触発されて向学心にめざめたブルジョワジーは、一八〇八年の帝国大学(一八一五年には王立大学になる)のなかに自分たちの知的優位を保証してくれる教育システムを見出す。この大学の前段階としてリセー(その前期課程がコレージュとなる)があるが、経済的必要性からますます重要になっていた初等教育の最初の基盤(リセーとコレージュが「中等教育」であるのに対し、「小学校」にあたる)は、一八三三年の法律によって設置されたものの、一八四八年の時点でも生徒数は五万人で、これは、就学年齢世代のおそらく一%にすぎない。

ブルジョワは満足したが、庶民は諦めるしかなかった。もっとも諦めは、不満が反抗に発展しなかった場合のことで、これが野蛮な暴力として突発したときは、身分秩序の調和は破壊された。フランスの内情は、まだまだ無知と貧困、苦悩と絶望以外の何ものでもなかった。ブルジョワたちは、自由競争の資本主義に乗って、良心の咎めも後ろめたさもないまま、庶民階層からの搾取の上に自らの富を築く。田舎の日雇い労働者や小作人、土地を持たない小農民、さらには工房の職人や、生まれつつあった大工業の労働者にとって、生活は十八世紀の父親たちのそれよりも悪くなっていた。ナントの医者、ゲパンは工場の給与労働者たちについて「生きるとは、死なないでいることだ」と言っている。

労働者に対する搾取とその地位低下による「恐るべき生活状態」〔経済学者オーギュスト・ブランキ（1805-1881）の表現〕については、たくさんの証言があり、このシステムの楽観的理論家も言及しているところである。そうした経済学者のアドルフ・ブランキ〔訳注・前者の兄。1798-1854〕は「リールの青白く猫背の奇妙な子供の住民たち」について述べている。

一八四一年になってようやく八歳以下の子供の労働を禁じる法律が制定されたが、その適用は二十人以上の労働者を雇っている企業に限られており、しかも雇用主の良心に任されていたから、実際には守られなかった。

労働者の世界は国家のなかでも他とは切り離され、労働者階級は、必要ではあるが既存の体制にとって安心ならない危険な存在であった。一七九一年のル・シャプリエ法によって労働者はストも集会も禁止されていたのが、さらに今度は、《リヴレ livret》〔労働手帳〕の強制によって厳しくコントロールされた。

そうした諦めと絶望のなかから反抗が噴出したのであったが、彼らにあっても、「秩序」が大事であることに変わりはなかった。一八三一年十一月、赤褐色の十字（Croix-Rousse）を掲げて立ち上がったリヨンの絹織物工たちは、その黒地の旗に「労働による自由な生を！　さなくんば戦いによる死を Vivre libres en travaillant ou mourir en combattant」というスローガンを書いたのであった。

《博愛 fraternité》の追求

一八三〇年代、この非人間的現実への抵抗の烽火としてロマン主義の炎が燃え上がる。それは、希望の焔でもあった。詩人や芸術家は、個人的運命の幻想を超えて自由の歌い手となる。ロマン主義は、まず、本質的に、前世紀の合理主義思想に対する宗教と感性、本能の反動であった。

ブルジョワ的世界に息が詰まる思いをさせられ日常の平凡さを拒絶したロマン主義詩人たちが逃れた先は、まずは、ジャン＝ジャック（ルソー）のように、人里離れた湖や茨の茂る荒野、深い森といった自然のなかであったが、いまや戻ってきて、そのインスピレーションを自分が関わる人間的・社会的悲劇の規模に合わせる。こうして、トルコに刃向かって立ち上がったギリシャや、ロシアのツァーのくびきを振り払うポーランドを謳う。ドラクロワは《民衆を先導する自由の女神》を描く。幸福の追求はまた自由の追求でもあったからだ。

ロマン主義は規模をヨーロッパに拡大すると同時に、歴史にも目を向けた。合理主義の十七世紀が格下げされるのに対し、《中世》は名誉を回復され、ゴシックが賛美される。こうして歴史と文学が相互に浸透し合い、ミシュレの見事な開花となる。彼のゆっくり時間をかけた仕上げのなかで《フランス》が甦る。「七月〔訳注・一八三〇年七月革命〕の閃光のなかで、一瞬にして考察されたこの労作」の序章『タブロー・ド・ラ・フランス Tableau de la France』のなかで、フランスは、あたかも一個の人格のように、埋もれた豊かさをもって甦る。

民衆は、かつて文学のなかに入っていったように、いまや歴史のなかに入る。民衆はインスピレーションの源泉となり、それと同時に、そのプロレタリア的生活の零落ぶりが明らかになる。二〇年代の個人主義的抒情性は、四〇年代の社会的ロマン主義へと到達する。一八四七年、ミシュレの『人民』が刊行され、その翌一八四八年、ヴィクトル・ユゴーは『レ・ミゼラブル』の構想にかかる。〔訳注・『レ・ミゼラブル』が完成するのは一八六二年である。〕

この絶望のどん底の世界において、一八四八年〔訳注・二月革命による第二共和制〕は、突如として出現した光の世界である。民衆は、その惨めさを振り払って、半世紀ぶりに舞台に戻ってきた。村の広場には《自由》の木が植え直され、司祭の手で祝別された。こんど君臨するのは《博愛 fraternité》である。

「庇帽の前に帽子を取れ！　――労働者の前に跪け！」

これは、作業着の君臨を告げるものだろうか？　ついに「平等の時代」が到来したのだろうか？

第二共和制〔訳注・一八四八年から一八五一年まで〕の最初の数週間、最初の三か月は、一つの真の価値転換によって注目された。それは、単なる政治的事件でしかなかったのに、深部からの反響によって、現代フランス史における一つの特異な位置を占めている。これを準備したのが、ブルジョワ支配の時代の文学的感性と社会的思想の刷新であった。つまり、ブルジョワの満足感と労働者の苦悩が社会的批判〔あるいはロマン主義的反抗〕を駆り立てたのであった。テオフィール・ゴーチエ（1811-1872）は赤いチョッキを掲げ、プルードン（1809-1865）は「私有財産――それは盗品に他ならない」と書く。〔訳注・T・ゴーチエはユゴーに傾倒し、『エルナニ』上演の際、古典派と弥次合戦でロマン派の先頭に立った。〕

しかしながら、現実の病に対して描かれた治療法は、あまりにも非現実主義的であった。学校、教会、さらにメニルモンタン〔訳注・パリのベルヴィル地区〕のペール・アンファンタン〔訳注・サン＝シモンに師事して空想的社会主義を受け継ぎ、晩年は鉄道やスエズ運河開掘事業に参加した。1796-1864〕のまわりに集まったサン＝シモン主義者たちのように、神秘主義と紙一重のセクトや秘密結社が増殖する。

平等主義者たちは未来都市の姿を夢想したが、そのための社会変革の方式については、あまり考えていなかった。そうした社会変革の方法を示すためにマルクスは彼らへの分析的批判の上に科学的社会主義を唱えたのであった。

この自由と平等のなかでの正義と博愛の探求は、さまざまな矛盾に逢着しないでは済まなかった。これは、プルードンの辛辣で破壊的な思想に表われており、また、そのことを事実をもって証明したのが悲劇的な《六月事件 les Journées de Juin》〔訳注・一八四八年六月の二十三日から二十六日にまでわたった労働者の蜂起〕であった。

一八四八年のこの共和制は、社会的事件でしかなく、「革命」と呼ばれるには値しなかった。たしかに、ブルジョワの社会的基盤はイデオロギー・システムのなかでは議論の的になったが、《二月革命 les Journées de Février》のあとは、資産家たちは、内心恐れていた追及を受けることはなかった。「人民の春」は時期尚早であり、長続きもしなかった。

　恐らく寛大さと雄弁、夢想を本質とする一八四八年世代の精神、感性や本能の不可解な力を前にしての理性的思考の後退ぶりは、問題にされてしかるべきであろう。臨時政府の人々の多弁な無能ぶりは、人民大衆の未成熟ぶり、その準備不足と相まって驚くべきものがある。

　相手が農民の場合、名士たちは、《パルタジュー》〔訳注・土地財産の分割共有を主張する連中〕や《赤》の脅威を指摘するだけで、人々をたじろがせて体制側に引き戻すのに苦労は要らなかったであろう。都市住民の場合はさらに、個人的労働を基盤とする職人や小資産と結びついた商店主のほうが無産階級よりも優勢であった。一人の職人が工場主にのしあがった一方で、どれほど多くの挫折者があったろうか？　職人や徒弟たちは、機械が自分たち徒弟仲間の失業の危険性を増大させること、資本主義的集中化によって工房を閉鎖に追い込まれ、自分たち職人は給与労働者に落ちぶれ、厳しい運命に追い込まれるだろうことを知っていた。

　十九世紀全体を通じて、そして二十世紀に入っても、中小ブルジョワである職人や商店主は、自分たちの立場にしがみついた。その点については、一八四八年の《六月事件》から一八七一年の《コミューン》や同年五月の《血の一週間》〔訳注・労働者の暴動が起きてチュイルリー宮殿が焼失し、ルーヴルも内部が焼かれた〕にいたる激変のなかで、彼らの何割が固有の意味でのプロレタリアにせよ伝統的タイプの民衆にせよ、逆戻りしたかを計算してみると納得できる。

　これによって歴史家は、産業資本家の勝利につれて職人たちが衰退していったことを明らかにできるし、十九世紀の革命的試みが悲劇的な挫折に終わった原因を明らかにすることができるであろう。こうした考察法は、《人民戦線》やナチス・ドイツによる占領からの解放など、ほかのさまざまな事情に関しても有効であるように思われる。

人類的博愛という壮大な夢についていえば、一八四八年六月の虐殺と多くの人々の追放のあと、何が残ったであろうか？〔訳注・このときの人民蜂起はカヴェニャック（行政長官）によって弾圧され、そのあとルイ・ナポレオンがクーデターによって権力を掌握した。〕せいぜい、普通選挙と植民地の隷属の廃止、自由の獲得における幾つかの進展ぐらいである。資本家に対抗して宣言された《労働の権利 droit au travail》もその一つであるが、もっと大きいのは、おそらくパリの労働者たちの集団意識における希望の破綻の思い出であろう。

共和制は、その後も三年間、なんとか命をつなぐ。〔訳注・ルイ・ナポレオンがクーデターで権力を掌握するのが一八五一年である。〕保守的な共和政府は「下賤な多数 vile multitude」を政治から排除しようと、選挙資格者九〇〇万人のうち三〇〇万人から選挙権を剝奪した。対象になったのは、職人の徒弟や日雇い労働者たちで、パリに三年居住していることを証明できなかった人たちであった。

《教権支持者 cléricale》〔訳注・教会が世事に干渉することを容認する立場〕でもあった共和政府は、「教育の自由」を楯にパリ大学の教育独占体制に攻撃をしかけ、国民のなかに学制の区分を持ち込んだが、これが、結果的に反教権派を元気づけ、一八五一年十二月のクーデターとルイ・ナポレオンによる支配に道筋をつけることになった。だが、この進展は、すでに一八四八年春と《六月事件》から進行していた。

第二章　産業革命

十九世紀後半で重要なのは、政治的変動よりもむしろ、フランスの経済と社会の根底からの変革である。いわゆる産業革命によって国民の生活は根本から変わり、社会の主役は、法律に携わる少数の特権者ではなく庶民大衆になった。それが、また、これまではひどくゆっくりしていた一つの発展を加速し、いまや大量生産という新しい方式によって、生活条件の相対的平等化が視野に入ってきたのである。

第二帝政（1852-1870）がフランス史に残した痕跡をよく見ると、それらは、《五〇年代》の重苦しい独裁政治から議会制で終わる《六〇年代》の自由な体制への政治的進展によるよりも、むしろ、十九世紀末へと延びる経済活動の全体的刷新、すなわち、フランスにおける最初の産業革命によるものである。

だが、その進展は長続きせず、ほぼ第二帝政と一致する一八五〇年から一八七三年までのこの時期のなかでも、文句のつけようのない繁栄の時期と突然の破綻が交互し、一八五七年の投機危機、一八六〇年以後の織物産業の危機と自由貿易の復活、そして、一八六六―七年のアメリカ南北戦争による再度の好景気というように入れ替わる。一八七一年〔訳注・フランスは普仏戦争で敗北〕のあと、フランス経済はヨーロッパ経済と連動して減退する。農業は、世界的な物価下落と《アブラムシ禍 phyloxera》〔訳注・ぶどうの根がアブラムシにやられて枯れるもので、フランスのワイン生産は壊滅的被害を受けた」などで打撃を蒙り、八〇年代には主要産業が衝撃を受ける。

一八九二年の保護主義への政策転換で、一八九五年には回復の兆しが現れる。これがフランス経済・社会史の決定的特徴をなし、その後も生産構造に痕跡を残して、生産者たちのメンタリティーを特徴づけることとなる。

鉄の時代

しかしながら、一八七五年から一八九五年まで続いた沈滞のために、この時代に獲得されたもの全てが帳消しになったわけではない。フランスは、一八五〇年代から一八八〇年代の間に、熔鉱炉が木炭によるものからコークスによるものへ、動力は水車から蒸気機関へ、交通は乗合馬車から鉄道へ、企業は製造卸売りから工場企業へ、危機も農業の生産不足によるものから工業の過剰生産によるものへと決定的に移行した。

一八四八年に六〇〇〇基だった蒸気機関は一八七〇年には二万八〇〇〇基、一九〇〇年には八万四〇〇〇基になっている。鉄道路線は一八四八年には三〇〇〇キロだったのが、一八七〇年には一万七〇〇〇キロ、一九〇〇年には四万五〇〇〇キロメートルに達している。鉄道はその膨大な需要によって石炭産業と製鉄産業を刺激した。これらの産業を一新したのが、ベスメール転炉やマルティン＝ジーメンスの攪拌精錬法などの技術的革新である。

この分野では、一八六四年に《鉄鋼委員会Comité des forges》が設置され、製鉄業界のボスたちが国家を牛耳るようになる。ウジェーヌ・シュネデール（1805-1875）〔訳注・クルゾー製鉄工場を買ってシュナイダー砲など製鋼・武器製造で業績を伸ばし、ナポレオン三世のもとで商業大臣を務めた〕は帝国立法部議長になる。一八六四年の万国博覧会の際に造られたグラン・パレから一八八四年のエッフェル塔にいたるまで、フランスはまさに《鉄の時代》の様相を呈する。

こうした工業生産の飛躍を全国から資金を集めることで支えたのが、《株式会社》に関する新しい立法（一八六七年）であり、支店網を通じて地方の貯金を吸収する銀行の発展であった。とくに銀行に関しては、第二帝政の終わりには、現在の基盤がほぼ出来上がっていた。文学においても、《幻視者》のバルザック（1799-1850）から《写実主義者》のゾラ（1840-1902）にいたるまで、カネと株式市場（Bourse）が作品のなかで市民権を獲得した。

国家的市場が創出され、田園地域が村人同士の自給自足経済から脱却するのは、交通、とくに鉄道の発展によってである。とはいえ、農地経営を中心にした資産運用の伝統が、その根底から、工業生産を主とする資本主義的集約化に取って代わられたわけではない。同じ農業でも、大規模経営が優勢を占めるのは一部の地域であって、フランスは全体として相変わらず小規模経営の自作農（faire-valoir direct）の国である。貧しい農民が離農し日雇い労働者化することによって無人化する農村が増えたが、農村人口は、一九〇〇年になってもまだ、全体の五九％を占めている。

一八八〇年には「休耕地」は姿を消し、家畜飼育用の人工草原に変貌する。ノルマンディーでは小麦畑は後退する。ぶどう栽培は、ノール県では行われなくなり、アクィテーヌ地方でも後退するが、十年ほどでバ＝ラングドックを征圧する。

おそらく、こうした農業の変革と農村世界の変貌は、工業の発展による都市の激変に較べると、速度も緩慢で、目覚ましさでも劣る。一世紀以上かけてもまだ達成というには程遠いこのプロセスを「農業革命」などと呼ぶことは、はたしてできるだろうか？

だからといって、村人たちの社会が変わらなかったわけではない。織工がほとんど姿を消したのに対して、食料品屋とカフェが急増する。運送屋と、とりわけ教師が村の孤立状態の打破に貢献する。

貧困と病気、失業という伝統的な社会的災厄に対する有効な対策は何も（あるいは、ほとんど）打たれなかったのに、この全般的な経済進展のおかげで、人口は増えた。とくに一八八〇年以後、農業および工業の労働者の給与は上昇した。およその数値で見ると、小麦の消費量は、第二帝政下で二〇％、砂糖のそれは五〇％増えている。フランス人は、ワインを二倍、コーヒーを三倍、飲むようになった。

もっと正確に事態を把握するためには、地域的な色合いの違いや社会的差異も加味する必要があろう。貧しい農民のなかには、コーヒーなど飲んだこともない人たちもいる。コーヒーが普及したといっても、それは都会のことで、田舎では肉も滅多に食卓に上らないし、履き物も多くは木靴である。

それでも生活の平均的レベルは上昇していないわけではない。そのことは、一八五〇年に三五〇〇万だった人口が、一九〇〇年には、出産数は減っているのに平均寿命が延びたため、三九〇〇万になっている事実によって明らかである。

近代的精神

産業時代への移行は、後戻りできない社会的結果を伴うとともに、個人的・集団的メンタリティーや感性についても種々の変革をもたらした。

科学の進歩は、十九世紀後半、産業の技術的刷新と密接に結びついてあらゆる分野で加速した。一八四八年、ルナン（1823-1893）は『科学の未来』のなかで、理性への信頼を表明。一八六二年、クロード・ベルナール（1813-1878）は『実験医学序説』のなかで、そのための方法論を明確化した。オーギュスト・コント（1798-1857）は人類の第三の時代を《実証主義の時代 âge positif》とし、そこでは、形而上学は死んで存在理由も失ってしまうとする。

《パストゥール革命》によって大転換を遂げた医学におけるように、一つの華々しい進歩が幾つかの分野に影響を及ぼすが、なんといっても諸科学全般の進歩を説明するものは数学的精神である。計測がすべての基礎になるからである。

個人的と社会的とを問わず、人間の鍛錬も、科学的たらんとする。一八九五年、デュルケム（1858-1917）は『社会学的方法の規範』を公にし、科学的精神で把握できないものはないと主張した。科学万能主義、科学がもたらす無限の進歩への信念は、宇宙の複雑さを説明してくれる数学的基盤の上に知を統合しよという野望を包含している。

学問において「科学万能主義 scientisme」が勝利したように、芸術において勝利するのは《写実主義 réalisme》である。その草分けであるクールベ（1819-1877）は、『オルナン伯の埋葬』（1851）をはじめとする作品によって、神話を軽蔑し、アカデミズムから逃れて、その才能を生れ故郷のフランシュ＝コンテ〔訳注・オルナンはフランシュ＝コンテのドゥー県にある〕の風景と人々を描くことに捧げた。

文学においても、ロマン主義的感情の迸りへの反動から写実主義が主流となる。ムッシュ・オメ〔訳注・フロベール（1821-1880）の『ボヴァリー夫人』の作中人物で薬剤師〕は、ブルジョワ産業社会の英雄である。フロベールは、故郷ノルマンディーの風習に愛着する。ゾラ（1840-1902）は第二帝政下の社会、それも芸術が移し変えを拒む生活の断片を科学的に描く。

詩が象徴主義的サークルのなかに閉じこもる一方で、フランス絵画は、かつて経験したことのないきらびやかな刷新を準備する。七〇年代には光と色彩が名誉を回復し、セーヌ川やオワーズ川の川面の無限のきらめき、川岸の郊外レストランやイール＝ド＝フランスの風景……印象派が確固たる立場を獲得する。彼らはアカデミーからは長い間きびしい批判を浴びたが、最も生き生きした芸術を表現し、人々の心を捉える。こうして、フランス的創造力の天分が、文学や音楽においてよりも絵画において具象化する。

新しい社会と旧フランスがぶつかりあった。第二帝政下で人格を形成された世代は科学的信念を特徴とし、決定的に合理主義的であり、とりわけ、攻撃的なまでに《反教権的》である。この世代が主役を演じる第三共和制時代（1870-1945）まで、教会は、一八六四年の教勅『シラビュス Syllabus』〔訳注・『近代謬説表』と訳され、教皇ピオ九世が、排斥されるべき近代の教説を八〇か条にまとめたもの〕によって、あらゆる近代の謬説を容赦なく叱責することができたが、いまや、たとえばルルドが示しているような民衆的信仰熱の高まりを前に、守勢に立たされる。教会にとっては、大衆の上に自らの帝国を打ちたてることが大事となる。

一八六六年には《教育連盟》〔訳注・教会の介入を防ぐためにジャン・マッセによりアルザス地方で結成された〕が誕生した。一八八〇－一八八五年の学校法が六歳から十五歳までのすべての児童の無償教育を義務づけたのも、若者の育成に対する聖職者の干渉を排除して国民的精神統合を進めるためで、その内容は徹底的に世俗教育によって組み立てられた。こうした努力の結果、フランスの学校教育制度は約二十年間で整備され、文盲は姿を消し、共和制の堅固な基盤である教師たちによって、市民的・国民的精神が次第に庶民大衆に浸透していった。

その間に、社会生活は世俗化し、離婚が合法化され、一九〇五年には、最終的に教会と国家の分離が確定される。この物質的世界と精神的世界の断絶は、公的メンタリティの進展にとって意味深い。宗教的・道徳的な伝統的価値に対し、いまや、愛国心によって色づけされ国家的栄光と失われた地方の思い出が付着している市民精神と共和的信念が対峙する。学校が民衆を共和国のものにしたのである。

この変化には激しい政治的抗争を伴ったが、これを逆戻りさせることは誰にもできなかった。事実、七月王制以来、議会制が定着し、第二帝政以後は普通選挙が慣例化し、幾つかの歪曲はこうむったものの、それが、ゆっくりと政治的現実への確固たる自覚を促した。経済的・社会的変革も、この動きを加速した。世俗学校は民主的教育の一つの手段を形成した。

反教権的な共和制時代に聖職者と教師の図式的対立によって象徴された「二つのフランス」は、そのまま、左派フランスと右派フランスの対峙となる。聖職者と伝統的な道徳的・政治的価値を基盤とする右派フランスは、理想化された君主制の過去へのノスタルジーをなお長い間育みつづける。それに対し、左派フランスは、民主的価値を信じ、社会的政治的進歩に夢中となる。

この対立を例証したのが、十九世紀末に起きた《ドレフュス事件 l'affaire Dreyfus》である。《祖国》か《正義》か、《真実》か《軍隊の名誉》かのいずれに与するかで人々を二分したこの事件は、フランス国民を深い土台から揺さぶった。最後には公民精神の比類のない証明として姿を現したこの熱狂的対決のなかで苦しみながらも、フランス人は《自由》についての修業の仕上げをしたのであった。

しかしながら、《平等》に関しては、共和制が掲げたスローガンであったにもかかわらず、前進の足取りは、さらに緩慢であった。労働者の世界は、まだ《国民》として統合されておらず、衣服によっても住居によっても、生き方によっても、別世界を形成していた。資本主義的中央集権は、労働者の世界の敵対感情を煽り、人々の間に超え難い障壁を設け、彼らの社会的上昇にブレーキをかけた。パリそのほかの大都市の《オスマン的改造》は、労働者住民たちを辺縁部に追いやり、これを「赤い郊外地 banlieus rouges」に変えた。

全般的には民衆の生活は改善され、《ベル・エポック》の神話を生むまでになるが、労働者の生活条件は、その枠には入らなかった。労働者に明日の安心を保障するためになされたことの、なんと少なかったことか！　徒弟の見習い修業は組織化されず、女性の労働は低くしか評価されず、一日の労働時間が八時間以下に縮められることは滅多にない。病気の脅威は、国民保険のシステムがないため、すべての人のうえに重くのしかかった。雇用も保障されておらず、失業の亡霊が労働者の家庭を頻繁に脅かす。

この不安定さに対処するために、労働者は団結する。ストライキの権利が行使されるのは一八六四年からで、一八八四年からは、結社の権利が確保された。一八八〇年代には、《労働組合センター Bourses du travail》と《職人連盟 fédérations de métier》が次々と生まれるが、他方で、社会主義者のグループは自分のことしか考えない。

一九〇五年の社会主義諸派の統一、一九〇六年の労働組織の統一は、労働運動の枠組みとドクトリンを長期にわたって固定化していく。しかし、闘争は不統一なままであり、その闘争の結果も不確実で、共和制がめざす平等は、けっして到達することのできない国〔訳注・アンドレ・ドーテルの『Pays où l'on n'arrive jamais（到達できない国）』を踏まえたもの。〕のように、遙かな目標である。

その意味で十九世紀後半が完全に姿を消すのには、一九一四年から一九四〇年まで、すなわち第一次世界大戦から第二次大戦までの二十五年間を要した。この戦争と革命の時代は、古い世界の弔鐘が鳴り渡った時代であり、二十世紀は、この苦痛の時期を経て産声をあげたのであった。

ロマン主義の反抗

フランス革命のなかで噴出した十八世紀の理念と感性における刷新に源泉をもつロマン主義的反抗は、一八五〇年にいたるまで、一連の独自の気質のなかに具象化していき、それらを通じて一つのすばらしい文学的地理が姿を現した。こうしてフランスの国土の多様な風景がフランス史の最も変化に満ちた舞台、抒情性の特別の隠れ家となり、それを通じて、愛と死と芸術が、その容貌を変えていき、その結合は、二十世紀文学全体を予示していった。このロマン主義の運命が始まった道程を辿ること以上に胸躍ることはない。わたしたちは、フランスを旅すると、偉大な霊感を受けて自然と女性と神にもう一つ別の声を与えた人々の生きた足跡を、そちこちに見出す。

おそらく、そうしたロマン主義の源泉となった筆頭の土地こそ、シャトーブリアン（1768-1848）が「世紀の病 mal du siècle」という表現を思いついたコンブール〔訳注・ブルターニュ地方、レンヌの北〕である。この「世紀の病」とは、絶対的なものに取りつかれた一つの世代全体を危険を冒して生きていく冒険に押しやる悲痛な不安である。コンブールは、海辺の孤独、未開の地平線の悲嘆の象徴であり、現代の英雄が自らの絶望の投影をそこに探し求める最初の鏡となっていく。

それから少し経って、ラマルチーヌ（1790-1869）はミイ〔訳注・マコンの西北西で、王党派であった父親の所有地があり、ラマルチーヌは、ここで幼少期を過ごした〕で、ルソーの足跡を辿ってシンプルな田園生活の偉大さを見出し、その後、ブルジェ湖畔〔訳注・サヴォワ県シャンベリーの北〕で見出した光景を、愛人エルヴィルの顔と重ね合わせている。

〔訳注・ラマルチーヌは成人してイタリアで軍人として過ごしたあと、エクス＝レ＝バンで病気療養したが、ここでジュリーシャルルというパリの物理学者の妻と恋に落ち、翌年、ブルジェ湖畔での再会を約束したが、相手は姿を見せず、その傷心の想いを詩に歌った。彼は、その後外交官、政治家となり、一八四八年、二月革命の臨時政府では外務大臣の要職についたが、五一年のクーデターで失脚。借金苦のなかで晩年を過ごした。エルヴィルは彼が『瞑想詩集』などのなかで歌っている女性の名前。〕

ラマルチーヌにとってと同じく、当時のほとんどすべての詩人たちにとって、自然は各人が自分のために血眼になって探し求める一つの広大な宮殿であり、ある者は山へ、ほかのある人たちは海へ、もっと別の人々は優しさを湛えた田園へと向かった。そこには「地理的宿命」というべきものが存在し、あらゆる地域が、詩人の魂を裸にし、自分の真実の言葉を見つけ出させる啓示者として働きかける。ロマン主義的情念は抽象的情念ではありえず、それが生まれ生きていくためには、自分に固有の地平線を見出す必要がある。この作者が『瞑想詩集』のなかで言っている「彼らは出会い、愛し合った」という《出会い》とはこの天啓全体の始まりとなる出会いであり、それは一つのはっきりした場所の画定と結びついている。

こうしてロマン主義者にとっては、旅行が文学的表現全体の不可欠の手段となる。オランピオの悲しみは、ヴィクトル・ユゴー（1802-1885）がジュリエット・ドルーエと知り合って第二の誕生を経験したシュヴルーズ〔訳注・メッスの近く〕の小さな集落のなかに宿っているし、『静観詩集』の最も美しい詩を生んだ激しい苦しみは、一八四八年にこの作家が愛娘とその夫を失ったセーヌ河畔のヴィルキエ〔訳注・セーヌ・マリティム県の小さな町〕と一体化している。

同様にして、アルフレッド・ド・ヴィニー（1797-1863）にとって切り離すことができないのが、シャラント地方にあるプレーヌ・ジローの領地である。彼が、パリを去ってここへ移ったのは、田園の夢想に耽るためよりはむしろ、自分の貧苦を隠すためであったが……。

その反対に、ジョルジュ・サンド（1804-1876）にとって、ノアン〔訳注・アンドル県のノアン＝ヴィク〕は、自然に回帰するよすがであり、そのベリー地方の地平線は、彼女にとって解放を意味する自由の深い感覚に合致した、ほとんどイデオロギーそのものとなっている。しかも、『小さなファデット』のこの作者にとってノアンは、愛人であるショパン（1809-1849）の長逗留が証明しているような情熱と官能的愛着の対象であるだけでなく、日常生活の些末な振舞いや身近な環境までも、自らの生命を存分に開花させてくれるロマンチックな理想の土地である。

バルザック（1799-1850）が田舎に投げかける視線は、これとはまったく異なっている。『人間喜劇 La Comédie Humaine』を書いたこの小説家は、瞑想よりも行動を好む。彼にとって地図上の場所は、そこに腰を据えるよう促すよりも、そこへ出かけたい気持ちにさせるものである。アングレームには、『幻滅』においてリュシアン・ド・リュバンプレがパリを征服するために心を鍛えた街路や河岸通りが今も見出される。ソミュールには、グランデ爺さんそのほかの「田舎の生活風景」の情念をバルザックに吹き込んだ店や城壁が今も変わらず息づいている。

残念なことに、ロマン主義時代のパリは、いまでは僅かしか残っていない。一八五五年ごろ、シャルル・ボードレール（1821-1867）は、こう嘆いている。

古いパリは、もはやない
一つの町の姿の変わりようは
儚い人間の心の変化を凌ぐものがある

ロマン主義時代のパリは、バルザックにとってと同様、ウジェーヌ・シュー（1804-1857）にとってもかけがえのないもので、彼は、その底辺と迷宮を掘り返した。こんにち辛うじて残っているのが、ノートルダム界隈とマレ地区、レ＝アル付近の狭い路地で、そこでは今もフルール＝ド＝マリ〔訳注・シューの『パリの秘密』の登場人物〕が見られるし、ビセートル病院〔訳注・パリからオルリーへ向かう方角の外環道のすぐ外側にある老人病院〕

では、老教師の姿を目にすることができる。

文学作品と風景のこの関係は、自然の状態のままであることもあれば、人間によって作り変えられ、都市化されていることもあるが、この時代の作家みんなに固有のものである。ジェラール・ド・ネルヴァル（1808-1855）とシルヴィーを《火の娘たち》が集うヴァロワの森から切り離すことは不可能である。『ボヴァリー夫人』のなかで「ヨンヴィル＝ラベ」となっているリ村〔訳注・ルーアンから十八キロのところにある〕やクロワセを抜きにしては、その作者のギュスターヴ・フロベール（1821-1880）のこともヒロインのエマ・ボヴァリーのことも、『感情教育』のフレデリック・モローのことも想い浮かべることはできない。これらの場所を訪れると、このヒロインや蹄鉄工の家、「何軒かの店が両側に並んでいる着弾距離の長さの街路」、「音もなく流れる、見るからに冷たい水流」を湛えた川をいまも見ることができる。

ヴィオレ＝ル＝デュック

滅多に強調されることはないが、フランスは、近代世界へと一歩を踏み出したとき、自らの過去の遺産を甦らせ保存することに気を遣った。国家的古美術品となるものへの嗜好は、十八世紀以来かなり高まっていたが、革命期から帝政時代にかけても、古典主義時代を特徴づけた蒐集熱を引き継いで、美術館の隆盛期が始まる。

ロマン主義はその感性の様式にとって参考になるものを過去に求め、革命のどさくさで破壊され稀少になっていたゴシック様式の名誉を回復させた。ヨーロッパ全体がそうであったが、フランスも、より全般的なやり方で歴史を再発見すると同時に、歴史がわたしたちに手渡してくれたものを保存する必要性を痛感する。

とくに中世美術に愛着を寄せ、復旧させようとする大きな動きのなかで重要な位置を占めているのがヴィオレ＝ル＝デュックである。彼が開始した過去の扱い方・解釈の仕方全体に関わる論議はこんにちも続いている。

遺された複雑な断片を手がかりに消え失せた芸術品を復元しようとするとき、どこまで付け加えてよいか、どこから越権的行為や贋造になるか？——これは、いまも国際的な復元作業の現場でぶつかる問題である。現実的問題にかかわっているだけに、また、建築の場合は、その機能が確定できる一つの全体のなかで生命を甦らせることが課題になるだけに、なおさら複雑である。こんにち、フランスのあらゆる町で持ち上がっている、個人の館や古い住居の保存の問題は、そのよい例である。

ヴィオレ＝ル＝デュックの名は、《尚古主義者 résurrectionniste》を排斥する風潮が強まるたびに、スケープ・ゴートの役割をつとめさせられている。しかし、それ以上に彼の名前に結びついているのは、記念建造物が真新しかったときにもっていた様相を《再生》しようとする熱情である。そうした錯覚から、彼は、《建築家 bâtisseur》というよりも《理論家 théoricien》として、ヴェズレーのサント＝マドレーヌ教会やパリのノートルダムの《補修》のために独自の創造（控え目で、かなり平板であるが）を行なった。そうしたヴィオレ＝ル＝デュックに対する反発が噴出したのは二十世紀に入ってからであるが、それ以外の歴史家たちは、彼をある種の機能主義の先覚者であるとしている。

ヴィオレ＝ル＝デュックは一八一四年に裕福で「芸術を愛好する」ブルジョワの家に生まれ、サロンに出入りするなかで、人生の進路に決定的役割を演じたリュドヴィク・ヴィテルやプロスペル・メリメ（1803-1870）と出会った。このときメリメは歴史的モニュメントの監査官であったが、そのメリメとの出会いが、この若者が歴史学と考古学を修め、さらには各地を旅して、あらゆる記念建造物を熱心に研究する契機になったのであった。

彼がメリメからヴェズレーのサント＝マドレーヌ教会〔訳注・この建物は、十一世紀から十三世紀にかけて建てら

ピエールフォン城。修復前（上）と修復後（下）

れたロマネスクとゴシックの両様式が混合した建築物〕の緊急の補修を託されたのが一八四〇年で、その後も、サント＝シャペルやシャルトル、アミアン、ランス、トロワ、クレルモン、サンス、トゥールーズ、ナルボンヌのカテドラルといったモニュメントの復旧作業に当たり、一八四三年から一八五七年にかけてのパリのノートルダムの補修と平行して、南仏カルカソンヌの復元作業、さらにピエールフォンの城〔訳注・パリ北方、コンピエーニュの近くにあり、十四世紀から十五世紀にかけて建てられたが、十七世紀に破壊されて惨めな姿になっていた〕の復元に携わった。

彼の建築復元家としての才能を代表しているのが、とりわけピエールフォン城であるが、この間にも、『十一世紀から十六世紀にいたるフランス建築の事典 Dictionnaire Raisonné de l'Architecture Française de XIe au XVIe siècle』と、それに劣らず有名な『カルロヴィング期からルネサンス期にいたるフランス家具事典 Dictionnaire Raisonné du Mobilier Français de l'Epoque Carlovingienne à la Renaissance』を刊行している。さらに彼は、若者たちのための通俗本シリーズを企画し、ローザンヌのカテドラルの復元を成功させたのち、一八七九年に亡くなった。

したがって、全面的に過去、それも、残存しているものを尊重するよりも、絵画的基準によって再構成されるロマネスクな過去の再発明へ向かったところにヴィオレ＝ル＝デュックの特色がある。イメージや夢が好きな人々は彼の仕事に怒りはしなかったが、《ヴァンダリズム》の問題にうるさい考古学者たちは黙っていなかった。この驚くべき敵意から、彼を標的として奇妙な反動が現れた。

人々は、彼の『事典 Dictionnaire』のなかに、鉄の使用についての重要な発展を見出した。現在の建築家たちが多用する《カーテン・ウォール mur-rideau》（これに対置されるのが《支え壁 mur-soutien》で、こちらは、鉄の骨組みに依存している）がそれである。一八五一年のロンドン万国博覧会の「クリスタル・パレス」以後、純粋に金属を主役にした建造物が増えていく。アムステルダムの証券取引所の建築家として有名なベルラーヘ（1851-1934）は、ためらうことなくヴィオレを「純粋に効用性を追求した建築家」と呼び、機能主義の提唱者の一人であるとしている。

ブリュッセルのヴィクトール・オルタ（1861-1947）やモダン・スタイルの創造者たちも、パリでエクトール・ギマール（1867-1934）のような人が「再発見されたバロック主義」を極限にまで推し進めることができたのはヴィオレの功績であるとしている。

ヴィオレ＝ル＝デュックは、一八六三年に美術学校で行った講義のなかで、《尚古主義》の信奉者たちの策謀に反対して、ギリシア芸術は古代ギリシア人の信仰を形に表したものであり、未来の建築は蒸気機関や電気がもたらすスピード時代のメンタリティーを表現する任務を担うであろうとまで言っている。

ヴィオレは、その著書のなかで、建築がめざすのは己を美しく見せることではなく、重力と圧力をいかに支えるかの問題を、より安価に、より合理的な方法で解決することであると述べ、この本質的力学の前には、建築美だけでなく装飾も屈服するのであり、アーチは壊されて半円アーチに取って代わられる。後者のほうが壁を軽量化し、より容易かつ迅速に建設できるからだとしている。

この極端な合理主義は、彼が古い建物の復元において、絵画的視点を援用することによってしかその建物の精神性を見出すことができなかったこと、そして、その度合いに比例して復元に失敗しているのはなぜかを説明してくれる。しかし、彼が最も成功した仕事に魅力を付与しているのは、こんにちの建築家たちが挙って同調している「形は機能とイコールである」とする機能主義である。ヴィオレが取り組んだ仕事は、そのうえ、地方的天分への感受性を必要とした。わたしたちが、フランスの国土を北から南へ、東から西へ歩いて見るとき、この建築家は、自分では影響されていないと思っていたが、無意識のうちに地理的折衷主義の犠牲になっていたことが看取される。

第二帝政の豪華趣味

ナポレオン三世の事跡は、長い間、ある種の軽蔑をもって考えられてきた。おそらく、権威主義と壮大さへの野望という政治的側面が嫌われるからであるが、経済の発展と芸術の振興について彼が行ったことは、間違いなく近代フランスへの重要な段階を画した。首都パリには、その痕跡が今も見られる。なぜなら、パリの現在の様相が、ほとんど全面的に仕上げられたのが、彼の時代であったといえるからである。

第二帝政時代は、激しく拮抗する二つの流れがぶつかり合った時期であった。しかしながら、この二つの流れは、いまでは、最も完璧な調和のなかで共存しているように見える。それをあらわしているのが、オスマン男爵の指導のもとに展開された芸術振興とパリ改造である。家門の伝統を引き継ぎ、それをある種の装飾的観念によって自らの人格を表現する《建築芸術家 architectes-artistes》の長い系譜は、シャルル・ガルニエ（1825-1898）〔訳注・ナポレオン三世からオペラ座の建設を託された建築家〕をもって終わったということができる。

ムフタール街の真ん中のきわめて慎ましい家庭に生まれたシャルルが読み書きを教わったのは、やっと十五歳だったが、二十三歳でローマ賞〔訳注・芸術家に与えられた賞〕を取ったある意味の神童であった。彼は独学で力をつけ、流行の《尚古主義》のために道草を食うこともなく、ルネサンスの創造的芸術家たちに近い才能を開花させた。それを助けたのは彼の率直さであった。

一八六一年、新しいオペラ座建設のために開催されたコンクールで、彼は、一〇〇人以上の競争者を制して、十九世紀に行われたどんな事業よりも多くの労働力と費用、そして十五年の歳月をかけることになる大事業の実行者の立場を勝ち取った。この仕事を任されたときガルニエは無名の建築家で、もっぱらその創造的資質によって例外的に委嘱されたのであった。

ウジェーヌ皇后はこの事業を、かねてから庇護を与えていたヴィオレ＝ル＝デュックに任せることを希望していたが、そうしたあらゆる圧力をはねつけてガルニエのような当時無名の芸術家に託したことは、第二帝政の名誉とされてしかるべきである。しかもガルニエは、パリを厳格な碁盤目で区切り単一的な住宅で埋めようとしたオスマン男爵にも、独自のバロック主義によって逆らった。

オスマンは、自分の計画した秩序と繁栄の理念はそうした厳格な配置によってこそ明確にできると考え、そのブルジョワ的オプティミスムを、石造りの建物と大きく幅をとった通りによって誇示することにこだわった。男爵が大規模な破壊を伴なってでもパリを造り変えようとしたことは、私たちもとうてい容認できないし、当時もあらゆる芸術家たちの反発を招いたが、多くの階層の人々からは称賛を勝ち取った。

そうした称賛の声は、彼が造らせた建物の陰鬱だが厳かなファサードが惹き起こしたもので、その外観には、万人に自由とデカダンスをもたらすものが示されており、それがパリジャン的様式として定着していった。プルースト（1871-1922）は、「《ベル・エポック》はこのファサードの背後でしかありえない」とまで書いている。

この「オスマンのパリ」は、古い街路が曲がりくねった「バルザックのパリ」とは全く異なり、言葉のあらゆる意味で実証主義的である。この都市改造プロジェクトのおかげで、投機と公金横領の数々のスキャンダルが生まれた。いわば、途方もない腐敗物の堆積のうえに生育していったのが「オスマンのパリ」であり、この腐植土から幾多の社会的騒乱が噴出し、ついには一八七〇年の嵐〔訳注・普仏戦争の敗北で帝政が崩壊し第二共和制になった〕となるのであるが、この嵐が通り過ぎると、一種の地均しが行われ、第一次世界大戦に先立つ《平穏な四十五年間》へと向かったのである。

ガルニエは、「ケチな疑似贅沢」を《豪奢と誠実》に取って替わられたと見せかけるために大変なエネルギーを傾け、この傑作をオスマンのプロジェクトによって最も大きく改造された街区の中心に挿入した。〔訳注・オペラ座はオスマン通りの真正面に聳えている。〕

フランツ・ジュルダンが「一つのトランクのなかに収まっているつもりがない」と表現しているように、この劇場と、それを収めているまわりの厳めしい建物たちとの対照は際立っている。この建築の丸天井の装飾的部分と劇の上演に求められる機械仕掛けを大胆に組み合わせたのはガルニエの功績であり、彼が施した装飾は、全体のなかで見事に調和している。とはいえ、褒めすぎてはならない。なぜなら、正面を飾るカルポー（1827-1875）の「ダンス群像」は別にして、このとき造られた万神像は、第二帝政を賛美するための大時代的で凡庸な作品でしかないからである。

パリ・オペラ座の内側

しかし、そうした些末なことは、すぐ忘れられた。そしてパリのオペラ座は、アラブ的な親しみやすさとヴェネツィア的豪華さを備え、その量感とリズム、全体の調和によって、一度訪ねて内部をくまなく歩き回りたい気にさせるモニュメントの一つであることに変わりない。そしてガルニエは、完全に伝統的であると同時に、人間的であるために充分官能的であろうとする気遣いによって、今もわたしたちを惹きつける《一九〇〇年芸術 Art 1900》の先駆けとなっている点で間違いなくオスマンを凌いでいる。

オスマンのパリ

第二帝政時代の装飾的・美学的側面を代表しているのがシャルル・ガルニエだとすると、その機能面と社会的配慮の側面を代表しているのがセーヌ県知事、オスマン男爵である。近代世界への入り口にあたって、善につけ悪につけ、都市計画の強迫観念となっていくこの人物がパリに付与しようとしたのは、調和的であると同時に発展的繁栄を可能にする形態であった。

オスマンのパリ改造事業は、一八五三年から一八六九年にわたった。シャルル・メリヨン（1821-1868）の腐食銅版画シリーズによってその最後の姿が留められ、年代記に登場する様々な人物の徘徊伝説につきまとわれた数百年来のパリが、外からの視線に対しても未来に対しても開放された近代的大都市に僅かな年月で一変したのである。

いま私たちの眼下にあるパリが、古い過去を保存しているだけの町ではなく、国際的な観光熱のなかで案内人たちが世界中にこの《光の都》のすばらしさを吹聴しようとしているような大改造事業を行ったことは一つの逆説である。実際問題、大通り（Boulevard）やオペラ座、セーヌの河岸通り、並木と高級賃貸アパートで縁取られた広いアヴニューで印象づけられる外国人たちにとってのパリは、まさに《オスマンのパリ》である。

それらが定着するには騒動がなかったわけではない。セーヌ県知事がナポレオン三世に「世界の首都」を提供するために手を染めた歴史的な由緒ある場所や住居の驚くべき破壊は、この百年間、嘆かれてきたし、これからも、その嘆きはおさまることはないであろう。人々は、ほかの大部分の国の首都でも同じようにせざるをえないことを忘れて、パリでは保存されるべきモニュメントが取り払われて建て直され、この十五年間にわたる調整と変造、密売、公金横領のために「廃墟」に変えられてしまった!と陰口を叩いた。

この荒廃は革命を引き起こさないでは済まなかった。オスマンは、皇帝の後押しとは別に、事業家ブルジョワジーの出身であるだけに、これまでの無秩序なパリに自分が課そうとしている《改造》は、近代的生活の要請に応えるものであるだけでなく、裕福なブルジョワジーの根底にある願望に適うことを感知していた。

そうしたブルジョワジーにとって必要なことは、古典主義的なファサードの背後で力を貯え、しかも、財力と収益の大きさを隠せることであった。オスマンがめざしたのは、あらゆる権力を手に入れながら、なおも互いの結束を追求しなければならない一つの階級に必要な統一性を提供することであった。

十九世紀のブルジョワは、この摂理に適った装いのもとで、決定的な容貌を身に付け、土地資産と政治的安定性によって保証される新しい特権を活用しながら、大胆にも新しい野望を追求した。分散していた社会的階級が再結束し、隣接する地方がパリ市に併合され、先祖代々のプロレタリアであった大多数の人々がパリ近郊へ向かって逆流したおかげで、田舎への脱出による絶え間ない人口流出が止まった。それにともなって、コミュニケーションを容易にする必要性が増す。まだ自動車が登場するには時期尚早の《オスマンのパリ》で市民権を獲得したのが鉄道であった。

提示された問題の複雑さ(その大部分は解決されたが、それには景観がかなり犠牲にされた)に対応して、さまざまな矛盾が生じた。オスマンによって造り出された戦場のまんなかで、シャルル・ガルニエがこの都市計画の単調さへの解決策として埋め込んだのが、すでに見たように、オペラ座という一つの巨大なバロック的モニュメントであった。しかし、このオペラ座は、建物の正面とその外観構造がロココ調豪華さの伝統のなかに留まっているのに対し、内部の装飾は、その後五十年以上にわたって凱歌をあげていくブルジョワの美意識に迎合したものになっている。低い天井と壮大な量感との巧みな連接、曲線や螺旋構造の多用、金泥塗りのグロテスク模様で埋め尽くされた壁面、クリスタルのシャンデリア、古代芸術を模したさまざまな立像……あらゆる空間を満たす、こうした息苦しいほどの装飾は、自然の空気と光を採り入れようとする動向に逆行するもので、第一帝政様式の厳格な簡素さに対するブルジョワ的豪華趣味の巻き返しになっている。

ナポレオン時代の尚古趣味は、一つの厳格な徳についての考え方を示し、従順を促すものであった。それとは反対に、このブルジョワ的官能性への嗜好は、理性を麻痺させ、息を詰まらせる傾向性をもっている。こうしたブルジョワ的な「贅沢」や「ダンディズム」は、実用的創造のなかに生まれてくるほんとうの《スタイル》とは反対のものである。

それに対し、最初の蒸気機関車や最初の自動車が直面した外装の問題は、伝統的美学では対応できない。そこで、さまざまな形を創案することが必要となり、そのなかから、素材と新しい機能にあわせた形が採用されていった。工業時代に入って、さらに異なった技術的要請が介入していったとき生まれていくのが《工業美術》である。

建築の分野での技術家たちによる《芸術》の出現にも「華々しさ」が求められた。一八五五年の万国博覧会のためにロンドンに建てられた「クリスタル・パレス」は、過去の様式のくびきをほとんど完全に振り払って出現した、純粋に技術的・機能的な建築の最初とされる。

実際には、ロンドン自体でいっても、鉄とガラスの使用は、けっして目新しいことではなかった。しかし、たとえばセント・パンクラス駅のガラス張りの庇や大天井は、ネオ・ゴシック様式の建築の背後に、目立たないように造られていた。それに対し、「クリスタル・パレス」によってはじめて、近代建築芸術のなかで、鉄とガラスが人目を引くとともに耐久性をもった建物としてデビューしたのであり、これらの博覧会が遺した教訓は、工業時代に獲得されていくさまざまな要素との対決のなかで実り多い発展を見せていく。

フランスの鉄道の駅でも、当初は、ガラス天井はネオ・フィレンツェ様式のファサードの背後に、隠れるように設けられただけであった（パリ・リヨン・地中海駅――こんにちのリヨン駅がそうである）が、やがて、芸術性と材質の向上という二重の要因のおかげで《新芸術》への道が開かれ、そこから、すぐれた才能をもつ多くの建築家が頭角を現していった。その一人であるアンリ・ラブルースト（1801-1875）が建設したサント・ジュヌヴィエーヴ図書館（1843-1850）は、鉄と石の接合を外側でよりも内部空間で生かしたもので、鉄材のほっそりした骨組みが軽やかさを際立たせている。この経験を引き継いで建てられた帝国図書館（現在の国立図書館）の読書室（1855-1868）においては、「構造が生む装飾性」が、それまでにない優雅さを示している。

パリの国立図書館読書室

ラブルーストはヴィオレ＝ル＝デュックの先輩であり、彼に影響を与えた人で、ギュスターヴ・エッフェル（1832-1923）と同じく、一八八九年の万国博覧会の《機械館》から、アレクサンドル三世通りの左右に並ぶ《グラン・パレ》と《プチ・パレ》にいたる、幾つもの後継者を生み出していった。《プチ・パレ》がパリ市のコレクションを収容するために造られたのに対し、《グラン・パレ》は馬匹共進会と農業委員会、その臨時博覧会のために造られたものである。

しかしながら、《工業芸術》が本格的に登場するのは、フランス革命百周年を記念して革命以来の人類精神の進歩を謳うために開催された一八八九年の万国博覧会においてその目玉となった高さ三〇〇メートルの鉄塔、すなわちエッフェル塔によってである。この鉄塔の建設には、当初、パリ市民の大部分が猛反対したが、ついには他のどんなモニュメントをも凌ぐ「パリのシンボル」となった。デュテールとコンタマン（一方は建築家、他方は技術者）による巨大な《機械館》も、この博覧会の呼び物の一つになった。こちらは、その後造り直され、イギリスの《クリスタル・パレス》に対抗するフランスの鉄とガラスの建築の代表となっている。

それ以後、鋼鉄と鋳鉄を活用して、鉄道の駅舎、橋、公共の事務所などが次々と建設され、フュルジャンス・ビアンヴニュによる地下鉄建設が進み（1895-1915）、さらには吊り橋や街灯、鉄塔へと応用されるにつれて、鉄の美学が発展し、さらには、鉄筋コンクリートによる新しい美学が生み出される。モンマルトルのサン・ジャン教会（1899-1902）やシャンゼリゼ劇場（1913）は、その最もしばしば挙げられる例で、そのほかにも、同じオーギュスト・ペレ（1874-1954）によるランシー教会（1922）がある。このようにして、鉄は、実用的分野にとどまらず、劇場や寺院といった瞑想や省察のための分野でも広く活用されていくのである。

大博覧会

十九世紀後半の芸術家たちが二十世紀の今も尾を引いている一つの内面的経験に魅惑され、孤立の道を追求したのに対し、ブルジョワ社会は、科学とその進歩が人類にもたらす可能性を信じて発明の才能を競い合い、工業と社会の進歩の成果を一堂に集めた博覧会を定期的に開催するようになる。これらの催しは、自国だけでなく、広く世界の人々に開放され、新しい創造を競い合うことによってますます大々的になっていった。展示物は、開催期間だけの束の間の命を超えて、たとえばエッフェル塔のように時代の可能性の証人となっていく。なかでも国際的な博覧会は、国家の威信誇示という野望のためよりも、最先端の技術（とりわけ建築技術）を競い合うものになっていった。

こうして、これらの博覧会では、その反動として《芸術》の分野が紋切り型化したり、異論の多い傾向性をもつ例外的な絵画や彫刻が幅を利かせるようになったにしても、一時的にではあれ、技術者と芸術家たちが仲直りした。これは、博覧会の見物人が見にくるのは芸術作品ではなく、技術が実現した偉業や耳目をそばだたせるもの、エキゾチックなものであったことを考えれば納得できる。

結局、ここでは《芸術》は人を安心させるものでなくてはならないのであって、それによって博覧会は、フィクションの次元でジュール・ヴェルヌ（1828-1905）の作品が示しているように、好奇心を刺激し、人間精神を豊かにし、それによって幸福感を拡大するという深い目的を、よりよく達成したのである。

そうしたあらゆる博覧会のなかで特別の重要性をもっているのが、フランス革命百周年を記念して開催された一八八九年の《パリ万国博覧会》であった。なぜなら、それは、ヨーロッパでも滅多にない大規模な催しで、鉄の建築物を二つも造るチャンスを提供したからである。一つは、パリ士官学校の向かいに建てられた幅四二〇メートル、奥行き一一五メートルという巨大だが軽やかな《機械館 Galerie des Machines》で、建設したデュテールとコンタマンは、放物線を描く鉄骨で屋根を築くことによって、一本の支柱もない巨大な空間を現出させた。その並外れた空間の感覚は、当時の多くの写真によってわたしたちも思い描くことができる。これに対してはさまざまな批判が芸術家や思想家によって表明されたが、博覧会が閉幕したとき、人々は、この《機械館》を壊してしまうことに幾ばくかのためらいを覚え、例外的に、一九一〇年まで保存されたのであった。

さらに注目されるのが、シャン゠ド゠マルスを挟んで兵学校の向かい側に建設されたエッフェル塔の運命である。これも建設にあたっては、あらゆる知的エリート(ゴンクール兄弟、モーパッサン、ゾラなど)が反対の声をあげたが、完成後は、機械文明の望外の傑作として容認された。詩人のカテュル・マンデス(1841-1909)にいたっては、この塔の評判があまりによく、有料であるにもかかわらず多くの人々が訪れるのを見て、反対するのを諦めて、「この塔を見ないで済む唯一の方法は、この塔に昇ることだ」と言いながら、ここに食事に来るのを習慣にしたのであった。

エッフェル塔の構造を採り入れた様々な後裔が生まれた。人々は、まずこれにゴシック的な土台を付け加えて修正しようとし、つづいて、他の工業博覧会にこれを組み入れようと試みた。このため、十一年後の一九〇〇年の博覧会は、エッフェルの新機軸を後追いするものとなり、その努力の成果として生まれたのが、ジロー(1851-1932)の《プティ・パレ》とルヴェールおよびドゥグラーヌ(1855-1931)の《グラン・パレ》であった。しかし、いずれも無益なエキゾティズムを加味した模倣に過ぎず、デュテールやコンタマン、エッフェルの作品の純粋な精神を継承したものは見られない。同じ特徴は、セーヌ川を一つのアーチで跨ぎ、それを過剰なまでの装飾で覆ったアレクサンドル三世橋についても指摘できる。したがって、十九世紀全体を締めくくり二十世紀を予示するはずであったこの一九〇〇年の万国博覧会は、低劣な虚飾の欲求のために擬似英雄的豪奢ぶりを誇示することにより、理念を低落させることしかできなかった。

工業時代の建築が高貴さを取り戻すことができたのは、機能主義に結びついた本来の純粋性に立ち返ることによってであった。万国博覧会とは別に、一九〇〇年は、地下鉄建設によって生み出された巨大な仕事の最初の到達点を示し、パリは、オスマンの大規模破壊の記憶も生々しいなか、ふたたび大々的な建設工事場に逆戻りした。すでにさんざん穴を開けられ地質学的にも多様で不確実なパリの地下に路線を通すという作業を、その複雑な側面を調整しながら推進したのがビアンヴニュ（1852-1936）であった。作業は困難を極め、ほんの短い区間を通すだけでも様々な問題にぶつかり、費用も嵩んだため、無用な装飾は思い切って放棄された。エクトル・ギマール（1867-1934）がデザインした幾つかの有名な地下鉄入口（一九六六年の時点では、次々姿を消しつつある）でさえ、グラン・パレやアレクサンドル三世橋のような派手な装飾は用いず、曲線と螺旋状を主にした機能主義的なものである。

そこから「メトロ様式」という呼称が生まれたのであるが、これは《アール・ヌーヴォー Art Nouveau》として一般的に認識されているものと一致していて、とりわけ、当時まで活力を維持していたブルジョワ芸術の尚古主義や過剰な混合様式を伝えている。メトロは、その高架部分を支えるドリス式円柱にいたるまで、効率的簡素さを優先させており、そこには、エッフェルの建築精神の復活が認められる。しかし、一九二五年代に純粋な幾何学様式が勝利を収めるには、その前に、《モダン・スタイル》と、ついで一九一四年の戦争の地獄を我慢して受け入れなければならなかった。

二十世紀の源流

伝統的に一くくりにして《ベル・エポック Belle Epoque》と呼ばれているが、そのなかでも、かなり複雑な美学上の変化が見られる。結局、こんにちでは大部分が消滅してしまったものの辛うじて芸術的価値のゆえに例外的に遺っているのが、フェドー〔訳注・一八六二年生まれの軽喜劇役者〕と《シェ・マクシム chez Maxim's》、ミュシャ（1860-1939）の豪奢な劇場ポスター、『ペレアスとメリザンド』の伝説的な装飾である。

陳列棚に並べられたのは騒々しい流行を映した安手のものであったが、これに決定的な不運をもたらしたのが新しがりの俗物根性であったことが、こんにちでは一層よく分かる。

時と場所によって「アール・ヌーヴォー」「モダン・スタイル」「ユーゲントシュティル」と呼ばれている《ヌイユ様式 style nouille》〔訳注・ヌイユはヌードルのことで、曲線のモチーフを特徴とする装飾様式〕の創造的視点の基盤は、たとえばセザンヌの晩年の油絵やエッフェル塔のように「同時代性」にあり、機械主義、速さ、素材、機能に従順に従う傾向にわざと逆らってみせようとするところに《アール・ヌーヴォー》の特徴がある。

このことは、絵画においては、より明確である。多くの画商や画家のパトロンたちが用いた、軍事用語の《アヴァン・ギャルド avant-garde》（前衛）という言葉が科学の進歩（したがって人間的知識の進歩）への従順さを示しているのに対し、それに真っ向から対立するのが《アール・ヌーヴォー》である。最近、ロベール・デルヴォワは、《アール・ヌーヴォー》が、いかに素材の支配を拒もうとする執拗な欲望の発露であったかを明らかにしている。

ブルジョワ芸術は、容器を傾けて上澄みを抽出するように、本質的にポスト・ロマン主義的な折衷主義と尚古主義のネオ・ゴシックの作品、ネオ・ロマン主義の胸像、ネオ・ルネサンスの小机、衰弱したバロック芸術のガラクタのなかから生まれたものであって、サラ・ベルナール〔訳注・一世を風靡した女優。1844-1923〕、ドビュッシー〔訳注・作曲家1862-1918〕、ユイスマンス〔訳注・作家。代表作『さかしま』1848-1909〕といった人々が蠢いているこの堆積のなかから、ピエール・ルイス〔訳注・作家。代表作『ビリチスの歌』『アフロディット』1870-1925〕の象徴主義、マルセル・シュウォブ〔訳注・作家。代表作『少年十字軍』1867-1905〕の非の打ち所のない不安、さらには、プルースト〔訳注・作家。代表作『失われた時を求めて』1871-1922〕、ムジル〔訳注・オーストリアの作家。代表作『夢想家たち』1880-1942〕、ヘンリー・ジェイムス〔訳注・アメリカの作家。1843-1916〕などの磨き抜かれた観察によって活用された夢想的あるいは背徳的な人間性が姿を現したのである。

しかしながら、この時代全体を支配しつづけるのは象徴主義で、それは、どのようにでも意味がとれる曖昧語法のために、時代の欺瞞性そのものと共犯性をもっている。この角度から考察したとき、《アール・ヌーヴォー》は、秘められたエロティシズムに陶酔する時代の一つの発露として現れる。

平凡な事物によって過去の芸術の大部分が暗示されるのを見たいというこの欲求、日用品の装飾と形のなかにエロチシズム化された世界の反響を見出したいというこの欲求から生まれたのが、一つの確固たる画風の必要性であり、卑猥さを霧に包まれているように暗示的に示したいという時代の心象風景につねに結びついた「形態の文法」の必要性である。まさに、それを通して《アール・ヌーヴォー》は物質主義と機械の帝国の巨大化に対する戦いのために疲弊した人類の危うさとそれ以上に口に出せない機能主義の気がかりな傾向性を確固たるものにする。

こうして《アール・ヌーヴォー》は、ガウディ〔訳注・スペインの建築家。1852-1926〕、マッキントッシュ〔訳注・スコットランド人建築家。1868-1928〕、ヴァン・デ・ヴェルデ〔訳注・ベルギーのアントワープ出身の建築家。1863-1957〕といった建築の寵児たちによって特別に採用されたことによって、意図せずしてある種の機能主義を誇りとするようになる。

ヴァン・デ・ヴェルデによってデザインされた有名な事務机は、曲線を巧みに活かしており、仕事に集中させてくれるように見える。椅子はリラックスさせてくれるとともに素早く立ち上がるのにも向いている。このように《アール・ヌーヴォー》の両面性は、相反する両極端を和解させることによって彼の名声を高めたのであった。しかし彼は、錯覚を起こさせる手法を頻繁に使うことに疲れてしまい、彼の最も価値のある作品は、そうした要素を払拭した（あるいは、少なくとも、ありふれた経験の積み重ねで培われた職人仕事がそのようにしたのだったが）作品である。

《アール・ヌーヴォー》の活力は、素材が必要とする製造プロセスを何とか隠そうとすることと装飾への情熱によって、《アヴァン・ギャルド》が求めた機能性を忘れさせようとしたことにある。ギマールは、近代人がますます機械の奴隷になりつつあることを憂えて地下鉄の入口を花冠のように変え、本来の人間性を回復させようとした。電話ボックスをマルバアサガオの花冠の形にしたこと、家具をエキゾティックな蔓植物の組合せで作ったこと、シャンデリアをイギリスの後期ゴシック様式の天井に溶け込ませ、まるで蝙蝠がぶら下がっているのか、それとも鍾乳石が下がっているかのようにしたこと、——これらは、それまでになかった役目を装飾に付すことになった。

サン＝シモン的あるいはフーリエ的な理念から装飾趣味の最も豊かな流れが湧き出てきたのは、イギリスにおいてである。こうして、ウィリアム・モリス〔1834-1896〕はラファエル前派やオーブリー・ビアズリー〔1872-1947〕と結びついて、ヨーロッパ全体のみならずアメリカ合衆国にまで遠く影響を及ぼした。

ティファニー〔訳注・有名な宝飾店を創業した人の息子で、ガラス工芸で才能を発揮した。1848-1933〕は、いまもアメリカの田舎でよく見られる《アプリケ技法》の様式を創案した。同じ現象は、ロシアでも、ロシア革命前夜まで生き続けた。ドイツ、オーストリア、スペイン、イタリアも、フランスと同様に《アール・ヌーヴォー》に感染し、「世紀末の崇高さ」の肥沃さを示した。

わたしたちは、バリェ＝インクラン〔訳注・スペインの小説家、詩人。1870-1936〕からダヌンツィオ〔訳注・イタリアの耽美主義的な小説家、詩人。1863-1938〕まで、メレディス〔訳注・イギリスの小説家、詩人。1828-1909〕からホフマンスタール〔訳注・オーストリアの唯美主義的新ロマン主義詩人。1874-1929〕までの流れとその文学作品を並べてみると、まるでフランスのそれと見えるような苦悩が現れているのに驚かされる。

しかし、こうした主導的リズムを見出したいとの渇望、うるさいほどのエキゾティズムは、また、あまりにも急激に巨大化した世界を発見して不安を感じ、それをまぎらしたいというわたしたちの欲求でもある。こうして《アール・ヌーヴォー》は、厄介な道徳的不安を吸い寄せ呑み込むために作られた漏斗であり、いわば、《アヴァン・ギャルド》の啓示的作品に真っ向から対峙する阿片的芸術である。それは、エドワルド・ムンク（1863-1944）によってあまりにも見事に描かれた『時代の叫び Cri d'une époque』に対して絶望的に持ち上げられた紋章付の盾である。

とはいえ、アール・ヌーヴォーはあらゆる前線で戦い、エキゾティックなものから化学的魔術や歴史にいたるまで、ありとあらゆる掘出し物を我が物とする。彼は、かつてなら馬鹿にされたような物でも活かす。たとえば捨てられる寸前のバロックの玉縁飾りから取り出された装飾部分や俗悪な彩色ガラス、純度の低いブロンズといったものまで使っていることは、この観点からすると意味深い。したがって、本来の素材を変えて活用しようとするこの性癖は、いたるところに見られるが、それが特に決定的なのが、鋳放しの鉄の単純さと見た目の複雑さの間に大胆な弁証法を可能なかぎり実現しようとしている場合である。

そこから、《アール・ヌーヴォー》は、当初は十八世紀のバロック様式に目を向けることから始まったが、まもなく極東の画風と職人仕事、イスラム教の思弁的教派やルネサンスからも要領を学んで、世の中に受け入れられそうなものを次々作り出していった。

《アール・ヌーヴォー》の全体は、相矛盾するこれらの様式のすべてを超えており、そこには、素材の最大の多様性（豊かさ）を活用しようとする配慮と隠微なエロティスムが恒常的に存在していることによって、それ以前の《尚古主義》とは一線を画する。ここでは、いたるところに女性が姿を現し、あるいは暗示される。それとともに、ときには恐怖を覚えさせる怪物的なもの、人を驚かせるグロテスクなものといった伝統的理念が再び姿をあらわす。それが衝撃的に表われているのがヴォルフェルス〔訳注・ベルギー人宝飾家。1858-1929〕の装身具においてである。

これらの幻想的なものや神秘的なものとの融合の坩堝のなかから、ナビ派〔訳注・十九世紀末にパリで形成された革新的な若手芸術家グループ〕が探求しビアズリーが称賛した一つの芸術スタイルが生まれ、それが二十世紀を長く支配してゆく。それに対する反動として出てきたのが、キュビスム、ついでは幾何学的抽象主義ではないだろうか？

《アール・ヌーヴォー》が本質的にわたしたちを惹きつけるのは、それがもっている天真爛漫な表現能力によってである。一九一四年以前なら、おそらく人々は、この芸術は本質的なものを引き離し逸らさせるために作られたのであって、いつかは、この時代が忘れたがっていたもの（たとえば安易さへの間違った気遣い、すべてを提示し、すべてを拒絶する厚顔無恥なやり方といったブルジョワ趣味、そして人の気を惹きたがる時代の特質である疲れ切った逃避）へわたしたちを連れ戻すだろうと考えて、ひどく驚いたに違いない。しかし、それを一つの芸術にしたのが、これらの芸術家たちの仕事であった。

文学的霊感の地

イタリア・ルネサンス以来の芸術の最も偉大な時代を画した印象派絵画は、第二帝政後の国民的文化を根底から覆す知的増殖が一つの形をとったものであるが、それに対し、実証主義と行動や観想における達成を求める個人主義の高まりに対する反動としての漠然とした神秘主義や感性の源泉への回帰——、それが一八七〇年から一九一四年にいたる文学の本質的特徴である。

文学活動は、基本的に出版社が集まっており、作家たちの生活と作品を取り巻く流行や生活スタイルが社交界の風景の一部を形成しているパリに集中していた。しかしながら、この十九世紀から二十世紀への変わり目を特徴づける小説や詩の偉大な開花には、田舎も関与しなかったわけではない。作家や詩人たちは、そのインスピレーションの最も独創的なものを、その生まれ故郷から汲み出し、あるいは、あちこち移り住むなかで、自分の夢を投影した鏡や象徴となる場所をフランスの国土のどこかの片隅に見出したからである。

北フランス海岸

印象主義の登場で、北フランスの海水浴場に寄せられた大きな熱気は、ギュスターヴ・フロベール（1821-1880）のあとも、ギ・ド・モーパッサン（1850-1893）は、その小説の筋立ての大部分をノルマンディーに設定している。すなわち、もっと限定していえば、『メゾン・テリエ』と『帰郷』の場合はフェカン、『美しいエルネスチーヌ』『女の一生』『アリエット嬢』の場合は、エトルタ海岸を舞台にしている。

〔訳注・モーパッサンの一家は、もとはロレーヌ地方に住んでいたが、祖父の代からノルマンディーに住むようになり、彼は、父母が別居したので、母とともにエトルタ海岸に住み、母の兄の親友であったフロベールに師事して文学の道に進んだ。〕

しかし、モーパッサンは、学生時代の文通相手であるブイエ（1822-1869）とフロベールがいたルーアンにも足跡を残している。そこから程近いオンフルールには、一八五九年、ボードレール（1821-1867）が母親のもとにやってきて数ヶ月間を過ごしている。ユーモア小説家のアルフォンス・アレー（1855-1905）も、このオンフルールで生まれている。

ドーヴィルから約二〇キロのカブールには、夏の間、マルセル・プルースト（1871-1922）がやってきた。この町はプルーストの『花咲く乙女たちのかげに』では「バルベク」の名で呼ばれている。この小説のなかでは、ノルマンディーの小さな町のさまざまな場所や建物の飾りが詳細に語られる。プルーストは、ほかにも『スワン家のほうへ』のなかで、同じくノルマンディーのカンのサン＝テチエンヌ教会やサン＝ピエール教会の鐘楼を「マルタンヴィルの鐘楼」として登場させている。

コタンタンはバルベー・ドルヴィリー（1808-1889）の故郷である。彼が生まれたのはサン＝ソヴール＝ル＝ヴィコントの城で、その主塔は、この作家のための博物館になっている。バルベーは、その物語の大部分の舞台を、大地と海が混じり合っているこの奇妙な風景のなかに設定している。彼は、長く住んだヴァローニュで見た人物たちを『騎士デ・トゥシュ』や『レ・ディアボリック』の登場人物のモデルにした。『憑かれた女』は、その舞台をランヴィル＝ラ＝プラースとレッセイの荒れ地に採っている。他方、『結婚した司祭』の登場人物たちが生活しているのはクータンスである。

ブルターニュには、その海岸や荒れ地の寂寥としたロマン主義的雰囲気に惹かれて多くの作家がやってきた。彼らのある人たちは、トレギエ生まれのエルネスト・ルナン（1823-1892）のように《土地っ子》であった。ルナンが生まれた十六世紀の家は、こんにちでは博物館になっている。また、ブリトン語の詩人、アナトール・ル・ブラ（1859-1926）は、古来のケルト語文学の保存に献身した。ほかにもピエール・ロティ（1850-1923）のように、長い間ブルターニュに住んだ人もいる。〔訳注・ロティはロシュフォールで生まれたが、ブルターニュ半島先端のブレスト海軍兵学校に入学し、青年時代をここで過ごした。〕

西部フランス

フランス西部地方は、パリから離れていても、生き生きした文化の土壌には事欠かなかった。まず、ロマネスク様式の力強い形は西部フランスが生み出したことを思い起こそう。ここは、大革命の時代を考えただけでも、フランスの歴史において大いなる重みをもった。いわゆる《ヴァンデー戦争》は、古いフランスと新しいフランスの衝突という一時的エピソードなどではなく、この地方が激しいエネルギーと強靭な意志、燃え上がる情熱に満ちた世界であることの表れであった。

この事件を通して他に類を見ない濃密さをもつ歴史的世界が立ち現れてきたのであり、それゆえにこそ、この事件は、二十世紀に入っても作家たちに小説的テーマを提供しているのである。これと同じくらいフランスの文学的生命を根底から鼓舞した出来事は、ナポレオン戦争と一九一四年の世界大戦しかない。

コタンタンからポワトゥーまで、《ふくろう党Chouans》（反革命王党派）と《共和派Républicains》がぶつかり合った戦いは、人間の本性が劇的な緊張感をもって現れる比類のない状況を提供した。幾つかの偉大な文学作品は、好んでこのことを証明している。その例がバルザック（1799-1850）の『国民議会軍兵士』『老嬢』『現代史の裏面』『ベアトリクス』『ヴィサール嬢』であり、アレクサンドル・デュマ（1802-1870）の『ジェビュの仲間』『マシュキュルの牝狼』、ヴィクトル・ユゴー（1802-1885）の『九十三年』である。

これらの偉大なロマン主義文学者たちの足跡の上に、一八五〇年世代はポスト・ロマン主義の世界の神話と関心、強迫観念を表現していった。——このような暴力の時代に内面的暴力の投影を見出し、文学の道によってそこから自らを解放しようとした試みの例をバルベー・ドルヴィリに見ることができる。二十世紀もまた、ジャン・ド・ラ・ヴァランド（1887-1959）やアルフォンス・ド・シャトーブリアン（1877-1951）、アンリ・ボルドー（1870-1963）が示してくれているように、フランス革命の古いページの間に、色彩と詩情あふれる一つの時代の痕跡を読むことであろう。

しかし、ポワトゥー、ヴァンデー、シャラント、リムーザンは、もっと別のジャンルの文学の土壌ともなった。ユイスマンスがイニーのトラピスト修道院を出て、身を落ち着けたのはヴィエンヌにあるリギュジェ大修道院のそばであった。彼はベネディクト修道会の《オブレート会員》〔訳注・財産を寄付して修道会員になりながら、在俗生活を営む生き方〕になり、「ノートルダムの家」を建ててもらって、そこで『シーダムの聖リュドウィン』（1901）を書いた。

この同じリギュジェ修道院には、一九〇〇年、ポール・クローデル（1868-1955）が聖職者をめざして籠もったが挫折し、一八八六年にカトリックに回心して以来めざしていた宗教的使命に生きるのを諦めたのであった。〔訳注・クローデルは、一八九〇年に外交官になり、アメリカ、中国、日本に駐在している。〕

そこから程遠くないバルブジゥーでは、ジャック・シャルドンヌ（1884-1968）が生活していた。彼が描いた優しさと静謐の物語にあっては、西部フランスの風景が永遠の影を映している。アンリ・フォーコニエと妹のジュヌヴィエーヴが書いた小説『クロード』は、田園生活の感動的な証言の一つである。

ニオールの近く、モージェ＝シュル＝ミニョンでは、一つの彫像が十九世紀の最も偉大な冒険の思い出を留めている。アフリカのトンブクトゥーを発見し、その探検記を残した見習い靴職人、ルネ・カイエ（1799-1838）の像である。その物語は、こんにちの学者たちからも、十九世紀の民族調査の手本とみなされている。

南西部フランス

南西フランスで注目されるのは、フランソワ・モーリアック（1885-1970）の連作の主舞台となったジロンド地方である。『優先権』『蝮のからみあい』『紫のへり付きローブ』にインスピレーションを吹き込んだのはボルドーであり、サン＝サンフォリアンは『ミステール・フロントナック』『テレーズ・デケイルー』など、ランゴンは『ジェニトリクス』『らい病患者への接吻』の舞台となった。マラガルについては、彼は、エッセーやメモワールのほとんど全てをここで書いた。

ジロンド川河口からスペインにいたる大西洋岸のバスクやビゴール、ベアルンなどは、十九世紀末から二十世紀初めにかけては、こんにちのコート＝ダジュールのように、詩人や作家、画家たちが休息と興奮を求めてやってきた光に満ちた地であった。

ダクス地方は、ピエール・ブノワ（1886-1962）の作品のなかでしばしば触れられている。ゲタリーにはポール＝ジャン・トゥレ（1867-1920）がいる。〔訳注・彼は一八九二年にパリで文壇デビューしたが、一九一二年に故郷に戻り、ここで、『年端のいかぬ娘』や『わが友ナヌ』など繊細な作品を書いた。〕

ポーは、現代詩人のなかでも最も偉大なサン＝ジョン・ペルス（1884-1975）が青年期を過ごした地である〔訳注・生まれたのはカリブ海のグァドループであるが、十一歳のときポーに移り、ボルドー大学を卒業。外交官になって中国、モンゴルに派遣され、フランスがナチス・ドイ

ツに占領されたとき、ヴィシー政府に反対してアメリカに亡命。一九五七年に帰国。〕

ジュール・シュペルヴィエル（1884-1960）も南米ウルグァイで生まれたが、幼くして両親と死別し、ピレネー地方のオロロンの叔父に引き取られ、文壇にデビューして、オロロンに捧げる長詩『オロロン・サント＝マリー』を書いている。同じウルグァイ生まれで「ピエロと祭の詩人」と称されるラフォルグ（1860-1887）は少年時代をタルブで過ごした。

有名なルルドは、その栄光のすべてを聖母のお告げを受けた聖女ベルナデットの奇蹟とマッサビエルの洞窟を中心に生まれた特殊な典礼に負っているにしても、この小さなピレネーの町が文学に及ぼした影響は小さくない。ゾラは、天啓を受けたこの羊飼いの乙女の崇拝が一つの普遍的な典礼と釣合を取り始めたばかりの一八七四年、『ルルド』を著しているが、山あいの小さなこの町を見て、こう書いている。

「わたしは、気候風土の影響というものを信じる。ベルナデットは、あたかも夢のなかの光景のように山々の頂で姿を消す山の民が住むこの地方でなくては生まれ得なかったであろう。」

ゾラのあと、ユイスマンスも、この聖女にお願いするために世界中からやってきていたキリスト教徒たちに信仰心を喚起されたに違いない。

トゥールーズは、古代と中世においては知的生活の中心であったが、パリの文化によって破壊されたフランスのあらゆる都市と同様、十九、二十世紀の文学にはあまり貢献しなかった。しかし、アカデミー・フランセーズをモデルとして十七世紀に創設された《文学コンクール・アカデミー Académie des Jeux Floraux》を維持することによって、オック語の文学遺産の保存に寄与した。

ピレネー地方のオルテスには、「憂愁の乙女たちと牧歌的静謐の詩人」として象徴主義運動に決定的影響を与えることとなる詩人、フランシス・ジャム（1868-1938）がいた。〔訳注・ジャムはピレネーの山村を愛して、生涯、ここで生活し、ジッドから古代ローマのウェルギリウスに比せられた。〕

地中海岸地方

ポール・ヴァレリー（1871-1946）は地中海岸のセートと「海辺の墓地」に深く結びついている。

おお　一つの思いをこらしたあとの報酬か
神々の静けさをじっと眺めやることは！

彼は、地中海に面したこの港で生まれ、少年時代を過ごした。彼が学んだコレージュ〔訳注・中学に相当する〕は、彼の名が付けられている。

モンペリエは中世以来、医学とともに文学を称揚した中心で、ラブレー（1494-1553）はここで学び、ここで教鞭を執り、ここで大学の権威者たちと最初のもめ事を起こした。セートと同じくヴァレリーゆかりの地であるが、また、ジッドにゆかりのある地でもある。というのは、アンドレ・ジッド（1869-1951）がピエール・ルイスの仲介でヴァレリーに逢い、『一粒の種もし死なずば』のなかで書いている長い会話を交わしたのがこのモンペリエであったからである。

この同じ町には、ジッドの友人、ジョゼフ・コンラッド〔訳注・ポーランドで生まれイギリスに帰化した作家。1857-1924〕も滞在した。他方、ニームでは、ギヨーム・アポリネール〔訳注・イタリア人の父とポーランド人の母の間に生まれた。1880-1918〕の足跡を見ることができる。

二十世紀初めのプロヴァンスは、南仏オック語文学の復興に献身したフレデリック・ミストラル（1830-1914）の王国である。その思い出をはっきり遺しているのがアヴィニョンとその近くの法王ゆかりの地である。とりわけアルルでは、彼は一八九九年にアルラーテン美術館を設立し、のちには、ここを《フェリブリージュ Félibrige》〔訳注・ミストラルが中世南仏吟遊詩人の文学を再興するために一八五四年に設立した文学団体〕の本拠にした。

アルルに程近いタラスコンには、アルフォンス・ドーデ（1840-1897）が住んだ。『風車小屋だより』に書かれている《フォントヴィルの風車》はすぐ近くにあり、この作家が知っていた当時の状態をそのまま遺していて、この『プチ・ショーズ』の作者の手稿と資料、手紙を見ることができる。

一九〇〇年ごろから第一次大戦のころまでフランス思想界に君臨し、この時代の知的生活の重要な証人であるシャルル・モラス〔1868-1952〕が生まれたのはプロヴァンスのマルティグである。彼は、あるエッセーのなかで、故郷の町について「海に囲まれた何枚かの大地の円盤のうち、ベール池の西の岸辺に、家々のリボンをまとって浮かんでいる三つの島が見えたら、それがマルティグである」と書いている。

〔訳注・マルティグはマルセイユの西方、砂州で地中海から切り離された内陸湖ベールの西岸にある風光明媚な町で、「プロヴァンスのヴェニス」と称えられる。〕

コート＝ダジュールが、その自然の美しさゆえに芸術家たちから注目されるようになったのは十九世紀末以後で、画家や作家たちの特権的故郷になったのは、ようやく一九二〇年以降である。人々は、キャスリン・マンスフィールド〔訳注・ニュージーランド生まれのイギリス人。1888-1923〕やフリードリヒ・ニーチェ〔訳注・いうまでもなくドイツの哲学者であるが、一八七九年から約十年間、イタリアや南仏を放浪した。1844-1900〕のように、異邦人として滞在はするが、そこで生活するわけではなかった。

しかしながら、ベルギー人のメーテルランク（1862-1949）の場合は、ニースの風景が気に入って、ここを永住の地にした。「ここでは、あらゆるものが目を楽しませてくれる。太陽、紺碧の海、クリスタルのような水平線、多彩に彩られる大地、北方や南方の木々、深い峡谷、黄昏時の森、まばゆいばかりの庭園……」

中央部フランス

あらゆる知的生活が大都市からインスピレーションのほとんどを汲み出すようになったのが近代であるが、それより以前に関して、たくさんの州のなかでも最もフランス的で、フランス人の創造的天分の正当なイメージを提供してくれるのが中央部のフランスである。

アラン＝フルニエ（1886-1914）は、幼少期を過ごしたソローニュとベリー地方の風景に多くを負っている。彼の唯一にしてかけがえのないロマン（『グラン・モーヌ』）に名前を与えたモーヌはシェール川の谷の小さな町である。また物語の舞台となっているエピヌイユ＝ル＝フルリエルでは、人々の生活は、この孤独な主人公の冒険が語られている時代に較べても、ほとんど変わっていない。

芸術と文学を愛し、旅に生きたヴァレリー＝ラルボー（1881-1957）は、ヴィシーで生まれ、ヴィシーで死んだ。彼の文学の《プレシオジテ préciosité》〔気取り趣味〕は、ベルラック（オート＝ヴィエンヌ県）が生んだジャン・ジロドゥー（1882-1944）を思い起こさせるものがある。

アラン＝フルニエの精神的同時代人であるロマン・ロラン（1866-1944）が生まれたのは、この中部フランスのヨンヌ県のクラムシーであり、文学の問題よりも文明の問題について考察したのは、その近くのヴェズレーにおいてである。

北東部フランス

北部と東部フランスの風景には、同じように思考と詩情と文学的神話が染み込んでいる。アルデンヌ地方では、ランボー（1854-1891）とヴェルレーヌ（1844-1896）の、前者の場合はアビシニア〔訳注・エチオピアのこと〕、後者の場合はアプサント〔訳注・ニガヨモギで香りをつけたリキュール〕の幻想の道行きの跡を辿ることができる。

アルザス地方の家々や村々では、エルクマン＝シャトリアン〔訳注・エミール・エルクマンとアレクサンドル・シャトリアンは、共同執筆でアルザスの古い慣習を踏まえた歴史物語を出した〕の庶民的で国民的なロマンを満たしている貧しい人々を、こんにちも目にすることができる。ロレーヌのプレ・ヴォージュの高台の上のシオンには、伝統にせっかちに逆戻りする無政府主義的エネルギーの象徴ともいうべきバレス〔訳注・フランス・ナショナリズム運動を推進した小説家であり政治家。1862-1923〕の「霊感の丘」がいまも変わらず聳えている。

このように、一八五〇年ごろから一九一四年にいたるフランス各地の風景や精神的風土、感性の多様さを明らかにしたフランス文学の功績は、けっして小さいものではない。フランス文化は、歴史によってさまざまに独自性を特徴づけられたこれら国土の隅々に潜入し、そこからフランス的精神のすべての源泉を汲み上げながら、独特の光を差し込むことによって、おそらくケルト時代以来、人々が人間的尺度で一つの国土に作り上げようとしてきた深い伝統を明らかにしたのであった。

《風景》の発見

ロマン主義が口火を切った《自然の再発見》は、次第に外界の新しいヴィジョン、光と動きについての新しいヴィジョンを生み出す。感性をますます実在の内面的征服へ向かわせる文学と芸術、その一方で、ますます人工的になり自由な創造を可能にする技術の進歩との二重の流れによって、環境に投げかける人間の眼差しは根底から覆されていく。この写実性からの芸術家の解放は、一八五〇年ごろには写真、一九〇〇年ごろには映画の登場によるもので、とどまることのない自由の増幅をもたらした。

そこで重要なのが、人間と世界、人間と自分自身の根本的断絶という新しい関係である。その痕跡は、一八七〇年代の印象派運動の始まりのなかに見出される。西欧の絵画史上初めて、画家の役目は、客観的リアリティーを伝えることや、ある状態を説明することではなく、むしろ、精神がどのように現実を作り出すかを見せることになる。そこで重要なのは、描く対象よりも、描く画家の目にどう映っているかである。

この変革がいかに奥深いかは、それが受け入れられるまでに遭遇した困難の多さが証明している。

一八五五年のパリ万国博覧会は、大部分の民衆にとっては、工業が実現した驚異の数々を間近に見て、空想的未来を胸に思い描きながら気持ちを紛らすチャンスとなった。政府にとっては政治的デモンストレーションの機会であり、第二帝政は、これによって、すでに生産者として豊かになっていた大衆に、いかにこの政府が更に豊かな生活を提供しうるかを示そうとした。

ナポレオン三世は、この万博を訪れたイギリスのヴィクトリア女王に、この催しが「ヨーロッパを一つの家族にするため」であるという考えを述べている。これは、おそらく、政治的意図からなされた演説であり、この奇妙な祭典は、ブルジョワ精神の凱歌ではあっても、国民のなかの芸術家的部分は置き去りにされる恐れがあった。

ナポレオン三世は主催者たちに、万博の各ホールを、この時代の代表的芸術家たちのためにより広く門戸を開放するよう厳命していた。演出はきわめて巧妙に行われ、有名なアングル（1780-1867）とドラクロワ（1799-1863）の対決を誇張することによって人々の関心を惹きつけた。二人の巨匠は、最も意味深いと思う作品を自分で選ぶよう促され、その結果、この博覧会の美術部門は、四〇点以上の油絵と多数のデッサンを展示したアングルの部屋と油絵三五点のドラクロワの部屋を核に構成された。

この二極の間で、人々は、後世になって評価されるミレー（1815-1875）、コロー（1796-1875）、ドービニー（1817-1878）、ヨンキント〔訳注・オランダ生まれの画家。1819-1891〕を鑑賞することができた。しかし、褒賞とメダルを授与されたのは、アングルの弟子である大時代的な画家たちばかりであった。とりわけ写実主義の代表というべきギュスターヴ・クールベ（1819-1877）は、自作の『画家のアトリエ』を出品したが、審査委員から展示を断られたため、会場からあまり離れていないところに《レアリスム館 Pavillon du Réalisme》を建てて、そこに約五〇点の作品を展示した。

この行動は華々しくはあったが、群集を惹きつけはしなかった。民衆は、「レアリスム」についての論議を聞くことより、《尚古主義者》たちが復元した過去に向かうそれにせよ、産業家たちが約束する未来に向かうそれにせよ、安上がりで気を紛らせてくれる夢を見ることを望んだのであった。

同じ精神が《風景》への蔑視を助長していた。バルビゾン派は二十五年来、《風景》に市民権を回復させようと努力してきたが、絵画のマーケットを構成しているブルジョワジーは、インテリアとして伝説や逸話に題材を採った安物の絵ばかり求め、風景画については「場所ふさぎ」ぐらいにしか考えなかった。歴史や神話に題材を採った絵は、このころには質が低落していたが、そんなものが彼らの好みに合っていたのである。

文学に題材を得たウジェーヌ・ドラクロワの作品でさえ、第二帝政のもとで開かれた《サロン・ド・ヴェルデュラン》から拒絶されたほどであった。当時の美術批評の大家であったポール・ド・サン＝ヴィクトールが一八五五年に述べた「われわれは、あひるが餌を漁っているフランドルの池の光景よりも、ニンフたちが水浴びをしているギリシアの泉の光景を好む」という言葉は、そうした風潮の根底的考えを表している。この美術展の主宰者であったニューケルク伯は、上記の言葉に劣らない有名な言葉で、「着替える下着もないのに世間様に自分を押しつけようという民主派の画家」に厳しい警告を発している。このように芸術家を好みと気晴らし度ではっきり区別する風潮が民衆の惰眠を助長し、芸術家集団全体のなかに社会的断層を生じていたことは想像に難くない。

事実、これほどたくさんの芸術家たちが公的権力や裕福な庇護者の支援を受けることもなく、貧困と侮蔑のもとで創作に励んでいることは、絵画の歴史において初めてであった。過去の芸術家は、そのほとんど全員が権力者から認められるか、大なり小なり忠実な支援者に守られていたのに対し、ここでは、一つの大きい断絶が全般的現象になっている。

フロベールもボードレールも裁判にかけられた。彼らの作品は、精神的大胆さがどこまで冒険を冒しうるかを読者に印象深く教えたものであったから、ジェズイット的狂信的精神の残滓にとっては、こうした知的創造の領域を危険思想の巣窟として狭め、その反社会的と思われる性格を撓めて窒息させなければならなかったのである。「平和で安定した社会」という神話は、クリミア戦争（1854-1856）やメキシコ派兵（1861）、そのほか植民地戦争が示しているように、ますます増長し、勝利の凱歌に酔いしれていたブルジョワ社会からは、軟弱で内に閉じこもった静けさにしか耐えられないと考えられていた。おそらく、その反動が若い画家たちの力を、これまでの伝統的な形態のもとでは嫌われていた風景画へ向かわせたのであった。

この反発は、その後の印象派画家たちが別の意味で重要なフランス——大通りや駅、港、運河といった、顧客の拡張主義的感情に迎合するフランス——をさえ、歴史的絵画に対峙させていったことを考えると、なおさら衝撃的である。しかしながら、印象主義は、そうした無理解や侮蔑に対して異議を申し立てるという《冒険》によって、その後の近代絵画の変遷にとりお手本となっていった。

この《冒険》は、ノルマンディーにおいて開始された。ノルマンディーの海岸は、第二帝政の上流社会にとって注目の的であった。南仏海岸は、パリからは遠すぎたからである。ミレー、フロベール、モーパッサン、バルベー・ドルヴィリー、さらにアルフォンス・アレー、サティ（作曲家。1866-1925）といった、この世代の芸術家や作家たちがいずれもノルマンディー出身であることは奇妙な一致であるが、少なくとも絵画においてその中心的役割を演じたのがブーダン（1824-1894）であり、ついではモネ（1840-1924）であった。

ウジェーヌ・ブーダンが十七歳になったばかりのクロード・モネの才能を見出したのは偉大な功績である。ブーダンは親身になってモネに自然、それもノルマンディーの自然をじっくり観察するよう教えた。その自然とは《光》であり、その裏返しとしての《陰》の問題であった。それまで、《陰》は黒で表現されるのが一般的であったのに対し、印象主義はまわりの色調によって青にも薔薇色にも緑色にもなることを発見した。

この光と陰の問題は、天候や時間、太陽の傾きとともに刻々と色合いを変えるノルマンディーの岸辺では、特別の重要性をもっている。その結果、ノルマンディーの空と英仏海峡の光の反射が造作もなく印象主義に採り入れられ、その本質的色調を付与することとなったのである。

ドラクロワが捉えた表現主義（expressionniste）的自然から約二十年、それとは根本的に異なる自然を発見したのが印象主義者（impressionnistes）と名づけられる人々である。ここでは、自然は、もはや、主題との関連においてでもなければ、感情（sentiments）によってでもなく、さらにいえば理念（idées）によってでもなく、ただ印象（impression）によって捉えられる。

印象主義者たちの美学は、視覚が与えてくれるものであり、したがって、実験的探求から出てくるものである。その基盤にあるのは経験主義であり、それは、主題の重々しさと自然らしさを再生するやり方でしか生き延びられないアカデミックな絵画とは対立する。

そうした新進気鋭の若手画家たちのノルマンディーへの旅を慣例化したのがクールベで、一八六五年、彼がトゥルーヴィル〔Trouville-sur-Mer〕へ率いていった若い画家たちのなかに、ブーダン、ヨンキント、モネ、そしてアメリカ人のホイスラー（1834-1903）といった、その後、印象派の最初の中核となる顔ぶれが見られることはきわめて興味深い。クールベは、すでに高く評価されていたが、モネやドービニといった若手エリートがオンフルール〔訳注・トゥルーヴィルとはすぐ近い〕に集ったわけで、モネは後年、自分の人生の土台になったのが、このマンシュ県の自然であったと述懐している。シスレー〔訳注・イギリス人貿易商の子に生まれたが、フランスで生涯を送った。1839-1899〕は、一八六七年にオンフルールに定住し、ドガ（1834-1917）もアングルと袂を分かって、一八六九年、サン＝ヴァレリー＝アン＝コーに移り住む。

しかしながら、印象主義が評価に値する芸術となるのは、一八七〇年の戦争の敗北によってそれ以前の世代のこれ見よがしの幸福感が覆されてしまったことによる。これと並行して、印象派の明るい色調の絵が表していたこの幸福感は、偽物のように見られはじめる。冒険的精神に溢れた人々のなかには、のちにゴーギャン（1848-

1903）などの絵に惹かれるように、《存在》と《世界》の新しい発見を求めて近づいてくる人もしばしばいる。こうして、ノルマンディーのような静穏な田園がもつ芸術的重要性は減少し、絵画の主要な派の地理的分布図は変わる。

ゴーギャンは、異教的伝統とキリスト教的絶対主義とが対決する地へ移動する道を選ぶが、その前に、《ポンタヴァン派 Ecole de Pont-Aven》をブルターニュのど真ん中に創設し、自然および人間からもっと絵画に有用な教訓を引き出そうという関心を表明する。これは、それまでの印象主義にあっては、人間が相対的に不在であったからである。このころゴーギャンが好んで描いている絵は、ケルト式キリスト磔刑図を想起させるもので、未開世界の声を修得するために当時の世間と絶縁しようとしていた様子は、まだ見られない。一つの黒人の像について、「フェイディアス〔訳注・前五世紀、アテナイのパルテノン神殿建設の指揮者にしてギリシア彫刻の最高峰といわれた巨匠〕のそれより美しい」と言われるような時はまだ到来していなかったが、真実か幻想かは別にして、ある種のプリミティヴィスム primitivisme〔訳注・原始的芸術やルネサンス前派の素朴さを尊ぶ立場〕が、芸術のパンテオンのなかに少しずつ侵入しはじめていたこと、まず、怒れる公衆に影響を及ぼしはじめていたことは否定できない。

ブルターニュの実験は一八八八年までしか続かず、同じブルターニュのル・プルデュの旅籠にグループの拠点を移したあとは休止した。

ノルマンディーとブルターニュの隆盛時代のあと、もっと恒久的な安住の地を画家たちに提供したのがプロヴァンスである。おそらくセザンヌ（1839-1906）の強烈な存在感が画家たちに南仏への移住を唆した可能性がある。ここは、パリから遠く離れており、イール＝ド＝フランスやノルマンディー、ブルターニュ、さらにいえばロンドンの半透明のそれとは無関係の、ヴァン・ゴッホ（1853-1890）が描いているような、まさに「光の世界」である。

ゴッホは、南仏の熱情に捕らえられた北方人で、彼がアルルの旅籠に落ち着き、そこで表現主義的で象徴主義的な実験を追求したことは周知のとおりである。しかし、ゴーギャンが《アリスカン Alyscamps》〔訳注・アルルにあった古代ローマのアウレリア街道の終着点で、ゴーギャンはその風景を画いた〕から伝統的様式美を引き出したのに対し、ゴッホは、色彩のレアリズム的な激しさと、絵具を厚く塗る筆のタッチ、そして表現しようとしている主題との関連にしたがって、ますます荒々しい表現法を駆使していった。そこで不気味な火花を放つ糸杉と砂地と小麦畑のまばゆい黄色によって表現されているのは宇宙的苦悩である。

このゴッホの騒々しいプロヴァンスに対峙するのが、エクス＝アン＝プロヴァンスに生まれ、レ・ボーやサント＝ヴィクトワール山のバロック的で記念建造物的な調子を反映したセザンヌのプロヴァンスである。彼は、印象派から距離を置くとともに、写実主義は表面的過ぎるとして、写実性と時間性を超えた不朽性の融合を試みた。これ以後、彼の作品は、小品ながら量感にあふれ、その形と色彩は、神秘的やり方で時間の観念を導入することによって、同じ主題がその意味合いを変えることなく違ったふうに再構成されうることを想定させるものとなる。

セザンヌが印象主義者として描いた連作〔なかでも有名なのが『サント＝ヴィクトワール山』のそれである〕においては、もはや《光のヴァリエーション》は表されていないが、一つの自然あるいは明確な主題に直面したときの絵画的感情のヴァリエーションが見事に表されている。マネ（1832-1883）のあと、セザンヌによって開かれた二十世紀絵画の展望のなかから最も直接的に生まれた成果が《キュビスム Cubisme》である。

しかし、印象主義のこの五十年は、都市的風景を描いているときも、ゆっくりと、しかも確実に、ものの見方をわたしたちに教えてくれたところに、その重要性がある。オスカー・ワイルド（1854-1900）の「自然が芸術家をまねるのだ」という言葉は、いかにも気障であるが、印象主義がいかにものの見方を刷新したかを適切に表現している。

フランス人たちは、町から出て自然のなかに、忘れていた調和とリズムを見出そうとし、そこから陽光に明るく照らされたアパルトマンを好む風潮が、抵抗できない力をもって現れてくる。社会の進展とともに、印象派が教えたような、旅行に出て都会から遠く離れて過ごす嗜好には依存しなくなった結果、都市の外見も変わっていった。モネは『サン＝ラザール駅』で、日常的雑踏のために忘れられていた詩情を回復させることに成功している。同様にピサロ（1831-1903）は、「グラン・ブルヴァールのよき時代」を歌う。〔訳注・ピサロははじめは、田園風景、農村生活を多く描き、セザンヌにも影響を与えたが、晩年は視力が弱まり、都市の河港や街路を描いた。〕

オスマンの計画において予定されていた大通りや緑の空き地が消えたことに不満を覚える人々がいる一方で、古いパリの保存を願う人々は、パリがバルザック流の暗いロマンチックなパリでなくなり、マネが『ベール街』で描いているような不統一な近代都市伝説の本質的なものに限りなく似ていくことに不安を抱いた。

わたしたちは、芸術作品を前にして、もっと別の感性や表現手段を使って語りかけてくるものを夢想することができるし、風景を前にしては、自然が本来の美徳を回復させてくれるのではと夢想することができる。また、歴史上の事件が起きた場所に臨めば、運命はそうした歴史上の災厄や幸運に遇うよう定めていたように夢想することができる。

フランスの歴史をはじめて学ぶ小学生にとって、フランスが経験した冒険のシンボルは、一枚の漠然とした映像と混じり合う。そのなかで、アレシア、ブーヴィーヌ、パヴィア、ワーテルローなどは、陽光燦たる輝かしい名であり、そこで活躍した英雄たちは夜空を満たす星たちのように遥かな存在である。しかしながら、いまも重みに耐えるもっと他の歴史上の名前もたくさんあり、それらは、最近の大戦の悲劇と融合して、人間の痕跡を歴史が負わせたままに押しつけているように思われる。こうして、近代フランスは、死者たちと勝利とが撒き散らされた土地となっている。

そのなかには、フランスの最も身近な革命である《パリ・コミューン》の思い出がある。これは一八七一年、先祖伝来のフランス社会の構造を問い直すことから起きた事件であった。ペール＝ラシェーズの墓地では、パリ・コミューンの首謀者たちの壊滅とフランス社会主義の一時的敗北を記した《市民連盟の壁 Mur des Fédérés》が、一七八九年の革命のシンボルである《バスティーユの自由の女神 Génie de la Bastille》と同じ理由で神話的力を保持している。

　だが、フランス国民の身体にもっと深く刺さっている棘こそ、二度にわたる大戦の証拠を残している戦場である。それ以前の戦争が生々しい傷跡をフランスの土壌に残していないということではないが、この最後の戦争で戦闘が行われた範囲の広さと人々の身体と記憶に残した傷の深さは、過去のあらゆる不幸のそれを凌いだ。

　まず来るのが、第一次大戦の中心地、ヴェルダンである。ここでは、激戦のために周辺の森林の風景まですっかり変わってしまい、アルトマンウィラーコップの墓地や「貴婦人たちの道 Chemin des Dames」の丘にいたっては、植生まで入れ替わったように見える。〔訳注・約三〇万人の戦死者のために広大な土地が墓地になっており、追悼施設が設けられている。〕

　次に、第二次大戦のそれはというと、《解放》の希望の象徴であるノルマンディーの上陸海岸と恐怖の時代の黙示録的記憶を留めているアルザスのシュトルートフ Struthof〔訳注・ナチスの強制収容所があった〕の野があり、ヴェルコール（1902-1991）の抵抗文学がある。

　いまも多くの観光客をしてこれらの地に足を運ばしめる好奇心の力には驚くべきものがある。それは芸術作品のほうへ引っ張っていくのとは別の種類の力であろうか？　否である。なぜなら、歴史と芸術は赤の他人ではなく、人間がその創造的才能とこの世界における自己の存在を確定してくれるものを引き出すのは、歴史と対話し、歴史を乗り越え、リードしようとする努力からであるからだ。

結び

二十世紀初め、ヨーロッパが世界の運命をリードしているとき、フランス文化は普遍的文化のモデルとなった観があった。その幅の広さとコスモポリタン的性格には、他のいかなる文化も太刀打ちできなかった。フランスの文明自体、その起源の時代以来の並外れた攪拌の結果であって、フランス民族の一貫した天分は、とりわけ同化能力にあった。

ケルト時代の古い土台の上にギリシア・ローマがもたらしたものが接ぎ木され、それにゲルマン民族の血が加わり、ノルマン人の熱情が加味され、さらに、その後も何世紀にもわたってフランドルやライン地方の人々、イタリアやイベリア半島の人々の影響がフランス人の心を灌漑し若返らせにやってきた。そのすべてが、みずからも壊れることもなければフランス人のそれを壊すこともなく、フランス民族のなかに溶け込んでいった。

こうして、フランスの芸術は比類のない洗練度を達成し、西欧の文化の最も見事な果実をみのらせ、外国の芸術のうえにかつてない吸引力を及ぼすにいたった。しかしながら、《洗練度》とは「息切れした文明の表れ」といえなくもない。歴史（すなわち行動）よりも芸術（すなわち幸福と観想）を好む都市のデカダンスぶりについては、例に事欠かない。同じ運命は、フランスのすぐ身近でもハプスブルク帝国に先例を見ることができる。

同様にして、フランスが芸術と文学の分野で生み出したものの本質は、フランス国民の深い魂を伝えているだろうかと問われてしかるべきである。なぜなら、政治的中央集権化の行き過ぎのため、生きた文化はパリに集中し、かつて豊かであった地方の文化的炉床は、もはや過去の崇拝のなかにしか生き延びることができなくなっているからである。

ヨーロッパが二度にわたってその固有の苦悩を招いた分裂は、フランス文化の容貌の衰えを際立たせているのではないだろうか？　知的生活と創造に費やしたこの二千年間、人間が忍耐と想像力をもって敵対的世界に自分の痕跡を刻みつけてきたこの二千年間は、人間的冒険の一つの偉大な「徒労 pan mort」に帰しただけなのだろうか？　フランス文化は一つの素因、一つの問いであることをやめて、諸民族が堆積した巨大な博物館の一部でしかないのだろうか？

その答えを出すための材料は、一九〇〇年から一九四五年までのフランスの芸術と文学活動を一瞥するだけで揃っている。苦悶と矛盾と崩壊の歴史であるこの二十世紀にあっても、フランス文化は、内に閉じこもるどころか、あらゆる文化の流れ、あらゆる影響、あらゆる探求に対して自らを開放した。

歴史のゲームがヨーロッパから世界政治の主導権を奪い去り、フランスの力と政治的影響力がその席を他の影響力や権力に譲らなければならなくなったときも、その歴史的冒険の豊かさは充分に活力と輝きを保っており、その過去が忘却の刑に処されることはありえない。フランスの大地と芸術作品のうえに証明されている情念の二千年は、おそらく、さらに後世になると、世界文明の基礎がゆっくりと仕上げられていった坩堝として姿を現していくであろう。

かくも多くの探求と創意、創造的幸福が生い茂る畝のなかにあって、現代という時代は、革命時代のそれに較べられる輝きを放っていくであろう。こんにちのフランスは、その独特の道によってフランスの歴史の先祖伝来の運動のなかに自ら参画しているのである。

訳者あとがき

本書は、フランス文化省の肝いりで編纂された『France, Culture vivante I』の邦訳である。直訳すれば「フランス、生きている文化」で、フランスそのものが生きている文化という意味になるが、本書の内容は、フランスの大地にさまざまな時代に花開いた文化を年代順に採り上げて、それがどのようなものであったか、現在、どのような痕跡を遺しているかを辿っている。

しかし、本書が単なる観光案内に終わっていないのは、古代から中世までをジャック・ル・ゴフ、ルネサンス期から大革命前夜までをピエール・ジャンナン、フランス革命から以後をアルベール・ソブールというように、第一級の歴史学者が執筆して、その時代の文化の歴史を概説していることによる。

一九六〇年代に書かれたものであるから、当然、その後あたらしく建てられたデファンス地区の「あたらしい凱旋門」や自動車文明にあわせての巨大な地下駐車場などのことは触れられていない。また、ラスコーの洞窟絵画よりさらに古い洞窟が地中海沿岸で見つかっているが、それについても述べられてはいない。したがって、いまのフランスの観光ガイドとしては、物足りなさを覚えられるかも知れないが、浮わついた表面の事象ではなく、フランスの文化の根底にあるものを摑みたいと考えておられる方には、きわめて示唆に富む書であるといえよう。

たとえば、表紙の装丁に使われている、池のなかに建っている館の写真をごらんになってほしい。これは、原著に倣ったのであるが、なぜこのような写真がフランス文化を象徴的に表すものとして使われているのだろうと疑問に思われるが、これは、モンテスキューのラ・ブレード城の写真である。モンテスキューといえば三権分立を説いた『法の精神』を著したことで有名で、おそらく、本書を編纂したフランス人たちは、立法・司法・行政の相互規制と法による統治こそ、フランスが現代の人類に教え、現代世界の基盤として明確にしたフランスの最大の功績であると考えたのであろう。

これまでに邦訳された「フランス文化史」といえば、一九六九年から一九七〇年にかけて三巻本で人文書院から刊行されたジョルジュ・デュビィ、ロベール・マンドルー共著の同名の書が知られている。ただし、アルマン・コラン社から出されたその原著名は"Histoire de la civilisation française"で、こだわっていえば、「フランス文明史」とされるべきところであるが、訳者の前川貞次郎先生、鳴岩宗三先生、島田尚一先生が「文化史」とされたのは、お考えあってのことであろう。

なによりも、デュビィ、マンドルーのこの本は、西暦一〇〇〇年ごろ、ノルマン人の侵掠も終わって、《フランス人》としての役者が揃い、キリスト教信仰を基盤としたフランス文化がその歩みを始めて以後を扱っている。それに対し、本書は、ケルト人たちもまだ今のフランスの地に移住してきていなかったラスコーの洞窟絵画から始めている。この洞窟の天井や壁に動物たちを生き生きと描いた天才がどのような人であったかは不明であるが、ケルト系のガリア人や、ましてゲルマン系のフランク人、さらには北欧系のノルマン人が、いまのフランスの大地に住むようになるよりずっと昔のことで、もしかしたら黒人系の人々だったのではないかとも言われているが、いずれにしても、今日のフランス人とはかなり違っていたはずである。

その点からいうと、この洞窟絵画を《フランス文化》に入れてしまうのは、欲張りすぎるという感じがしないでもないが、おそらく本書の編纂に携わった先生方は、ここで言う「フランス文化」とは「フランスの国土に開花した文化」の意であり、また、ラスコーの洞窟で腕を振るった天才の血は、あとからやってきたケルト系やゲルマン系の人々のなかに吸収されて、その後のフランス人の芸術的豊かさを形成する要素になったはずであると言われるだろうし、私も、それに異論を唱えるつもりはない。

「フランスの大地で花開いた芸術」なら《フランス文化》と言ってよく、あるいはフランス自体が生きている文化であるというのは、古来、外国の人々を寛容に受け入れてきたフランスではごく自然のことであって、本書では現代についても、スペインで生まれたピカソやアイルランド出身のベケットを採り上げている。日本人である藤田嗣治も、「レオナルド藤田」としてフランスで芸術と文化のために貢献した一人だったのである。

むしろ、生まれや国籍を問わず、技術や芸術、文学などのさまざまな分野で優れた才能のある人々を鷹揚に受け入れ、その才能を存分に発揮できる舞台とチャンスを提供するのが文化であり、そのおかげで、その文化と社会が豊かで奥深いものになり、世界の人々から敬愛されるようになればよいのであって、そうした伝統がまた、未来の天分豊かな若者を育てる土壌になっていくのである。

ともあれ、本書はフランス文化省によって、フランスのすばらしさへの認識を更に世界に深めてもらうために編纂されたのであるが、この拙訳が私たち日本人にとっても、ル・ゴフ、ジャンナン、ソブールといった第一級の執筆陣による解説を通してフランス文化への理解を深めるとともに、ひるがえって日本文化をより豊かにし、未来へ引き継いでいくためには、どのようであるべきかを考えるよすがになれば幸いである。

本訳書の出版にあたっては、論創社社長、森下紀夫氏、編集部の松永裕衣子ほかの皆さんに大変お世話になった。心から感謝申し上げたい。

二〇一二年七月

桐村泰次

ルクリュ（エリゼ）Reclus, Elysée　184
ル・ゴフィ（シャルル）Le Goffie, Charles　195
ル・コルビュジエ Le Corbusier　360
ルソー Rousseau　280, 289, 313, 314, 321, 326, 337, 345, 346, 359, 375, 389
ルドゥー（ニコラ）Ledoux, Nicolas　276, 314, 355-361
ルナン（エルネスト）Renan, Ernest　384, 413
ル・ナン Le Nain　75, 163, 242, 270, 297
ルヌアール（イヴ）Renouard, Yves　175
ルネ（王）roi René（ルネ・ダンジュー René d'Anjou）148, 151, 152, 208, 211
ルネ・シャール René Char　9
ル・ノートル Le Nôtre　236, 267, 288-290, 304, 331, 336
ルノワール（ジャン）Renoir, Jean　10
ル・ブテゥー Le Bouteux　336
ループネル（ガストン）Roupnel, Gaston　55
ルフュエル Lefuel　234
ル・ブラ（アナトール）Le Braz, Anatole　413
ル・ブラン Le Brun　236, 267, 288-290, 303, 305
ルーベンス Rubens　266, 279, 281
ル・ミュエ Le Muet　268
ルメルシエ Lemercier　265
レオナルド・ダ・ヴィンチ Léonard de Vinci　213, 224, 227, 243, 244
レオミュール Réaumure　349, 350
レキュイエ（レーモン）Lécuyer, Raymond　276, 292
レクチンスキー Leczinski　229
レスコー（ピエール）Lescot, Pierre　215, 235, 236
レナック（サロモン）Reinach, Salomon　41
レナール（マルセル）Reinhard, Marcel　330
レーモン Raymond 四世　180
ローアン Rohan　146, 309, 321
ロジェ・アルマン・ウェゲール Roger Armand Weigert　290
ロジェ・ド・ミルポワ Roger de Mirepoix　170
ロッソ Rosso　213, 224, 227, 240
ロット（フェルディナン）Lot, Ferdinand　57
ロティ（ピエール）Loti, Pierre　413
ロニー Rosny　38
ロベール（敬虔王）Robert le Pieux　92, 96
ロベール（豪華王。ノルマンディー公）Robert le Magnifique　120
ロベール・ダルブリッセル Robert d'Arbrissel　144
ロベール・ド・コット Robert de Cotte　306, 321, 336
ロベール・ド・モレーム Robert de Moslesmes　111
ロベール（ユベール）Robert, Hubert　314, 346
ロラン（ニコラ）Rolin, Nicolas　189, 211
ロラン（ロマン）Rolland, Romain　8, 419
ローラン（英雄）Roland　97, 128, 143
ロラーン（クロード）Rorrain, Claude　270
ロロ（ノルマン族長）Rollon　120
ロロー（ピエール）Laureau, Pierre　58, 59
ロンサール Ronsard　204, 214, 225, 242, 254-256

【ワ】

ワイルド（オスカー）Wilde, Oscar　426
ワケ（アンリ）Waquet, Henri　196, 200
ワトー Watteau　280, 308, 342, 344-346

ユイスマンス Huysmans　407, 414, 416
ユーグ（聖）Hugues　103, 109, 114
ユーグ・カペー Hugues Capet　106
ユーグ・ド・パイアン Hugues de Payns　170
ユゴー（ヴィクトル）Hugo, Victor　7, 274, 300, 314, 376, 390, 414
ユーストグ Eustog de Beaulieu　248
ユード・ド・シャルトールー Eude de Charteauroux　159
ユリアヌス Julien　21
ヨハネ二十二世 Jean　174
ヨンキント Jongkind　421, 424

【ラ】

ライエル Lyell　34
ラ・ヴァランド（ジャン・ド）La Varende, Jean de　414
ラヴィス（エルネスト）Lavisse, Ernest　15
ラヴェル Ravel　9
ラヴェルニュ・ド・ギユラーグ Lavergne de Guilleragues　324
ラヴォワジエ Lavoisier　355
ラクロ（コデルロス・ド）Laclos, Choderlos de　332, 342, 344
ラシェル Rachel　275
ラシーヌ Racine　270
ラデグンデ Radegonde　85
ラ・トゥール（ジョルジュ・ド）La Tour, Georges de　270, 297
ラ・ファイエット La Fayette　332
ラフォルグ Laforgue　416
ラ・フォルス（公）La Force　324
ラ・フォンテーヌ La Fontaine　75, 267, 277
ラ・ブリュイエール La Bruyère　302, 344
ラブルースト（アンリ）Labrouste, Henri　402
ラ・ブルドネ（伯）La Bourdonnais　285
ラブレー Rabelais　203, 247, 248, 253, 256, 257, 417
ラベ（ルイーズ）Labé, Louise　248, 249, 260
ラマルチーヌ Lamartine　389, 390
ラムネ（フェリシテ・ド）Lamennais, Félicité de　285
ラモー Rameau　355
ラルジリエール Largilière　310
ラ・ロシュフコー La Rochefoucauld　344
ランドリー Landry　40
ランブイエ Lambouillet（候夫人）　219, 278, 279
ランボー Rimbaud　419
リゴー Rigaud　310
リシエ（リジエ）Richier, Ligier　218
リシュリュー Richelieu　218, 264, 265, 268, 270, 274-276, 291, 303, 330, 334
リチャード（獅子心王）Richard Coeur de Lion　23, 120, 173
リッテル（レイモン）Ritter, Raimond　256
リーニュ（公）prince de Ligne　329
リュード Rude　282
リュバンプレ（リュシアン・ド）Rubempré, Lucien de　391
リュリ Lulli　303
リルケ Rilke　282
リンネ Linné　298, 337, 353
ルイ Louis 七世　132, 145, 155
ルイ Louis 九世（聖）　132, 140, 146, 170, 231, 235
ルイ Louis 十一世　149, 185, 203, 211, 223
ルイ Louis 十二世　209, 213, 220, 221
ルイ Louis 十三世　75, 219, 224, 233, 236, 244, 264, 266, 268, 270-272, 274, 277, 280, 287, 330
ルイ Louis 十四世　75, 206, 215, 224, 229, 233, 236, 244, 265, 267, 268, 277, 278, 280, 286-291, 299, 301-310, 315, 316, 318, 320, 322, 323, 327, 329, 330, 334, 335, 339, 343
ルイ Louis 十五世　229, 233, 306, 307, 311, 327, 334, 336-338, 341, 356, 357, 366
ルイ Louis 十六世　58, 233, 314, 331, 332, 337, 357, 366
ルイ Louis 十八世　234, 237
ルイ（ヴィクトール）Louis, Victor　312, 323, 331
ルイス（ピエール）Louÿs, Pierre　407, 417
ルイ・ダンジュー Louis d'Anjou　151
ルイ・フィリップ Louis Philippe　333
ルヴェール Louvert　405
ルヴェルディ Reverdy　9
ル・ヴォー Le Vau　215, 236, 266, 267, 275, 287, 298, 304, 335
ル・ガル（ジョエル）Le Gall, Joël　58, 62
ルクー Lequeu　356, 360

マリンガー（ヨハンネス）Malinger, Johannes 36
マール（エミール）Mâle, Emile 121, 125, 127, 128, 162, 163
マルカル（ジャン）Markale, Jean 53
マルグリット・ド・ナヴァール Marguerite de Navarre 225, 241, 248, 262, 341
マルグリット・ド・バヴィエール Marguerite de Bavière 188
マルゼルブ Malesherbes 348
マルタン Martin 61
マルタン・デュ・ガール Martin du Gard 8
マルティーニ（シモーネ）Martini, Simone 176
マルティヌス（マルタン）（聖）Martin 18, 51, 73-75, 82, 84
マルモンテル Marmontel 348
マルロー（アンドレ）Malraux, André 9, 190
マレ（ロベール）Mallet, Robert 290
マレルブ Malherbe 204, 324
マロ（クレマン）Marot Clément 248
マロル（師）Marolles 349
マン（トマス）Mann, Thomas 3
マンサール Mansart 229, 233, 265, 287, 304, 306, 307, 316, 321, 336
マンスフィールド（キャスリン）Mansfield, Katherine 418
マンデス（カテュル）Mendès, Catulle 405
マントノン Maintenon（夫人） 307, 308, 335, 336, 343
マンドルー（ロベール）Mandrou, Robert 278, 300, 320, 327
マンフォード（ルイス）Mumford, Lewis 183, 316
ミケランジェロ Michel-Ange 244, 269, 274
ミシュレ Michelet 8, 61, 72, 100, 113, 144, 171, 191, 203, 261, 343, 367, 376
ミショー（アンリ）Michaux, Henri 9
ミストラル（フレデリック）Mistral, Frédéric 417
ミニャール Mignard 265
ミュシャ Mucha 406
ミヨー Milhaud 9
ミレー（エメ）Millet, Aimé 62
ミレー（ジャン＝フランソワ）Millet, Jean-François 75, 242, 270, 297, 421, 423
ミロ Miro 10
ミンダー（ロベール）Minder, Robert 322
ムジル Musil 407
ムンク（エドワルド）Munch, Edward 410
ムンタネール（グレゴワール）Muntaner, Grégoire 102
メイ（ルイ＝フィリップ）May, Louis-Philippe 95, 339
メシアン Messiaen 9
メーストル Maistre, Joseph Marie 7, 8
メソニエ Meissonier 314
メテソー（ルイ）Méthéseau, Louis 273
メーテルランク Maeterlinck 418
メリメ（プロスペール）Mérimée, Prosper 393
メリヨン（シャルル）Meryon, Charles 399
メルロ＝ポンティ Merleau-Ponty 8
メレディス Meredith 409
モネ（クロード）Monet, Claude 423, 424, 427
モーパッサン Maupassant 8, 405, 412, 423
モラス（シャルル）Maurras, Charles 7, 8, 418
モーリアック（フランソワ）Mauriac, François 9, 415
モリエール Molière 206, 229, 330
モリス（ウィリアム）Morris, William 409
モンゴルフィエ Montgolfier 361, 362
モンソー（ピエール）Monceaux, Pierre 74
モンテスキュー Montesquieu 308, 310, 324-326, 328, 348
モンテスパン Montespan（夫人） 308, 335, 336
モンテーニュ Montaigne 217, 218, 242, 257-259, 324
モンテルラン Montherlant 9
モンドリアン Mondrian 11, 12
モンドン（フランソワ）Mondon, François 244
モンモランシー（アンヌ・ド）Montmorency, Anne de 213, 278, 279

【ヤ】

ヤコブ（聖）Jacob 26, 121
ヤコブ（マックス）Jacob Max 126

フルベルトゥス Fulbert　92
ブレー（ルイ＝エティエンヌ）Boullée, Louis-Etienne　356, 359, 360
ブレア（ルイ）Bréa, Louis　211, 212
フレミエ Frémiet　282
ブレンノス Brennus　53
フロイト Freud　5
フロベール Flaubert　385, 392, 412, 422, 423
フロマン（ニコラ）Froment, Nicolas　151
フロワサール Froissart　86
ブロンデル（フランソワ）Blondel, François 338, 356
ペギー Péguy　9
ベクレル Becqurel　299
ヘーゲル Hegel　5
ペトラルカ Pétrarque　176, 193, 248, 254
ベネディクト Benoît 八世　92
ベネディクト Benoît 十二世　174, 176
ベネディクト Benoît 十三世　175
ヘミングウェイ Hemingway　10, 282
ベラン（ジャン）Bérain, Jean　307
ベリュル Berulle　295
ペール・アンファンタン Père Enfantin　377
ベルクソン Bergson　9
ヘルダー Herder　321
ペルト（ブーシェ・ド）Perthes, Boucher de 33
ベルトラン・ド・ゲガン Bertrand de Guégan 250
ベルトラン・ド・ゴ Bertrand de Got　174
ベルナデット（聖）Bernadette　416
ベルナノス Bernanos　9
ベルナール（聖）Bernard　23, 111-113, 159, 162, 171, 240
ベルナール（クロード）Bernard, Claude 384
ベルナール・ド・カスタネ Bernard de Castanet　178
ベルナルダン・ド・サン＝ピエール Bernardin de Saint-Pierre　280, 299
ベルニーニ Bernini　304
ペルヌー（レジーヌ）Pernoud, Régine　72, 301
ペルネット・デュ・ギエ Pernette du Guillet 248
ベルネリウス Bernerius　98
ペレ（オーギュスト）Perret, Auguste　403
ペレスク Peiresc　297, 298
ペロー Perrault（クロード。詩人シャルル・ペローの兄で建築家）236
ヘンリー二世 Henry　23
ヘンリー・ジェイムス Henry James　407
ホイスラー Whistler　424
ボカドール Boccador　225, 227
ボシュエ Bossuet　310, 341
ボッティノー（イヴ）Bottineau, Yves　125, 126
ボードレール Baudelaire　261, 391, 412, 422
ボナルド Bonald　7, 371
ホノラトゥス Honorat　84, 85
ホフマンスタール Hoffmansthal　409
ボフラン Boffrand　307
ボーマルシェ Beaumarchais　206, 341
ボルドー（アンリ）Bordeaux, Henri　414
ボワソー（ジャック）Boyceau, Jacques　279
ボワロー Boileau　304
ポンジュ（フランシス）Ponge, Francis　9
ポンチュス・ド・チアール Ponthus de Tyard 249
ポンパドゥール Pompadour（夫人）　230, 311, 336, 337

【マ】

マクシムス Maxime　85
マグダレーネ Magdaleine　191
マクロウ Maclow　285
マゴン Magon　284
マザラン Mazarin　266, 268, 269, 283, 287, 323
マチルド Mathilde　106, 109
マッキントッシュ Mackintosch　408
マクファーソン Mac Pherson　40
マネ Manet　281, 426, 427
マネス Manès　169
マラー Marat　377
マリー・アントワネット Marie Antoinette 337
マリヴォー Marivaux　326, 341
マリー・ド・シャンパーニュ Marie de Champagne　145
マリー・ド・メディシス Marie de Médicis 264, 278, 279, 281, 291

ピピン Pépin　80, 85
ピュジェ（ピエール）Puget, Pierre　269
ピュセル（ジャン）Pucelle, Jean　151
ビュフォン Buffon　34, 298-300, 348, 351-355
ビュラン（ジャン）Bullant, Jean　213
ピラトル・ド・ロジエ Pilatre de Rozier　362
ヒラリウス（聖）Hilaire　73, 85
ヒルデベール・ド・ラヴァルダン Hildebert de Lavardin　97
ピレンヌ（アンリ）Pirenne, Henri　182
ピロン（ジェルマン）Pilon, Germain　218
ファヴァール Favart 夫人　230
ファウストゥス Fauste　85
ファゴン Fagon　298
ファン・エイク Van Eyck　152
ファン・デ・ラ・クルス Jean de la Croix　295
ファン・デル・ウェイデン（ロヒール）Van der Wayden, Roger　189, 211
フーイエ（オクターヴ）Feuillet, Octave　195
ブイエ Bouilhet　412
フィリップ・エガリテ Philippe Egalité　333
フィリップ・オーギュスト Philippe Auguste　132, 170, 235
フィリップ端麗王 Philippe le Bel　231
フィリップ豪胆公 Philippe le Hardi　147, 187, 188
フィリップ・ドルレアン Philippe d'Orléan　280, 330, 331
フィリップ・ポ Philippe Pot　147, 188
フェイディアス Phidias　425
プーヴィヨン（エミール）Pouvillon, Emile　179
フェーヴル（リュシアン）Febvre, Lucien　246, 253
フェドー Feydeau　406
フェリエール（ラウール）Ferrière, Raoul　150
フォーコニエ（アンリ）Fauconnier, Henri　415
フォシヨン（アンリ）Focillon, Henri　96, 107, 136, 141, 153, 157, 166
フォール（エリー）Faure, Elie　35
フォレ Fauré　9
フォンテーヌ Fontaine　333, 360
フーケ（ジャン）Fouquet, Jean（画家）　151, 208, 239
フーケ（ニコラ）Fouquet, Nicolas（財務官）　267
ブゴ（イニャス）Bougot, Ignace　354
プーサン（ニコラ）Poussin, Nicolas　270, 271
ブーシェ Boucher　308, 342, 345
ブーダン（ウジェーヌ）Boudin, Eugène　423, 424
フッサール Husserl　8
ブノワ（ピエール）Benoît, Pierre　415
プラヴィエル（アルマン）Praviel , Armand　178
フラゴナール Fragonard　308, 342, 345
プラトン Platon　260, 261
ブランキ Blanqui, Adolphe（兄）、Auguste（弟）　374
フランクリン Franklin　353
フランシス・ジャム Francis Jammes　416
ブランシュ・ド・カスティーユ Blanche de Castille　140
フランス（アナトール）France, Anatole　8, 275
フランソワ François 一世　194, 203, 213, 220, 224, 225, 227-232, 235, 238, 239, 246, 248-250
フランソワ François 二世　217
フランソワ François 二世（ブルターニュ公）　215
フランソワ・ド・サル François de Sales　295
ブラント（ゼバスチャン）Brand, Sebastien　210
プリニウス Pline　57
プリマティッチョ Primatice　213, 224, 227, 232, 234, 240
ブリュアン（リベラル）Bruant, Libéral　298, 306
ブリュノ（聖）Bruno　114
ブリヨン（マルセル）Brion, Marcel　344
フルク・ド・ドゥイユ Foulques de Deuil　160
プルースト Proust　9, 140, 397, 407, 412
ブルディション（ジャン）Bourdichon, Jean　151
プルードン Proudhon　377

テュルゴー Turgot　348
デルヴォワ（ロベール）Delvoye, Robert　407
テレサ（アヴィラの）Thérèse d'Avila　295
ドゥグラーヌ Deglane　405
トゥールーズ＝ロートレック Toulouse-Lautrec　179
トゥルニエ（ニコラ）Tournier, Nicolas　269
トゥルヌフォール Tournefort　298
ドゥルフェ（オノレ）d'Urfé, Honoré　214
トゥレ（ポール＝ジャン）Toulet, Paul-Jean　415
ドガ Degas　424
トクヴィル Tocqueville　61, 366, 367
ドーデ（アルフォンス）Daudet, Alphonse　48, 275, 417
ドーバントン Daubenton　299, 353
ドービニー Daubigny　421, 424
ドービニェ（アグリッパ）d'Aubigné, Agrippa　214
ドビュッシー Debussy　9, 407
トマス・アクィナス Thomas d'Aquin　137
トマス・ベケット Thomas Beckett　231
ドメニコ（フィレンツェの）Dominique　227
ドラクロワ Delacroix　279, 281, 375, 421, 422, 424
ドリュモー（ジャン）Delumeau, Jean　284
ドルスス Drusus　47, 69
トルストイ（レフ）Tolstoi, Lev　3
ドレ Dolet, Etienne　248, 253
トロ Toro（Turreau）　307
ドロルム（ジョセフ）Delorme　248
ドロルム（フィリベール）Delorme　213, 218, 232, 248

【ナ】

ナポレオン（ボナパルト）Napoléon Bonaparte　61, 233, 237, 285, 299, 314, 317, 321, 332, 358, 371, 401, 413
ナポレオン三世（ルイ＝ナポレオン）　60-62, 191, 234, 237, 280, 379, 382, 396, 400, 421
ナポレオン（ジェローム）Napoléon, Jérôme　333
ニーチェ Nietsche　3, 418
ニュー・ケルク伯 comte de Nieuwe Kerques　422
ネルヴァル Nerval　392

【ハ】

ハイム（ロジャー）Heim, Roger　353
パーヴェル（ロシアの大公）grand duc de Paul　357, 358
ハウク（ハンス）Haug, Hans　320
バクリ Bacri　189
バークレー（ジョン）Barclay, John　285
バシュラール（ガストン）Bachelard, Gaston　341
パスカル Pascal　265, 292-294, 297
パストー（ピエール）Passeteau, Pierre　292
パストゥール Pasteur　351, 384
バタイユ（ジョルジュ）Bataille, Georges　9
パット（ピエール）Patte, Pierre　350
ハドリアヌス Hadrien　69
バランジュ（ジャック）Ballange, Jacques　269
バリェ＝インクラン Valle Inclan　409
パリシー（ベルナール）Palissy, Bernard　251
バルザック Balsac　7, 256, 333, 382, 391, 397, 414, 427
パルティセリ・デムリ Particelli d'Hémery　268
バルドゥング・グリュン Baldung Grien　210
バルトルザイティス（ユルジス）Baltrusaîtis, Jurgis　141
バルベー・ドルヴィリー Barbey d'Aurevilly　412, 414, 423
バレス Barrès　419
パンタグリュエル Pantagruelle　248, 257
ピア Pia　192
ビアズリー（オーブリー）Beadsley, Aubrey　409, 410
ビアール（ピエール）Biard, Pierre　274
ビアンヴニュ（フュルジャンス）Bienvenu, Fulgence　403, 406
ピエール・デヴルー Pierre d'Evreux　150
ピエール・ド・コルビー Pierre de Corbie　132
ピエール・ベール Pierre Bayle　308
ピカソ Picasso　10, 126
ピサロ Pissaro　427

ジル（ベルトラン）Gille, Bertrand　244
ジルベルトゥス Gislebertus　165
ジロー Girault　405
ジロドゥー Giraudoux　9, 301, 419
スエトニウス Suètone　98
スタニー＝ゴーチエ Stany-Gauthier　196, 199
スタンダール Stendhal　66
スティーン Soutine　10
スピークル（ピエール）Spicre, Pierre　189
スフロ（ジャック＝ジェルマン）Soufflot, Jacques Germain　314
スリュテール（クラウス）Sluter, Claus　152, 187, 188
スルピキウス・セウェルス Sulpice Sévère　75
セーヴ（モーリス）Scève, Maurice　248-250
セーヴ Sève　354
セヴィニェ夫人 Sévigné　275
セザンヌ Cézanne　12, 75, 281, 297, 407, 425-427
セシェル（エロー・ド）Sechelle, Hérault de 354
セルリオ Serlio　215, 224, 227
ゾラ Zola　7, 382, 385, 405, 416
ソレル（ジョルジュ）Sorel, Georges　7, 8

【タ】

ダヴィド（ジャン＝ジャック）David, Jean-Jacques　280, 308, 371
ダーウィン Darwin　34
タキトゥス Tacite　64
ダゴベルト Dagobert　85
タッセル Tassel, Richard（父）、Jean（息子）269
ダニエル・デ・ヴォルテッラ Daniel de Volterra　274
ダニカン Danycan　284
ダヌンツィオ（ガブリエレ）d'Annunzio, Gabriele　409
ダランベール d'Alembert　347-349
ダルジャンス d'Argens, marquis　328
ダンテ Dante　161, 192
チェリーニ（ベンベヌート）Cellini, Benvenuto　225
チェンバース（エフレイム）Chambers, Ephraïm　347, 350
チャールズ二世 Charles　289
ディアーヌ・ド・ポワティエ Diane de Poitier 213, 214, 232, 261
ティエリ（オーギュスタン）Thierry, Augustin　86
ティエール Thiers　61
ディオクレティアヌス Dioclétien　47
ティトゥス＝リウィウス Tite-Live　52
ディドロー Diderot　280, 311, 327, 347-350
ティファニー Tiffany　409
ディミエ（アンセルム）Dimier, Anselme 110, 116
テヴノ（エミール）Thévenot, Emile　56
テオデュルフ Théodulf　79-81
テオフィル・ド・ヴィオー Théophile de Viau 219
デカルト Descartes　8, 225, 242, 291-293, 297, 316, 319
デカロー（ジャン）Descarreaux, Jean　82
デカン（ニコラ）Descamps, Nicolas　279
デゴ（クロード）Desgots, Claude　331
デシャン（ジャン）Deschamps, Jean　137
テーヌ Taine　61, 367
デ・ペリエ（ボナヴァンテュール）Des Périers, Bonaventure　248
デムーラン（カミーユ）Desmoulins, Camille 332
デュクロ Duclos　348
デュゲ＝トルアン Duguay-Trouin　285
デュ・セルソー（アンドルーエ）Du Cerseau, Androuet　218
デュテール Dutert　403-405
デュ・バリー Du Barry（夫人）　337, 356, 357
デュパリ Dupary　274
デュ・バルタース Du Bartas　218
デュビィ Duby　89, 92, 115
デュビュッフェ Dubuffet　10
デュ・ベレー（ジョワシャン）Du Bellay, Joachim　203, 249
デュマ（アレクサンドル）Dumas　323, 414
デューラー（アルブレヒト）Dürer, Albert 244
デュラン Dullin　10
デュラン（ギヨーム）Durand, Guillaume 139
デュルケム Durkheim　384

275, 409
サン＝シモン公 Saint-Simon　286, 305, 335
サン＝ジョン・ペルス Saint-John Perse　9, 415
サン＝タマン Saint-Amant　219
サン＝ティレール（ジョフロワ）Saint-Hilaire, Geoffroy　299
サン・テグジュペリ Saint-Exupéry　8
シェアーデ Schéhadé　11
ジェファーソン Jefferson　341
ジェミエ Gémier　9
シェリュエル Cheruel　119
ジェルベール Gerbert　90, 91
シスレー Sisley　424
ジゾール（アルフォンス・ド）Gisors, Alphonse de　281, 362
ジッド（アンドレ）Gide, André　9, 416, 417
シャガール Chagall　10, 11
ジャック・クール Jacques Coeur　149, 184, 209, 301
シャッセ（シャルル）Chassé, Charles　200
シャトーブリアン（アルフォンス・ド）Châteaubriand, Alphonse de　414
シャトーブリアン（フランソワ・ルネ）Châteaubriand　285, 389
シャトリアン（アレクサンドル）Chatrian, Alexandre　419
シャプラン（ジャン）Chapelain, Jean　304
シャラントン（アンゲラン）Charenton, Enguerrand　151
シャルダン Chardin　312, 345
シャルドンヌ（ジャック）Chardonne, Jacques　414
シャルル Charles 五世　235
シャルル Charles 七世　149, 151, 211, 223, 240, 256
シャルル Charles 八世　220-222, 239
シャルル Charles 九世　214, 216, 232, 235, 250
シャルル Charles 十世　234, 237, 300
シャルルマーニュ Charlemagne　16, 61, 71, 75, 79, 80, 87, 94, 116, 187, 198
シャルル軽率公 Charles le Téméraire　189
シャルル・ドルレアン Charles d'Orléan　212, 225
ジャン＝ジャック・ルソー Jean-Jacques Rousseau　280, 313, 337, 345, 358, 375
ジャン善良王 Jean le Bon　151
ジャン・ド・トゥルヌ Jean de Tournes　249
ジャン無畏公 Jean sans Peur　147, 188
ジャン・ド・モントルイユ Jean de Montreuil　140
ジャンヌ・ダルク Jeanne d'Arc　223, 256, 262, 299
ジャンヌ・ド・ラヴァル Jeanne de Laval　151
シャンピニュル Champigneulle　229, 299, 334
シャンペーニュ（フィリップ・ド）Champaigne, Philippe de　344
ジャンペル（ジャン）Gimpel, Jean　162
シュー（ウジェーヌ）Sue, Eugène　391
ジューヴ Jouve　9
シュヴァリエ（エティエンヌ）Chevalier, Etienne　149, 151
ジュヴェナル・デ・ジュルサン Jouvenal des Ursins　151
シュウォブ（マルセル）Schwob, Marcel　407
シュジェ Suger　155
ジュシュー（アントワーヌ）Jussieu, Antoine　298, 299, 336
ジュスト（フランソワ）Juste, François　248
シュネデール Schneider　382
シュペルヴィエル（ジュール）Supervielle, Jules　416
ジュリアン（カミーユ）Julien, Camille　70, 126
ジュリエット・ドルーエ Juliette Drouet　390
シュリ＝プリュドム Sully-Prudhomme　275
シュルクフ Surcouf　285
ジュルダン（フランツ）Jourdain, Franz　398
ジュント Junte　248
ジョクール Jaucourt　348
ショセー（ピエール）Chaussée, Pierre　283
ジョゼフ・ド・メーストル Joseph de Maistre　371
ショパン Chopin　391
ジョルジュ・サンド George Sand　391
ジョレス（ジャン）Jaurès, Jean　8, 366
ジラルダン侯 marquis de Girardin　346
ジラルドン Girardon　305

Poitier　120
ギヨーム・ル・メートル Guillaume le Maître　167
キェルケゴール Kierkegaard　5
ギロード Guiraude　179
グア・ド・マルヴェーズ Gua de Malves　347
グージョン（ジャン）Goujon, Jean　215, 249, 261
クストゥ（ギヨーム）Coustou, Guillaume　310
クラウス・デ・ヴェルフェ Claus de Werve　187
クラウディウス Claude　47, 69
グラベール（ラウル）Glabert, Raoul　92
グランディーヌ Glandine　71
グリエルモ（大修道院長）　99
グリス Gris　10
グリーフ Grieff, Gryphe　248
グリューネヴァルド（マティアス）Grünewald, Mathias　210
クリングリン Klinglin　322
クルーエ（フランソワ）Clouet, François　216, 239
グルニエ（アルベール）Grenier, Albert　65
クールベ Courbet　75, 163, 297, 385, 421, 424
グレゴリウス（トゥールの）Grégoire　85, 86
グレゴリウス十一世 Grégoire　175
クレティアン・ド・トロワ Chrestien de Troyes　161
クレメンス Clement 五世　174, 176
クレメンス Clement 六世　175
クレメンス Clement 七世　175, 176
クレール（ルネ）Claire, René　10
クレルモン＝トネール Clermont-Tonnerre　214
クローヴィス Clovis　51, 83
クローデル（ポール）Claudel, Paul　9, 414
グロピウス Gropius　360
ケッセル Kessel　282
ゲーテ Goethe　218, 321, 353
ゲラン（モーリス・ド）Guérin, Maurice de　179
ゲルデロード Ghelderode　11
コアズヴォ Coysevox　268, 305, 310
ゴーギャン Gauguin　424, 425, 426
コクトー Cocteau　334
ゴズラン Gauzlin　106
ゴーチエ（テオフィール）Gauthier, Théophile　275, 377
ゴーチエ（レオン）Gauthier, Léon　93
ゴッホ Gogh　425, 426
コペ（フランソワ）Copée, François　275
コポー Copeau　9
コルト Cortot　274
コルネイユ・ド・リヨン Corneille de Lyon　239
コルベール Colbert　268, 288, 303, 336, 349
コルンバヌス Colomban　85
コレット Colette　334
コロー Corot　421
コロンブ（ジャン）Colombe, Jean　151
コロンブ（ミシェル）Colombe, Michel　215
コロンブス Colombe　41
ゴンクール Goncours　405
コンスタンティヌス Constantin　71, 73, 165, 198
コンタマン Contamin　403-405
コンディヤック Condillac　348
コント（オーギュスト）Comte, Auguste　384
コンドルセ Condorcet　371
コンラッド Conrad　417

【サ】

サクス（元帥）Saxe　229, 230, 309
サティ Satie　9, 423
サラ・ベルナール Sarah Bernhardt　407
サラン（ニコラ＝アレクサンドル）Salins, Nicolas-Alexandre　321
サルヴィアーティ（ベルナール）Salviati, Bernard　214
サルトル Sartre　8, 9
サレ（フランシス）Salet, Francis　126
サロモン・ド・ブロッス Salomon de Brosse　266, 268, 279, 281
サロモン（ベルナール）Salomon, Bernard　253
サン＝ヴィクトール（ポール・ド）Saint-Victor, Paul de　422
サン＝シモン（社会主義者）Saint-Simon

ヴェルヌ（ジュール）Verne, Jules　404
ヴェルレーヌ Verlaine　419
ヴォーバン Vauban　224, 244, 282-285, 306, 320
ヴォルテール Voltaire　278, 308, 309, 313, 321, 326, 327, 348, 373
ヴォルフェルス Wolfers　410
ウジェーヌ（皇后）Eugène　280, 397
ウルバヌス Urbain 二世　110
ウルバヌス Urbain 五世　175
エウゲニウス Eugène 三世　112
エッフェル（ギュスターヴ）Eiffel, Gustave 402, 405, 406
エティエンヌ Estienne（出版業者）253
エドゥー（アンリ＝ポール）Eydoux, Henri-Paul　66
エラスムス Erasme　260
エルヴィル Elvire　389
エルヴェシウス Helvétius　348
エルクマン（エミール）Erckmann, Emile 419
エルメンガルド Ermengarde　144
エルランジェ（フィリップ）Erlanger, Philippe　287
エルンスト Ernst　10
エロイーズ Héloïse　113
オスマン Haussmann　237, 280, 281, 317, 333, 387, 396-400, 405, 427
オプノール Oppenordt　307
オディロン（聖）Odilon　109
オードラン（クロード）Audran, Claude 307
オネガー Honegger　9
オベール（聖）Aubert　119
オベール（マルセル）Aubert, Marcel　156
オランピオ Olympio　390
オルタ（ヴィクトール）Horta, Victor　395

【カ】

カイエ（ルネ）Caillé, René　415
カイユボット Caillebotte　281
ガウディ Gaudi　408
カエサル（ユリウス）César, Jules　46, 47, 54-58, 60-62, 299
ガストン・ドルレアン Gaston d'Orléan　280
カッシアヌス（聖）Cassien　85
カディラック（エミール）Cadilhac, Emile 325
カトリーヌ・ド・メディシス Catherine de Médicis　218, 232, 236, 251, 274
ガブリエル（アンジュ＝ジャック）Gabriel, Ange-Jacques　311, 336, 337
ガブリエル・デストレ Gabrielle d'Estrée 232, 233
カミュ（アルベール）Camus, Albert　8, 9, 180
カユエ（アルベリック）Cahuet, Albéric　346
カラヴァッジョ Caravage　297
カラス Calas　328
カラマン伯 Comte Caraman　338
ガラモン（クロード）Garamont, Claude 253
ガラン（アントワーヌ）Galland, Antoine 324
カリグラ Caligula　68, 69
カール五世 Charles Quint　228, 264
カルヴァン Calvin　240, 248
ガルガンチュワ Gargantua　248, 256, 257
カルティエ（ジャック）Cartier, Jacques　285
ガルニエ（シャルル）Garnier, Charles　396-400
カルポー Carpeaux　282, 398
カロ（ジャック）Callot, Jacques　270
ガンス（アベル）Gance, Abel　10
カンディド Candide　326
カンディンスキー Kandinsky　11, 12
カント Kant, Emmanuel　361
ギーズ公 duc de Guise　217, 280
ギーディオン（ジークフリート）Giedion, Siegfried　361
ギ・ド・ラ・ブロッス Guy de la Brosse　298
キネ（エドガー）Quinet, Edgar　191
ギマール（エクトール）Guimard, Hector 395, 406, 409
キュヴィエ Cuvier　299
キュネゴンド Cunégonde　326
ギヨーム九世（アクィテーヌ公）Guillaume 97
ギヨーム長剣公 Guillaume-Longue-Epée　120
ギヨーム・ド・アルシニー Guillaume de Harcigny　146
ギヨーム・ド・ポワティエ Guillaume de

人名索引

【ア】

アインシュタイン Einstein　5
アザール（ポール）Hazard, Paul　328
アウグストゥス Auguste　46, 47, 69, 98
アグリコラ Agricola　64
アセザ（ピエール）Assezat, Pierre　214
アダモフ Adamov　11
アダルベロン Adalbéron　96
アッティラ Attila　83
アニェス・ソレル Agnès Sorel　151
アベ・プレヴォー Abbé Prévost　342, 344
アベラール Abélard　97, 113, 160
アポリネール Apolinaire　9, 126, 417
アラゴン Aragon　9
アラン（ブルターニュ公）Alain　120
アラン＝フルニエ Alain-Fournier　419
アリエノール Aliénor　23, 145
アリオスト Arioste　193
アリストテレス Aristote　298
アルトー（アントナン）Arthaud, Antonin　9
アルフレッド・ド・ヴィニー Alfred de Vigny　390
アレー（アンドレ）Hallays, André　254, 294
アレー（アルフォンス）Allais, Alphonse　412, 423
アレクサンデル一世（ロシア皇帝）Alexandre　358
アンギルベール Angilbert　77
アングル Ingres　421, 424
アンゴ（ジャン）Ango, Jean　214
アントニヌス Antonin　69
アンドルーエ Androuet　273
アンドレ・ル・シャプラン André le Chapelain　145
アンヌ・ドートリッシュ Anne d'Autriche　236, 265, 330
アンビカ Ambicat　52
アンリ Henri 二世　213, 215, 216, 218, 228, 232, 235, 236, 239, 249, 261, 274
アンリ Henri 三世　214, 217, 232, 235
アンリ Henri 四世　214, 217, 232, 233, 236, 241, 272, 274, 278, 291, 292, 294, 301
イヴァン・クリスト Yvan Christ　295
イノケンティウス Innocent 二世　110
イノケンティウス Innocent 四世　161
イノケンティウス Innocent 六世　175
イヨネスコ Ionesco　11
ヴァザーリ Vasari　226
ヴァレリー（ポール）Valéry, Paul　9, 417
ヴァレリー＝ラルボー Valéry-Larbaud　419
ヴァンサン・ド・ポール（聖）Vincent de Paul　296
ヴァンタドゥール Vantadour　296
ヴァン・デ・ヴェルデ Van de Velde　408
ヴィオレ＝ル＝デュック Viollet-le-Duc　62, 154, 392-397, 402
ヴィクトリア（女王）Victoria　421
ヴィダル・ド・ラ・ブラーシュ Vidal de la Blache　15
ヴィテル（リュドヴィク）Vitel, Ludovic　393
ウィトルウィウス Vitruve　215
ヴィニョーラ Vignole　227
ヴィヨン Villon　204
ヴィラール・ド・オンヌクール Villard de Honnecourt　132
ウィリアム Guillaume　106, 109
ヴィルヘルム Guillaume 一世　339
ヴーエ（シモン）Vouet, Simon　270
ウェース Wace　27
ヴェルヴィル Velville　341
ヴェルコール Vercors　428
ヴェルサンジェトリクス Vercingétrix　57, 62, 63
ヴェルニケ Verniquet　299

ジャック・ル・ゴフ　Jacques Le Goff（1924－）
フランス中世史家。アナール派の旗手として知られる。本書では先史時代から中世末までのフランス文化史を概説している。

ピエール・ジャンナン　Pierre Jeannin（1924－2004）
主として北ヨーロッパの商人たちの世界を研究。本書でも、商業活動が活発化した近世フランスの文化を扱った第二部の概説を担当。

アルベール・ソブール　Albert Soboul（1914－1982）
フランス革命とナポレオン帝政史を研究。「フランス革命史」が邦訳されている（岩波書店）。本書ではフランス大革命以降の近現代フランスの文化を扱った第三部の概説を担当。

クロード・メトラ　Claude Mettra（1922－2005）
歴史、芸術、哲学など広範囲にわたって文化を論じた著述家。

桐村泰次（きりむら・やすじ）
1938年、京都府福知山市生まれ。1960年、東京大学文学部卒（社会学科）。欧米知識人らとの対話をまとめた『西欧との対話』のほか、『仏法と人間の生き方』等の著書、訳書にジャック・ル・ゴフ『中世西欧文明』、ピエール・グリマル『ローマ文明』、フランソワ・シャムー『ギリシア文明』『ヘレニズム文明』、ジャン・ドリュモー『ルネサンス文明』（論創社）がある。

フランス文化史
FRANCE, CULTURE VIVANTE

2012年8月20日　初版第1刷印刷
2012年8月30日　初版第1刷発行

著　者　ジャック・ル・ゴフ、ピエール・ジャンナン、
アルベール・ソブール、クロード・メトラ
訳　者　桐村泰次
発行者　森下紀夫
発行所　論 創 社
東京都千代田区神田神保町 2-23　北井ビル
tel. 03（3264）5254　fax. 03（3264）5232
振替口座 00160-1-155266
http://www.ronso.co.jp/
装　幀　野村　浩
印刷・製本　中央精版印刷

ISBN978-4-8460-1169-7